부부 심리도식치료

부부관계의 치유에 대한 실무 가이드

Chiara Simeone-DiFrancesco · Eckhard Roediger · Bruce A. Stevens 공저

송영희 · 이은희 · 최현지 공역

Schema Therapy With Couples

A Practitioner's Guide to Healing Relationships

학지사

Schema Therapy with Couples:
A Practitioner's Guide to Healing Relationships
by Chiara Simeone-DiFrancesco, Eckhard Roediger and Bruce A. Stevens

역자 서문

부부상담 현장에서 느꼈던 많은 어려움이 떠오릅니다. 결혼 3개월 차의 젊은 부부에서부터 50년이 넘은 노부부까지 그동안 만나 왔던 다양한 부부가 스쳐 지나갑니다. 그들은 의사소통의 문제부터 배우자의 불륜, 폭력, 중독, 편집증(의처증, 의부증)에 이르기까지 다양한 문제를 호소했습니다. 특히 부부의 문제는 개인의 문제와 자녀의 문제, 원가족의 문제가 섞여 있어서 개인상담과는 달리 많은 특성을 파악해야 하는 부담이 있습니다. 부부간의 갈등으로 표현되는 배후에는 원가족과 관련된 미해결 과제가 성격의 미숙한 측면으로 작용하여 부부관계의 발목을 잡고 있는 경우가 많습니다. 즉, 내담자는 부부이지만 풀어야 할 문제는 그 원가족에서 받은 유산인 미해결 과제가 서로 복잡하게 뒤엉켜 있어서 다른 어떤 상담보다도 복잡하고 어렵습니다.

상담과정에서 일반적으로 부부간의 부정적인 의사소통과 상호작용을 변화시키기 위한 인지적 측면의 개입이 주로 이루어지다 보니 시간이 지남에 따라 효과가 떨어지는 경향이 있음이 Gottman의 연구에서도 나타난 바 있습니다. 부부를 만나다 보면 인지적 요소보다 훨씬 더 큰 것은 경험적이고 정서적인 측면이라는 것을 많은 치료자가 느꼈을 것입니다. 그래서 정서적인 충족과 행동의 변화가 결합된 근본적인 개입 전략이 필요함을 느끼고 있을 때 부부 심리도식치료를 접하게 되었고, 실제로 현장에서 적용한 결과로 내담자 부부의 변화된 모습을 바라보면서 자신감이 생겼습니다.

부부 심리도식치료에서는 부부의 갈등을 원가족에서 충족되지 못한 욕구에서 형성된 각 개인의 심리도식과 양식의 충돌에서 비롯된 것으로 보고 있습니다. 그래서 차원적 양식 지도화를 통해서 각 개인의 어린 시절 미충족된 욕구로 인해서 형성된 초기 부적응 도식들과 다양한 양식의 상호작용을 확인하고, 부부 양식주기 충돌카드를 통해서 부부간의 갈등이 촉발되는 역동을 종합적으로 이해할 수 있습니다. 이러한 3차원적인 개입방법을 통한 부부 심리도식치료는 기존의 부부치료 이론들에 비해서 부부갈등을 보다 심층적이고 다차원적으로 진단하고 개입할 수 있습니다.

이 책에서는 독특한 양식지도 제작 및 양식주기 충돌카드 외에 풍부한 실제 사례를 통하여 심리도식치료에 대한 전반적인 이론들(심리도식, 양식, 심상작업, 다중 의자작업)과 부부치료 과정에 대한 일반적인 원리(첫 번째 면담, 관계 평가, 관계방식의 기원에 대한 이해, 부부치료의 원리, 개입, 욕구와 바람을 구분하기, 우정을 형성하기, 심각한 성격장애 내담자를 다루는 방식)가 상세하게 기술되어 있으며, 부부치료에서 다룰 수 있는 다양한 문제(불륜, 가정폭력, 물질남용 등)까지 심층적으로 다루고 있습니다.

우리 역자들은 부부치료에 관심이 있는 모든 심리치료자가 이 책을 로드맵으로 활용한다면 보다 새로운 시각을 얻어 효과적인 부부치료를 진행할 수 있을 것으로 확신합니다.

2021년 1월

대표 역자 송영희

저자 서문

우리 모두로부터

이 책에서 우리는 동료들을 포함한 많은 전문가와 저자를 인용하였으며, 그들의 생각들을 정확하게 전달하려고 노력하여 왔다. 때로는 다양한 의견을 설명하였는데, 우리가 인용했던 모든 것에 대해서 반드시 동의하는 것은 아니다(우리가 동의하는 사람들만, 또는 어떤 논란의 기미가 없는 연구만 인용하는 것은 좋지 않을 것이다). 의견이 다른 영역에서 우리는 유용하거나 가치 있는 어떤 것도 간과해서는 안 된다. 우리는 이 책에서 우리 자신의 의견을 표현한 것에 대해서만 책임을 질 수 있다.

저자들은 국제심리도식치료협회(ISST)의 부부/결혼 특별 관심집단에 참여한다(Simeone-DiFrancesco가 회장). 이것은 어려운 부부를 치료하는 것에 대한 아이디어를 나누기 위해 매달 적어도 한 번씩은 만나는 경험 많은 심리도식 치료자 집단이다. 학술지에 아직 출판되지 않은 그러한 생각 중 일부는 이 책을 통해 알렸다. 우리는 가능한 한 모든 기여에 대해 인정하고 공로를 인정하려고 노력했다.

우리가 심리도식치료를 더 효과적으로 사용할 수 있도록 해 주고 더 나은 치료자가 되기 위해 배울 수 있도록 도와준 많은 내담자에게 감사함을 전하고 싶다.

유의 **모든 사례의 예시는 임상 경험의 합성으로 만들어졌기 때문에, 실제 내담자와의 유사성은 순전히 우연의 일치일 뿐이다.**

Chiara Simeone-DiFrancesco (철학) 박사로부터

www.schemaTherapywithCouples.com

이 책은 그 자체로 글 쓰는 과정에서 좋은 친구가 된 세 동료의 단합된 노력의 한 예이다.

우리가 제시한 원칙을 지지하고 동의하면서도 각각 다르게 적용한다. 우리는 우리가 쓴 '보석'을 공유하기 위해 제공하지만, 심지어 실제 사례들을 다루는 데 있어서 심각한 의견 불일치 문제가 있을 수 있는 곳에서도 각자 수용적인 대화 태도를 실천한다. 이것이 이 작품(책)의 장점이다. 우리는 그것의 원칙이 모든 문화, 신앙, 상황에 적용된다고 믿지만, 그것의 적용은 시간, 장소, 문화의 개별적인 변형을 취할 수 있다. 이것이 심리도식치료와 건강한 성인양식의 장점이다!

나는 함께 글을 쓰는 우리의 여정이 지적으로, 정서적으로 그리고 영적으로 모든 수준에서 학습 경험이 된다는 것을 발견했다. 이를 통해 그 모든 영역에서 나 자신의 욕구가 어느 정도 충족되었고, 이에 대해 동료들에게 매우 감사하게 생각한다. 여러분이 이 책을 읽으면서 Bruce와 Eckhard 두 동료가 모범이 되어 준 겸손의 정신과 학습에 대한 개방성을 느낄 수 있기를 바란다. 그들과 함께 이 여정의 일부가 된 것은 인생에서 축복받은 성장과 변화 경험 중 하나였다. 나는 여러분이 부부들을 위한 심리도식치료를 발견하는 데 있어 지금까지와 같이 영감을 받기를 바라고 기도한다.

많은 가능한 연구의 응용은 우리가 여기서 제시한 것에서부터 비롯될 수 있다. 그것은 더 발전하기 위한 못자리이다. 우리는 마음, 특히 독자들의 마음이 어떻게 다른 사람들을 치유하고 연결하는 새로운 가능성에 개방되는지를 보기 위해 흥분하여 서 있다. 내 비전은 마음을 바꿀 수 있는 가능성을 가지고 있는 부부 심리도식치료가 전 세계의 이혼율에 영향을 미치는 것이다. 만약 우리의 집단생활이 그것에 영향을 미칠 수 있다면, 그것들은 특히 안전하고 잘 연결된 부모의 사랑을 필요로 하는 아이들의 미래를 위해 잘 사용될 것이다.

우리는 치료자–독자인 여러분이 자신만의 편안한 부부 심리도식치료를 발전시키고 응용할 수 있기를 기대한다. 그리고 우리는 상처 입은 부부나 개인이 아마도 약간의 희망과 강화, 건강한 방법으로 전환하도록 여러분이 그들을 구해 주기를 고대한다. 이와 더불어 우리 모두가 겸손함과 개방성 그리고 우리를 위해 가장 위대한 미덕을 본받게 하는 사람들에게 많은 감사함과 함께 건강한 성인의 충족을 향한 연속체에서 계속 성장하기를 감히 기대해 본다. "그리고 이 중 가장 위대한 것은 모든 것을 하나로 묶어 주는 사랑이다."(고린도전서 13:13)

우리는 이메일, 편지 심지어 전화 통화를 통한 여러분의 피드백을 환영하며, 궁극적으로 우리가 함께하는 것이 더 낫다고 믿는다!

Eckhard Roediger (의학) 박사로부터

영어로 글을 쓰는 것은 나에게는 특별한 도전이었지만 Chiara, Bruce와 함께 글을 쓰는 것은 놀라울 정도로 쉬웠다. 우리 모두는 상호교류와 영감을 즐겼다. 특히 Chiara가 창안하고 진행한 국제심리도식치료협회(ISST) 부부/결혼 특별 관심집단의 모든 회원의 창의적이고 용기 있는 의견에 감사드린다. 그들은 모두 이 책에 많은 공헌을 했으며, 우리가 개인적으로 공헌한 것을 기억할 때마다 인용하려고 했다. 그 외에도 심리도식치료라는 안경을 통해 나 자신의 결혼생활을 보고 이 책에 설명된 모델을 직접 적용함으로써 아내와 나는 인생 문제를 훨씬 더 잘 다룰 수 있었다. 그래서 많은 분야에서 이득이 있었다! 독자로서 여러분도 똑같이 느끼기를 바란다.

Bruce A. Stevens (철학) 박사로부터

bstevens@csu.edu.au

나는 진심으로 감사함을 느낀다. 나는 많은 사람이 은퇴하는(혹은 적어도 그것에 대해 생각해 보는) 나이에 가까워지고 있지만, 창조성과 지적 자극을 지속하는 삶을 찾았다. 나는 Shayleen과 함께 있어서 기쁘다. 나는 멋진 동료들과 대학원생들 그리고 물론 여기서 제시된 모든 아이디어에 도전하는 용기 있는 부부들에게 둘러싸여 있는데, "책에서 그런 말을 하는 것은 매우 좋지만, 그것이 우리에게 효과가 있을까?"라고 말한다. 나는 관대하면서도 이해심이 많은 두 명의 선도적인 심리도식 치료자인 Chiara와 Eckhard에게 매우 감사한다. 나는 그들에게서 내가 충분히 인정할 수 있는 것보다 더 많은 것을 배웠다.

차례

제3장 관계 평가 / 47

제4장 관계방식의 기원에 대한 이해 / 65

제5장 부부치료에서 증거기반 실천의 토대 / 79

제6장 심리도식과 양식 / 91

제7장 부부를 위한 심리도식치료 접근 / 117

제8장 양식지도 제작 및 양식주기 충돌카드 / 131

제9장 부부치료에서의 개입 / 163

제10장 불륜, 용서 그리고 폭력을 포함한 부부치료의 흔한 문제 / 199

제11장 욕구와 바람의 차별화 및 통합의 과제 / 245

제12장 우정을 형성하기, 건강한 성인 구축하기 / 273

서론

첫째, 과감한 진술: 부부치료에 관한 또 다른 책이 시급히 필요하다.

지속적인 문제와 해결 불가능해 보이는 관계에서의 어려움에 대한 새로운 관점을 가져올 때이다. 우리는 심리도식치료(schema therapy)가 현재 활용 가능한 것 이상의 효과적인 접근 방법으로 잠재력이 있다고 믿는다. 이 치료법은 주류가 되는 인지치료에서 접근하지 못하는 문제들을 다룰 수 있다. 이것은 친밀한 관계 안의 역기능적 패턴과 어린 시절부터 겪어 온 고질적인 기억들을 바꾸는 것을 포함한다(Arntz & Jacob, 2013). 심리도식치료는 가장 어려운 치료상의 문제를 다루기 위한 증거기반 치료법으로 자리매김하였으며, 이 책은 효과적인 개입을 위해 이 '강력한' 치료법을 부부에게 적용하는 방법을 탐색한다.[1)]

심리도식치료는 부부의 과거 경험을 이해하고, 그들을 교육하고, 문을 열어 두 사람이 더 연결되었다고 느낄 수 있는 방법을 쉽게 이해하고 자유롭게 말할 수 있도록 하는 심리도식과 양식의 개념들을 가지고 있다. 이러한 개념들은 치료자와 부부가 개인의 내면세계에 무엇이 있는지에 대해 의사소통할 수 있게 해 주며, 신체적 감각, 다양한 감정, 생각과 신념, 가치관 등과 같은 경험된 것에 대한 명확한 설명을 제공한다. 개인이 역기능적 패턴의 근원을 알게 되면 삶과 관계를 이해하기가 쉽다. 더 좋은 것은 상호 적용되는 그 과정이 점차적으로 부부에게 습관적인 부정적 상호작용과 성격 패턴을 차단할 수 있는 효과적인 도구를 제공한다는 점이다. 우리가 알고 있는 부부 심리도식치료 첫 출판물에서 Simeone-DiFrancesco(2010)는 "부부와 결혼관계를 위한 심리도식치료는 현실에 근거한 희망의 완벽한 치료법"이라고 강조했다. 이것은 극적인 변화를 이끌어 낸다. 이러한 변화의 가능성을 제공할 수 있는 치료법은 거의 없으며, 동시에 상호 수용과 이해의 문화를 형성한다.

---

1) 효과크기가 큰 최고의 치료결과 중 일부가 집단치료를 이용한다는 사실은 흥미롭다. 부부치료는 개인치료와 집단치료의 연속체의 어딘가에 있다고 생각될 수 있다. 심리도식치료의 무작위 대조시험 결과를 검토하려면 Arntz(2012a)의 연구결과를, 비용 효과와 효과성의 증거에 대해서는 Arnz(2008), Bamelis(2011), Bamelis 등(2012)의 연구결과를 참조하라. 우리는 바로 이러한 성격의 '미숙한 부분', 심지어 분리되어 있고 의식하지 못하는 부부들의 '가벼운 충돌'도 유사한 치료용 '관여'를 필요로 한다고 가정한다. Kindel과 Riso(2013)는 심리도식치료를 적용한 부부치료 효과에 관한 증거 기반의 연구를 최초로 실시했다. Robert Brockman 박사는 국제심리도식치료협회(ISST) 부부/결혼 특별 관심집단을 통해 추가 연구를 촉진할 것이다.

부부치료는 많은 면에서 진보했다. 이것은 John Gottman(1999, 2011)의 연구로 크게 알려졌다. 부부 정서중심치료의 효과는 임상시험을 통해 현재 잘 확립되어 있다(Johnson, 2004). 그러나 성격장애의 특성을 가진 부부들은 전형적으로 변덕스러운 관계와 혼란스러운 사고 때문에 치료상의 큰 어려움을 겪는다. 이는 경계성 성격장애자의 정서적 불안정, 조현병을 앓는 사람들의 철회, 자기애적 사람들의 자기중심, 반사회성 성격장애를 지닌 사람들의 '도덕적 정신이상' 등이 해당된다. 심리도식치료는 심상 재구성하기를 통한 적극적 재양육, 의자작업을 통한 대화, 행동패턴 파괴하기 등을 포함하는 강력한 개입으로 치료에 참석한 보다 어려운 사람들을 치료하기 위하여 개발되었다.

심리도식치료는 장기치료의 심층적이고 발달적인 이론과 단기치료의 적극적이고 변화 지향적인 접근을 결합한다(Young et al., 2003). 우리는 Gottman과 부부 정서중심치료의 중요한 기여를 기반으로 하고 있지만, 심리도식치료가 어려운 관계를 다룰 수 있다는 독특한 기여를 강조한다.

저자로서 우리는 정신의학과 임상/상담심리학이라는 2가지 정신건강 분야를 이 책에 담았다. 우리는 '욕구들'과 '결핍들', 즉 재양육(Simeone-DiFrancesco & Simeone, 2016a, 2016b), 양식 탐색과 치료 단계(Simeone-DiFrancesco, 2011), 심리도식 양식모델의 세부적 이해, 양식 주기, 치료의 방법들(즉, 심상 재구성하기와 의자작업 기법의 세부사항) 그리고 충돌카드 사용(Roediger & Jacob, 2010; Roediger, 2011; Roediger & Laireiter, 2013), 아동, 부모 그리고 보상양식으로부터의 유아양식의 구별(Stevens, 2012b)과 더불어 심리도식치료의 이론과 실제에 기여를 해 왔다. 우리는 이 책이 단순한 '방법론'적 매뉴얼로 읽히는 것보다 임상작업의 실질적인 지침으로 읽히기를 기대한다.

우리는 경험 많은 실무자들에게 어렵고 까다로운 부부를 위한 치료 지침을 위한 지도를 제공할 것이다. 우리는 경험을 통해 부부에게 심리도식치료를 사용하는 것이 지속적인 관계 변화로 이어질 수 있다는 것을 발견했다.

심리도식치료가 제공하는 것

1. 숨겨진 것과 보이는 것

부부간의 가장 흔한 충돌은 성격의 미숙한 부분에서 일어난다. 사실 성격장애의 영향에 대한 관계치료에는 거대한 침묵이 흐르고 있다. 연구는 이러한 특성들이 매우 흔하다는 것을 입증했다. 일반 인구의 23%만이 비교적 자유롭고, 70% 이상의 사람은 '어느 정도의 성격장애'를 가지고 있다(Yang et al., 2010).

인성 특성이 관계를 어렵게 한다는 것은 일리가 있다. 우리는 성격(personality)에 끌리지만 인성(character)과 함께 산다. 성격 취약성을 설명하는 또 다른 방법인 장기적 인성 문제가 있다면 관계의 어려움은 불가피하다.

> Richard는 어쩌면 지루함을 해소하기 위해서 '불꽃'과 같이 많고 짧은 성적인 관계를 가진 적이 있다. 연인들이 '애정을 더 갈구하게' 되면 그는 떠나곤 했다. 그는 어렸을 때 성적 학대를 받았으며 부모나 양부모에게 따뜻함이나 보호를 받은 적이 없다. 그는 비판만 받았을 뿐이었다. 결국 그는 아이들을 키울 수 있는 안정적인 관계를 원해서 Carol과 결혼했다. 그가 바람을 피웠을 때, 그것은 그의 아내에게 엄청난 충격이었다. Richard는 갈등을 피했기 때문에 이러한 문제를 말하는 것조차 어려웠다. 분명하지 않은 많은 일이 이 관계에서 일어나고 있었다.

어떤 부부들은 심지어 별거와 이혼의 지점에 이르렀을 때까지도 어떠한 문제도 부인한다. 그러나 그들의 관계 악화의 밑바탕에는 숨겨진 충돌의 오랜 내력이 있다.

성찰 여러분은 어떤 부부가 가장 치료하기 어려웠는가? 왜 그랬는가? 여러분은 성격장애의 특징들을 알고 있는가?

2. 증거 청취

현재 관계에서 위기가 있는 부부들은 보통 치료에 참석한다. 그렇다면 관계를 위해 사용할 수 있는 증거기반 치료법을 간단하게 사용하는 것은 어떨까? 답은 간단하지 않다. 여기 좋은 연구가 있다. John Gottman(1999)은 그의 '사랑의 실험'을 통해 우리가 알고 있는 것에 엄청난 기여를 했다. 그는 몇 년간의 과정들에 대한 종단적 자료를 제공해 왔다. 여기에는 광범위한 연구에 철저히 바탕을 둔 이해하기 쉬운 원칙들이 포함된다. 이것은 우리의 실상을 알려 줄 수 있다. Gottman과 동료들은 아직 무작위 대조시험의 연구를 시작하지 않았지만, 그의 연구는 "내담자 특성, 문화, 선호의 맥락에서 임상적 전문지식을 가진 최고의 연구들을 통합하는 것"이라는 미국심리학회(American Psychological Association: APA)의 증거기반 실천에 대한 정책 발표의 기준을 충족시킬 것이다(APA, 2006 참조).

Sexton과 Gordon(2009)은 다음과 같은 3가지 수준의 증거를 구별했다.

1. 기존의 증거에 기반을 둔 증거 정보의 개입
2. 가능성이 높은 개입이지만 예비결과는 복제되지 않음
3. 개입을 다루도록 고안된 임상적 문제에 대한 효과를 입증하는 체계적 양질의 증거를 가진 증거기반치료

부부 행동치료(behavioral marital therapy; Jacobson & Margolin, 1979), 부부 인지행동치료(cognitive behavioral marital therapy; Baucom & Epstein, 1990), 통합적 부부치료(integrative couples therapy; Jacobson & Christensen, 1996), 정서중심 부부치료(Emotion-focused therapy for couples; EFT-C; Greenberg & Goldman, 2008)에 대한 수준 3의 지지가 있다.

우리의 경험에 의하면, 정서중심 부부치료는 많은 경우 대부분의 부부와 함께 작업한다. 그러나 성격장애 부부(또는 진단은 아니더라도 특성이 강한 부부)에 대해서는 특별한 증거기반 치료법이 없다. 존재하고 있는 것은 성격장애, 초기 경계성 성격장애(BPD)를 가진 개인에 대한 개인치료의 효과에 대한 증거이다. 다루기 어려운 부부들은 심리도식치료 또는 변증법적 행동치료(dialectical behavior therapy; Linehan, 1993)로 강화된 접근이 필요할지도 모른다는 것이 임상적으로 타당하다. 두 사람 모두 인성의 뿌리 깊은 측면을 변화시키기 위한 강력한 개입을 채택하고 있다. 2010년 개관에서는 변증법적 행동치료가 수준 3의 증거를 가지고 있고, 심리도식치료는 경계성 성격장애로 진단된 성인들의 효과성에 대한 수준 2의 증거

를 가지고 있다고 결론을 내렸다(APS, 2010, p. 112). 집단을 이용한 경계성 성격장애 입원환자의 심리도식치료에 관한 연구에서는 큰 효과크기가 보고되었으며(Farrell & Shaw, 2012), 최근에는 다른 성격장애에 대한 심리도식치료의 효과를 나타내는 연구가 있다(Bamelis et al., 2014).

우리는 심리도식치료가 변증법적 행동치료보다 큰 장점이 있다고 믿기 때문에[1] 부부들과의 작업에 심리도식치료를 적용하는 것(부부 심리도식치료)이 이 책의 초점이다. 우리는 그것이 이미 심리도식치료 사례개념화와 개인 및 집단 치료의 개입에 의해 증명된 몇 가지 강점을 가지고 있다는 것을 증명하기를 바란다.

3. 단순한 인지치료를 넘어서

심리도식치료의 강점 중 하나는 개념적 명료성과 이해의 용이성의 장점을 가진 인지치료에서의 기원이다. 이제 21세기에는 대화보다 훨씬 더 많은 것을 포함한다. 여기에는 비언어적 인지(심상)와 상징화 기법(Rosner et al., 2004)이 모두 포함된다. 그것은 본질적으로 통합적이다.

Aaron Beck(1963)은 '인지혁명'을 일으켰는데, 이것이 현재 우울증 치료를 위해 널리 연구되고 있는 인지행동치료로 발전했다. 이 접근법은 모든 범위의 심리장애에 적용되었다. 그러나 인지행동치료는 성격장애에서 그다지 효과적이지 않아 변증법적 행동치료, 심리도식치료 등 '제3의 물결' 치료법으로 이어졌다.

Beck이 도식을 언급했을 때, 그것은 자신에 대한 부정적인 믿음의 집합체라는 의미가 강했다. 유사한 도식적 이해는 Theodore Millon의 작업에 기초하는데, 거기서는 역기능적 패턴이 성격장애의 기초가 된다(Millon, 1990). Jesse Wright와 동료들은 이 접근방식을 따랐고, 사람들이 전형적으로 다양한 종류의 도식을 가지고 있다고 언급했다. "가장 심각한 증상이나 깊은 절망감을 가진 환자들도 그들이 대처하는 데 도움을 줄 수 있는 적응적 도식들을 가지고 있다. 긍정지향적인 믿음들을 밝혀내고 강화시키려는 노력들은 상당히 생산적일 수 있다."(Wright, 2006, p. 174)

1) 변증법적 행동치료는 효과적이기는 하지만 본질적으로는 '현시점' 인지치료이다. 그것은 또한 '지혜로운 마음'이나 '건강한 성인'이 항상 이용 가능하다는 가정을 하고, 심리도식치료는 그렇지 않은 경우를 다룬다. 심리도식치료는 또한 성인 문제의 발달적 기원으로 돌아가서, 재양육 관계에서 내재된 심상작업을 통해 학대와 외상의 경험을 효과적으로 '치료'한다.

4. Jeff Young과 심리도식치료의 발전

심리도식치료는 다루기 어려운 사람들을 치료하기 위한 목적에서 인지치료로부터 개발되었다. Jeffery Young 등(2003)은 방임과 유해한 어린 시절 경험들을 부적응적 도식들로 연결했다. 그것들은 미충족된 부모의 보살핌과 지원뿐만 아니라 어린아이의 충족되지 않은 중요한 욕구들, 예를 들어 가족 간의 다툼, 거부, 적대감, 또는 부모, 교육자 및 또래들로부터의 공격과 같은 부정적인 경험들에 대한 적응을 반영한다(van Genderen et al., 2012). 이 접근법은 좀 더 정서적인 초점을 가지고 있고, 심리적 문제의 어린 시절/청소년기의 기원을 적극적으로 탐색할 것이다.

Young은 포괄적인 초기부적응도식을 확인했는데, 그것은 "발달 초기에 시작되어 전 생애에 걸쳐 반복되는 자기패배적인 정서적 · 인지적 패턴"으로 정의되었다(Young et al., 2003, p. 7). 심리도식은 임상적 관찰로 확인된다(Arntz & Jacob, 2013). 이러한 패턴의 표현은 심각성과 만연성의 수준에 따라 다르다. 심리도식 활성화는 Young에 의해서 개념화되었다. 심리도식의 심각도는 쉽게 활성화되는 정도와 영향의 강도 및 고통의 지속성 정도에 따라 구분된다(Young et al., 2003, p. 9).

심리도식치료는 아이와 이후에 성인의 세계에 청사진을 제공한다. 심리도식들은 그 어린 아이에게는 약간의 생존 가치를 가지고 있는 반면(Kellogg, 2004), 성인기에는 "개인의 의식적 인식 측면에서 자주 나타나지 않음에도 강하게 유지되며, 부정확하고 역기능적이며, 제한적이다"(Farrell & Shaw, 2012, p. 9).

심리도식에 대한 Young 등(2003)의 이해는 다양한 원천에 기초한다. 실제로 그들은 Beck의 '개정된' 모델, 정신분석적 치료(psychoanalytic therapy), Bowlby의 애착이론(attachment therapy, 특히 내적 작동모델), 정서중심치료(emotion-focused therapy: EFT)를 포함한 주요 접근법과의 유사점과 차이점을 개괄했다. 심리도식치료는 교류분석(transactional analysis)과 게슈탈트 치료(gestalt therapy)에서 개작된 기술들이 통합되어 있다(Edwards & Arntz, 2012). Jeffery Young(2012)은 심리도식치료를 체계적 함축적 의미를 지닌 개별 치료법으로 묘사했다. 광범위하고, 적용이 가능하며 이해하기 쉬워서 더 폭넓은 적용을 장려한다.

Young(1999, p. 20)은 또한 치료에 대한 5가지 과제로 볼 수 있는 5가지 '영역'의 어린 시절 욕구를 확인했다.

- 유대감과 수용

• 자율성과 수행
• 현실적 한계
• 내적 지향성과 자기표현
• 자발성과 즐거움

5. 심리도식 모델

Young은 다음의 18가지 심리도식을 확인했다. 유기(불안정), 불신–학대, 정서적 결핍, 결함–수치심, 사회적 고립(소외), 의존성–무능감, 위험 또는 질병에 대한 취약성, 융합(미발달된 자기), 실패(성취에 대한), 특권의식–과대성, 부족한 자기통제(혹은 자기훈련), 복종, 자기희생, 승인 추구(인정 추구), 부정성–비관주의, 정서적 억제, 엄격한 기준(과잉비판), 처벌. 부적응적 도식들은 사람들이 자신의 욕구를 인식하고 경험하며 충족시키는 것을 방해한다(Arntz & Jacob, 2013).

성찰 **여러분은 심리도식을 취약성의 패턴들로 생각할 수도 있고, 어린 시절에 정서적 학습이 이루어졌던 영역으로 생각할 수도 있다.**

Young은 또한 굴복, 회피, 특정 대처행동으로 이어지는 보상 등 심리도식 취약성에 대한 반응패턴들을 살펴보았다. 18가지의 부적응도식은 특히 3가지 반응패턴과 결합될 때 매우 이해하기 쉽다. 그러나 치료상의 어려움은 다음과 같다.

1. 복잡함: 반응패턴들이 있는 심리도식의 전체 목록은 잠재적으로 54개의 심리도식 대처표현이 있다. 대부분의 사람은 특징적인 반응패턴들을 가진 몇 개의 심리도식을 가지고 있을 수 있지만, 경계성 성격장애를 지닌 사람들 같이 더 많은 정신장애를 가진 사람들은 전형적으로 많은 심리도식에 의해 어려움을 겪을 것이다. 이것은 상당한 복잡성으로 이어진다.
2. 불안정성: 기능이 저하된 내담자들의 상대적 불안정성으로 인해 어려움이 더해진다. 한 회기 내에서 치료자가 추적해야 하는 다양한 심리도식 활성화와 대처행동 사이에 '반전'이 자주 발생할 수 있다. 이러한 어려움은 치료의 '현시점'에서 심리도식 활성화를 설명하는 양식의 개발로 이어졌다.
3. 부부 상호작용: 변덕스러운 부부들은 개인치료를 하는 경우보다 더 불안정한 방식으로

표출한다. 따라서 반응의 강도, 회기에서 더 자주 일어나는 반전 그리고 변화 추적의 어려움은 진정한 치료적인 도전이다. 양식들(6장의 '6. 부부의 양식주기'에서 정의됨)은 '여러분이 보는 것'이기 때문에 변화하는 상태를 볼 수 있고, 회기 내의 지금-여기에서 일어나고 있는 것을 목표로 개입할 수 있다.

하지만 치료자가 심리도식적 측면에서 계속해서 생각하는 것은 매우 유용하다. 이것은 유용한 임상적 맥락을 제공한다. 그것은 보다 명확한 양식의 제시 뒤에 있는 '심층적인 그림'이다.

6. 양식모델 소개

Young이 심각하게 기능이 떨어져 있는 경계성 성격장애 환자들과 작업하기 시작했을 때, 그는 곧 그의 심리도식 모델이 너무 복잡하다는 것을 알게 되었고, 그래서 다른 개념화를 찾아보았다. 그는 심리도식의 촉발은 도식이 활성화된 상태이며 양식이라고 설명한다(최초로 '방식' 혹은 '심리도식 상태'로 불렀다). 양식(mode)이란 심리도식(schema)을 나타내는 방법이다. 양식은 또한 여러 심리도식의 표현일 수 있으며, 다른 대처방식들을 포함할 수 있다(van Genderen et al., 2012). 심리도식 활성화에 대한 반응의 수는 무한정하다.

우리는 실제로 심리도식을 보는 것이 아니고, 단지 현재 경험의 활성화만을 본다(Kellogg & Young, 2006; Roediger, 2012b, p. 3). 양식을 인식하는 것은 치료자가 '행동'을 볼 수 있도록 도와준다. 그러므로 양식은 심리도식 취약성의 일시적인 표현이다. 여기에는 성격의 정서적 · 인지적 · 행동적 차원이 포함된다(이것은 심리도식치료에서 더 깊이 통합되었다; Farrell & Shaw, 2012). 여러분이 심리도식을 가지고 있는 한 여러분은 양식 안에 있다.

양식들의 주요 집단은 다음과 같다([그림 1-1] 참조; 양식모델에 대한 자세한 설명은 6장의 '2. 심리도식 양식모델 세부사항' 참조).

1. 아동양식: 신체 기관계의 활성화로서 간주되며, 기본적 정서를 이끌어 내는 애착과 자기주장성이 그 예이다.
2. 내적 부모양식: 유아기부터 아동이 들은 메시지, 신념, 감정 등을 보존하는 내재화된 부모양식
3. 부적응적 대처양식: 사회적 정서들을 포함한 아동 및 부모양식의 상호작용에 의해 가

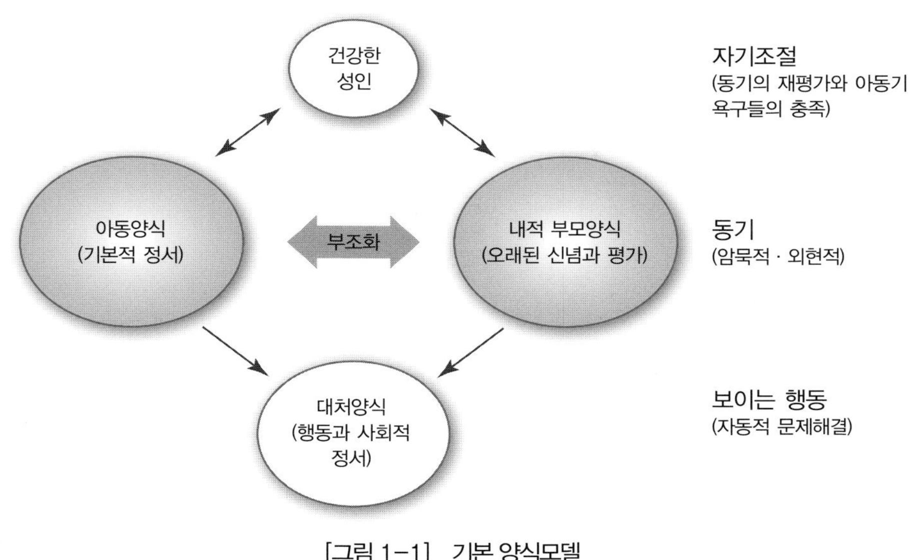

[그림 1-1] 기본 양식모델

시적 행동들로서 나타나는 부적응 대처양식

4. 건강한 양식: '건강한 성인'과 '행복한 아동'의 통합적이고 적응적인 양식

심리도식치료는 성인의 대인관계 문제를 어린 시절에 고착된 부정적 심리도식들의 결과로 본다. 이러한 심리도식은 거의 변함이 없다. 일단 촉발되면 그 심리도식들은 고통스러워하는 아동으로서 다시 반응하게 되는데, 그때와 같은 감정, 평가와 긴장감을 되살린다. 여러분은 그것을 타임머신에 발을 들여놓은 후 유년기로 돌아가는 사람과 비슷한 반응으로 비유할 수도 있다. 성인은 다시 아이가 된다. 따라서 이 상태를 아동양식이라고 부른다.

아동양식의 활성화는 핵심욕구가 충족되지 않았음을 나타낸다(행복한 아동양식은 제외). 보통 사람은 어떤 충족을 추구한다. 이런 식으로 아동양식들에는 신호의 특성이 있다.

Young은 심리도식 치료자가 '제한된 재양육'으로 대응하자고 제안했다. 이러한 개입은 치료자에 대한 의존을 억제하는 치료법과 다를 수 있다. 그러나 아동의 욕구들이 더 일관되게 충족될 때, 내담자는 먼저 우리의 재양육에 의해, 그다음에는 내담자의 건강한 성인양식에 의해 그리고 어쩌면 그들의 배우자의 건강한 성인양식에 의해 더 강하게 성장할 것이다. 이것이 바로 개인과 부부 모두 심리도식치료를 통해 추구하는 결과이다.

성찰 **여러분은 이것이 애착이론과 유사할 것이라고 생각하는가? 애착이론의 관점에서 본다면, 그 가정은 안정 애착 아동들이 더 자율적일 것이라는 것이다.**

Vera는 대단히 충격적인 어린 시절을 보냈는데 알코올 중독자인 홀어머니에게서 방치되어 양육되었다. 삼촌은 상습적으로 그녀를 성적으로 학대했다. 그녀는 어머니와 불안정 애착관계를 형성했다. 그녀의 심리도식 치료자는 그녀에게서 수많은 심리도식을 발견하였는데, 그것은 유기, 불신–학대, 정서적 억제, 의존, 결함–수치심과 복종을 포함한다. 치료자는 상담회기 동안 그녀가 매우 불안정하다는 것을 발견했다. Vera는 활성화된 양식들 사이에서 끊임없이 변화하였고(우리가 말하는 '반전'), 그녀의 괴로운 심리상태가 수많은 심리도식에 의해 압도된 것처럼 보였다. 따라서 치료자는 심리도식들에 의해 채워진 그녀의 상태에 초점을 맞추기 위해서 양식 개념화를 사용했다. 이러한 작업은 심리도식 치료자가 어떻게 Vera와 관계할 수 있는지, 어떻게 도움을 줄 수 있는지를 계속적으로 파악하기 쉽게 만들어 준다. 또 Vera가 스스로를 이해하는 데에도 도움이 된다. 초기의 상담회기에서 Vera는 대체적으로 '취약한 아동양식'이나 '화난 아동양식' 상태에 있었는데, 어떤 심리도식들이 그녀를 그러한 양식으로 만들었는지와는 별개로 그 양식들은 그때 그 상황에서 다루어져야 할 필요가 있는 것이었다. 치료자는 또한 Vera가 계속해서 취약한 아동양식을 유지하도록 함으로써 그녀의 충족되지 못했던 욕구들—어린 시절의 정서적 유산을 뒤집는—을 채울 수 있게 했다. 이것은 부모적 자원으로서 Vera와 치료자를 연결시켜 주는 데 도움이 되었다. 그 후 이것은 Vera가 배우자와 건강한 방식으로 자신의 욕구를 충족시킬 수 있게 해 주었다.

치료적 조언 일단 심리도식이 활성화되면, 그 사람은 아동양식에 머무를 수 있다. 이 상태에서는 우리가 아동들과 이야기하듯이 내담자를 부드럽게 다루어야 한다. 아동과 관련된 욕구들은 안심, 확신, 공감적 제한 설정, 부모양식 차단 등을 통해 충족되어야 한다.

요약하자면, 심리도식은 반응하려는 경향성의 특성이다. 양식은 정신적 상태이다. 심리도식이 활성화되지 않는 한 그것들은 배경에 남는다. 일단 활성화되면, 심리도식은 양식이라고 불리는 끊임없이 변화하는 상태로 나타난다. 우리는 심리도식과 직접적으로 작업할 수 없고, 오직 활성화된 심리도식 혹은 양식에서만 직접 작업할 수 있다. 이것은 효과적인 치료 계획을 가능하게 하기 위해서 잠재적인 개입과 통합하기 때문에 사례개념화에 도움이 될 수 있다(van Genderen, 2012). 우리는 8장의 '2. 양식지도'와 같은 몇 가지 유용한 자원을 소개한다.

치료적 조언 치료 초기에, 보통 처음 2, 3회기 이내에 양식모델을 소개하도록 노력하라(Arntz & Jacob, 2013).

7. 부부와 함께하는 작업의 도전

이것이 어떻게 우리가 부부관계를 이해하는 데 도움을 줄 수 있을까? 심리도식들과 양식들은 관계 역동에 대한 포괄적인 이해의 틀을 제공하는 데 도움이 된다. 어떤 사람이 그들 자신의 관계를 이해하기를 원한다면, 또는 우리가 개인치료 작업을 하고 있을 때, 개인의 심리도식을 초점화하는 것의 복잡성은 부부보다는 덜 도전적이다. 사실 어떤 심리도식 문제는 비교적 간단하다(예를 들어, 융합도식과 함께 작업하고 있다면, 이는 하나의 관계에 집중할 수 있게 해 준다). 이러한 경우, 특정한 어려움과 관련된 단일한 심리도식을 가지고 작업하는 것이 가장 쉬울 것이다.

Natalie는 Sigmund를 부부치료에 데려왔다. 그녀는 남편이 지난 12개월 동안 감춰 왔던 불륜관계를 알아차렸다. 그녀는 자신들의 부부관계에서 취약점을 이해하고 싶었다. "왜 이런 일이 일어난 거지?" Sigmund는 깊이 뉘우쳤고 결혼생활을 다시 회복하고 싶었다. 부부 심리도식 치료를 통해서 Natalie는 그녀가 가지고 있는 정서적 억제와 엄격한 기준의 심리도식의 취약성을 직면했다. Sigmund는 특권의식 심리도식과 관련하여 자신의 행동을 살펴보았다. 둘 다 어린 시절 경험의 영향을 크게 받았는데, 그것은 재양육 심상을 통해서 다루어졌다. 행동패턴 파괴는 신뢰를 회복하는 데 아주 중요했다.

그러나 양식들을 이해하는 것은 치료 중인 개인과 부부 모두에게 경험적 과정 전체를 풍부하게 한다. 그것은 부부에 대한 심리도식 상호작용적 주기의 복잡성을 감소시킨다. 양식을 사용하는 것은 일반적으로 부부 심리도식치료를 수행하는 가장 실용적인 방법이다. 왜냐하면 그것은 치료 초기에 불필요한 세부사항으로 범람되지 않고, 양식주기와 충족되지 않은 '욕구'의 공통 요소들을 순서대로 배열하여 양식들 간의 충돌을 보여 줌으로써 현재 상호작용에 대한 현시점 접근을 가능하게 하기 때문이다. 양식들을 활용하여 작업하면 몇 번의 부부회기 안에 방향성과 즉각적인 이득을 얻을 수 있다.

8. 제한적인 전문적 문헌

부부들을 대상으로 한 심리도식 작업과 관련하여 출판된 것은 많지 않다. 인지(치료) 문헌에 대한 다소 오래된 개관이 Wisman과 Uewbelacker(2007)의 '부부치료와 연구에서의 부적응적 심리도식과 핵심신념'이라는 장에서 제공되었다. 심리도식에 대한 초점은 인지적이었고, 기껏해야 인지행동치료의 개관을 제공하며, 일부 인지적 측정으로 첨부되었지만 치료의 측면에서 창의적이거나 최첨단으로 간주될 수 있는 것은 거의 없었다. 저자들은 "지금까지 발표된 어떤 연구도 부적응적 도식들이나 핵심신념들을 수정하는 데 특별히 전념하는 인지치료의 효과를 평가하지 않았다."라고 결론을 내렸다(Wisman & Uewbelacker, 2007, p. 216). Travis Atkinson(2012)은 최근에 출판된 『Wiley-Blackwell 심리도식치료 핸드북(Wiley-Blackwell Handbook of Schema Therapy)』(van Vreeswijk et al., 2012a)의 한 장을 집필했다. 그는 심리도식치료가 "부부들의 치료자가 관계 고통의 핵심 부적응 주제를 평가하고 차별화하는 데 도움이 되는 광범위한 나침반"을 제공한다고 주장했다(Atkinson, 2012, p. 323).

성찰 **여러분이 부부치료에서 늘 원했던 것은 무엇인가?**

심리도식치료는 다음과 같은 내용을 제공한다.

1. 언어: 심리도식치료는 자기 자신 그리고 타인과의 관계에서 쉽게 이해되는 패턴의 언어를 사용한다. 심리도식, 대처방식, 양식과 같은 주요 개념들은 이해하기 쉽다. 사실 그 생각은 상식적인 심리학에 가깝다. 그 개념들은 교육하고, 과거의 경험들을 이해시키고, 그들이 현재 관련 있다고 느끼는 것에 대해 자유롭게 말할 수 있도록 해 준다.
2. 어려움에의 집중: 치료하기 어려운 성격장애들은 정상적인 사안이며, 예외적인 경우로 다루지 않는다.
3. 효과적인 개입: 경험적 방법으로 제한된 재양육과 관련된 심상작업, 핵심신념들을 다루는 빈 의자 기법 그리고 행동패턴 파괴와 같은 효과적인 기법들이 있다. 심리도식을 변환하고 건강한 성인양식을 강화하는 것과 아동양식에 갇혀 있는 상대 배우자와 더 효과적으로 대화할 수 있는 방법에 대한 지침의 개념이 있다. 이런 식으로, 심리도식치료는 이전의 대인관계 경험의 관점에서 그것을 이해할 수 있도록 하며, 대인관계 행동의 가장 문제가 되는 측면을 현실적으로 다룰 수 있다.
4. 과거의 영향: 심리도식치료에서 치료자는 현재의 관계가 방해가 될 때 과거와 마주하기 위한 기법들을 가지고 있다. 이 접근법에서는 가족 기원의 작업을 강화시킬 수 있으며, 현재 관계에서 오는 부담을 덜어 줌으로써 어린 시절에 해결되지 않은 문제들의 유산 없이 치료과정에서 부부들이 새로운 시작을 할 수 있다. 여러분이 부부와 개인 상담회기에서 효과적인 균형을 찾음으로써 앞으로의 진전이 잘 유지될 수 있다.

5. 개별적 진행: 배우자의 참여 없이 관계를 향상시키기 위해서 많은 작업을 '혼자' 하는 것 또한 가능하다. 개인치료에서 부재한 배우자에 대한 대화 및 제한된 심리도식/양식개념화를 포함함으로써 활동 범위는 현재 당면한 문제를 넘어서 그 이상으로 넓어진다. 치료자는 그들의 관계에 의해 촉발될 수 있는 모든 심리도식의 취약점과 관련하여 개인과 작업하는데, 이는 치료의 사각지대를 감소시킨다. 부부 및 결혼에 관한 작업은 이 한 사람의 시나리오로도 상당한 성과를 낼 수 있다. 한 번의 회기만이라도 그동안 참여하지 않은 배우자와 함께하면 도움이 될 수 있으며, 심리도식 모델에서 참여하지 않은 배우자와 함께 작업하는 또 다른 치료자에게 풍부한 자료를 제공할 수 있다. 관계나 결혼은 두 사람의 결합이다. 한 배우자가 자신의 행동을 바꿀 때 그 관계는 변화한다. 비록 부부가 헤어지더라도 심리도식치료는 쓸데없는 일이 아니다. 왜냐하면 그것이 더 나은 관계를 위한 더욱 견고해진 기초를 제공해 줄 수 있기 때문이다.
6. 욕구: 치료자는 상담에서 핵심욕구를 채워 줄 수 있으며, 기능적인 자기개방과 욕구들 간의 소통을 위한 모델을 제공해 준다. 건강한 성인의 이러한 모델링은 그 부부에게 학습될 수 있다.
7. 통합적 과정: 심리도식치료에 적용된 경험적 기법들은 하나의 치료과정에서 인지적 · 정서적 그리고 행동적 변화를 통합한다. 기능적 행동은 초기부적응도식을 치유함으로써 강화될 수 있다.

심리도식치료는 기술적 절충 이상의 것을 제공한다. 다양한 학파의 다양한 관점과 통찰력을 통해 치료자들이 실행 가능한 실천으로 옮기는 일관되고 개념적으로 경제적인 모델을 갖춘 치료 시스템으로 깊이 있는 "동화적 통합(assimilative integration)"(Messer, 2001)이 있다(Edwards & Arntz, 2012, p. 20). 이 접근은 치료 계획과 긴밀하게 연결된 심리도식을 기반으로 한 사례개념화를 권장한다.

성찰 여러분은 왜 이 책을 읽고 있는가? 개인상담에서 심리도식치료를 사용한 적이 있으며 현재 부부상담을 진행할 때 시도해 보고 싶은가? 심리도식치료를 처음 접하고 성격장애의 특성을 작업하기 위해 효과적인 치료법을 찾기를 기대하고 있지는 않은가?

9. 부부 심리도식치료 단계에 대한 간략한 개요

다음은 치료의 개요를 제시하고 있다(익숙하지 않은 용어와 기법들이 이 책의 후반에 설명될 것이다).

1. 공감적 참여: 부부와 함께 정서적 연결고리를 만들라. 첫 회기에서의 도전은 '두 사람의 눈을 통해' 문제를 보는 것이다. 부부가 그들의 역기능적인 관계방식을 보여 줄 수 있도록 허용한다.
2. 동맹과 치료를 위한 첫 번째 계약: 이것은 관계에 대해서 작업하고 상대 배우자에게 고의적으로 나쁘게 행동하지 않는다는 관계에 대한 두 가지 약속을 포함할 수 있다(Hargrave, 2000).
3. 평가: 가능한 한 가계도를 사용하라. 심리도식치료 질문지 및 기타 자원을 활용하라. 성인의 관계 문제의 어린 시절 기원을 이해하는 데 집중하라. 어떤 문제들이 어디에 속할까? Young의 5가지 과제에 의해 확인할 수 있다. 향후 작업에 대한 참고로 양쪽 배우자에 대한 '양식지도'의 정보를 개념화하도록 노력하라.
4. 개념화: Young의 심리도식 화학적 반응, 충돌 및 잠금 측면에서 문제에 대한 부부 심리도식치료 이해를 명확히 한다. 끌림의 역학관계는 무엇인가? 교착상태의 문제들과 패턴들을 심리도식과 양식개념화에 넣으라. 양식주기 충돌카드를 역기능적 양식의 작동방식을 확인하기 위해 사용하라. 종합적이면서도 집중적인 치료 계획을 개발하라.
5. 치료개입: 주로 가장 두드러진 심리도식을 포함한 양식지도에 기초적인 개입을 하여 원가족으로부터의 유산을 처리한다. 양식충돌을 완화(de-escalate)한다. 심상작업, 제한된 재양육, 의자작업, 건강한 성인양식 강화 전략 및 행동패턴 파괴를 포함한 심리도식치료 개입을 사용하라. 개인회기와 부부회기의 균형을 맞추라. 역기능적 양식들에서 더 건강한 대처양식들로 옮겨 가라. 여기에는 심리도식 활성화와 양식충돌(양식주기 충돌카드, 양식대화, 공감적 직면과 공감적 연민)을 확인하고 완화하기 위한 부부 코칭이 포함된다. 가능하다면 서로에 대한 재양육과 나쁜 기억들을 다룰 수 있는 부부 상호작용을 격려하라. 부부는 재양육의 능력을 향상시키기 위해 대화 도구들과 특별한 기법들을 적용하는 법을 배운다.
6. 우정 형성하기: 연결 연습을 통해 우정을 쌓고(Gottman & Silver, 1999), 긍정적인 행동을 증가시키기 위해 보다 안전한 애착을 위한 구성요소를 제공하라(부부 정서중심치료와 유

사함). 부부에게 그들 자신의 관계에 대한 책임을 지도록 격려하라. 건강한 성인 및 행복한 아동양식을 강화하라. 부부가 기술을 연습하고 그러한 기술을 사용하여 코치하기 위해 새로운 충돌을 사용하라. 갈등을 해결하기 위해 'A팀'이라는 개념을 사용하라.

7. 종결과 재발 방지: 정기적인 '재발 방지' 회기를 통해 성공적인 치료 종결을 위해 노력하라. 부부가 관계에 대한 이야기를 명확히 하고, 치료 경험을 통합하며, 미래의 양식충돌을 예측하는 방법을 배우고, 위기대처 계획을 세우도록 도우라. 정기적인 점검 및 재조정을 마련하라. 아마도 그 부부는 만약 문제가 재발하면 최소 한 회기 이상 치료로 기꺼이 돌아오겠다는 합의를 만들 수 있을 것이다.

성찰 부부 심리도식치료 개요를 살펴보면 어떤 측면이 실천에 옮기기 쉽다고 생각하는가? 무엇이 매우 힘든 부분일까? 더 발전된 기술을 시도하기 전에 자신감과 기술을 쌓기 위해 작은 시도를 실행해 보는 것에 대해 생각해 보자.

요약

이 장에서는 먼저 심리도식에 대해서, 그다음에는 양식을 가지고 어떻게 개발했는지를 포함한 심리도식치료의 정의적 특징들의 일부분을 소개했다. 초점은 항상 어려운 사람들을 치료하는 데 맞춰 왔으며, 특히 집단치료 프로그램에서 개인에 대한 치료 효과의 증거가 늘어나고 있다. 부부 심리도식치료는 부부치료와 유사한 개입을 사용하도록 설계되었다. 이 장에서는 부부치료의 단계들을 개괄적으로 정리했다.

최초 계약과 첫 번째 면담

성경의 첫 번째 책인 『창세기(Genesis)』에서 신은 창조했다. 우리는 부부들과 함께 작업하는 데 있어서 비슷한 임무를 가지고 있다. 그것은 혼돈에서 질서를 이끌어 내는 것이다. 대부분의 부부는 위기에 처해 있을 때 찾아오며, 관계상의 문제에 대한 상대방에 대한 상호 비난을 제외하고는 거의 예측이 불가능하다. '상대만 바뀌면 행복할 것'이라는 거의 보편적인 믿음을 가지고 있다.

1. 첫 번째 면담

첫 번째 면담은 첫 번째 만남부터 시작한다. 일반적으로 더 많은 고통(혹은 불안)을 겪는 사람이 전화를 걸어 첫 회기를 준비한다. 예외는 두 사람 중 한 명이 이미 관계를 떠나기로 결정한 후 버려진 배우자를 돌보는 사람(치료자)에게 맡기고 싶어 하는 경우이다. 그러한 의제들이 항상 분명한 것은 아니다. 또 다른 시나리오에서는 한 사람이 관계를 유지하고 싶어 하지만 다른 한 사람은 찾아오기를 거부한다.

첫 번째 회기는 의미 있는 많은 단서를 제공해 줄 것이다. 그들은 여러분에게 어떻게 인사하는가? 이름은? 공식적으로, 씨, 님 또는 박사와 함께? 아니면 "우리는 너무 절박해서 정신과 의사를 만나야 해."라고 하지 않을까? 이것은 예상되는 관계의 일부를 나타내며, 아마도 있을 수 있는 심리도식이나 양식의 첫 조짐을 제공할 것이다. 그 부부는 어디에 앉기를 선택하는가? 부부간의 고통에 시달리는 사람들은 가능한 한 멀리 떨어져 앉아 있는 경향이 있을 것이다! 면담을 주선했던 사람이 치료자에게 더 가까이 앉게 될 것이라는 사실을 발견할지도 모른다. 이는 그들이 자신의 동맹자를 찾았다고 믿는 것을 암시하는 것이다.

일반적으로 두 사람 중 한 명은 오는 것을 더 꺼린다. 그 혹은 그녀는 이미 관계에서 강하게 물러나 있을지도 모른다. 효과적인 부부치료가 되려면, 치료자가 멀리 떨어져 있는 그 사람을 참여시키는 것이 최우선 과제이다(Johnson, 2004). 그 개인에게 상당한 관심을 기울이고, 그들의 관점을 확인하도록 하고, 그들이 경험한 것에 매우 공감하도록 노력하라. 오직 이렇게 해야만 부부와 치료 동맹을 맺을 수 있다. 상대방의 말을 듣고 이해하려고 노력하라. 하지만 치료자는 대개 그나 그녀에게 더 많이 허용한다. 들어주고 이해받았다고 느끼는 사람들만이 다시 한 번 상담을 받고 싶어 할 것이다.

때로는 자기개방 방법으로 부부에게 치료자의 첫인상을 심어 주는 것이 도움이 된다.

> 제 생각엔 Nancy, 당신은 이 치료가 도움이 될 것이라고 더 확신하는 것 같아요. 유감스럽지만 Tom, 당신은 '마음이 콩밭에 가 있어요.' 그래서 저의 첫 번째 과제는 이 과정이 당신에게 또한 유용할 수 있는 방법을 찾는 것입니다. 그래서 처음에 나는 Nancy보다 당신과 더 많은 이야기를 할 것입니다. Nancy, 저는 당신이 관계를 위해서 이것을 참을 수 있기를 바랍니다. 너무 많이 낙오되고 있다고 느낄 때 저에게 신호를 좀 주세요, 알겠죠?

원치 않는 결과(Tom이 치료를 떠나는 것)를 공개적으로 다루는 것은 대립하는 것처럼 보일 수 있지만, 이는 치료에 대한 현실적인 참여 가능성을 높이고 부부 심리도식치료의 기본으로서 투명성을 보여 준다.

2. 제시된 문제

보통 부부들은 몇 가지 '표적으로 삼는 불만들'을 갖고 있을 것이다. 이러한 것들을 균형 있는 방식으로 이끌어 내고, 관계에서 둘 다에게 동등한 관심을 기울이려고 노력한 다음, 불만들을 현실적인 목표들로 바꾸는 것이 중요하다.

첫째, 2가지 관점에 대한 초기 이해를 달성하기 위해 노력하라. 아마도 폭력, 불륜, 재정적인 무책임, 물질남용 또는 범죄 활동의 사건이나 패턴과 같은 '부적절한 행동' 때문에 부부가 왔을 때 이것은 어려울 수 있다.

> Martius와 Mary는 업무용 컴퓨터로 아동 포르노에 접속한 혐의로 기소된 후 상담을 받으러 왔다. Mary는 당연히 충격을 받았지만, 가능하다면 그들의 결혼생활을 유지하고 싶었다.

치료자는 판단력이 있다고 느낄지 모르지만, 부부와 잘 작업하기 위해서는 그들이 세상과 서로를 보는 방식에 공감적으로 몰입할 필요가 있다. 이것은 부부치료의 기초이다. 나쁜 행동이 왜 정당화되는지 또는 심지어 왜 필요한지 이해하기 시작할 때 치료자는 그것에 도달했을 것이다. 실제로 성격장애 부부들과 작업하고 있다면, 치료자는 어느 정도 관계를 손상시켰을지도 모르는 충동적인 행동이 있었다는 것을 확신할 수 있다.

치료적 조언 **부적응적 대처행동('욕구'와 '바람'은 11장에서 자세히 검토됨) 이면의 욕구에 대해 이해하려고 노력하라.**

때때로 부부는 어려움에 대해 작업하도록 똑같이 동기부여를 받을 것이다. 이것은 좋은 예후 신호이다. 때때로 부부는 둘 다 관계를 끝내고 싶어 할 것이다. 이 경우에 그들, 그들의 자녀 그리고 그들의 확대가족에게 최소한의 상처를 주는 것이 가치 있는 치료의 목표가 될 수 있다.

가능하다면 부부들을 대상으로 한 첫 약속에 60~90분 정도 시간을 잡으라. 보통 예비평가를 하기 위해서는 약간의 시간이 필요하다(자세한 내용은 3장에서 기술됨). 첫 번째 면담이 끝날 무렵, 어떤 치료자들은 "당신의 배우자가 여기 없는 상태에서 나에게만 할 수 있는 말이 있어요?"라고 물어볼 수 있도록 한 개인당 시간을 더 준다. 그러면 치료자는 폭력, 알코올 남용 또는 '어두운 비밀'에 대해 듣게 될 것이다. 물론 내담자에게 비판단적으로 보이는 것이 중요하다. 현재 진행 중인 사건이 있는지에 대해 구체적으로 질문을 하라. 보통 그에 대해 진실된 대답을 듣지만, 항상 그렇지는 않다. 이것이 치료의 진전에 영향을 미치는 강력한 비밀이다. 또 다른 유용한 질문은 "내가 당신을 돕기 위해 알아야 할 것이 있습니까?"이다.

경험이 많은 임상가들 사이에서 배우자가 공유하지 않는 비밀을 알아야 하는지에 대해 약간의 의견 차이가 있다. 이 문제의 찬반 양쪽에서 강력한 주장이 제기되었고, 단지 부부를 도울 수 있는 가능한 가장 정확한 정보를 갖고 싶어 하는 것이 우리의 선호일 뿐이다. 때로는 비밀을 아는 것이 우리를 난처한 입장에 놓이게 할 것이다. 심리도식치료에서는 대개 가족 기원의 문제들을 다루기 위해 개별적인 작업이 필요할 것이다. 이런 맥락에서 민감한 소재들이 나타날 가능성이 높기 때문에 치료자가 때때로 비밀을 가지고 다니는 것이 불가피할 수도 있다.

또 다른 관련 질문은 어떤 사람이 과거 사건을 공개하도록 장려할 것인가이다. 이 일은 조심하는 것이 현명하다. 당연히 현재의 긴박한 사건이 다뤄질 필요가 있겠지만, 과거의 일은 또 다른 문제이다. 잠자는 개를 꼭 건드려야만 하는가? 배우자에게 불륜에 대해 말하는 것의 1가지 이점은 그것이 치료과정 중에 알게 된 불륜의 손상보다 회복하기 쉽다는 것이다

(Atkinson, 2012). 그러나 어떤 폭로도 이미 고통받고 있는 부부의 위기를 증폭시킬 것이고, 그것은 아마도 그 관계에 종말적 타격이 될 것이다. 하지만 많은 부부는 그들의 관계를 강화하기까지 그 관계에 대해 기꺼이 작업하는 것 같다. 그러나 여러분이 좋은 결과를 예측할 수 없을 때 치료에 어떤 것을 도입하는 것은 무모할 수 있다.[1)]

첫 번째 회기에서 부부가 그들의 싸움방식을 보여 주는 것만큼 자연스러운 것은 없다. 이것은 중요한 정보를 제공한다. 그들은 침묵하고, 수동적이고, 서로 비난하며, 통제 불능이고, 빈정거리고, 폭력에 집착하고 있는가? 때로는 분명한 역할들이 있다. 하나는 순종적인 반면, 다른 하나는 공격적이고 위압적이다.

Libby는 겁에 질린 표정으로 방 안을 휙 둘러보았다. Brad는 그들의 문제가 쉽게 해결될 수 있다고 확신하였고, 심지어 독단적이었다. 그는 Libby가 해야 할 일은 자신에게 복종하는 것뿐이라고 생각하는 것 같았다.

어떤 문제에 대해 직접적으로 언급하는 것을 매우 꺼리는 것의 결과로 갈등의 어떤 표현도 금기시될 수 있다. 고착에서 벗어나기 위해 어떤 시도를 하는지 보는 것은 유익하다. 이것은 대개 제한된 범위의 대처방식과 제한된 적응 능력을 드러낼 것이다. 이 시점에서 여러분은 어떤 심리도식이 활성화되고 어떤 양식이 그들의 상호작용을 지배하는지 보기 시작할 것이다. 개인의 대표적인 양식주기를 주목하라. 고치려고 하는 시도가 있는가? 정서적 성숙의 징후들은? 또한 '가혹한 출발점'이 있는지 주목하라(Gottman & Silver, 1999).

명심해야 할 또 다른 질문은 "왜 지금인가?"이다. 보통 도움을 요청하기로 결정했을 때는 어떤 일이 일어났을 수 있다. 그것은 심한 싸움, 불륜, 떠나기로 한 결정, 재정 문제, 혹은 자살 생각이었는가? 만약 심각한 동반질환이 있다면, 정신과 의사, 외래환자실 또는 기관(예: 알코올 또는 약물 의존성 전문기관)과 함께 작업하는 것이 현명할 것이다. 만약 치료자가 살인, 자살, 만연한 물질남용, 또는 범죄 활동을 포함한 폭력과 같은 감당할 수 없는 위험과 마주한다면, 당신은 부부치료를 지연시킬 필요가 있을 것이다. 분노 관리나 알코올 프로그램이 완료된 후 치료를 제공하는 것은 그러한 문제를 해결하도록 하는 강력한 유인책이 될 수 있다.

치료적 조언 **치료의 초기에 조건을 설정하는 것(즉, 구조화하는 것)이 나중보다 훨씬 쉽다.**

1) 이와 관련된 매우 복잡한 윤리적 문제들도 있다. 개인회기와 관련된 '정보 계약의 공개'와 개인회기의 비밀보장 및 기록 작성에 대한 가족법 절차의 침해 가능성에 대해 생각해 보라. 또한 여러분이 이 관련 정보를 숨기고 있는 것에 대해 알지 못하고 배신감을 느낄 수 있는 배우자와의 치료적 관계에 대한 문제가 있다. 그런 문제들에는 많은 위태로움이 있으며, 위험이 없는 접근법은 없다.

3. 기대

여러분은 치료의 기대치에 대해 부부에게 확인하고 싶을 것이다. 그들은 상담이 어떻게 도움이 된다고 보는가? 치료자의 역할은 무엇인가? 두 배우자 모두 적극적으로 기여할 의향이 있는가? 이런 식으로, 치료자는 그들의 욕구를 충족시키는 데 어떤 역할을 할지와 그들의 관계에서 효과가 있을 것으로 기대되는 것이 무엇이 될지를 조정할 수 있다. 일부 성과 연구는 이 접근법이 가장 좋은 치료결과를 가지고 있음을 암시한다(Hubble et al., 1999).

치료가 얼마나 오래 걸릴지에 대해서 어느 정도 알려 주는 것이 도움이 된다. "두 분 모두 6회기 동안 뵙고 싶습니다. 여러분도 그때쯤이면 어느 정도 개선 가능하고, 우리가 재평가할 수 있습니다." 치료자는 자신이 이 문제를 어떻게 보고 있으며, 앞으로 나아갈 방법을 제안하는 것에 대해 전반적인 느낌을 주고 싶을지도 모른다.

만약 성격장애의 분명한 징후가 있다면, 치료자는 예후에서 훨씬 더 신중할 필요가 있을 것이다.

> 저에게 와 주셔서 다행입니다. 두 분 모두는 문제를 통제 불능한 것이라고 느낄지도 모릅니다. 이런 상황 때문에 두 분은 민감하게 반응하고 진행에 대해 확신이 없을 수 있지요. 저는 우리가 몇몇 개인적인 회기를 계획해야 한다고 생각합니다. 그러고 나서 두 분과 함께 작업할 준비가 되고 함께 상담을 할 준비가 되었을 때, 몇몇 부부회기—처음에는 각각 6회의 개인회기와 4회의 잠정적인 부부회기—로 구성됩니다. 그때도 크게 호전될 것이라고 장담할 수는 없지만, 이것이 과연 두 분에게 도움이 될 수 있는 과정인지 더 잘 알 수 있을 것입니다.

개선은 부부들이 적극적으로 참여함에 달려 있다는 것을 추가하는 것이 도움이 될 수 있는데, 숙제를 하는 것과 그들의 관계를 개선하기 위해 위험을 감수하는 것이 그 예이다. 치료자가 할 수 있는 것은 그 정도밖에 없다!

치료적 조언 치료자를 찾아오는 행동은 처음에는 안도를 느낄 수 있고 희망의 원천이 될 수 있지만, 두 사람 모두 이 일에 계속 참여하려면 진전이 빨리 이루어져야 한다. 때때로 이것은 처음에 무엇을 해야 할지 안내하는 것이며, 그래서 가능하다면 어려운 문제보다 더 쉬운 문제를 먼저 다루어야 한다.

4. 치료를 위한 '계약'

Hargrave(2000)는 부부간에 2가지 문제를 해결할 필요가 있다고 강조했다. 이는 배우자 둘 다 치료에 참여할 준비가 되어 있는 것에 관한 것이다. 각 배우자가 기꺼이 '옳음'의 입장을 포기하고 관계상 어려움에서 자신의 기여를 어느 정도 인정하는 것이 유용하다. Hargrave는 이를 '결혼의 본질적인 겸손'이라고 한다. 이것은 기본 계약의 일부를 형성하여 관계에서 작업 안정성을 제공한다. 2가지 요건은 다음과 같다.

1. 약속하라. 관계 회복에 힘쓸 필요가 있다(이른바 '탈출금지 조항'이라고 불려 온 것; Hendrix, 1988). 이것은 관계를 우선시하고, 만약 불륜이 있다면 적어도 합의된 기간 동안 보류하는 것이다. 여러분은 이것을 '부부로서 자신을 위한 해명과정' 작업으로 부드럽게 하고 싶을 것이다(그러나 적어도 일반적으로는 여전히 아무런 불륜이 없다). 더 깊은 수준에서 이것은 그 관계가 다시 정서적 욕구를 충족시킬 수도 있다는 희망을 다시 깨울 수 있게 해 준다.
2. 해를 입히지 말라. '첫 번째, 해를 입히지 말라(Primum non nocere).'라는 의료 원칙에 동의하라. 이것은 그 관계에 적용된다. 치료자가 부부에게 고의적으로 상대 배우자를 해치는 것을 자제해 달라고 부탁하면 된다. 여기에는 소극적인 태만과 공격적인 행동이 모두 포함된다(Hargrave, 2000). 모욕, 고함, 협박을 배제하라. 만약 물리적인 폭행의 전력이 있다면, 이 원칙은 또한 인정되어야 하며, 양쪽(그리고 치료자!)이 만족할 수 있도록 안전이 확립되어야 한다. 보복하고 싶은 기분은 이해할 수 있지만, 초기 합의는 좀 더 정중하게 행동하는 것이다. 그저 인간으로서 타인을 존중하는 것은 당연한 것이다.

부부가 이 약속을 하는 데 동의할 때까지 잠시 멈추는 것이 최선이다. 치료자는 평가 단계를 완료할 수 있고 사례개념화에 대해 생각할 수 있지만, 어느 정도의 약속 없이 그 점을 넘어 진전을 이루려고 노력하지 말라.

불륜은 관계를 위해 노력하겠다는 약속에 대한 잠재적인 장벽이다. 이것은 다양한 방법으로 나타날 수 있다. 만약 어떤 사람이 현재 배우자의 인식 없이 불륜을 저지르고 있다면, 절대적인 최소한의 조치는 불륜을 보류하겠다는 그들의 약속일 것이다. '조치'는 치료 중에는 절대 접촉하지 않는 것이다(전화, 문자 메시지, 이메일 포함). 만약 그들이 애인과의 관계를 끝낼 수 없다면, 접촉이 없는 합의된 기간(최소한 10주)을 협상할 필요가 있을 것이다. 이것은 그 사람이 관계에 집중할 수 있게 해 주고, 그들의 고통을 '다른 사람을 위로하는 것'으로 받아들이지 못하게 한다. 관계는 1차 관계에서 충족되어야 한다. 우리는 그들이 이미 어떤 종류의 정서적 또는 성적 관여를 의심하지 않는다면, 배우자에게 공개를 요구하지 않을 것이다. 이런 경우에 그 사건은 직관적으로 알려져 있고, 투명하지 않은 것은 배우자의 '현실 검증력'을 심각하게 손상시키는 것이다. 치료자는 성적으로 바람을 핀 사람이 의심하지 않은 배우자에게 위험을 주지 않기 위해 성 관련 검진을 받도록 요구할 수 있다.

치료적 조언 때때로 개인은 연인과의 만남을 계속 이어 가길 원하겠지만 전면 부정할 것이다. 슬픔의 징후가 있는지와 그 사람이 얼마나 적극적으로 치료에 참여하는지 자문해 보라.

불륜을 다루는 것에 대한 많은 논의는 논쟁적이다. 경험이 풍부한 부부치료 전문가들, 즉 관계 연구를 이끄는 치료자들은 전체적인 내용을 공개하는 것을 옹호한다.

부부에게는 좀 더 예의 바르게 행동할 필요가 있다. 슬프게도, 부부는 서로의 취약점을 알고 있고 종종 다양한 이유로 격분하기 때문에, 그들을 맹렬히 비난하는 것이 쉽다. 이것은 이해할 수 있지만, 만약 상담이 회복에 대한 희망을 계속 지니고 있다면 선의는 소중해진다. '선의'라는 말은 어설프게 들릴지 모르지만 큰 차이를 만든다. 상대 배우자에 대한 다음 2가지 의견을 비교해 보라.

John: 나는 Claire가 정말 괜찮은 사람이라는 것을 안다. 그녀가 바람을 피웠을 때 나는 믿을 수 없을 정도로 상처받았고, 그것에 대해 거짓말을 했지만, 나는 나의 긴 근무시간에 대해 그녀가 몹시 절망스러워했다는 것을 안다. 그녀는 좋은 엄마이고, 나는 가능하다면 가족관계를 함께 유지하고 싶다. 내 생각엔 우리가 해결할 수 있을 것 같다.

Betty: Bill과 결혼한 것은 내 인생에서 최악의 결정이었다. 우리의 종교적 · 사회적 신념 때문에 그와 함께할 수밖에 없지만, 나는 가끔 그런 사람과 맺어 준 것에 대해 하느님을 비난하며 그를 우주적 가학자로 생각한다. 나는 이것들을 견디는 법을 배워야 한다. 행복할 가망이 없다.

차이점은 선의이다. 선의를 가지면, 상대 배우자는 기본적으로 좋은 의도를 가진 좋은 사람으로 보인다. 신뢰 등 관계의 본질에서는 분명한 관련이 있지만, 중요한 것은 선의가 관계에서 '엔진'을 원활하게 작동시키는 '오일'과 같다는 것이다.

치료적 조언 Gottman(1999)은 인간관계에서 경멸을 독으로 인정했다. 만약 치료에서 이것이 명백해진다면 이 문제를 다루는 것이 현명할 것이다.

그렇다면 초기 목표는 그 관계에 대한 헌신, 신뢰성 그리고 책임감을 가지고 빠르게 어느 정도의 안정성을 확립하는 것이다. 이는 '행동 규칙'으로 합의하고 서면 계약을 고려하면서 강화될 수 있다. 바위가 아닌 모래 위에 집을 짓는다는 비유가 적절하다(마태복음 7:24-27).

성찰 **위기에서 부부를 안정시키기 위해 치료자로서 무엇을 하는가? 여러분은 지난 몇 년 동안 직업적으로 어떤 성공을 확인하였는가? 어떤 좌절인가? 여러분은 무엇을 더 잘할 수 있기를 원하는가?**

5. 안전 우선

초기 회기에서 '안전지대'를 만들어 보라(Johnson, 2005). 거기서부터 그 부부는 역기능이 이전에 그들의 관계를 규정했던 방식들과 직면할 수 있고, 그것이 더 잘 작동했을 때 예외들을 알아차릴 수 있다. 부부의 안전 수칙을 만들도록 돕는 데 있어 더 안전한 곳으로 나아가는 것은 하나의 과정이며 쉽게 달성할 수 없는 목표라는 것을 알아야 한다. 회기 내에 더 안전한 곳을 창출하기 위한 좋은 개입으로는 충돌 즉각 중지, 공감적 반영, 인정, 공감적 추론(경험을 탐색하고 확장하는 것), 안전 문제에 대한 협력적 문제해결 등이 있다(Johnson, 2005). 치료자는 관계에서 고통을 유지하는 부적응적 양식주기를 추적하고 확인한다. 관련 문제에 대한 구체적인 해결책을 개발하려고 노력하라.

Brenda는 Merv가 그들의 은행 계좌에서 돈을 인출하고 있다는 것을 발견했다. 그는 해외에서 전쟁 복무를 마치고 돌아온 후 쇼핑 중독에 빠졌다. 그 주기는 Brenda가 사소한 일로 그를 비난하고는 방어적이 되어 '입을 다물어 버리는 것'이었다. 이것은 그녀를 화나게 할 것이고, 그녀는 '인격 암살(비난)'을 할 것이다. 그러고 나서 그는 한 번에 최대 며칠씩 집을 떠나곤 했다. 부부치료자는 그들에게 그들의 욕구가 어떻게 충족되지 않고 있는지를 확인시켰다. 치료자는 Brenda의 즉각적인 문제를 해결하기 위하여 부부가 신용카드와 은행 계좌에 접근하는 방법을 몇 가지 변경하도록 권장했으며, Brenda는 심리학 실습에서 매주 만나는 마음챙김 집단에 참석하기로 동의했다.

6. 추가적인 우려

관계상담은 공감적 경청과 직접 개입하여 격한 감정을 다루는 것 등 모든 기술을 활용하게 될 것이다. 부부와 함께 소극적이 되는 것은 효과가 없을 것이다. 부부 심리도식치료는 적극적이다. 즉, 부부의 충돌을 막고, '탐구적인' 질문을 하고, 감정을 명확히 하고, 심판하고, 규칙을 제공하고, 의사소통 기술을 가르치고, 기능적 행동을 모델링하고, 과제를 배정하는 것을 포함한다. Travis Atkinson(2012)은 상담회기에서 두 사람 모두를 보호할 수 있는 모든 것을 함으로써 치료 공간을 더 안전하게 만들기 위해 치료자의 '총알 잡기' 역할을 강조했다. 정서 조절은 첫 회기에서 어려울 수 있다. 거의 항상, 이것의 필요성은 그 관계에서 적어도 한 사람에게는 분명할 것이다. 이것은 어느 정도 깊이 있게 다루어진다(예: 7장의 '1. 부부에게 치료를 안전지대로 만들기 위한 실용적인 조언').

여러분은 위기 관리 및 초기 기술 구축에 개입할 필요가 있을지도 모른다. 일반적으로 치료적 작업을 하기 위해서는 충분한 안정성이 필요하므로, 현재의 충돌로부터 시작해 어느 정도의 안전 구축 기술을 확립하는 것이 필요할 수 있다. 이것은 현재 당면한 문제들과 관계사를 탐구하기 전에 '새치기하는 것'일 수 있다. 우리는 다음 절에서 갈등이 높은 부부들을 위한 이 '빠른' 도입을 설명한다.

공포 분위기에서는 친밀감을 키울 수 없기 때문에 안전에 대한 우려에 대처하는 것이 필수적이다. 만약 한 배우자가 긴급한 정신건강 문제를 가지고 있다면 그들은 정신과 상담을 받아야 할 것이고, 치료자는 그 배우자가 더 강해지고 감정을 충분히 억제할 수 있을 때까지 기다렸다가 그 두 사람을 한 쌍으로 모이게 할 필요가 있을 것이다. 기본적으로 수행해야 할 작업을 수행하고 필요하다면 치료의 조건으로 삼아야 한다. 그러나 치료가 진행됨에 따라 부부가 점점 더 많은 책임을 지고 그들이 착수할 수 있는 어떤 유용한 계획들을 확인하도록 권장한다. 치료자는 경청, 대인관계 존중, 제한 설정을 모델링하여 의사소통 기술을 보여 줄 수 있다.

Gottman은 관계상담의 어려움을 지적하면서 '높은 재발률' 외에 "치료자가 매우 적극적이고 개입이 명확한 근거를 가지고 있는 한 우리가 하는 일은 어느 정도 효과가 있을 것이다. 그렇지 않으면 사람들은 전문적인 조언에 반대하여 상담을 종료할 것이다."라고 덧붙였다(Gottman, 1999, p. 6).

부부치료의 과정을 어떻게 계획할 것인지 생각해 보라. 개인회기를 가질지 말지에 대한 의문이 많이 논의되어 왔다. Jeff Young, Wendy Behary와 함께 우리는 치료자가 각 배우자와 개인회기를 가지지 않고, 부부 심리도식치료에서 전기 자료를 다루고 현재 기능을 향상시키기 위한 부부회기를 수행하는 데는 한계가 있을 것이라고 믿는다. 자연스럽게, 개인회기를 배치하는 시간과 방법에서 고려해야 하는 여러 가지 측면이 있지만, 단 몇 번의 회기만으로 부부를 위한 심리도식치료를 수행할 수 있는 경우는 드물다. 때로는 이야기가 이치에 맞지 않을 수도 있고 어쩌면 비밀을 암시할 수도 있는데, 이것은 개인회기에서 점검되어야 할 필요가 있을 것이다. 여러분은 두 배우자 모두에 대한 개인회기 수의 균형을 잡는 것에 대해 생각할지도 모른다. 신뢰 문제는 또한 부부치료자가 공감적 검증과 재양육을 통해서 더 광범위한 개인회기를 갖도록 할 수도 있다. '공평한' 기준으로 회기를 배포하는 것은 권장하지 않고, 다른 배우자가 이것을 받아들일 수 있는 한 심리도식 활성화에 성공적으로 대처하기 위해 필요한 만큼 많은 개인회기를 '필요한' 배우자에게 제공한다. 형식적인 정의가 중요한 것이 아니라 진전이 중요하다. 최종적으로 둘 다 이익을 얻을 것이다.

7. 위기개입으로 시작

우리는 치료에서 부부들의 많은 부분을 물어본다. 종종 그들은 힘든 부분과 심지어 '바뀌지 않는 고질적인' 문제들까지도 밝힐 것이다. 그냥 오는 것은 일이 잘 안 되고 있다는 것을 인정하는 것이다. 다루기 힘든 관계는 일반적으로 경직된 사고를 바탕으로 충돌하는 수준이 높기 때문에 빠른 도입이 필요하다. 가능하다면 즉각적인 이득을 얻는 것이 치료자의 책임이다. 두 사람 모두 자신의 입장을 간단히 말할 기회를 제공하라. 이것은 '물에 흙을 던지는' 파괴적인 상호작용에 대한 한계와 균형을 이룬다. 기능이 저하된 부부들은 '통제 불능'의 갈등을 즉각적으로 드러낼 것이다. 치료자가 통제하지 않으면 치료는 안전하지 않은 곳이 될 것이다. 관련된 현재의 문제에 초점을 맞추어 그들을 지원하라. 무슨 수를 써서라도!

비생산적인 싸움은 중단되어야 한다. 치료자는 각 개인의 건강한 성인양식을 불러내려면 단호하고 다소 날카로운 목소리로 "멈춰."라고 말해야 할 수도 있다. 드문 경우지만, 접촉이 도움이 될지도 모른다(팔뚝에 손을 얹는다). 현시점에서 일어나는 일을 가지고 작업하라. 치료자로서 여러분은 '현재 시점에서' 패턴들을 볼 수 있다. 그것들은 단지 여러분에게 간접적으로 설명되는 것이 아니다. 현시점의 상호작용에 초점을 맞추는 것은 또한 누가 '올바른' 이야기를 하고 있는지에 대한 충돌을 피할 수 있다. 대처양식은 내용이 아닌 대상이다.

두 배우자 모두 적대적 상호작용을 제한하기 위해 노력할 필요가 있다. 여기에는 회기 외 시간이 포함된다. 더 이상의 언급 없이 주기를 중단하기 위해 '정지 신호'를 사용하는 것이 도움이 될 수 있다. 새로운 충돌이 시작되고 있다는 것을 가장 먼저 알아차린 사람은 그 신호를 표시한다(예: 농구 경기를 중단시키는 신호 같은 T 모양의 손동작을 보여 주는 것). 그러고 나서 두 배우자 모두 더 이상의 언급 없이 즉시 멈추도록 '약속'한다. 그 부부에게 방을 따로 쓰라고 충고할 수 있다. 이것은 어떤 자극적인 단서들을 없애고 두 사람이 다시 건강한 성인의 기능으로 복귀할 수 있는 시간을 허락해 준다. 이것은 첫 번째 숙제로 주어질 수 있다.

8. 첫 번째 회기의 종료

치료자는 첫 번째 회기가 끝날 때 심리도식치료 개입에 대해 생각할지도 모른다. 좋은 은유법은 "비디오의 일시정지 버튼을 누른다." 혹은 중요한 상호작용으로 "다시 되돌린다."이다. 그런 다음 제시된 대처 양식주기에 기초해서 느린 동작으로 무슨 일이 일어났는지 자세히 살펴보고 분석할 수 있다.

치료자: Susan이 더 공격할수록 Tom은 더 피하죠. Tom이 피할수록 Susan은 그에게 더 가까이 다가가기 위해 공격할 것입니다. 이것은 효과가 없는 주기입니다. 즉시 멈춰야 합니다. 다음 회기에서 왜 그렇게 행동하는지에 대해 좀 더 깊이 이해하기 위해 작업할 것입니다.

아직 그 부부가 모델에 익숙하지 않더라도, 치료 초기에 공동 참조 지점으로 양식주기 충돌카드(8장 참조)를 사용할 수 있다. 충돌카드는 치료자가 회기의 현시점에서 볼 수 있거나 접근할 수 있는 것과 함께 작동해서 더 이상의 지식이 필요하지 않기 때문이다. 카드는 주의를 배우자로부터 다른 데로 돌리도록 하고, 진행 상황을 점검하도록 한다. 부부의 활성화된 패턴을 방해하고 보다 어른스럽고 협력적인 길로 인도하는 것이 도움이 된다. 부부가 다시 충돌하기 시작할 경우, 앞에서 설명한 대로 즉시 중지하고 양식에 이름을 붙이라.

> 여러분은 이러한 양식주기에 얼마나 빨리 빠지는지 알고 있었나요? 두 분 다 이것에 기여합니다. 누구도 혼자서는 싸울 수 없어요. 혼자서는 할 수 없어요. 손뼉도 부딪쳐야 소리가 납니다. 두 분 모두에게 그 주기에 대해 전적으로 비난하지 않아요. 두 분 다 기여했어요. 주기가 문제입니다. 주기가 없으면 상처가 없어요. 이것이 우리 공동의 적입니다!

이 공통된 관점은 두 배우자에 대한 '죄의식' 문제를 제거하고 재연결의 길을 열어 준다. 앞서 설명한 정지 약속으로 첫 번째 회기를 종료하는 것이 도움이 될 수 있다.

두 번째 회기에서는 간단한 요약을 제공하고 나서 상호 이해도를 높이기 위해 심리도식과 양식모델을 간단히 소개하라. 치료자는 그들에게 이 책의 페이지 일부를 복사하거나 유인물로 만들어 줄 수 있다. 이것은 어느 정도 '공통되는 근거'의 이해를 제공한다.

9. 한 배우자부터 먼저 시작

개인회기에서는 한 명의 배우자와 작업할 수 있으며, 이것은 부부관계에 영향을 미칠 수 있다. 체계적 관점에서 본다면, 한 배우자의 행동 변화가 다른 배우자의 변화를 유도한다는 것에는 의심의 여지가 없다. 체계는 주어진 방식으로 스스로를 안정시키는 경향이 있다 (Maturana & Varela, 1998). 다른 배우자는 그러한 변화가 체계의 현재 균형에 도전하기 때문에 의식적으로 또는 무의적으로 변화에 대항할 것이다. 양식주기 모델은 내담자가 배우자의 반응과 기본적인 감정들을 이해하도록 돕는다. 새로운 행동이 배우자의 기본적인 감정에 미치는 영향을 예측하는 것은 그들의 반응을 치료에 포함시키는 데 도움이 된다. 배우자의 핵심적인 정서적 욕구들을 존중하는 것과 이를 새로운 행동에 포함시키는 것은 좌절을 예방한다. 부재중인 배우자와의 빈 의자 작업은 효과적인 도구가 될 수 있다(상대방의 입장이 되어 보는 것). 때때로 배우자는 치료과정에 기여하기 위해 간접적으로 참여하거나 서서히 치료과정에 참여할 수 있다. 그런 식으로 보면 개인치료는 부부에게 전략적 방식으로 영향을 미칠 가능성이 있으며, 그런 식으로 '부부치료'로 간주될 수 있다. 이것은 이 책의 범위를 넓힌다. 어떻게 이것이 일어날 수 있는지에 대한 몇 가지 생각은 다음과 같다.

1. 양식주기 용어로 부재중인 배우자에 대해 생각하고 이야기함으로써 배우자를 포함하기
2. 더 넓은 관점을 제공하기 위해서 진단상의 이유에 대해 개인회기에 배우자를 초대하기
3. 배우자에게 (초기의 유인물을 통해서) 양식모델 설명하기(양식지도와 함께 사용)
4. 치료회기 밖으로부터 개인의 변화를 지지하기 위해서 배우자에게 요청하기
5. 부부 두 사람 모두를 포함하여 부부의 상호작용에 대한 양식주기 개발하기

배우자를 포함시키는 것은 예-아니요 질문이 아니다. 다양한 것을 시도해 보라. 매우 자주, 이전에 회의적인 배우자(보통 남성)는 심리도식치료의 이론적 근거를 이해한 후에 더 개방적이 될 것이다. 그것은 그들이 부부치료에 대해 기대했던 것과는 다를 수 있다.

최종적인 생각 치료는 관계의 진전과 상관없이 참여자가 더 힘을 얻고, 차분하고, 자신감을 느끼도록 도울 수 있다. 때때로 건강한 성인양식에서 더 일관되게 행동하는 법을 배우는 한 사람만이 관계에 변화를 줄 수 있다. 심지어 배우자가 상담에 한 번도 참여하지 않았을 때조차도 결혼생활을 구해 준 것에 대해 일부 사람이 Simeone-DiFrancesco에게 감사를 표했다! 이것이 부부 심리도식치료가 가진 잠재력이다.

10. 얼마나 많은 치료자가 있는가

심리도식 치료자들은 보통 양쪽의 배우자와 함께 작업하는데, 부부회기뿐만 아니라 개인회기도 병행하여 작업한다. 그러나 이것은 그 직업에서 규준이 아니며, 우리는 몇몇 치료자가 이런 진행방식에 반대할 것이라고 예상한다. 적어도 우리의 입장에서 볼 때 심리도식치료의 장점 중 하나는 내담자들에게 최선의 것을 찾기 위해 일상적인 것이 무엇인지에 대해 의문을 제기한다는 것이다. 우리는 단일 심리도식치료자가 내담자와 다른 방식으로 작업하는 것에 대해 논의하고 싶다.

심리도식치료는 종종 부부회기와 개인회기를 결합한다. 관계 치료자들은 부부와 함께 작업하며, 개인적인 상담이나 개인적인 치료가 필요할 경우 다른 치료자를 권하기도 한다. 이것이 타당해 보일 수도 있지만, 부부치료자의 역할을 유지하기로 할 때 몇 가지 문제가 있다. 치료자로서 여러분은 내담자와 정서적인 유대감을 갖게 될 것이다. 그리하여 좋은 치료동맹을 구축하지만, 또한 비밀과 심지어 편향된 정보를 얻게 된다. 배우자를 개별적으로 또는 부부회기에서 보는 것은 더 '객관적인' 그림 또는 적어도 더 균형 잡힌 그림을 제공할 것이다. 이 모든 것을 고려해 볼 때, 위기 상황에서 한 부부와 관련된 두 명의 치료자가 있는 것은 아마도 그 부부를 갈라놓을 경향이 있다. 2개의 개인치료에 별개의 부부치료를 추가하는 것은 그 문제를 해결하지 못할 것이다. 세 명의 치료자 사이에는 피할 수 없는 정보적 차이(격차)가 있을 것이다. 그리고 이 모든 것은 치료법이 다른 개념적 모델에 기초할 때 더 악화된다.

협력 또한 쉽지 않다. 전문가 간의 의사소통은 빠르게 산만해지거나 경쟁적이 될 수 있다. 그러나 그 부부의 치료 성공은 종종 효과적인 협력에 달려 있다. 그래서 우리는 그것을 가장 잘 해결할 수 있는 방법에 대해 몇 가지 아이디어를 제공하려고 노력할 것이다. 개념화를 고수하고, 다른 치료자에게 인내심을 갖고, 현실 검증에 대한 개방을 유지하라. 관점의 차이는 종종 도움이 된다. 다음 사항을 고려하라.

- 서로에게 피해를 주지 않도록 주의하라. 대안적으로 순응적 굴복자 양식으로 들어가는 것을 피하도록 하라.
- 그 부부와 협력하는 데 소비되는 시간을 청구하기 위해 합의를 볼 필요가 있을 것이다. 적절한 보상이 없다면 그 과정은 실무에서 너무 부담스러워질 수 있고, 여러분은 무의식적으로 협력하는 데 충분한 시간을 보내는 것을 피하거나 그 부부에 대한 근본적인 분노를 일으키기 시작할 수 있다.
- 진행하면서 협업의 속도를 논의하고 조정하라.
- 당사자 간에 정보 공개에 대한 사전 동의서에 서명하도록 하라.
- 문제를 일으키는 대처행동들을 확인하고, 다른 치료자가 그들의 내담자가 실제로 무엇을 하고 있는지 모를 수도 있지만 오직 내담자가 그들 자신에 대해 명확히 말하고 보고할 수 있는 것만을 인식하라.

보통 부부치료자는 양식지도과 충돌카드를 사용하여 보다 '분리된' 방식으로 진행하는 반면, 개인치료자는 부모양식을 저지하기 위해 노력한다. 하지만 둘 다 아동양식의 욕구를 충족시키기 위해 노력한다.

치료적 조언 우리는 한 명의 심리도식 치료자가 모든 수준에서 한 쌍의 부부와 함께 작업하는 것이 가장 좋다고 생각한다. 1가지 접근방식은 아동, 부모 및 대처양식을 건강한 성인으로 전환시킬 수 있는 최고의 가능성을 가지고 있다.

11. 개인으로서 혹은 부부로서?

보통 부부를 함께 만나는 것이 가장 좋다. 치료자는 처음에 부부에게 공지해 준 동의서를 작성하라고 요구할 것이다. 만약 그들이 부부로서 치료자를 만난다면 그리고 이후 그들의 관계가 악화된다면, 그들은 나중에 치료자를 개인치료에서 볼 수 없을지도 모른다는 것을 그들에게 (서면으로) 알려 줄 필요가 있을 것이다. 이것은 전적으로 치료자의 재량에 달려 있다. 부부를 치료하는 데 필요한 정보를 얻을 수 있도록 배우자들이 치료자에게 허락하는 정보 공개에 서명했는지 확실히 하라. 그럼에도 불구하고 이것은 치료자가 상처를 줄 수 있는 자료를 보류할 수 있게 해 주지만, 그것은 치료자의 재량에 맡겨진다.

만약 척도검사 결과, 심리도식 프로파일, 심리도식 양식검사 혹은 유사한 결과를 전달하려면 먼저 검사를 받은 사람과 개별적으로 만나는 것이 좋다. 그 사람이 결과를 수용하도록 하고, 그들이 그 결과를 배우자와 공유할 준비가 되었는지 확인하라.

주의 한쪽 배우자가 아직 공감에 대해 배우지 못했을 때 다른 배우자를 취약하게 만드는 것을 조심하라.

치료는 부부 중 한 사람이 돌아오기를 원하지 않을 정도로 학대적인 상호작용이나 억제되지 않는 분노로 인해 그렇게 압도적으로 불리해서는 안 된다. 따라서 성격 특성상 미성숙한 부분들이 있을 때 견고한 재양육, 좋은 사례개념화 그리고 치료를 어떻게 진행할 것인지에 대한 이해가 될 때까지 그 사람과 개별적으로 작업하라. 치료자는 그 시점에서 배우자가 얼마나 유용할 수 있는지를 결정할 수 있다. 재양육의 역할을 위해 배우자를 개별적으로 준비시켜 놓거나 혹은 심지어 그들 둘 다 공감할 수 있도록 개별적으로 준비시키라(나쁜 행동을 한 배우자를 비난하는 것과는 반대로).

성찰 불륜을 저질렀을 경우, 진솔성과 신뢰를 높이기 위해 더 많은 부부회기를 고려할 수 있다.

때로는 심각하고 생명을 위협할 정도의 가정폭력 내력을 가지고 있는 부부를 분리시킬 필요가 있다. 주기를 다루는 동안 각각 개별적으로 치료하라. 개념화하라. 심리적 외상을 치유하기 위해 작업하라. 가해자의 양식을 다루라. 안전을 최우선으로 하라. 피해자가 부부치료에 재투입할 준비가 되었을 때를 판단하라.

종종 한 배우자는 관계 문제에 대해 전화를 할 것이지만, 그들의 배우자는 오히려 기꺼이 오려고 하지 않을지도 모른다. 때때로 처음에 그들은 어떤 관점을 얻고 싶어 한다. 전화를 건 사람의 안건을 이해하려고 노력하는 것이 현명할지도 모른다. 치료자가 부부 심리도식 치료에서 하는 작업에 대한 교육은 상황을 바꿀 수 있다. 첫 번째 방문 동안, 배우자가 곧 들어오는 것이 좋은 생각인지에 대해서 치료자 자신의 의견을 공식화하라. 때로는 첫 번째 당사자가 먼저 무언가를 처리해야 하고 배우자가 나중에 참여하는 것에 대해 개방적이고 신뢰해야 한다는 것이 분명하다. 이것은 보통 긍정적인 결과에 대한 좋은 지표이다.

부부간의 관계에 대해 충분히 안전하게 부부와 함께 작업할 수 있다는 것이 분명해지는 시점에서 부부작업으로 전환할 수 있다.

마지막으로, 우리는 비용과 효율성/효과성의 균형을 맞추기 위해 필요한 일을 하는 경향이 있다. 어떤 부부들은 그들의 배우자와 한 회기에서 양식작업과 심상을 공유하기를 원할 것이다. 이것은 정서적 재연결의 강력한 원천이 될 수 있다. 다른 부부들은 너무 취약하다고 느끼기 때문에 그들의 기본적인 감정과 핵심욕구를 보여 주기 위한 개인회기의 안전성이 필요하다. 따라서 천천히 주의 깊게 작업해 나가는 것이 중요하다. 회기는 반드시 안전해야 한다. 사례개념화로부터 작업하라. 궁극적으로 이것은 각 개인이 더 안전하고 희망적으로 느끼도록 도울 것이며, 더 효과적인 치료로 이어질 것이다.

경고 어떤 내담자들은 과잉보상을 하여 치료자가 유연한 방식으로 작업할 수 있도록 허락하지 않는다.

때때로 치료자가 보이는 관심의 99%가 상대 배우자에게 집중되어 있을 때 한 회기 내내 한 배우자를 앉혀 놓는 것은 현실적이지 않을 때도 있다. 어떤 때는 다른 배우자와 함께 심리적 외상작업을 하는 동안 한 배우자가 다시 체험하게 함으로써 공감을 발전시키는 것이 유용하다. 그 배우자는 실제로 도움을 주고, 심상작업 장면에 등장하여 위로해 주고 보호해 준다. 다음 회기나 두 회기를 계획할 때 치료적 판단을 내리고 그에 따라 일정을 잡을 수 있다. 필요한 경우, 회기에 그들을 불러들일 수 있어서 때로는 배우자를 대기실에 대기시켜 두면 도움이 된다. 어떤 사람들은 이런 식으로 이용 가능하다는 것에 개의치 않을 것이다.

목표는 어떤 대가를 치르더라도 그 부부관계를 유지하는 것이 아니다. 왜냐하면 근본 원리는 인간의 가치와 관련되기 때문이다. 사람들은 그들 스스로가 비인간적이고 파괴되는 것을 용납할 수 없다. 이것은 모든 사람의 기본적인 인권이다. 우리는 그 부부가 그들의 관계를 정서적으로 냉철한 성인의 관점에서 바라볼 수 있도록 돕고, 그 후 배우자에게 매달리거나, 더 이상 존재하지 않는 상태로 '얼어붙어 있거나', 해로움에 굴복하도록 강요하는 대신 조치를 취하도록 도우려고 한다. 해가 계속되도록 하는 것은 건강하거나 도덕적일 수 없다. 많은 기독교인과 함께 일하는 Simeone-DiFrancesco는 결혼에 도전하고 다음과 같이 말한다. "여러분이 하는 것, 여러분이 그것에 대해 하지 않는 것 그리고 여러분이 자유롭게 재혼할 수 있다는 것이 도덕적인 관점이다. 정의와 치유를 옹호하는 것은 결코 '죄'가 아니다. 모든 지렛대를 동원하여 유해한 관계를 흔들거나 변화시키라." 문제를 피하거나 소극적으로 해결하거나, 나쁜 방식으로 '피해자'의 편으로 탈출하는 것은 질책을 받을 수 있는 부분이다. 비록 그 길은 복잡하지만, 호의와 노력이 주어진다면 많은 해로운 상태는 치유될 수 있다. 사실 이것은 부부 심리도식치료가 가지고 있는 힘이다. 즉, 잠재적으로 해롭고 상처받는 관계를 교화시키고, 인간의 가장 깊은 곳에 자리한 욕구를 충족시키는 관계로 변화시키는 것이다. '포기하지 말라'는 정말로 해로운 양식주기인 '굴복하지 말라'와 '결합'할 필요가 있다!

요약

이 장에서 우리는 첫 번째 면담에서 일어날 수 있는 것들에 대해 탐색해 보았다. 불륜, 치료에 참여하는 다른 동기들, 비현실적인 기대와 같은 몇몇 도전적인 문제가 나타날 수 있다. 만약 여러분이 부부와 함께 작업하고 있다면, 관계를 우선시하고 파괴적인 상호작용을 제한하는 몇 가지 기본적인 약속이 중요하다. 때때로 부부 문제를 해결하기 위해 한 사람만 참석할 수 있을 것이고, 치료는 변화해야 할 것이다. 부부치료의 출발점에서 심리도식치료적 관점을 채택하고 사례개념화를 개발하기 위해 무엇이 필요한지 알아 가기 시작하는 것은 중요하다. '부부-대인관계적' 관점을 또한 개별 심리도식치료에 포함하는 것은 도움이 된다.

관계 평가

평가는 부부치료의 토대가 된다. 이것은 관계의 지도에서 가장 중요한 시작이다. 여러분이 살고 있는 곳을 생각해 보라. 여러분은 운전하거나 산책을 하면서 익숙한 지형을 바라볼 수 있는 마을이나 도시의 다른 유리한 지점을 생각할 수 있는가? 이와 비슷하게, 관계를 여러 가지 관점에서 바라보면 부부에게 일어나고 있는 일에 대해 좀 더 포괄적인 견해를 갖게 된다. 이 장에서는 자신의 질문지를 설계하고, 관계에 대한 가계도와 자서전을 사용하며, 심리도식 측면에서 부부 역동을 이해하는 등 평가에 유용한 도구가 많이 있다.

1. 질문지

치료자는 부부를 위한 개인 질문지를 설계할 수 있다. 자신의 접근방식을 반영하여 그것을 사용하라. 어떤 질문이 치료에 도움이 될지 생각해 보라. Hargrave(2000, p. 68)는 부모의 훈육에 대한 기술, 성에 대한 교육 방법과 시기, 가족 기원에서의 관계의 기술에 대한 질문지를 만들었다. 그는 또한 다음과 같은 질문들을 포함했다.

- 당신의 가족에서 자란 결과, 자신이 얼마나 사랑스럽거나 중요한지에 대해 무엇을 배웠는가?
- 당신의 가족에게 가장 중요한 일이나 존재는 무엇이었는가?
- 자신이 사랑받고 있다는 것을 어떻게 알게 되었는가?
- 가족이 되는 데 가장 중요한 것은 무엇이었는가?
- 형제 혹은 자매 사이에 있을 때 어떤 기분이 들었는가?
- 남성 혹은 여성이 되는 것에 관하여 무엇을 배웠는가?
- 관계에 대한 기대는 무엇인가?

이 중 가장 흥미로운 질문은 무엇인가?

성찰 **고지된 동의서를 포함한 서식에 대해 생각해 보라. 일반적인 질문지에는 어떤 이점이 있는가? 하나 이상에 초점을 맞춘 심리도식 질문지는 어떠한가?**

2. 가계도

가계도는 3대 이상에 걸친 가족에 대한 정보를 체계화해 주는 하나의 간단한 방법이다. 그것은 일종의 '가족 족보'에 대한 상징을 제공해 준다. 이 시각적 지도는 가족치료에서 개발되었지만 지금은 훨씬 더 널리 사용되고 있다. 많은 치료자는 가계도가 평가에 유용하다고 생각한다. 가족 구성원을 추적하고 세대 간 체계 관점을 유지할 수 있다. 만약 이것이 익숙하지 않다면, 부부와 함께 시도해 보는 것은 가치가 있을 것이다.

다음의 세부사항들이 도표에 포함될 수 있다.

1. 중요한 사람들: 이름, 나이, 최종 학력, 직업, 주요한 문제
2. 시간: 생년월일, 사망, 결혼, 이혼, 별거일(기념일은 걱정을 불러일으키거나 슬픔을 야기하는 경향이 있음), 다른 주요 스트레스 원인들 혹은 변천사(사건, 질병, 진로 변경, 이사), 특히 업무 관련 스트레스, 별거 또는 상해 같은 법적으로 관련된 사건 직전에 발생한 경우
3. 장소: 가족과 다른 가족 구성원들의 지리적인 위치, 이주패턴
4. 민족적 · 종교적 소속

그러고 나서 알코올 남용, 유전적 결함, 자살, 폭력, 사건, 직업 불안정, 도박과 관련된 문제, 성적 학대, 범죄 행위, 약물 중독, 다른 중독 증상 그리고 정신질환 같은 정신병리학적 징후를 추가하라. 약칭의 부호를 쉽게 사용할 수 있는데, 예를 들어 ⓐ는 알코올 중독을 나타낸다. 그러나 여러분이 중요하다고 여기는 어떤 주제에 대해 자신만의 기호를 만들라. 만약 이 모든 것이 뼈대를 구성한다면, 살점은 정서적인 패턴들이다. 가족 안에서 누가 크게 성공한 사람인가? 그 기준은 무엇인가(사업, 학업, 운동 혹은 경제적 성공)? 명확한 성역할이 있는가? 형제자매 지위는 얼마나 중요한가? 누가 '골칫덩어리' 혹은 '희생양'인가? 가족의 역할, 금기사항, 핫 이슈, 비밀, 가족 각본—관심이 있는 것은 무엇이든지—은 무엇인가?

더 넓은 맥락 또한 고려되어야 한다. 각 세대를 형성하는 역사적 영향력은 무엇인가? 어

떤 전쟁, 경제적 상황, 출생률 변화, 문화적 영향력 그리고 새로운 기술들이 영향을 미쳤는가? 성별에 대한 개념이 바뀌었는가, 아니면 이전과 같이 유지되는가? 이주가 있었다면 문화의 어떤 차이가 도입되었는가? 자기돌봄에 영향을 미치는 1가지 문화적 가치는 이타성 대 자기배려이다. 가족 안에서 이러한 변화가 있는가? 세대를 통하여 일의 의미가 어떻게 변화되고 있는가? 가계도는 임상 내력에서 치료자가 원하는 것을 추적하기 위해 고유한 기호를 생성할 수 있는 도구임을 주목하라.

이 모든 것이 매우 포괄적이지만, 10~15분 안에 가계도의 개요를 간단하게 설명하고 평가를 알리기에 충분한 관련 세부사항을 포함시킬 수 있다. '모든 것을 포함할' 필요는 없지만, 나중에 추가하도록 묘사할 수 있다.

[그림 3-1]의 가계도는 임상적으로 중요한 정보를 보여 준다. Tom과 Nancy는 알코올 중독 가정에서 자라났다. Tom은 Jane과 이전에 결혼한 경험이 있으며, 결국 이혼으로 끝이 났다. 그녀는 후에 유방암으로 사망했다. Nancy는 그녀의 직계가족과 훨씬 더욱 친밀하게 살고 있으며 그들의 드라마에 관여하는 경향이 있다. 그녀의 딸 Ann을 사산하고 일 년 뒤인 1986년에는 어머니의 사망으로 다양한 스트레스를 경험했다. 그녀 아버지의 음주는 더 심각해졌으며, 남동생은 조현병 진단을 받고 병원에 입원했다. 이것은 그녀가 Joe와의 짧은 불륜에서 찾았던 추가적인 지원이 필요하다는 것을 설명해 줄지도 모른다. Tom이 그의 회계 회사에서 일하는 임시직 행정 보조원인 Sue에 대해 '이성 감정'을 가지고 있어서 Tom과 Nancy

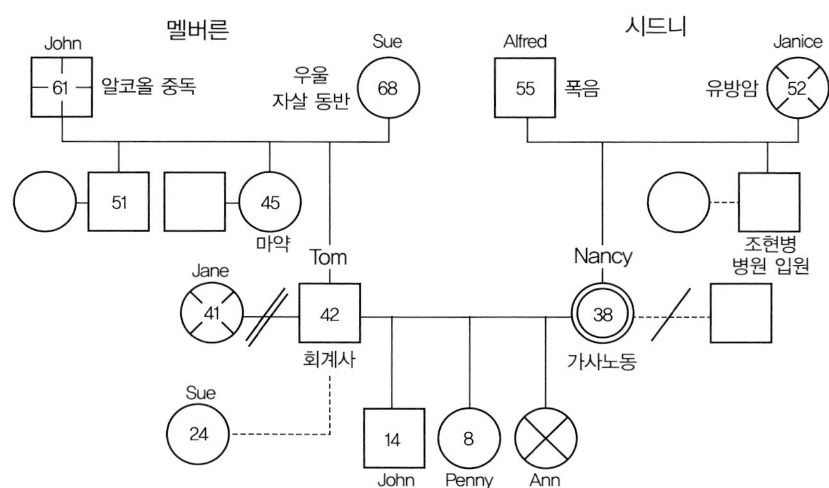

[그림 3-1] Tom과 Nancy의 가계도

는 현재 관계상담을 진행 중이다. Nancy는 Tom이 오랜 시간 일하는 것과 그의 가족과 집안 일을 등한시하는 것을 불평한다.

3. 왜 가계도를 사용하는가

가계도의 장점은 다음과 같다.

1. 시각화: 가계도는 사람들, 상황 그리고 관계의 맥락을 추적할 수 있도록 도와준다. 휘갈겨 쓴 메모보다 시각적 가계도에 초점을 맞추는 것(그리고 모든 것이 요약된 지점으로 돌아가는 것)이 더 쉽다. 동일한 페이지에 치료 계획 및 개입에 대한 주제어들을 표시할 수 있다.
2. 증상은 맥락 안에 있다: 우리는 가족의 내력을 볼 수 있다. 이것은 역사적인 요소를 진단에 포함할 수 있는 좋은 방법이다. 이는 또한 감별진단을 위해서 중요한데, 예를 들어 생물학적 우울과 반응성 우울을 구별해 준다. 반사회적 행동, 폭력 그리고 중독은 종종 가족력을 통해 유전된다. 가계도 작업을 수행하면 적절한 질문을 할 수 있다.
3. 성격장애: 성격장애를 진단하는 데 도움을 준다. 종종 방임, 심리적 외상, 남용 그리고 관계적 불안정성의 세대 간 패턴들이 있다. 이것은 진전을 더디게 할 것이며, 놀랄 것을 예상해야 한다는 좋은 조기 경고이다!
4. 맥락: 문제들을 더 큰 맥락에서 볼 수 있다. 세대 간 주제가 강한 복잡한 가정에서는 회복이 더 오래 걸릴 것이라고 가정할 수 있다. 이는 또한 관계에서 오는 어려움에서도 마찬가지이다.
5. 정서: 정서적 패턴을 추적할 수 있다. 어떤 정서들이 표출되었으며, 어떤 감정들이 억압되었는가?
6. 부모모델: 부모들이 아이들에게 어떻게 모델이 되었는지 생각해 보고 양육패턴도 고려해 보라.
7. 애착: 애착패턴과 세대 간 심리도식 전이를 확인하기 시작할 수 있다. 아마도 유기(abandonment)에 대한 약칭으로 'AB'를 쓰는 등 어떤 심리도식 혹은 양식이 가족 내에서와 이전 세대의 사람들에게 우세했는지가 가계도에 표시된다.
8. 유연성: 이것은 융통성 있는 도구이다. 자신이 흥미롭게 여기는 어떤 것이든지 자신의

상징을 만들어 낼 수 있다.

우리 작업에 있어 정서적으로 '깨끗하다'는 것은 중요하다. 우리 자신의 가족 기원의 주제에 관하여 작업하면서 관계 치료자로서 개인치료에서 정서적인 문제를 다루어 온 것은 부부의 평가와 치료에 있어 더 큰 객관성을 달성하는 데 도움이 된다.

Monica McGoldrick과 Randy Gerson의 『가족 평가에 있어서의 가계도(Genograms in Family Assessment)』(1985)는 다소 오래된 책이지만 매우 포괄적이며, 이 유용한 도구에 대한 이해를 더해 줄 수 있다.

할 일 자신만의 가계도를 그려 보고 가족 주제를 성찰해 보라. 가족을 생각할 때, 자신의 가족 중 어르신들과 인터뷰하는 것에 대해 생각해 보라. 그들은 아마도 구전 역사의 수호자일 것이고, 세대에 걸쳐 형성된 가족의 주제와 패턴을 이해하는 데 도움을 줄 것이다.

4. 관계의 자서전

사람들은 대부분 관계를 맺으며 살아가면서 경험을 쌓지만 의미를 놓치는 경우가 많다. 치료자는 개인과 부부에게 과제로서 다음과 같은 활동을 추천할 수 있다. "자신의 관계에 대한 자서전을 써 보세요. 이것은 여러분 부모님과의 초기 경험, 즉 기본적인 관계부터 시작할 수 있지만, '첫사랑' 또는 어린 시절에 느꼈던 끌림, 단체 미팅, 짝짓기, 첫 키스, 첫 번째 헌신적인 관계, 사실혼 또는 공식적인 결혼생활을 포함합니다. 정서적인 기복에 집중해서 쓰고, 반복적인 패턴을 찾도록 노력하세요."

Darren은 자신의 관계의 내력에 대해 썼다. 그는 의심스러워하는 것 같은 사람들에게 반응하는 특징적인 방식이 미해결 과제에 얼마나 기여했는지에 관해 자신의 관계를 추적할 수 있었다. 그는 또한 자신의 정서적 반응성과 그것이 그에게 나쁘게 끝난 몇몇 관계를 어떻게 지배했는지를 고려했다.

5. 심리도식 확인하기

심리도식치료에서는 현재 문제에서 전체 생활패턴으로의 전환을 수반한다는 점을 이해하는 것이 중요하다. Jeff Young과 동료들(2003)은 다수의 부적응적 도식을 확인했다. 이러한 심리도식들은 어린 시절의 사고방식과 정서적인 반응을 보여 주는 본보기들이다. 이것은 일반적으로 심리도식 주도적 행동으로 이어진다. 심리도식에는 자기, 세계 그리고 타인에 대한 신념이 포함되는데, 이것은 어린 시절의 충족되지 못한 욕구, 선천적인 기질 그리고 초기 환경적 영향에서 비롯된다. 그것들은 어린 시절부터 시작되어 개인의 삶을 통해 정교해진 기억, 신체 감각, 감정, 생각들로 구성되어 있다.

성찰 **관계 문제를 가지고 있는 다음 사람들에 대해 생각해 보라.**

Nellie는 남자 친구의 부재를 견딜 수 없다. 그녀는 일하고 있는 Paul에게 끊임없이 전화하고 문자를 보낸다. 그녀의 '끊임없는 요구'에 즉각적으로 반응하지 않으면 그녀는 화를 내고, '하루나 이틀 동안 삐죽거리는' 것에 대해 그는 불평한다.

Michael은 매우 자만심이 강하다. 그는 높은 지위의 직업을 가지고 있지만, 모든 사람에게 자신의 성공을 끊임없이 상기시킨다. 그는 자신의 야망의 추가 부분인 '트로피 아내'[1]로부터 전폭적인 지지를 기대하고 있다.

Betty는 여전히 나이 든 어머니와 함께 집에서 살고 있다. 그녀는 "내가 신랑감으로 충분히 자격이 있는 사람들을 만나는 건 정말 쉽지만 그들은 내가 어머니를 돌봐야 한다는 사실을 깨닫게 될 거예요. 그것은 거의 일 년 내내 책임져야 할 일이에요. 때문에 어머니는 내가 집에 데려오는 사람을 절대 인정하지 않을 것 같아요."라고 말했다.

Les는 자신의 사실혼 배우자에 대해 매우 야만적으로 모욕과 비난을 한다. 이런 가혹함은 Mandy의 가족 앞에서 종종 표출되며 매우 당혹스럽다. 그녀의 어머니는 "Les가 너를 정서적으로 학대하고 있어. 너는 그것에 대해 뭔가 조치를 취해야 해."라고 말했다.

여러분은 어떤 행동패턴을 확인하였는가?

지난 20년간 심리도식 목록이 개정되었으며, 가장 최근의 것은 다음과 같다. 우리는 또한 Young과 동료들(2003), Arntz와 van Genderen(2010)으로부터 이끌어 낸 간략한 요약들을

1) 역자 주: 성공한 중장년 남성들이 수차례의 결혼 끝에 얻은 젊고 아름다운 전업주부를 일컫는 용어이다.

포함시켰다. 심리도식은 5가지 범주로 분류되는데, Young은 이것을 '영역'이라고 불렀다. 각 영역은 애착, 자율성, 한계 설정, 적절한 자기중심성과 유희성 같은 충족되지 않은 동일한 핵심욕구에서 파생되는 심리도식을 나타낸다.

1) 단절과 거절

이 영역은 대인관계에서 안전성의 결여와 관련된 애착의 어려움이 특징이다(Arntz & Jacob, 2013). 이러한 심리도식에서 높은 점수를 받은 개인은 타인의 안전이나 신뢰성에 의존할 수 없다. 신뢰성, 지지, 공감과 존경의 결여가 가정된다. 그들은 냉담함과 거부적인 태도를 취했던 가족 기원을 갖고 있을 것이다. 정서적 지지뿐만 아니라 아마도 기본적인 보살핌조차도 부족했을 수도 있다. 보살핌을 주는 이들은 예측할 수 없고, 관심이 없거나 학대적이었다.[2)]

- 유기(불안정): 그는 정서적인 애착이 있는 사람을 잃을 것으로 예상한다. 중요한 다른 사람들은 그들의 양육 능력이나 의지에 있어서 신뢰할 수 없고 예측할 수 없는 것으로 보인다. 모든 친밀한 관계는 결국 끝날 것이다. 그의 배우자는 떠나거나 죽을 것이다.
- 불신-학대: 그녀는 어떤 식으로든 타인이 결국 자신을 이용할 것이라고 확신한다. 예상되는 것은 상처받거나, 속거나, 조작당하거나, 굴욕당하는 것이다.
- 정서적 결핍: 그는 자신의 주된 욕구가 충족되지 못하거나 타인에 의해서 불충분하게 충족될 것이라고 믿는다. 여기에는 신체적 돌봄, 공감, 애정, 보호, 교제, 정서적 돌봄이 포함된다. 가장 일반적으로 우려되는 결핍의 종류는 양육, 공감, 보호이다.
- 결함-수치심: 그녀는 본질적으로 불완전하고 나쁘다고 느낀다. 다른 사람들이 그녀를 알게 되면서 그녀의 결함이 발견될 것이다. 그러면 그들은 그녀와 관계 맺기를 원하지 않을 것이다. 아무도 그녀가 사랑할 만한 가치가 있다고 생각하지 않을 것이다. 타인의 판단에 지나치게 신경을 쓴다. 수치심은 항상 존재한다.
- 사회적 고립(소외): 그는 자신이 다른 세계와 고립되어 있고, 다른 사람들과 다르며, 어디에도 맞지 않는다는 느낌을 가지고 있다.

2) 우리는 포괄성을 이유로 문법적 성별을 번갈아 가며 사용한다. 선택은 심리도식이나 양식을 보다 남성적이거나 여성적으로 식별하지 않는다.

2) 손상된 자율성과 수행

이 개인은 그들이 독립적으로 기능하고 수행할 수 없다고 믿는다. 자율성과 잠재력을 충분히 발휘하는 데 문제가 있다. 그들은 결정을 내리는 것이 중요한 관계를 해칠까 봐 두려워할지도 모른다. 그들은 과보호를 받으며 이러한 것에서 벗어날 수 없는 밀착된 가족 기원을 갖고 있을 것이다. 이러한 방식으로 그 사람은 아동기의 모델들로부터 심리도식을 학습했다. 때때로 그 아동은 방임을 경험했다(Arntz & Jacob, 2013).

- 의존성-무능감: 그녀는 정상적인 책임을 질 능력이 없고 독립적으로 기능할 수 없다. 그녀는 다양한 상황에서 타인에게 의존한다고 느낀다. 그녀는 간단한 문제에 대해 결정을 내리거나 새로운 것을 시도할 자신감이 부족할 수도 있다. 그 느낌은 철저한 무력감 중 하나이다.
- 위험 또는 질병에 대한 취약성: 그는 언제라도 끔찍한 일이 일어날 수 있고 보호받을 수 없다고 확신하고 있다. 의학적인 재난과 심리적인 재앙이 모두 우려된다. 그는 비상한 주의를 기울인다.
- 융합(미발달된 자기): 그녀는 부모 중 한 명이나 둘 이상과 지나치게 가깝다. 이 공생적인 관계 때문에 그녀는 자신의 정체성을 발전시킬 수 없다. 때때로 그녀는 자신이 타인 없이는 존재하지 않는다는 생각을 가지고 있다. 그녀는 공허하고 목표가 없다고 느낀다. 그러나 그녀는 자신과 융합되어 있는 사람과 매우 친밀하고 지지적인 관계를 맺고 있다고 보고할 것이다(Arntz & Jacob, 2013).
- 실패(성취에 대한): 그는 자신의 경력, 교육, 운동, 또는 가치가 있는 모든 것에서 자신이 그의 동료들과 같은 수준으로 수행할 수 없다고 확신한다. 그는 멍청하고, 어리석고, 무지하며, 재능이 없다고 느낀다. 그는 시도가 무위로 이어질 것이라는 확고한 신념 때문에 성공하기 위한 어떤 시도도 하지 않는다.

3) 손상된 한계

이 개인은 경계가 불충분하고, 책임감이 부족하며, 좌절에 대한 인내심이 부족하다. 그들은 현실적인 장기 목표를 잘 세우지 못하고 다른 사람들과 함께 일하는 데 어려움을 겪는다. 아마도 그들은 방향을 거의 제시하지 않거나 그들이 세상보다 더 우월한 존재라는 느낌을

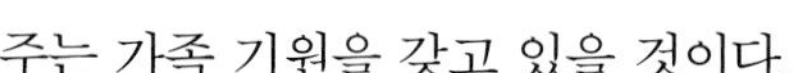
주는 가족 기원을 갖고 있을 것이다.

- 특권의식-과대성: 그녀는 자신이 다른 사람보다 우월하고 특별한 권리를 가지고 있다고 생각한다. 사회의 정상적인 규범이나 기대를 따를 필요는 없다. 그녀는 다른 사람들을 고려하지 않고 자신이 원하는 것을 빼앗을 수 있다. 여기서 주요 주제는 상황과 개인에 대한 권력과 통제이다. 공감은 거의 없다.
- 부족한 자기통제(자기훈련): 그는 목표를 달성하는 데 있어서 어떠한 좌절도 참을 수 없다. 감정이나 충동을 억제할 능력이 없다. 어떤 식으로든 불편함을 피하려고 하는 것일 수도 있다.

4) 타인중심성

이 개인은 항상 애착을 얻기 위해 다른 사람들의 욕구를 고려하고 자기주장에 대한 자신의 욕구를 억압한다. 그들은 사랑과 승인을 받고 첫 번째 범주의 활성화를 막기 위해서 이렇게 행동한다. 가족 배경은 종종 조건적인 사랑 중의 하나이다. 부모의 욕구와 지위가 아이에게 중요한 것보다 더 우선시되었다.

- 복종: 그녀는 부정적인 결과를 피하기 위해 타인의 의지에 맡겨 버린다. 이것은 그녀의 모든 정서적인 욕구에 대한 부정을 포함할 수 있다. 그녀는 자신의 욕망, 의견, 감정이 타인에게 중요하지 않을 것이라고 생각한다. 이것은 종종 억눌린 분노로 이어지며, 그러고 나서 그것은 부적절한 방식으로 표출된다(예: 수동-공격 또는 신체화 증상).
- 자기희생: 그는 자신이 약자로 간주하는 타인을 위해서 자발적이고 정기적으로 자신의 욕구를 희생한다. 만약 그가 자신의 욕구를 따른다면, 그는 그렇게 하는 것에 대해서 죄책감을 느낄 수 있다. 타인의 고통에 지나치게 민감하게 반응하는 것은 표현의 일부분이다. 장기적으로 보았을 때, 그는 그가 희생적으로 보살펴 준 대상에 대한 약간의 분노를 느낄지도 모른다.
- 승인 추구(인정 추구): 그녀는 승인, 감사, 인정, 존경을 갈구한다. 이것은 그녀의 개인적인 욕구를 희생하는 것이다. 때때로 이것은 지위, 아름다움 그리고 사회적 승인에 대한 과도한 욕망을 초래한다.

5) 과잉경계와 억제

자기표현과 스스로 자신을 돌보는 것을 희생하면서 이 개인은 자신의 자발적인 감정과 욕구를 억제하고 두 번째 범주의 심리도식 활성화에 의한 피해를 막기 위해서 자신의 엄격한 규칙과 가치를 따른다. 그들의 가족은 성취, 완벽주의 그리고 정서적 억압을 강조했을 것이다. 돌보는 사람은 불합리하게 높은 성취의 기준을 기대하는 동시에 비판적이고, 비관적이며, 도덕적이었다.

- 부정성–비관주의: 그는 항상 긍정적인 면을 무시하면서 사물의 부정적인 면을 본다. 비록 그것이 현재 잘되어 가고 있더라도 결국은 모든 것이 잘못될 것이다. 그는 끊임없이 걱정하고 지나치게 경계를 할 수도 있다. 그는 종종 불평하고 감히 결정을 내리지 못한다.
- 정서적 억제: 그녀는 자신의 감정이나 충동을 표현하는 것이 타인에게 피해를 줄 것이며 수치심, 유기 또는 자기가치 상실로 이어질 것이라고 생각하기 때문에 자신의 감정과 충동을 엄격히 통제한다. 이것은 분노, 슬픔, 기쁨과 같은 감정들의 모든 자발적인 표현을 피하는 것으로 이어진다. 이것은 또한 갈등을 피하는 것을 포함한다. 종종 그녀는 매우 분리되고 지나치게 이성적인 것으로 나타날 것이다.
- 엄격한 기준(과잉비판): 그는 자신이 결코 충분히 잘할 수 없을 것이며 더 열심히 노력해야 한다고 믿는다. 그는 비판을 피하기 위해 유난히 높은 개인적 기준을 충족시키려고 노력할 것이다. 그는 주변 사람들뿐만 아니라 자신에 대해서도 비판적이다. 이것은 완벽주의, 엄격한 규칙 그리고 때로는 시간과 효율성에 집착하는 결과를 낳는다. 그는 자신을 즐기고, 휴식을 취하며, 사회적 접촉의 유지를 희생하는 대가로 이렇게 한다.
- 처벌: 그녀는 개인들이 그들의 실수에 대해 엄중한 처벌을 받아야 한다고 생각한다. 그녀는 공격적이고, 편협하며, 참을성이 없다. 그녀 자신의 실수나 다른 사람의 실수에 대한 용서는 없다. 개인의 상황이나 감정은 고려되지 않는다.

Young 심리도식 질문지 3판(Young Schema Questionnaire version 3: YSQ-3)은 치료를 위해 가장 관련성이 높은 심리도식을 평가하는 데 종종 사용된다. 그것은 긴 문항(232문항)과 짧은 문항(90문항) 양식이 있다. 열아홉 번째 심리도식인 사회적 비바람직성이 제안되었지만(Lockwood & Perris, 2012), 앞서 열거된 18개 심리도식만 현재 YSQ–3에 의해 평가되고 있으

며, 일반적으로 적어도 15개의 심리도식은 양호한 연구 지지를 받고 있다는 데 동의한다.[3)]

부부 심리도식치료는 각 배우자의 개인회기와 부부회기 모두에 중점을 두고 있다. 치료자에 대한 개별적인 애착을 가지는 개인회기 심리도식치료 작업은 필수적이다. 여기에는 표준 검사들—YSQ-3, YPI(Young Parenting Inventory, Young 양육검사), SMI(Schema Mode Inventory, 심리도식 양식검사), 다중양식 생활사검사(Multimodal Life History Inventory)—과 더불어 각 배우자에 대한 상세한 사례개념화의 수행이 포함된다.

성찰 앞서 제시한 목록을 사용하여 Nellie, Michael, Betty와 Les(앞의 '5. 심리도식 확인하기' 시작 부분에 설명된 사람들)에 대해 작동되고 있는 심리도식을 확인할 수 있는가?

예에서는 다음과 같은 심리도식을 찾을 수 있다.

Nellie는 유기 도식을 가지고 있다. 그녀는 자신의 정서적 욕구를 충족시킬 수 있다는 확신이 없기 때문에 근본적으로 안심과 정서적 위안을 추구하면서 배우자와 정서적 접촉을 유지해야 한다.

Michael은 특권의식-과대성 도식을 가지고 있다. 그는 중요한 존재여야 하며 끊임없이 자신의 성취를 인정받아야 한다. 그가 타인과 연결하는 방식에는 한계가 있다. 단지 인정과 확인을 받는 것에 기반을 두고 있다.

Betty는 어머니와의 관계에서 작동되는 융합과 자기희생 도식을 가지고 있으며, 어머니가 자신과의 관계에 거부권을 행사하도록 허용하면 아마 복종 도식도 있을 수 있다.

Les는 처벌과 부족한 자기통제 그리고 아마도 엄격한 기준 도식을 가지고 있을 수 있다.

관계에서의 이런 패턴이 어떻게 안정과 만족을 저해하는지 쉽게 알 수 있다(만약 그 사람이 아니라면, 반드시 배우자를 위한 것이다).

치료적 조언 심리도식치료는 우리가 보는 것이 양식이기 때문에 현재 주로 양식과 함께 작업한다. 그러나 치료자는 적어도 어떻게 심리도식이 작동하는지에 대한 일반적인 생각을 부부에게 전달할 수도 있다. 현재의 감정은 환경보다는 심리도식에 의해 주도될 수 있다는 것을 이해하는 것이 도움이 된다. 양식은 심리도식에 기반을 둔다. 우리의 성격을 배경으로 작동하는 지속적 패턴으로서의 심리도식을 이해하지 못하면 양식은 제멋대로 유지된다. 양식에 대해서는 6장에서 설명한다. 현재로서는 앞서 제시한 심리도식이 특정 상황에 대한 개인의 평가와 관계없이 역효과를 내거나 단순히 욕구

3) 현재 정신건강 전문가들이 이용할 수 있는 검사지는 www.schematherapy.com을 참조하라. 국제심리도식치료협회(ISST)에 가입하여 전체 검사지에 접근하는 것을 고려해 보라.

를 충족시키기에 불충분한 경험의 패턴을 통해 어린 시절에서 비롯된다는 것을 주목하는 것만으로도 충분하다. 개인의 활성화된 심리도식과 연관되어 있는 의식은 발달적 요인에 의해서 결정된다. 이러한 방식으로 심리도식치료는 통합된 이론에 의거한다(Farrell & Shaw, 2012).

6. 핵심 및 보충적 심리도식

핵심 및 보충적 심리도식에 대한 이해는 중요하다. Young은 '조건적'이고 '무조건적인' 것을 구별했다(Young et al., 2003, pp. 22-23). 이것이 심리도식의 역동적인 발달을 가능하게 한다. 핵심 심리도식들은 발달 중 개인의 자기개념에 대한 손상으로 발생하는 심리도식(영역 1~3에 열거됨)이며, 보충적 심리도식들(영역 4와 5에 열거됨)은 주요한 심리도식의 활성화에 대처하거나 회피하기 위해 발달된다. 따라서 '7. 심리도식 대처방식'에 기술된 대처방식 외에 심리도식 수준에는 이미 일종의 대처방식이 존재한다.

Ricky는 미혼모와 나중에는 학대하는 의붓아버지의 일관성 없는 양육으로 얼룩진 괴로운 어린 시절을 보냈다. 어린 나이에 그녀는 유기 및 정서적 결핍 심리도식이 발달했다. 나중에 그녀는 복종과 자기희생을 통해 다른 사람들을 기쁘게 함으로써 대처하는 방식들을 찾았다. 본질적으로 이것들은 이전의 심리도식들을 가렸다('다른 사람들을 우선시하는 한 나는 대처할 수 있다.').

시간이 지남에 따라 보충적 심리도식은 더욱 경직되고 부적응적이 되며, 역으로 원래의 심리도식을 강화하는 것으로 끝날 것이다(Sheffield & Waller, 2012).

7. 심리도식 대처방식

심리도식에 반응하는 3가지 방식이 있다. Young은 그것을 대처반응이라고 불렀다. 자주 사용되면 그것은 만연한 개인적인 대처방식으로 바뀐다. 명료화를 위해서: 심리도식 대처는 개인이 자신의 도식을 어떻게 다루는지를 설명한다. 따라서 그것은 외부의 적에 대한 행동을 설명하기 때문에 싸움하거나, 도피하거나, 얼어 버리는 동물의 행동과는 비교할 수 없다. 그러나 심리도식은 '내면의 적'이다. 대처방식은 대처양식의 통합 개념과 관련이 있다. 한마

디로 심리도식에 굴복한다는 것은 심리도식으로부터 끊임없이 고통받는다는 것을 의미한다. 회피란 상황을 촉발시키지 않으려고 노력하는 것을 의미하며, 보상은 원래의 심리도식에 대한 모순된 행동을 설명한다.

> Linda는 상당한 학대 전력이 있었다. 그녀의 아버지와 오빠들은 성적으로 그녀를 이용했다. 그녀는 16세 때 데이트 강간을 당했다. 당연히, 그녀는 다른 방식으로 반응하는 불신-학대 심리도식을 가지고 있다. 때때로 그녀는 악의 없는 의도를 의심하면서 남자들로부터 물러난다. 그녀는 종종 대마초를 사용하거나 폭음할 것이다. 최근 그녀는 폭력적인 범죄를 저질렀다가 얼마 전 감옥에서 가석방된 한 남자와 사귀기 시작했다.
>
> Linda는 불신-학대 심리도식 활성화에 대한 3가지 잠재적인 대처반응을 모두 보여 준다. 무모한 원 나이트 스탠드로 관계를 맺을 때(혹은 고위험 남성과 관계를 맺을 때), 그녀는 굴복한다(그 심리도식을 반복하는 방식으로 행동하기 때문이다). 그녀가 지나치게 의심을 품고 여성 인권운동에 참여할 때, 그녀는 심리도식에 반하는 보상행동을 한다. 그녀가 혼자 나가서 술을 마시면서 스포츠 바에서 미식축구를 볼 때, 그녀는 회피적이다.

요약하면, 대처방식은 다음과 같다.

1. 굴복: 그 사람은 심리도식에 굴복한다.
   - 행동: 이것은 심리도식의 형성을 이끈 것과 유사한 인물과 상황을 찾아 어린 시절부터 나타난 반복적인 행동패턴에서 볼 수 있다.
   - 사고: 정보는 선택적으로 처리된다(심리도식을 확인하는 것만 보며 반대되는 것은 보지 않으려 한다).
   - 정서: 심리도식의 정서적 고통을 직접 경험하게 된다.
2. 회피: 그 사람은 심리도식과 정서적 반응을 유발하는 활동을 피한다. 그 결과 심리도식이 관여되지 않는다. 심리도식을 변경하거나 수정할 수 있는 접근 권한이 없다.
   - 행동: 여기에는 심리도식을 유발할 수 있는 모든 종류의 상황에 대한 능동적 및 수동적 회피가 포함된다.
   - 사고: 이것은 사건 혹은 외상 기억의 부정에서 볼 수 있다. 여기에는 해리(정서적 분리)와 같은 심리적 방어도 포함된다.
   - 정서: 이것은 감정을 누그러뜨리거나 무감각으로 탈출하는 것을 포함한다.

3. **보상**: 그 사람은 심리도식과는 반대 방향으로 행동한다. 이것은 심리도식의 강도나 영향을 과소평가하는 결과를 낳는다. 여러분은 이것을 종종 부서지기 쉬운 합판처럼 공격적이고 독립적인 행동으로 인식할 수 있다.
   - 행동: 이는 심리도식과 반대되는 과장된 행동으로 확인할 수 있다.
   - 사고: 이것들은 심리도식과는 정반대의 감정을 가지고 있다. 그 사람은 심리도식의 존재를 부정한다.
   - 정서: 그 사람은 심리도식과 관련된 감정에 불편함을 느낀다. 과잉보상이 실패하면 감정이 되돌아올 수도 있다.

다음의 예를 검토해 보라.

Brian은 쉽게 활성화되는 결함-수치심 심리도식을 가지고 있었다. 사춘기 시절, 그는 자신의 몸을 부끄러워했고 몸을 만들기 위해 체육관에 들어갔다. 점차 보디빌딩 대회에 나갈 정도로 체격을 키웠다. 그는 근육량을 증가시키기 위해 스테로이드제를 사용했다. 이것은 그가 자신의 몸에 대해 느낀 방식에 대한 명백한 보상이었다. 그러나 만약 그가 대회에서 좋은 성적을 거두지 못한다면, 그는 결함이 있고 부응하지 못한다는 원래의 감정에 휩싸일 것이다. 이것은 심리도식에 대한 굴복을 촉발시킬 것이다. 때때로 Brian은 회피의 방식으로 대마초를 남용하기도 했다.

Michelle은 매우 강한 자기희생 도식을 가지고 있었으나 그것에 굴복함으로써 종종 다른 사람들의 요구에 지쳐 버렸다. 그녀는 폭식함으로써 회피하였는데, 이것은 그녀를 치료로 다시 돌아오게 만들었다.

치료적 조언 대처방식이 안정되지 않을 수도 있다. 종단적 관점에서 대처방식을 살펴보고, 시간이 지남에 따라 심리도식과 관련된 가능한 다양성을 보도록 노력하라(van Genderen, 2012). 〈표 3-1〉은 심리도식에 대처하는 여러 가지 방법의 예를 보여 준다.

성찰 치료하기 가장 어려운 부부들에 대해 생각해 보라. 심리도식 패턴과 특징적인 대처방식을 알아볼 수 있는가?

〈표 3-1〉 심리도식 대처행동의 예시

심리도식	굴복	회피	과잉보상
불신-학대	자신을 학대하도록 타인에게 허락함	친밀한 관계를 형성하려고 시도조차 하지 않음	타인을 학대하기, 아무도 자신을 비난하지 않도록 '완벽'하기 위해 더 열심히 일하기
결함-수치심	비난받았을 때 즉각적으로 스스로 변명하기	아무 말도 하지 않고 비난받았을 때 달아남	공격적임
자기희생	타인을 위해서 '목숨 바치기'	자신이 어떤 일에 왜 참여하지 않고 있는지 이유 늘어놓기	(예상되는) 기대로부터 보호하기
엄격한 기준	최고가 되기 위해서 언제나 노력하기	실패하지 않기 위해서 참여하지 않기	자신의 재능은 단지 거저 얻은 것이라고 사과하기(치부하기)

8. 치료에서 심리도식 화학작용

전이는 친숙한 치료적 개념이다. 이 개념은 Freud와 밀접한 관련이 있다. 그는 먼저 『히스테리 연구(Studies in Hysteria)』(1893~1895)에서 이 개념을 설명하고, Dora의 실패한 사례를 통해 그 개념을 더 탐구했다. "과거에 속하는 것이 아니라 현재의 의사, 그 사람에게 적용하는 것으로서 모든 일련의 심리적 경험이 되살아난다."([1905]1963, p. 138). 전이는 고전적인 정신분석적 치료에서 중심이 되어 과거로의 창과 현재의 현실을 동시에 제공하게 되었다. 하지만 전이가 이전에 중요한 사람에 대한 감정을 치료자인 그 사람에게 전이하는 것이라면, 역전이는 같은 역동이지만 치료자의 관점으로부터 나온 역동이었다.

Freud의 역전이에 대한 부정적인 평가는 Paula Heimann 박사의 중요한 1950년 논문이 정신분석학계의 재평가로 이어질 때까지 우세했다. 그녀는 "내 논문은 분석적 상황 속에서 환자에 대한 분석가의 정서적 반응이 그의 작업에서 가장 중요한 도구 중 하나라는 것이다. 이것이 환자의 목소리가 그에게 도달하는 가장 역동적인 방법이다."라고 주장했다(Heimann, 1950). 이러한 방식으로 역전이는 평가와 치료 과정의 중심이 되었다(Arntz & Jacob, 2013, pp. 58-59). 더 최근에는 Solomon과 Siegel(1997)이 부부치료에서 역전이에 관한 논문집을 편집했다.

심리도식치료는 이러한 역동을 '심리도식 화학작용(또는 서로 촉발시키는 심리도식들)'이라는 관점에서 보다 현대적으로 이해할 수 있도록 한다. 그것은 배우자들 사이에서 또는 개인이나 부부와 치료자 사이에서 정서적으로 일어나는 일을 묘사한다. 그것은 기억 기반의 유사성에 의해 심리도식이 활성화되는 과정이며, 이는 다시 현재의 두 사람의 관계에 대한 건전한 수용을 왜곡한다. 우리는 우리 자신의 심리도식 취약성을 초월하고 그 취약성을 뛰어넘을 수 있는 높은 수준의 인식을 가져야 한다. 초기부적응도식이 치료에서 활성화되는 것은 당연하다(Weertman, 2012).

심리도식 기반 수퍼비전 모델이 최근에 출판되었다(Roediger & Laireiter, 2013). 그것은 우리가 치료자의 심리도식 활성화와 취약성을 살펴보고, 결국에는 내담자와 함께 양식주기를 끝내라고 촉구한다. Leahy(2001)는 치료자들 사이에서 전형적인 심리도식을 발견했다. 가장 관련성이 높은 심리도식은 정서적 결핍, 자기희생, 엄격한 기준이었다. 치료자가 부부와 작업할 때, 내담자의 요구에 적절한 제한을 두지 않는 것은 큰 함정이다. 또한 치료자가 내담자들을 위한 '확성기'로서 대리 감정을 표현할 수 있게 해 주는 개인적인 공명을 계속 인식하는 것이 중요하다. 부부 심리도식치료자는 자신의 심리도식 활성화를 이용하여 이를 치료 도구로 적용한다. 예를 들어, 이것은 복종적인 배우자의 표현되지 않거나 억압된 감정과 접촉하고, 감정을 교환하고 반영할 수 있는 안전한 공간을 만드는 것으로 이어질 수 있다. 대안적으로, 자신의 활성화에 대한 인식이나 치료자의 내담자 또는 부부의 활성화에 대한 인식은 9장에서 다루는 의자작업에서 더 분리된 평가를 이끌어 내는 길이 될 수 있다.

할 일 만약 YSQ-3를 해 보지 않았다면, 이번이 좋은 기회가 될 것이다. 예를 들어, 더 깊은 실패 심리도식을 상쇄하는 자기희생과 같은 기본 심리도식에 대한 보상에 주의해야 한다. 영역 2의 다양한 측면을 점검하여 적용 여부를 확인하라.

치료적 조언 주의하라. 많은 치료자는 영역 2에 해당하는 기본 심리도식을 가지고 있지만 직업적 성취를 통해서 그것들을 보상하는 방법을 배웠다. 의학이나 심리학 학위를 취득하는 것은 학문적 성공의 증거이지만 심리도식 보상에 기초할 수 있다. 그러므로 결국 여러분의 친구들에게 여러분을 어떻게 지각하는지 물어보라.

Young의 심리도식 질문지(YSQ)에서 여러분의 결과를 조사해 보라. 이것은 특정 부부에 대한 여러분의 취약성이 무엇인지 말해 주는가? 내담자와 맞물리는 심리도식을 어디에서 예상할 수 있는가? 치료가 어려웠던 몇 쌍의 부부를 생각해 보고, 심리도식 측면에서 왜 고군분투했는지 생각해 보라.

> 젊은 심리학자인 Nathan은 투옥을 포함한 많은 범죄 전력을 가지고 있는 남자가 포함된 어떤 부부를 관찰하고 있었다. 그는 반사회적 태도가 상당히 강했다. 그와 사실혼 관계인 배우자는 경계성 성격장애 진단을 받았다. 그녀는 약물 의존과 자해행동으로 힘들어했다. Nathan은 부부의 치료가 잘되지 않으면서 엄격한 기준 심리도식의 저항을 받고 있는 자신을 발견했다. 그는 심리도식치료 수퍼바이저와 이 문제를 논의했다. "저는 거의 즉각적인 결과를 기대합니다. 이 통찰력은 제가 유능한 치료자라는 것을 확신시켜 줍니다."

임상 장면에서 우리는 오직 2가지 정보의 원천에 직접 접근할 수 있다. 회기에서 보이는 실제 행동을 관찰하는 정신상태와 우리 안에서 촉발된 심리도식 화학작용이 그것이다. 제3자의 일부 보고서나 심리검사로부터 얻은 정보가 있을 수 있으며, 임상 환경에서 말하는 대부분의 것은 자기보고이거나 일화적인 것이다. 평가의 과제는 모든 자료를 사례에 대한 일관성 있는 이해로 통합하는 것이다.

요약

이 장에서는 평가과정에 대해 논의했다. 여기에는 설계할 수 있는 질문지를 포함하여 질문지를 사용하는 것이 포함된다. 가계도는 유용한 평가 도구이다. 또한 관계에 대한 자서전의 일기 연습을 사용할 수 있다. 그리고 나서 우리는 사람들이 어떻게 다양한 심리도식을 발전시키고, 다양한 대처방식이 어떻게 발전하는지 그리고 관계에서의 '심리도식 화학작용'에 대한 개념을 탐구했다. 4장은 부부가 원가족으로부터 가져온 미해결 과제들을 이해하는 데 초점을 맞추고 있다. 어떻게 하면 그 중요한 정보를 부부관계에 적용하기 시작할 수 있을까? 그리고 물론 우리가 가장 효과적으로 개입할 수 있는 방법은 무엇인가?

관계방식의 기원에 대한 이해

결혼식에서 두 사람은 가족, 친구 그리고 아마도 신 앞에 서서 '평생' 함께할 것을 서약한다. 그러한 약속은 '좋든 싫든' 의식적으로 의도된 것을 전달하지만, 관계의 성공 가능성에 매우 지대한 영향을 미칠 인식의 가장자리에서 나온 의제들이 있다. 만약 매우 비현실적인 기대가 있다면, 그것은 그 부부의 삶을 함께 악화시키고 궁극적으로 함께 독살할 것이다.

1. 건강하거나 건강하지 못한 공동 기능

우리 모두는 의제를 가지고 관계를 맺는다. 이것은 별로 놀라운 일이 아니다. 건강한 부부는 보통 보완적인 기능을 중심으로 무의식적인 의제를 가질 수 있다. Martin은 돈의 흐름을 잘 추적하고 청구서를 지불하는 데 능숙하고, Sally는 관계를 활기차게 하기 위해 주말 동안 예약하는 것을 주도한다. 이것은 다양한 수준에서 일어난다. Don은 실수에 대해 이성적이지만, 그의 남자 배우자인 Bobby는 정서적으로 강렬하고 다소 극적이다. 이 관계에는 사고와 감정의 균형이 있다. 혹은 Nicola는 모든 것을 철저히 계획하지만, Kenny는 즉흥적인 것에 가치를 둔다. 두 배우자 모두 서로 다른 분야에서 상호 보완적인 방식으로 기여한다. 이러한 차이는 갈등을 증가시킬 수 있지만, 또한 부부 기능을 강화시킬 수 있다. 이러한 차이가 균형을 이루는 한 이것은 잘 작동할 수 있으며, 아이들은 부모와의 더 넓은 범위의 경험으로부터 혜택을 받는다.

그러나 정서적 유산은 문제를 일으킬 수 있다. 불안한 어린 시절의 초기 정서적 피해는 평생 동안 지속될 수 있다. 이것은 우리가 인식하든 그렇지 못하든 나타날 수 있다.

Tommy는 그의 가족에 의해 실패했다는 것을 알고 성인기에 접어들었다. 기본적인 욕구조차도 충분히 충족되지 않았다. 그는 '조건적으로' 사랑을 받았지만, 대부분 방치되었다. 미혼모인 그의 어머니는 그녀의 남자 친구 중 한 명에게 당한 성적 학대로부터 아들을 보호하는 데 실패했다. 그는 어머니가 상호 가정폭력에 휘말리는 것을 보았다. 10대 때 그는 어떤 훈육이나 지도 없이 스스로의 힘으로 살도록 내버려졌으며, 결국에는 14세에 집을 떠났다. 그는 역할의 반전을 회상했다. "나는 엄마가 남자 친구로부터 버림을 받았을 때 엄마를 위로해야 했어요."

이것은 소위 '부모화된 아이'[1]라고 불리는 결과를 낳는다. 그 대가는 컸다. 평범한 어린 시절을 상실한 것이다. 어떤 부모들은 심지어 자신의 욕구가 충족되지 않을 때 그들의 아이를 비난할 것이다. 그러한 경험은 안정, 안전 그리고 자존감의 상실을 초래한다. 이 불가피한 결과는 정서적 결핍과 폭력성이다. Tommy는 그의 강렬한 개인적 욕구를 충족시켜야 한다는 충동을 경험했다.

Mandy와 Vince는 미친 듯이 사랑에 빠졌다. 유혹은 즉각적이었고, 그 결과로 생긴 행복은 그들의 관계에 약간의 균열이 나타날 때까지 서너 달 동안 지속되었다. Mandy는 8세 때 삼촌에게 성폭행을 당했고, 그녀의 첫 관계는 강제적인 성관계를 포함한 폭력으로 얼룩져 있었다. 그녀가 Vince와 성적인 어려움을 겪기 시작한 것은 놀랄 일이 아니다. "나는 긴장을 풀고 Vince와 함께 있는 것을 즐기기가 어렵다는 것을 알았어요. 끔찍한 일이 일어날 거라고 계속 생각해요." Vince는 그 관계에도 자신의 문제를 가져왔다. 그의 어머니는 미혼모였으며 아이들을 방치한 만성 알코올 중독자였다. Vince는 맏이였고, 그의 동생들을 키우는 책임을 맡았다. 그는 그렇게 책임을 다했지만 평범한 어린 시절을 잃어버린 것에 분개했다. Mandy가 어려움을 겪었을 때 그는 참을성이 없었다. "그녀는 왜 잘하지 못할까!"

이 부부는 그 관계에 '짐'을 가져왔다. 모두가 그러하지만, 어떤 유산들은 새로운 관계를 처음부터 거의 망하게 만든다. 이를 인식하고 무엇이 위태로운지, '무엇이 어디에 속하는지' 명확히 하는 것이 중요하다. 그렇지 않으면 혼란이 초래될 것이다. 과거가 현재와 혼동되면 앞으로 건강한 길을 찾는 것은 거의 불가능할 것이다.

Mandy는 성적 학대와 폭력 문제를 해결하기 위해 치료가 필요했다. 그녀는 침투적인 사고와 이미지를 다루기 위해 전문적인 외상 치료를 받았다. 점차적으로 그녀는 Vince와 다른 성 경험을 할 수 있는 '안전지대'를 만들 수 있었다. Vince는 유산(짐)을 물려받았지만, 이제는 사회복지

1) 이것은 널리 논의된 용어이다. 위키피디아의 '부모화'를 참조하라.

사인 동생과 이 경험에 대해 이야기할 수 있었고, 일기를 통해 어린 시절의 경험을 다시 경험하고 그것을 과거에 남겨 두는 것이 더 낫다는 것을 알게 되었다. 그는 자신이 잃어버린 것에 대해 여전히 원망을 느꼈지만, 그것을 Mandy가 외상으로부터 회복하는 여정에 필요한 지지와 구별할 수 있었다. 이러한 상호 간의 이해는 그들을 더욱 가깝게 만들었다.

2. 어두운 유산

Hargrave(2000)는 방임이나 학대 후 아동이 분노나 특권의식을 가지고 성장할 수도 있고, 어쩌면 둘 다 가질 수 있다고 지적했다. 이는 성인들이 어린 시절에 여전히 정서적으로 갇혀 있을 수 있고 무의식적인 욕구를 행동으로 옮길 수 있기 때문에 심리적으로 이치에 맞는다. 그런 상처를 받은 사람은 관계를 맺을 때 필요한 양육과 보살핌을 확보하기 위해 거의 모든 조치를 취할 것이다. 이것은 조작, 위협, 남용 등의 파괴적인 행동으로 이어진다. 그것은 '파괴적 특권'이라고 불려 왔다(Boszormenyi-Nagy & Krasner, 1986).

Scott은 학대받는 어린 시절을 보냈다. 그의 아버지는 그가 엄마 배 속에 있을 때 떠났다. 그의 어머니는 대부분 홀로 지냈지만 주기적으로 소란스럽고 종종 폭력적인 관계를 가졌다. 집 안에서 폭력이 행사될 때, 그는 종종 생명의 위협을 느꼈다. 그는 청소년기 초반에 차를 훔쳤으며, 10대 후반부터 폭음하는 문제아가 되었다. 감옥에서 나왔을 때, 그는 자신의 관계에 대해 당혹스러워했다. "나는 여자를 만나는 데 아무런 문제가 없어요. 몇 주, 한 달 정도는 다 괜찮지만, 그다음에는 …… 모르겠습니다."

Kylie는 끔찍한 어린 시절을 보냈다. 그녀는 미혼부가 자신을 제대로 돌볼 수 없을 때 위탁 가정에 들어갔다. 그녀는 '다르다'는 이유로 학교에서 심한 괴롭힘을 당했다. 15세까지 헤로인을 피웠으나 이후 기독교 단체인 틴 챌린지(Teen Challenge)가 주도하는 주거용 마약 프로그램에 참여하면서 마약을 끊었다. 그녀는 말했다. "그 프로그램은 정말 내 생명을 구했어요. 그것은 내가 다른 사람들을 탓하지 않고 내 인생을 책임질 수 있도록 도와주었습니다. 나는 어렸을 때 '운이 좋은 편'은 아니었지만, 이것이 내가 어떻게 안정된 관계를 유지하는 것을 어렵게 만들었는지 이제 알 수 있어요. 한 번에 한 걸음씩 내딛고 기대치를 낮게 유지하면 도움이 될 거예요. 나는 계속 스스로에게 묻습니다. '내 배우자 Tim에 대한 나의 반응인가, 아니면 나의 과거로부터 오는 반응인가?' 그것이 조금 도움이 되긴 하지만, 난 종종 그것을 오해해요. 왜냐하면 반응이 항상 정당하다고 느끼기 때문이에요."

이 예들에서 Scott은 자신의 문제에 대한 통찰력이 없지만, Kylie는 자신이 '어디에 속하는지'를 이해하기 시작했다.

진짜 문제는 이 내력을 어떻게 다룰 것인가 하는 것이다. 무대 위에 무엇이 있고 무대 뒤쪽에 무엇이 있는지 생각해 보라. 현재 성인인 배우들은 관계 드라마에서 교묘한 행동, 협박, 학대, 성적인 행동을 통해 파괴적인 행동을 연기한다. 그 역기능적 행동은 명백하다. 하지만 진짜 단서는 그 사람이 종종 정당하다고 느낄 것이라는 것이다. 왜 그럴까? 정서적으로 성인은 가족 역동에 갇힌 아이로 아이의 눈을 통해서만 볼 수 있다. 당연히, 그 결과는 성인 관계의 심각한 불안정성이다.

이제 2가지를 다룰 것이다. 분노는 언어폭력, 위협 또는 폭력으로 외현화될 수 있다. 그것은 또한 심각한 우울증이나 자해, 폭식, 자살 시도 같은 자기파괴적인 행동들 안에 갇혀 내재화될 수 있다. 분명히, 이것은 관계에서 매우 스트레스적이기 때문에 반드시 다루어져야 한다. 아마도 관계에서 똑같이 파괴적인 것은 특권의식일 것이다. 이것은 "내 것은 내 것이고 네 것도 내 것이다!"라는 격언에 표현되어 있다. 특권의식은 자기도취적인 경향이 있다. 그럼에도 불구하고 '나는 사랑받을 가치가 없다'(결함–수치심 도식을 반영)는 가정과 함께 그 배경에는 수치심도 있을 수 있다. 현재의 행동을 이해하고 효과적으로 해결하기 위해 생애사를 통하여 '무대 뒤로' 가는 것이 도움이 될 수 있다.

3. 무조건적인 사랑?

'무조건적'인 사랑에 대한 기대는 그 무대에서 연기되고 있는 추가적인 대본들을 나타낼 수 있다. 이는 전형적인 할리우드 로맨스와 같다. '내 배우자는 무조건 나를 사랑할 것이다.'는 영화에서만 잘 작동한다(2시간 미만 지속). 실생활의 관계에서는 결국 현실이 방해한다.

'사랑은 무조건적이어야 한다'는 순간의 생각은 그 진술의 비현실성을 드러낼 것이다. 성인의 낭만적인 관계는 항상 조건부(예: 당신은 바람을 피우지 말아야 하고, 폭력적이지 말아야 하며, 책임을 지고 가계 의무 및/또는 비용 등을 충족시키는 것을 도와야 한다)이다. 모든 성인 관계에는 대칭적인 주고받기가 있다. 두 사람 모두 '관계 계좌'에 입금해야 한다(Covey, 1997).

무조건적인 사랑에 가장 가까운 것은 자신의 아이를 위한 부모(혹은 깊은 정서적 보살핌이 필요한 노부모를 위한 성인 자녀)의 사랑이다. 이제 우리는 많은 관계에서 행해지고 있는 역기능적 대본의 본질에 주목할 수 있다 "내 배우자는 무조건 나를 사랑할 것이고 부모님이 제공하지 못한 것을 나에게 줄 것이다." 내 심리적 내력을 고치고, 치료자가 되고, 제한 없이 나를 사랑해야 한다는 표현되지 않은 기대로 상황이 크게 잘못되기 시작하는 것은 놀라운 일이 아니다. 그리고 보통 '마음 읽기'에 대한 추가적인 기대도 있다. 심리도식치료는 부부들이 서로의 어린 시절 욕구에 민감하게 반응하도록 지도할 것이지만, 우리는 특히 역기능적 어린 시절을 보낸 부부들에 대한 준비작업이 필요하다.

이것은 곤혹스러울 수 있는 관계의 몇 가지 측면을 설명한다. 충족되지 않은 욕구가 어린 시절에 생겨났기 때문에, 그들이 자연스런 상호주의 가정으로 성인 관계에서 만족하는 것은 거의 불가능하다. 필연적으로 이것은 관계에서 더 이상 줄 '물'이 없는 '마른 우물'이라는 배우자의 심정으로 이어진다. 그것은 또한 사람들이 왜 그렇게 나쁘게 행동하고 완전히 정당하다고 느끼는지를 설명해 준다. 욕구가 충족되지 않으면 아이는 짜증을 낼 것이다.

성찰 어릴 때 충족되지 못한 욕구는 무엇인가? 이것이 자신이 직면했을지도 모르는 성인 문제에 기여한다고 생각하는가? 그러한 경험이 현재의 치료자로서 자신의 모습을 형성했을 가능성이 있는가?

4. 과거를 다루기

심리도식치료자는 폭력 내력과 어쩌면 원가족으로부터 방임된 이야기를 들을 필요가 있을 것이다. 이것은 개인회기에서 다룰 수 있지만, 이야기를 공유하는 것이 상호 이해를 증진시킬 수 있는 부부회기에서도 고려해 볼 수 있다. 이 과정에서 손상된 배우자를 움직이는 것이 무엇인지 확인하고, 어린 시절에 제공되지 않았던 것을 설명하라. 그때는 더 많은 것을 기대하는 것이 당연했지만 지금은 그렇지 않다. 치료 목표는 먼저 그 손상을 강조한 다음 처리하는 것이다(Hargrave, 2000).

치료자는 어린 시절의 욕구에 대해 약간의 심리교육을 제공할 필요가 있을 것이다. 이것은 적절히 보호되고 양육되는 가정에서 일어났어야 하는 일을 포함할 것이다. 그러한 양육의 실패로 인한 아동과 후기 성인의 지속적인 손상에 대해 설명하라. 이것은 성인 관계에서 기대할 수 있는 합리적인 것과 비교할 수 있다. 연극이 이해되기 시작한 것은 무대 뒤의 역동을 알 때뿐이다. 많은 관계 문제는 어린 시절의 기원을 다루어야만 해결이 이루어질 수 있을 때 성인 문제로 가장한다. 이러한 구별은 관계의 안정성을 높이는 데 기여할 수 있다.

Jezz는 "하지만 나는 그를 자유롭게 사랑할 수 있기를 바랄 뿐이에요. 너무 답답해서 그는 대답하지 않을 거예요. 그를 때리면 안 된다는 건 알지만, 난 그 말을 망각하고 그저 그의 관심을 끌기 위해서 그렇게 해요."라고 말할 때 강렬한 표정을 지었다.

Anthony는 "Bel은 가끔 성적으로 나를 거부합니다. 그녀는 대부분 기꺼이 받아 줍니다. 하지만 내가 좌절하고 클럽에 간다면, 남자라면 어떻게 할 수 있을까요? 항상 기꺼이 응해 주는 사람이 있는데."라고 말했다.

Jezz와 Anthony는 서로 다른 방식으로, '나는 행복해야 한다.'라는 특권의식으로 충족되지 않는 욕구에 반응하고 있다. '약속된' 관계에 있어서 희생에 대한 인식이 거의 없어 보인다.

어린 시절의 욕구에 대한 많은 개념화가 있다. 치료에 가장 도움이 되는 것 중 하나는 Jeff Young의 어린 시절의 5가지 주요 과제인 유대감과 수용, 자율성과 수행, 현실적 한계, 내적 지향성과 자기표현, 자발성과 즐거움이다. 최적의 발달로 아이는 이 5가지 영역 모두에서 균형 있게 발달하게 된다.

이러한 욕구를 충족하지 못하면 역기능적 심리도식과 연결될 수 있다.

- 기본 안전 및 안정성(심리도식: 유기, 불신-학대, 위험에 대한 취약성)
- 타인과의 밀접한 유대감(양육의 정서적 박탈, 공감, 보호, 사회적 고립)
- 자기결정과 자기표현(융합, 복종, 의존, 실패)
- 자기실현(엄격한 기준, 융합, 승인 추구, 어쩌면 부정성, 자기희생)
- 수용과 자존감(결함-수치심, 처벌적임)
- 현실적 한계와 타인에 대한 관심(특권의식, 부족한 자기통제)

부부 과제 연습 **여러분의 어린 시절 경험을 유대감과 수용, 자율성과 수행, 현실적 한계, 내적 지향성과 자기표현, 자발성과 즐거움의 각 영역에 대해 1/10에서 10/10으로 평가하라(1/10은 학대와 방임의 결과일 것이고, 5/10는 또래와 비교했을 때 욕구의 충족이 평균 정도일 것이며, 10/10은 욕구가 충분히 충족된 민감하고 아동 중심적인 환경을 나타낸다). 부부로서 논의해 보라.**

심리도식치료에서는 과거가 끝나지 않았다. 과거의 정서적 결핍, 외상 경험, 행동패턴의 '이해'를 바꿀 수 있는 강력한 경험적 기법이 다양하게 존재한다. 예를 들어, 아동기에 기원을 두고 있는 과잉통제나 혼란의 극단적 행동을 예로 들어 보자. 그러한 행동은 역기능적 가정에서는 이해가 되겠지만 성인 관계에서는 문제가 된다. 후기 장에서는 특정 심리도식 부부치료 개입에 대해 설명한다.

5. 끌림에 대한 주의사항

Kylie는 Justin에게서 무엇을 보았는가? 이 질문을 종종 받지만, 친구가 있는 모든 사람이 알고 있듯이 그에 대답하기는 어렵다. 끌림은 치료자가 이해하는 것 못지않게 어려운 일이다. Harville Hendrix(1988)는 끌림을 관계의 여러 무의식적 요인 중 하나로 생각했다. Young은 '심리도식 화학반응'에 대해 이야기했다. 그는 이것이 열정적인 사랑 대 동반자로서의 사랑, 건강한 끌림, 배우자의 이상화, 바라는 배우자의 이용 불가능성에 영향을 받는다고 생각했다. 이러한 화학반응은 핵심 심리도식의 활성화에 의해서도 생겨난다. 실제로 부부는 종종 익숙한 어린 시절의 감정을 다시 경험하거나 고통스러운 상황을 회상함으로써 심리도식을 기반으로 서로를 선택한다. 결과적으로, 사람은 건강하지 못한 관계에 머물러 있을 수 있다.

Victor는 자신을 대부분 무시하는 냉담한 아버지가 있다는 것을 알고 있었다. 그는 '마초적인' 남성들에게 끌렸다. 그는 동성애자 술집에 가서 남자들의 관심을 즐겼다. 그러나 때때로 그는 위험한 상황에 처하곤 했다. "나는 그들의 성향을 받아들일 수 없는 남자들을 고르는 것 같아요. 폭행을 당해 한때는 병원 중환자실에 입원하기도 했어요." 그는 위험한 상황에 처하는 것을 선택하면서 자신의 불신-학대 심리도식에 반응했다. 그는 또한 복종의 형태를 가지고 있었다. 이것은 특권의식과 처벌 심리도식을 기본에 둔 공격성이 많은 사람에게 '완벽한 조합'이 될 것이다.

치료자는 그러한 역동을 더 잘 이해하기 위해 생애사를 세심하게 탐구하는 것이 도움이 된다.

치료적 조언 **끌림이 평소보다 훨씬 비이성적으로 보일 때는 심리도식 취약성에 대해 생각하고 원가족에 대한 작업을 하라는 신호로 간주하는 것이 좋다.**

6. 심리도식과 연결된 뇌 '화학반응'

'화학반응'은 종종 사랑의 증거로 보인다. 만약 그것을 옳다고 느낀다면, 그것은 옳아야 한다! 하지만 이 '감정적' 추론은 무엇에 기반을 둔 것일까? 한 수준에서 감정은 신경 활성화를 기반으로 한다. 이전의 경험과 접촉한 결과 중 하나는 감정을 경험하는 것이다. 때로는 격렬하게, 자극이나 촉발요인들이 있다. 현재의 자극은 이전의 경험 및 그 결과와 지속적으로 비교된다. 신경계는 자기충족적 안정화와 새로운 경험에 개방되는 것 사이의 균형 속에서 발전한다('확장과 구축 이론'; Frederickson, 2003). 자기조직화 절차는 Maturana와 Varela(1998)의 구성주의적 관점에서 기술되어 왔다.

시스템은 소위 '유인자'라고 불리는 주변의 혼란으로부터 스스로를 조직한다. 외부의 영향이 유인물을 방해하여 언덕과 계곡이 어우러진 차별화된 에너지 넘치는 '매력적인 풍경'을 만들어 낸다. 물이 아래로 흘러내리는 것처럼, 시스템은 협곡에서 안정화되려고 한다. 이러한 맥락에서 학습은 새로운 유인자를 구축하고 대안적인 상태를 만드는 것으로 볼 수 있다. 이것은 심리도식이 어떻게 만들어지는지를 이해하는 방법이다. 심리도식을 이전 학습 경험을 기반으로 해서 기존 경로로 신경 활성화를 유도하는 '신경 유인자'로 이해할 수 있다(Grawe, 2004). 그러나 한 유인자에서 다른 유인자로 이동하려면 두 유인자 사이의 '에너지 언덕'을 극복하기 위한 에너지가 필요하다. 치료자가 치료에 가져오는 '에너지'는 내담자들이 스스로 관리할 수 없는 내담자 내부의 유인상태 변화를 지원한다.

심리도식은 우리의 인식, 평가, 반응을 편향시킨다. 즉, 우리는 우리가 알고 있는 것을 보고 우리가 할 수 있는 것을 한다. 우리가 중요한 대상과 비슷한 배우자를 선택하면 익숙한 느낌과 함께 '게임을 알고 있다'는 잠재된 느낌을 준다. 성격 특징과 애착 유형에 근거하여, 어떤 사람들은 새롭고 어쩌면 이상한 배우자를 찾는 경향이 있지만, 불안정한 애착을 가진 사람들은 이미 알고 있는 것을 받아들이는 것을 선호한다. 심리도식과 신경 경로는 배우자를 매력적으로 만든다. 만약 화학작용이 배우자들의 핵심욕구를 충족시키지 못한다면, 그들은 기존의 심리도식에 갇혀 있다고 느낄 것이다. 잘 맞지만 발전도, 탈출도 없다.

성찰 **관계에서 여러분의 신경 유인자를 보여 주는 그림을 그릴 수 있는가?**

7. 서로 맞물리는 심리도식 관점

심리도식치료에는 연동(서로 맞물려 있는) 심리도식 개념이 있다. 부부들은 역기능적이지만 양립할 수 있는 결합된 심리도식을 가질 수 있다.

불신-학대와 처벌의 결합에 대해 생각해 보자.

Mike는 학대받는 가정에서 자랐다. 그의 아버지는 술을 남용하여 모든 아이에게 난폭했다. 그의 어머니는 수동적이어서 그들을 보호할 수 없었다. Mike는 강렬하고, 생기 넘치며, 따뜻한 Angie를 발견했다. 그녀 또한 아주 사소한 일에도 통제할 수 없는 분노에 휩싸일 수 있는 '어두운 기분'을 가지고 있었다. 그녀는 정서적으로 학대했고, 그 후에는 사과하는 일이 거의 없었다.

Mike는 불신-학대 심리도식을 가지고 있는데, Angie의 처벌이 사실상 보장되는 학대행동을 대부분 기대하고 있다. 두 심리도식은 모두 어린 시절에 기원을 두고 있지만 친숙한 성인 패턴에 '맞는' 경향이 있다. 우리는 심리도식 화학반응을 두 사람 모두에게 친숙하다고 느끼는 것의 호환성으로 이해하고, 그들의 관계가 서로 연동되는 심리도식을 포함한다는 것을 알지 못하는 무의식적 끌림으로 이해할 수 있다.

잠재적으로 많은 연동 심리도식이 있다. 다음의 예들은 가능한 조합을 나타낸다.

Danny는 서로 다른 가족들의 보살핌을 받으며 신뢰할 수 없는 양육의 내력을 가지고 있었다. 그는 유기에 매우 민감했으며, 관계를 매우 통제하려는 경향이 있었다. 이로 인해 심하게 의존하게 된 Betty를 만날 때까지 배우자를 밀어냈다. 그들은 떼려야 뗄 수 없는 사이였다. Danny는 보상형 유기 심리도식을 가지고 있었으며, Betty는 융합 도식을 가지고 있었다. 결과는 그들이 서로 다른 이유로 항상 함께 있다는 것이다.

Ben은 성공한 변호사였다. 그는 모든 것 중에서 최고의 것을 원했고, 그것이 당연한 것이라고 느꼈다. "나는 항상 모든 게 잘못될 것 같은 느낌이 들어."라는 Suzzi의 마음을 사로잡은 것은 그의 낙관성이었다. 그녀는 어린 동생들을 보살피며 자랐다. Ben은 특권의식, 엄격한 기준 심리도식을 가지고 있었는데, 이것은 그녀의 부정성-비관주의, 복종, 자기희생 심리도식과 잘 들어맞는다.

Amanda는 어렸을 때 자신의 욕구를 충족시키지 못했다. 그녀는 모든 가정과 사회적 맥락에서 잊혀진 아이였다. 성인이 되면서 그녀는 밑바닥이 없는 욕망의 구덩이와 같았지만, 대체로 누구에게서든 아무것도 필요 없는 것처럼 행동했다. '도박 문제'를 안고 있는 Ned와 함께 있을 때 마음이 편했지만, 그가 바람을 피운 것을 알게 되면서 그녀는 덜 행복했다. Amanda는 정서적 박탈 심리도식을 가지고 있었는데, 때때로 그것에 굴복했고 때로는 과잉보상했다. Ned는 부족한 자기통제 심리도식을 가지고 있었다.

Kylie는 초기 청소년기 무렵에 섭식장애를 가졌다. 친구들이 부러워했기에 날씬한데도 몸매에 집착했다. 자신의 몸에 대한 그녀의 부정적인 시각은 Larry의 매우 비판적 태도로 인해 더욱 강화되었다. Larry는 끊임없이 상상의 결점을 지적했으며, 그녀가 다이어트를 재개하도록 압력을 가했다. 그는 또한 화가 났을 때 가혹해졌으며, 쉽게 화를 냈다. Kylie는 부분적으로 보상형 결함–수치심 심리도식을 가지고 있는데, 이것은 그녀의 자아 이미지를 지배해 왔고 Larry의 엄격한 기준 및 처벌 심리도식과 연관되어 있다.

Charles는 '희망 없는 신경증 환자'였다. 그는 모호한 업무 관련 사유로 다지점 통증장애가 발생한 후 장애연금을 받고 있었다. 그가 Bridget에게서 찾았던 것은 그가 필요로 하는 마치 전업 간병인 같았다. 그녀는 그의 신체적인 욕구에 매우 주의를 기울였다. Charles는 Bridget의 자기희생 도식에 잘 맞는 질병에 대한 취약성 심리도식을 가지고 있었다.

이 예들은 심리도식이 일치하고 연동되는 방법을 보여 준다.

심리도식 화학반응에 대한 Young의 생각은 이것이 부부관계에서 끌림의 역동성을 설명할 수 있다는 것이다. 이것은 또한 장기적인 관계에서 심리적 호환성에 대한 이해를 제공한다. 물론 이러한 심리도식 호환성은 건강한 일치가 아닐 수 있다. 기저에는 병리학이 있을 수 있지만, 근본적인 욕구가 잘 맞으면 그 관계는 어쨌거나 안정적이고 부부에게 만족스러울 수 있다.

8. 사례개념화에서 함께 선 그리기

좋은 사례개념화에는 첫인상, 문제 제시, 고난의 내력, 이전의 치료법 및 시도된 해결책, 부부가 추구하는 변화, 최근의 스트레스 요인 또는 삶의 변화, 가계도, 예후 및 적절한 치료 계획을 비롯해 예상 치료 기간 같은 정보가 포함된다. 결혼 및 가족치료에서 진단의 사용에 대한 편견이 있었지만, 부부관계뿐만 아니라 개인에게 영향을 줄 수 있는 개인 정신병리학을 알고 있어야 한다.

우리가 이 책에서 '관계 치료자'와 같은 일반적인 용어를 사용하지만, 저자들은 평가에 중점을 둔 학문 분야 출신이다. 우리는 전문적 정체성에 상관없이 모든 치료자가 그들의 훈련을 기억하고 그러한 기술을 부부상담에 가져오기를 권장한다.

관계 문제는 종종(항상 그렇지는 않다) 심리적 장애 및 동반 상태와 관련이 있다. 다음 예들을 고려하라.

> Mary는 Mark의 도박과 가족 부양 비용에 대한 우려 때문에 그를 상담에 참여시켰다. Mark는 최근 아프가니스탄에서 군 복무를 마치고 돌아왔다. 그녀는 이것이 그의 도박행동 증가에 어떤 역할을 할 수 있을지 궁금했다.
>
> Kylie는 분노와 관련하여 문제가 있다. 그녀의 공격성이 더 잘 억제되지 않으면 Brett은 떠나겠다고 위협하고 있다. 그녀의 짜증은 치료되지 않은 우울증인가, 아니면 어쩌면 경계성 성격장애의 음울한 분노인가?
>
> Betty는 거식증으로 2주간의 입원을 마치고 막 퇴원했는데, 그녀의 몸무게를 면밀히 관찰할 필요가 있다. 그녀의 배우자인 Natalie는 극심한 스트레스를 받고 있다. "나는 Bet을 사랑해, 그렇지만 내가 뭘 할 수 있을까? 나는 그녀를 지킬 수 없어! 나는 그녀가 건강하지 않다는 것을 잘 알아. 내가 해야 할 일에 대한 약간의 지지와 지도가 필요해." Natalie는 조울증 때문에 리튬을 복용하고 있다.

이 세 커플은 관계 문제가 있는 것은 분명하지만, 심리적 장애도 있어 임상적 표출의 복잡성을 더한다. 중독, 외상후 스트레스 장애, 우울증, 경계성 성격장애, 거식증, 조울증과 같은 장애에 대해 잘 이해하는 것이 중요하다. 우리는 또한 그러한 장애들이 어떻게 친밀한 관계에 영향을 미칠 수 있는지에 대해 생각할 수 있다. 아마도 이것은 명백한 것을 말하고 있지만, 잠재적인 복잡성으로 인해 더 많은 임상 훈련이 필요하다.

관계패턴이 형성되었을 때 초기 내력을 포함할 필요가 있다. 이 가족 기원 작업은 관계에 있는 사람들이 이전 상처의 영향을 인식하고 '자동 반응'을 이해하도록 돕는다. 그리고 (우리는) 역기능적인 과정을 중단하기를 바란다. 이 모든 것에 있어서 심리도식과 그것의 상호작용을 확인하는 것에 기초한 분석을 사용하는 것은 특히 부부작업에서의 사례개념화에 중요한 기여를 한다. 이것은 나중에 양식을 사용하여 확장될 것이다.

많은 부부치료자에게 의학모델이 특별히 유행하는 것은 아니지만, 우리는 평가와 개념화에 중점을 둔 것에서부터 효과적인 치료 계획에 이르기까지 많은 것을 배울 수 있다. 개념화

는 이론적 관점의 필요성을 소개한다.

할 일 그동안 보아 왔고 잘 알고 있던 부부를 생각해 보라. 심리도식 취약성의 관점에서 그들의 관계를 어떻게 개념화할 것인가? 회기에서 어떤 양식이 보이는가? 그들의 욕구를 어떻게 해결할 계획인가? 아마도 심리도식을 생각하되 양식에 초점을 맞춘 개입이 최선일 것이다.

9. 그런데 왜 이론인가

왜 이론인가? 우리는 그 답이 명백하다고 생각한다. 고민하는 부부와 함께 있을 때는 다루어야 할 문제가 많이 있다. 발달 단계, 제시된 증상, 응집력 정도, 의사소통, 현실 감각, 영향력, 경계 및 태도에 주목할 수 있다. Clifford Sager(1981)는 의존성, 수동성, 거리감, 권력남용, 지배 또는 복종, 유기 공포, 소유 또는 통제 욕구, 불안 수준, 방어기제, 사랑의 이해도, 성 정체성, 성적 기대, 인지적 방식, 자기수용을 열거했다. 또한 의사소통, 갈등해결 능력, 정서적 계약, 연동된 인지왜곡, 부적절하거나 차단된 감정 같은 부부 문제들을 이해하는 것도 중요하다(Weeks & Treat, 1992, pp. 10-18).

여기서 언급된 것은 중요하지 않은 것이 없으며, 많은 요소가 부부의 관계를 이해하는 데 필수적이다. 하지만 모든 것을 다루는 데는 정신분석의 고정관념(20년 동안 일주일에 다섯 번!) 같은 것이 필요할 것이다.

마치 방 안에 토끼가 가득 차서 깡충깡충 뛰어다니며, 귀를 씰룩거리고, 무릎에 착지하고, 각각 "나를 따라와!"라고 말하는 것 같다. 좋은 이론은 치료자에게 어떤 토끼를 쫓고 다른 몇몇 토끼를 어떻게 우선시하는지에 대해 말해 줄 것이다. 처음에는 특별히 주목받지 못할 토끼들이 많이 있다. 이런 식으로, 치료자는 매주 일어나는 위기로 인해 그렇게 흐트러지지 않고 치료의 방향성을 더 많이 갖게 될 것이다.

경험은 또한 우리에게 전형적인 '문제 목록'에서 패턴을 보는 것을 가르친다. 이것은 심리도식이 행동패턴을 초래하기 때문에 심리도식치료에서 권장된다. 따라서 우리는 현재 양식 활성화를 유도하는 부적응도식을 기반으로 사례개념화를 개발할 수 있다. 또한 부부가 치료의 진전에 대해 더 많은 책임을 지도록 장려하기 때문에 이 분야에서 인지행동치료로부터 협력적 사례개념화의 아이디어를 사용하는 것이 도움이 된다(Grant et al., 2009, p. 136). 그들은 그들 관계의 어려움을 어떻게 이해할까? 어떤 사람들은 비현실적이거나 비난을 받지만 놀라운 통찰력이 있을 수 있다. 결국 그들은 서로를 매우 잘 아는 경향이 있다!

요약

이 장에서 우리는 부부 끌림의 기원, 상호주의 패턴, 어린 시절에 충족되지 못한 욕구의 영향, 학대와 방임의 유산을 살펴보았다. 이것은 관계의 연동 심리도식 측면에서 이해되었다. 우리는 사례개념화의 필요성을 다시 강조했다.

5장에서는 Gottman의 연구와 부부들을 위한 정서중심치료에서 증거기반 부부치료의 기초를 살펴보고, 이론과 개입에 대한 그들의 기여를 몇 가지 살펴본다.

부부치료에서 증거기반 실천의 토대

부부 심리도식치료에는 2가지의 치료적 흐름이 있다. 2가지 모두 '정상적인' 부부들의 어려움(문제들)에 대한 강력한 증거기반을 가지고 있다. 첫째, 관계에 대한 John Gottman의 광범위한 연구이다(1999, 2011; Gottman & Schwartz Gottman, 2009). 그는 '사랑의 실험실'을 통해 중요한 종단적 연구를 수행했다. 이 작업은 부부치료에 대한 중요하고 실제적인 의미를 가진다. 둘째, 임상시험에서 그 효과가 증명된 부부 정서중심치료이다. 이 장에서는 William과 Betty의 확장된 사례 연구를 특징으로 하며, 두 접근법이 어떻게 이론적 기여와 실용적인 방식으로 기여하는 개입의 방법을 제공할 수 있는지 설명한다.

1. 사례 연구: Bill과 Betty

Bill과 그의 아내 Betty는 둘 다 50대 후반이었다. 치료자의 상담실에서 한 회기 동안 Bill은 그가 입은 옷 색깔과 어울리지 않는 '구식 넥타이'를 매고 있었다. 그의 아내 Betty는 그를 따라 상담실로 들어갔다. 그녀는 결연히 성큼성큼 걸어 들어왔다.

Bill이 문제를 설명했다: 저는 로마에 있는 우리 지사에 임시로 승진 제의를 받았어요. 제가 은퇴하기 전에 다시는 이런 멋진 기회를 만날 수 없을 것 같아요. 겨우 9개월밖에 되지 않는데…….

Betty가 끼어들었다: 하지만 그 시간 동안 나를 두고 떠날 거예요! 그건 그가 야근하고 전국으로 출장을 다닐 때와 같아요(trips interstate[1]). 나는 그를 결코 볼 수 없을 거예요.

치료자가 Betty에게: 그것이 당신을 좌절하게 만드나요?

1) 역자 주: 미국에서 주를 넘나들며 비즈니스 여행을 하는 것을 말한다.

Betty: 그가 나에게 신경 써 줄 것이라는 걸 포기하며 살아왔어요. 나는 아이들을 길렀고, 이게 내가 받은 보답이에요!

치료자: 당신은 남편이 당신을 그렇게 대한 것이 화가 나나요? 하지만 당신은 또한 무시당하고 외로움을 느꼈을 것입니다.

(Betty는 고개를 끄덕였고 말을 할 수 없었다.)

치료자는 부부관계에서 감정의 탐색을 장려했다. "감정은 부부를 하나로 묶지만, 그 부부를 갈라놓는 것도 바로 그것이다."(Greenberg & Goldman, 2008, p. 20). 어떤 부부치료자도 부부와 함께 작업할 때 감정 처리가 되는 '주요 지점'을 넘어서지는 않을 것이다. 그것은 언제나 타당하다고 느껴진다.

Bill이 해외 직책을 맡고 싶어 하는 이유와 이탈리아에 잠시 사는 것이 얼마나 흥미로운 일이라고 생각하는지에 대한 탐구도 있었다. 그 후 그는 다음과 같이 말을 계속했다.

Bill: Betty의 요구에 거의 질식되어서 압도당한 것처럼 느껴져요. 그녀는 내가 행운아라고 (빈정거리며) 말할 때 끊임없이 부정적이고 비판적이에요. 대부분 비난하기 때문에 분노를 억제할 수 없어요.

치료자: 당신은 압도당했다고 느꼈군요. 너무 심했어요. 그건 좀 지나치네요. [적대감은 주목되지만 나중에 다루기로 남겨 둘 수 있다; Gottman (1999) 참조]

Bill은 조용하게 말했다: 저는 그동안 떠나는 것(이별)에 대해서 줄곧 생각해 왔어요. 결혼 30년 만에 큰 진전인 건 알지만, 저는 제가 로마에서 얼마나 혼자서 잘 지내는지 살펴보면서 몇 달 동안 지켜보고 싶다고 생각했어요.

Betty: 그래서 나를 두고 떠나겠다는 거야? 단지 생활비가 충분하지 않다는 이유로? 이 한심한 놈아! 나는 그만큼 의심스러웠어!

Bill과 Betty는 그들의 '관계적 춤'에서 불균형을 보였다. 근본적인 감정적 혼란도 분명했고, 서로의 고통과 원망, 심지어 절망을 초래했다. Bill은 개인회기에서 과도한 요구와 자신이 '좋은 부양자'가 되기 위해 노력한 것에 대한 그녀의 인식 부족에 대해 분노를 표출할 수 있었다. Betty는 두 차례의 개인회기를 가졌으며, 관계에 대한 그녀의 의존도를 인정하고 그녀의 분노가 Bill을 밀어내고 있음을 알 수 있었다. 현재와 아마도 그들의 수십 년의 결혼생활에 걸쳐서 그러했다. 결혼생활이 끝날 것이라는 전망은 그녀에게 매우 두려운 것이었다.

"내가 어떻게 견뎌 낼 수 있을까요? 아이들은 다 컸어요. 누가 날 원하겠어요?"

부부 심리도식치료에서 이러한 상호작용들은 제안 및 역제안으로 이해될 수 있다. 이것은 치료자가 부부관계의 연속적 사건을 분석하는 데 도움을 줄 수 있다. 연속적 사건을 이해하는 것은 이 '토끼(먹잇감)'에게 초점을 맞추는 정서중심 부부치료 이론의 일부이다. 부부는 사건 순서를 확인하여 사건에 이름을 붙이는 것이 상호 공감을 이끌어 내는 데 도움이 되는 유용한 개입이라고 본다. 공감을 통해 정서적으로 부드러워질 수 있다. 부부에게 긍정적인 결과는 부부의 상호작용을 부드럽게 하는 것과 관련이 있다.

정서중심 부부치료 방법을 통해 이것이 어떻게 발전할 수 있을까?

> Bill은 직장에서 늦게 귀가한다. Betty가 "또 늦었네! 직장에서 뭐가 그렇게 중요했어?"라고 말했다. 그녀는 이 상호작용에서 자신이 검사가 되고, 이어지는 상호작용에서 그가 피고인이 될 것을 제안하고 있다. 여기서는 또한 지배와 복종도 확인할 수 있다.
>
> Bill은 복종적일 수 있다. "그래, 당신이 맞아. 직장에서 당신보다 더 중요한 일은 없어. 미안해. 다시는 이런 일 없을 거야."
>
> 아니면 Bill은 공격 전략을 선택할 수도 있다. "나는 당신에게 맞춰 주며 당신을 위해서 일하는 거야. 하루 종일 빈둥빈둥 놀면서 내가 집에 오기를 기다리며 비난할 만한 것을 찾는데 당신은 어떻게 높은 도덕적 잣대를 가질 수 있지?"

물론 이런 장면들은 치료에서도 재현되지만, 상호작용을 늦추고 부부에게 어떤 주기가 진행되고 있는지 이해하도록 돕는 것이 도움이 된다. 이것이 부부 심리도식치료의 핵심전략 중 하나이다.

2. 회복 시도하기

Gottman과 Schwartz Gottman(2009)은 우리가 '회복 시도하기'를 이해하는 데 도움을 주었다. Betty가 외로움, 유기 공포, 슬픔의 감정이 뒤섞였을 때 외부적 요인("또 늦었네!")에 집중하는 것은 너무 쉽다. Betty는 처음에는 자신의 내면의 상태를 부정하고, 대개는 투사를 통해 외부에 집중하게 되며, 결과적으로 Bill을 비난한다. Betty의 고통스러운 변화는 통제하려는 시도보다는 자신의 근본적인 취약성과 무력감을 인식하기 위해 공격의 기초가 되는 감정을 인정하는 것으로 시작해야 한다. 이 모든 면에서 Bill의 반응은 도움이 되거나 도움이 되지 않을 수 있으며, 복종이나 반격의 극단은 익숙한 순환에 '가두어 두는' 경향이 있다.

우리는 다양한 유형의 비타당화를 대조할 수 있다.

- 무시하기. Bill은 아무 말 없이 공부를 하러 방을 나선다.
- 비난하기. Bill은 그의 아내에게 "왜 어제 입었던 것과 똑같은 옷을 입고 있어?"라고 말한다.
- 판단하기. Bill은 "당신은 내가 저녁 8시에 집에 오는 것을 원망할 권리가 없어. 내가 그렇게 열심히 일하는 것에 대해 당신은 고마워해야 해."라고 말한다.
- 오해하기. Bill은 "내가 지난주에 당신의 생일을 잊어버려서 그냥 씁쓸한 거지."라고 말한다.

그리고 타당화의 원형은 다음과 같다.

- 이해하기. Bill은 "당신은 내가 집에 훨씬 일찍 올 거라고 기대했고, 화가 난 건 당연한 일이야."라고 말한다.
- 확인하기. Bill은 "당신이 얼마나 화가 났는지 알겠어. 내가 생각이 짧았어."라고 말한다.
- 존중하기. Bill은 "당신이 얼마나 화가 났는지 알겠어. 내가 늦을 거라는 걸 알았을 때 당신에게 전화를 걸었어야 했는데."라고 말한다.
- 조율하기. Bill은 "당신이 그렇게 화내는 것에 대해 이해할 수 있어. 당신은 내가 오후 6시에 집에 오기를 기대했고, 뭔가 안 좋은 일이 생겼을 수도 있다고 걱정했을지도 모르겠네."라고 말한다.

Gottman(1999)은 부부가 적극적으로 경청하면서 서로 대화를 잘 하지 않는다는 것을 관찰했다. 일단 부정적인 감정이 들면, 모든 사람은 같은 방식으로 반응한다. 심지어 행복한 결혼생활을 하더라도 말이다. 궁극적으로 관계에서의 행복은 기계적으로 훈련된 '좋은 의사소통'이라는 이상을 추구하기보다는 갈등을 효과적으로 해결할 수 있는 능력에 더 가깝다. Gottman은 관계의 실패를 정확하게 예측할 수 있는 '파멸을 불러일으키는 네 기사(인류의 4대 재해의 상징으로서의 네 기사)'를 확인했다.

1. 비난: 관계 안에서는 언제나 불만이 있을 것이지만, 비난은 개인적인 것이다. "당신은 언제나…… 당신은 절대로……." 실제로는 질문이 아닌 모욕에 더 가깝다. 비난은 배우자의 성격이나 기질에 대한 공격이다.
2. 경멸: 이것은 관계 안에서 추악함을 전달하며, 냉소주의, 빈정거림, 짜증이나 의심 등의 표시로 눈알을 굴림, 적대적 유머, 조롱과 관련이 있다. 경멸하는 사람은 '우월한 위치'를 가정한다. 그것은 독이 되며 행복한 관계에는 사실상 존재하지 않는다.
3. 방어: 이것은 이해할 수 있지만, 비난적이며("당신이 문제야!") 상대 배우자가 듣도록 '압박을 가하게' 될지도 모르기 때문에 거의 도움이 되지 않는다.
4. 담쌓기: 이것은 반응을 회피하거나 배우자의 말을 듣지 않는 것과 관련이 있다. 감정이 폭발하는 것에 대한 보호책이다.

이러한 상호작용 방식은 파괴적이며, 심리도식치료 접근법으로 제한하는 것이 유용하다. Gottman은 '행복한 관계의 집'을 짓기 위해 이러한 해로운 관계를 줄이라고 조언한다(Gottman & Schwartz Gottman, 2009). 그러한 부정적인 측면들을 제거하고 그 관계에서 우정의 기초를 세우는 것은 지속적이고 만족스러운 관계를 형성하는 촉진제가 될 것이다. 부부 심리도식치료에서는 '집'을 '병원'으로 보는 것이 다르며, 정상적인 사람들과 '비정상적인' 사람들 모두 과거의 기억주도 학습의 확인과 제한된 재양육을 통해 내부 심리도식 주도패턴의 치유가 필요하다. 둘 다 9장의 '2. 심상작업'과 '3. 심상 재구성하기 시작'에서 논의된다.

Gottman과 Schwartz Gottman(2009)은 한 파트너가 '다른 파트너를 향해 돌아설 때'를 '연결을 위한 시도'로 설명했다. 이러한 시도는 아주 작은 시간에도 여러 번 일어난다. 그것은 우리가 인생 사건에 의해 얼마나 자주 산만해졌는지 그리고 우리가 실제로 얼마나 드물게 감정적으로 연결되고 관여할 수 있는 분위기에 빠져 있는지를 고려할 때 아마도 우리를 놀라게 할 것이다. 아마도 우리는 사람들이 때때로 그들의 정서적 가용성을 동시에 일치시킬 수 있다는 것에 놀랄 것이다! 연결을 위한 시도가 빈번하게 실패한 현실은 두 사람이 서로 사랑하는지에 대한, 그들의 관계의 질에 대한 판단이 아니다. 부부는 '회복 시도'를 하는 방법을 배울 필요가 있다. Gottman은 훈련 자료에서 이런 다양한 시도를 나열했다. 양식지도를 다룬 이 책의 8장에서 우리는 또한 건강한 성인양식에서 일부 회복 시도가 어떤 양상을 띠는지에 대해서 설명한다. Gottman에 의해 확인된 회복 시도는 좀 더 일반적인 경향이 있다. 하지만 이러한 문구들 중 많은 것이 우리의 부부 심리도식치료의 노력에 잘 통합될 수 있다.

Gottman에 의해 모델링된 많은 회복 시도는 다음과 같이 매우 효과적이다. "오, 미안해요. 당신이 시도하려던 것을 내가 놓쳤네……." "나를 용서해 줘. 내가 회피했어……." "오, 잘못된 그 말이 정말 내가 한 말이라고. 다시 시작해 봐." 혹은 부부의 언어에 심리도식적 관점을 추가하라. "오, 아니야. 내 심리도식 중 하나일 뿐이야!"

9장에서는 회복 시도로서 '비디오 되감기' 기법을 간략하게 설명한다. 우리는 부부들에게 작동하는 연결 시도를 사용할 것을 요청한다. 그들에게 시도하고 다시 시도해 보도록 격려하라.

시도에서 목표를 놓칠 수 있다. 이것은 회기에서 쉽게 모델링될 수 있는데, 이때 치료자가 무언가를 놓쳤음을 인정하고 나서 회복 시도를 모델링할 수 있다. 우리는 또한 회기에서 시도가 실패할 때 그 부부를 코치할 수 있다. "잠깐만요, 저는 방금 여기서 무슨 일이 일어났는지 이해가 안 돼요. 정말 어떤 기분인가요? 그 얘기 좀 해 보세요." 연결에 실패한 모든 시도가 균등하게 생성되는 것은 아니므로, 모든 회복 시도가 동일하게 효과적인 것은 아니다. 근본적인 욕구와 상처를 탐색하기 위해서는 종종 확장된 대화가 필요할 것이다.

부부 심리도식치료 모델은 이러한 유용한 발전을 바탕으로 하지만 그 이상의 것이다. 이론과 실제 모두에서 부부 심리도식치료를 차별화시키는 것은 우리의 사례개념화의 복잡성, 충족되지 않는 욕구를 목표로 한 정확한 재양육, 마음챙김 기법을 통한 촉발된 양식의 생리적 차단, 활성화된 기억의 치유에 대한 심상 재구성하기 세부사항, 주요 외상에서부터 충족되지 않은 욕구와 건강하지 못한 경험에서 오는 일상생활의 기대에 이르기까지 전체 연속체의 인공물을 상쇄하는 것이다. 이러한 인공물에는 결과적으로 내면화된 부모양식, 잔존하는 아동양식의 감각상태 그리고 습관적으로 활성화된 대처양식이 포함되는데, 이는 확인되고 분류될 때 제거될 수 있다. 그러므로 우리가 항상 그것을 더 발전시키기 위해 애쓰고 있기 때문에, 비록 충분히 깊지는 않지만 치유는 더 깊숙이 진행된다.

우리의 병원 같은 이미지는 우리가 작업하는 것이 실제로 수술과도 같기 때문에 적절한데, 그 수술은 어린 시절 경험의 심리적 잔재를 치료하며 우리가 사랑스럽고 안정적인 연결의 치유와 긍정적인 경험을 유지할 수 있게 한다.

3. 기본적인 정서의 전체 영역에 접근하기

관련된 정서들을 구별하는 것은 정서중심치료의 중요한 공헌이며, 그러한 감정을 해소하고, 명확히 하고, 연화시키고, 다시 연결할 수 있도록 하기 위해 그러한 감정을 고조시키는 것이다. Bill과 Betty에게로 돌아가서 이 기술의 예를 살펴보자.

Bill: 나는 내 일과 관련된 모든 것에 대해 비난받는다고 느껴요. Betty는 나에 대해 짜증내며 참을성이 없는 것처럼 보여요. 난 아무것도 제대로 할 수 없어요!

치료자: 당신은 그녀가 당신의 일을 통해 가져오는 '선물'을 보길 원하며, 아마도 당신을 유능한 제공자로 보길 원하겠죠?

Bill: 맞아요, 나는 내 자신을 내팽겨친 것 같아요. 그녀의 말들이 상처를 줘요.

치료자: 당신의 자존감에 상처를 입었나요?

Bill: 나는 상처받고 다친 것 같아요……. 사실은 피를 흘리고 있다고요!

치료자: 아마도 역시 굴욕감인가요?

Bill: 네, 나는 작게 느껴지고 그녀의 비난에 노출되어 있어요.

심리학자는 계속해서 침해로서 경험된 수치심과 분노의 영향을 탐색했다. 회기 후반에 다음과 같은 대화가 이루어진다.

Betty: 나는 내가 쉽게 화가 난다는 걸 알아요.

Bill: 제기랄, 맞다고!

치료자가 Bill의 말을 무시하며 말한다: 그런데 그게 당신이 느낀 전부인가요? (치료자는 그녀에게 '총'을 겨누는 것이 아니라 치료적 진전을 이루는 사람을 지지하는 것이 중요하다.)

Betty가 좀 더 반영적으로 말한다: 나도 잘 모르겠어요.

잠시 후 치료자가 말한다: 나는 좀 더 완화된 감정이 있을 거라고 확신해요.

Betty: 아마도 슬픔일 거예요. 나는 하루 종일 Bill을 그리워하며 그가 집에 돌아오기를 고대하고 있어요. 그가 집에 늦게 왔을 때 일이 늦게 끝났다는 것 말고 어떤 말도 안 한다면 마치 내가 존재하지 않는 것처럼 느껴져요.

치료자: 마치 유령처럼 느껴지는군요?

Betty: 말하자면 내가 존재할 가치가 없는 것처럼요.

후에 치료자는 다음과 같이 관찰했다.

Bill이 집에 늦게 왔을 때 역기능적 패턴이 나타납니다. 때때로, 아니면 자주 Betty, 당신은 과잉보상 대처의 일부로서 분노와 원망을 표현하지만, 그 외에도 당신은 사실상 정서적인 연결의 중요성에 바탕을 둔 Bill을 그리워하는 슬픔을 느낄 것입니다.

Bill, 당신은 자주 비난받는 것처럼 느껴지지요. 마치 당신의 노력이 무의미한 것처럼요. 그런데 그것은 노출되고 결핍된 느낌과 관련하여 당신에게 깊은 상처를 줍니다. 우리는 이 패턴이 당신들 모두가 필요한 것을 얻는 데 얼마나 방해가 되는지 함께 생각해 볼 필요가 있어요.

우리는 피상적인 대처행동과 관련된 분명한 감정 뒤에 숨어 있는 무시되거나 막혀 버린 기본적인 감정을 살펴볼 필요가 있어요. 어쩌면 우리가 함께 창의적으로 좀 더 건강한 상호작용을 위한 기회를 만들 수 있을지도 모르지요.

정서중심치료 모델은 시간 순서에 따라 1차 정서와 2차 정서를 구분하지만(Greenberg & Goldman, 2008), 우리의 접근방식은 Ekman의 기본적인 정서 대 사회적 정서 모델의 영향을 받는다(Ekman, 1993).

1. 기본적인 정서는 상황에 대한 가장 기초적이고 독창적인 반응이다. 그것들은 생존패턴의 전인지적인 '체화된' 생리적 표현이다. 이는 기본적인 정서들, 핵심욕구들이 손상되거나 충족되지 않음을 의미한다. 여기에는 상실과 관련된 슬픔, 침해에 대한 분노, 위협이나 유기에 대한 공포 등이 포함된다. 이러한 정서들은 애착과 자기주장 지향성 사이의 전체 영역을 포괄한다. 이것들은 자기와 친밀한 유대감을 강화한다.
2. 사회적 정서는 중요한 타인에 의해 유도된 내면화된 평가와 신념을 포함한 정서반응이며, 그 결과 발생하는 대처행동의 일부이다(Leary, 2000). 상처받은 것에 대한 반응의 예는 당혹감, 뒤로 물러난 후의 시기심(부러움), 자신의 권리를 위해 싸우려는 몇 번의 헛된 시도에 따른 절망감, 차단된 후의 죄책감, 가혹한 비판에 따른 수치심이다. 이러한 이해는 생각과 신념이 인지 후 정서에 영향을 미치는 인지적 모델에 더 가깝다.

이 접근법은 특히 애착의 필요성에 바탕을 둔 더 부드러운 기본적인 감정들에 대해 부부가 감정적으로 더 잘 인식할 수 있도록 돕는다. 겉으로 드러나는 분노의 감정은 자기주장 시스템의 활성화에서 비롯된다. 이 활성화는 애착 시스템보다 우선한다. 이러한 화난 상태는 다른 기본적인 정서들을 차단하고, 지배와 통제를 위해 노력하는 한 극과 다소간에 복종적이거나 최소한의 협조로 애착을 유지하거나 회복하려는 다른 한 극 간 대처행동의 이분법으로 이어진다.

회기에서 긴장감이 줄어드는 것처럼 보일 때, 부부 상호작용에서 정서적인 부드러움으로 대체되는 징후를 찾아보라. 이것은 이전에 차단된 애착 시스템을 볼 수 있는 공간을 제공한다. 애착 시스템에 대한 위협은 이전에 분노가 지배했던 슬픔이나 공포의 기본 정서로 이어진다. 차단된 기본 정서에 대한 이러한 조율은 덜 양극화되고 더 통합적인 성인 해결책을 찾는 방법을 분명히 한다.

우리는 부부 심리도식치료 모델이 기억 주도적 부모양식에서 발생하는 왜곡을 어떻게 볼 수 있도록 도와주는지 보여 준다(예: 6장의 '3. 추가적 양식'과 8장의 '2. 양식지도'). 이 왜곡은 사회적 정서를 유도하고 부정적인 주기를 이끌어 냄으로써 우리의 지각과 정서에 부정적 해석을 한다. 부정적인 주기를 일으키는 것에 대한 인식은 역기능적 패턴을 변화시킬 수 있는 보다 현실적인 선택으로 이어질 수 있다.

또한 정서적인 방식에 대한 의견도 있다. 어떤 사람들은 자신들의 정서 표현에서 지나치게 규제되거나 폐쇄되는 반면, 다른 사람들은 규제가 부족하고 과잉 표현하는데, 특히 부정적인 정서들에 대해 그렇다. 여러분은 인지행동치료, 변증법적 행동치료 및 마음챙김 기법들을 사용하여 정서 조절을 도울 수 있다.

이것은 과잉 규제된 사람들이 더 정서적으로 인식하도록 도울 수 있다. 예를 들어, 정서 훈련의 마음챙김 기법을 사용함으로써 그리고 '부드러운 시작'을 얻기 위해 호흡하거나 '충동 서핑(urge surfing)' 분노를 사용함으로써 말이다(Gottman & Silver, 1999).

4. 막다른 골목?

Gottman은 "대부분의 부부 논쟁은 해결될 수 없다."라고 주장해 왔다. 이것은 그의 개념화의 일부이며 심각한 성격장애가 있거나 부부관계 유지에 대한 강한 양가성을 가진 부부를 어떻게 다루는지(또는 어떤 경우에는 다룰 수 없는지)에 영향을 미친다. Gottman과 Silver는 부부가 서로의 마음을 바꾸거나 문제를 보는 방식을 변화하기 위해 몇 년을 보낸다는 사실에 주목한다(1999, p. 23).

부부는 해결 가능한 문제와 정체된 문제를 모두 가지고 있다. 해결 가능한 문제는 실용적인 해결방법을 찾고 영구적인 문제는 보다 건설적인 방법으로 관리할 수 있다. Gottman은 변화하기 어려운 것의 요지를 이해하고 서로를 존경하고 존중함으로써 차이를 가지고 살아가는 법을 배우는 것이 더 낫다고 주장해 왔다. Marsha Linehan(1993)은 또한 사람들이 변하지 않는 것을 받아들이고 변화할 수 있는 것에 대해 노력할 필요가 있다고 충고했다. 그래야 그 부부는 공유된 의미와 목적의식을 쌓을 수 있다.

Bill과 Betty 사이의 업무 초점에 대한 갈등은 만성적이었고, 그가 마침내 은퇴할 때까지 해결 불가능한 것으로 여겨질 수도 있다. 그리고 그때조차도 그는 Betty에 대한 불만족스러움으로 인해 그의 관심을 빼앗는 어떤 흥미거리를 찾을 것이다.

부부 심리도식치료에서는 깊은 성격 변화를 가능하게 하는 다른 관점에서 사물을 보는 경향이 있다. Simeone-DiFrancesco와 같은 일부 심리도식치료 실무자는 부부가 욕구와 바람의 차이를 이해할 때 공감을 불러일으키는 새로운 수준에서 의사소통이 가능하다고 주장한다. 거기서부터 서로가 좀 더 받아들일 수 있는 바람으로 소망을 재구성하는 창조적인 선택들이 생겨난다. 이것은 교착상태를 피하고 '상호 승리(win-win)' 협정으로 이어질 수 있다. 해결 가능한 문제와 지속적인 문제의 구별은 정적일 필요가 없다. 부부 심리도식치료에는 두 배우자의 심리도식 배경을 작업하기 위한 선택이 포함되어 있다. 이러한 방식으로 성격의 기본 기반을 변화시킬 수 있으며, 그 결과 일부 지속적인 문제를 해결할 수 있다. 우리는 11장에서 이것에 대해 더 논의한다.

치료적 조언 Simeone-DiFrancesco는 방치된 핵심욕구와 협상 가능한 소망 사이를 구별할 수 있는 간단한 방법을 제공했다. 보편적이라는 측면에서 그 단어를 생각해 보라. 그것은 당신이 생각하기에 모든 사람이 가지고 있는 욕구인가? 모두가 그것을 깨닫든 깨닫지 못하든, 그것은 Young이 열거한 것과 같은 일련의 정서적 핵심욕구에서 비롯된다고 생각한다. 이것을 포괄적인 방법으로 생각하라. 예를 들어, "나의 욕구는 네가 네 여동생 Suzie의 마음을 바로잡는 거야!" 대신 "내 욕구는 수용에 대한 거야."라고 말한다. 그런 다음 Suzie에 대한 구체적인 생각을 소망 범주에 넣는다. 이것은 또한 여러분이 Suzie와의 관계가 왜 고통스러운지 이해하는 데 도움을 줄 것이다. 그 소망은 다음과 같다. "네가 Mary 이모에게 나를 인정하고, 그녀가 나를 더 이상 깔아뭉개는 것을 받아들이지 않을 것이라고 말해."

이제 Betty와 Bill에게 돌아가자. 결국 Betty는 그들이 부부로서 이룬 진전을 보게 되었다.

> 결혼 30년 동안 우리는 다소 안정적이었던 것 같아요. 아이들은 훌륭했지만 그 빈 둥지는 내 삶이 공허하게 느껴진다는 것을 의미했어요. 나는 이것을 감당할 수 없었고, Bill에 대해 더 비판적이고 덜 감사해하기 시작했지요. 불행은 우리 둘 사이에 묻혀 있었지만, Bill이 로마 지사로 승진하면서 위기를 맞았어요.

우리가 겪어야 할 위기였어요. 그것은 내가 Bill과 다시 취약해지는 법을 배울 필요가 있다는 것을 깨닫게 했고, 내 생각, 욕구, 꿈 안에 그를 놓아두었죠. 나는 기본적으로 엄마로서의 '역할'을 내 정체성으로 받아들였어요. 내가 연결할 만한 것이 별로 없는 것도 당연했어요. 나는 내가 결혼 초기에 굴복한 뒤 원망을 품고, 전형적인 아이중심 가정으로 회피했다는 것을 깨닫게 되었어요.

그를 탓하고, 그 사람이 정말로 신경 쓰지 않고 그저 무신경하다고 느끼는 대신, 나는 마음을 열고 내가 필요한 것을 가지고 그에게 도전하기 시작했어요. 놀랍게도, Bill은 이 새로운 나를 좋아하게 되었고, 우리 집 생활에 대해 덜 지루하게 느끼기 시작했지요. 우리의 관계에서 친밀감을 발견했고, 나는 우리가 함께 더 만족스러운 삶을 살 수 있다고 확신합니다. 이번 위기는 유대감을 더 강하게 만드는 돌파구가 되었어요.

이것은 부부가 치료에서 취할 수 있는 이야기 창조의 가능성을 보여 준다.

5. 추가적 의견

치료가 어떻게 진행되는지에 대한 매우 간단하고 어쩌면 단순한 이해도 있다. 치료자는 일반적인 회기에서 다음 3가지 작업을 할 것이다(특별한 순서는 없으며 종종 서로 간에 순환된다).

- 정서적 경험을 깊이 있게 한다(혹은 정서적 활성화).
- 경험에 대한 이론적 이해를 제공한다(모델에 대한 명료화).
- 개입을 한다(예: 문제해결).

이 3가지 치료자 활동과 관련하여, 정서중심 부부치료는 관계의 정서에 분명한 초점을 맞추고 있다. 이것이 가장 큰 강점이다. 그 이론은 애착이론에 기초하여 광범위한 연구에 기반을 두고 있지만, 일반적으로 성인 애착모델을 기술하는 Patricia Crittenden(2000)의 동적성숙모델로 업데이트되어야 한다. Gottman의 작업과 치료모델에 대한 이론적 기반도 넓다. 또한 대부분의 부부를 치료하는 데 실용적이고 효과적이다.

그러나 우리는 심리도식치료가 Young이 '제한된 재양육' 관계라고 부르는 것으로 이어지는 보다 미묘한 발전모델을 가지고 있으며, 심리도식과 양식개념화로 더욱 포괄적이라고 생각한다. 또한 정교한 경험적 기법도 있다. 그들은 활성화를 위한 강력한 개입뿐만 아니라 정서적 상처를 치유하는 강력한 기법들을 제공한다. '3가지 도구 모두에 능숙하다'는 것은 가장 혼란스런 개인과 부부에게도 변화를 허용한다. 우리는 다음 장에서 심리도식치료 기여의 전체 범위를 고려한다.

요약

이 장에서 우리는 John Gottman의 연구와 부부 정서중심치료의 기여를 간략하게 살펴보았다. 이것은 Bill과 Betty의 확장된 사례 연구로 설명되었는데, 이 연구는 관계에 가장 피해를 주는 것을 포함하여 정서의 본질과 같은 중요한 치료적 개념을 예시했다. 회복과 효과적인 개입의 필요성이 우선시되었다.

이제 우리의 관심은 심리도식치료의 독특한 기여로 옮겨 갈 것이다.

심리도식과 양식

Gregory Bateson(1972)은 "지도는 영토가 아니다."라고 말했다. 그러나 치료자로서 우리는 우리의 이론적 관점에 의해서 인도되고 임상적으로 관련된 지도 없이 맹목적으로 작업한다. 우리는 심리도식치료가 지도에 방향성을 추가해 줄 것임을 믿는다.

1. 심리도식에서 양식으로

힘든 부부들은 관계치료의 가장 큰 도전으로 간주되며, 더욱 강력한 개입만이 답은 아니다. 우리에게는 치료와 통합된 심리도식치료가 제공할 수 있는 향상된 사례개념화가 필요하다. 이것은 종종 부부상담에서 간과되지만, 이론에 기초한 이해의 일관성은 효과적인 개입으로 이어지며, 도전적인 부부를 돕기 위해 궁극적으로 필요한 것을 제공하는 유일한 희망이다. 사례개념화와 치료 계획을 연계할 필요성은 Pearl Berman(2010)에 의해 잘 입증되고 있다. 부부 심리도식치료는 임상적 이해를 위한 풍부한 관점을 제공한다.

Kylie는 그녀의 두 오빠에게 아동 성학대를 당한 전력이 있었다. 그녀의 자존감은 형편없었고, 그녀는 부당한 대우를 받는 것이 당연하다고 생각했다. 불신-학대와 정서적 박탈의 심리도식이 쉽게 활성화되었다.

그녀는 Brett을 만났을 때 그에게 즉각적으로 매력을 느꼈다. 그는 특권의식과 엄격한 기준 심리도식을 배경으로 꽤 웅장한 자신감을 가지고 있었다. Kylie는 그의 힘에 끌렸고, 복종의 패턴을 제공했다. 결국 그의 처벌적이고 통제적인 관계방식(처벌 심리도식)에서 문제가 생겼다. 그들은 그녀의 궁핍함(정서적 박탈감)과 그의 반응 불능(정서적 억제)에 갇히게 되었다.

이 사례는 심리도식 기반 개념화를 사용한 부부 심리도식치료가 부부를 하나로 묶는 요소와 궁극적으로 심각한 어려움을 야기하는 요소를 추적하는 데 어떻게 사용되는지 보여 준다. 우리는 종종 교회가 후원하는 결혼 준비과정에 심리도식 관점을 적용할 수 있다는 점에 주목한다.

어떤 것이 무엇을 불러일으키는가? 치료자는 부부관계에서 심리도식 활성화의 순서를 추적할 수 있다. 또한 잠재적인 보상 심리도식이 있다. 예를 들어, 유기 도식을 가지고 있는 사람은 보상적인 자기희생 도식을 가질 수 있으며, 그 심리도식은 자기 자신을 버리는 패턴의 부부관계에서 작동된다.

심리도식치료의 관점에서 초기 단계는 강렬한 정서적 반응을 이끌어 내는 '촉발점'을 확인하려고 하는 것이다. 이는 심리도식이 활성화되었을 수 있음을 나타낸다. 연쇄 분석의 변증법적 행동치료 기술은 보고된 관계 사건 전에 무슨 일이 일어났는지를 추적하는 데 유용할 수 있다. 심리도식 질문지 3판(YSQ-3)과 심리도식 양식 검사지 1.1(SMI 1.1)을 제공하고 결과를 처음에 개별적으로 설명할 수 있다. 전형적인 심리도식 취약성을 확인하고 탐색하라. '심리도식 화학반응', '심리도식 충돌' 및 '심리도식에 갇혀 있음'을 포함하여 심리도식의 동적 상호작용을 이해하라. 정체된 문제들(Gottman, 1999)은 심리도식 개념화에서 강한 심리도식 화학반응으로 이해될 수 있다.

심리도식 작업은 18개의 심리도식과 각각에 반응하는 굴복, 회피 또는 보상의 3가지 방식으로 상당히 복잡할 수 있다는 점을 기억하라. 이로 인해 54개의 심리도식 반응이 가능하다. 이것은 잠재적으로 양식보다 더 포괄적인 틀을 제공할 수 있지만 기능 수준이 높은 부부들에게조차도 불가능할 정도로 빨리 복잡해질 수 있다. 다양한 도식이 동시에 활성화될 수 있다는 추가적인 어려움이 있다(Atkinson, 2012). 심리도식 작업과 관련된 문제로 인해 Jeff Young은 심리도식 양식에 중점을 두었다. 심리도식 양식모델은 특정 시점에서 기본 심리도식이 작동되는 방식을 설명한다.

2. 심리도식 양식모델의 세부사항

심리도식 양식을 다루는 것은 중요한 치료적 진보임이 증명되었다. 여러분이 보고 있는 심리도식 양식은 내면 상태의 가시적인 표현이다. 불안정한 부부들과 작업할 때 역기능적 양식상태는 분명해진다. 이것은 성격장애의 범주로부터 오는 특성들을 포함한다.

심리도식 양식은 사용자 친화적이다. 심리도식 양식지도를 가지고 작업하는 것(8장의

'2. 양식지도'에서 다룸)은 개인의 치료과정에서 4개 혹은 5개의 양식에 제한적으로 초점을 맞출 수 있으며(Farrell & Shaw, 2012), 부부의 경우 총 7~8개 미만이 될 수 있다. 그것은 또한 잠재적인 정확성과 이해력을 이끌어 낸다. 그리고 그것은 필요한 치료자 반응(검증이나 제한 설정 등)에 대한 신뢰할 수 있는 지침이다. 심리도식 양식 사례개념화는 치료자와 부부 모두를 감독하고 다루는 것을 훨씬 쉽게 해 준다.

아동양식은 초기 생존 기반의 반응이다. 아동은 욕구가 충족되지 않을 때 대처하는 방법을 찾아야 했다(Farrell & Shaw, 2012). 이러한 심리도식 양식은 분노, 공포, 혐오, 상실, 행복과 같은 기본적인 정서를 나타내며, 신체 감각과 밀접하게 관련되어 있다. 그것의 출현은 정서적 욕구들이 충족되지 못했거나 위협받고 있음을 보여 준다.

역기능적 부모양식은 핵심신념과 부정적인 자동적 사고의 재발을 포함한 중요한 타인들의 내면화된 귀인이다. 이것들은 부정적인 '머릿속 목소리'로 경험되는 유해한 부모의 내사로 볼 수 있다(Freud, 1917).

부적응적 대처양식은 아동에 대한 적절한 관심이 부족한 환경에서의 초기 아동기 경험을 바탕으로 한 대인관계 대처반응으로, 수치심, 죄책감, 우월감 등의 사회적 정서가 포함된 경우가 많았다. 여기에는 복종과 지배 사이의 영역에 대한 행동적 반응이 포함된다. 이것은 기본적 정서(아동양식에서)와 평가(부모양식에서) 둘 다로부터 배양된다.

핵심욕구를 충족시키기 위해 더 노력하면서, 우리는 결국 무의식적으로 다음과 같이 상대방과의 대인관계를 '정의'하게 된다. '나는 정상에 있다.'(통제와 자기주장을 위해 노력하는 과대보상) 또는 '나는 굴복한다.'(애착을 얻기 위해) 이러한 극들 사이에는 회피 또는 '도피' 행동의 변형으로서 다음과 같은 세 번째 선택지가 있다. '나는 관계에서 철회한다.' 소극적으로(분리된 보호자, 해를 피하기 위한 '얼어 버림' 행동) 또는 적극적으로(나를 보호하기 위한 '도피' 반응으로

〈표 6-1〉 가장 중요한 양식

아동양식	내면의 부모양식	부적응적 대처양식	통합된 적응양식
취약한 아동	처벌적 부모	순응적 굴복자	건강한 성인
화난 아동	요구적 부모	분리된 보호자	행복한 아동
격노한 아동		분리된 자기위안자	
충동적 아동		자기과시자	
비훈육된 아동		가해자 공격	

분리된 자기위안자). 그 아동은 그 상황에 대처하기 위한(당시에 적응할 수 있는) 최선의 방법을 선택했을 것이다. 비슷한 상황이 생길 때마다 아동은 그 패턴을 따랐다. 불행하게도, 이러한 대처방식은 반복을 통해 점점 더 견고해졌다(이끌림들이 강해졌기 때문이다). 이것은 반복되었고 시간이 지나면서 더 부적응적이 되었다. 당연히, 아동이 성장함에 따라 부적응양식에서 고착되지 않는 다른 연령대의 적절한 대처방식이 있어야 한다.

4가지 관계적 정의는 모두 굴복–얼어 버림–도피–투쟁의 선천적인 생물학적 상호작용 패턴의 정교한 변형이다. 우리는 복종하는 행동을 얼어 버림이 아니라 굴복과 연관시키는 것이 중요하다고 생각한다. '얼어붙은' 토끼(혹은 해리성이 있는 사람)는 굴복하지 않지만(애착을 얻기 위해서), 철회를 통해서 해를 피하려고 하는 것이다. 그래서 얼어 버림은 소극적인 도피를 통해 대처하는 예로서 굴복하지 않는 것이다. 순응적 굴복자(굴복), 분리된 보호자(얼어 버림), 분리된 자기위안자(도피), 과잉보상(투쟁)의 대처양식에서 나타나는 4가지 주요 대처방식 방향을 구분해야 하기 때문에 투쟁, 도피, 얼어 버림의 3자관계에 대해 말하는 것은 불충분하다. 대처양식의 선택은 현재 아동과 부모양식의 내부 활성화에 따라 결정된다.

Nardi는 요구적 부모가 지배하는 불안한 아동양식과 취약한 아동양식을 가지고 있었기 때문에 순응적 굴복자로서 반응한다. 이것은 불만족스러운 애정관계에서 반복되었다.

Brett은 알코올 의존 문제로 치료를 받고 있었다. 그는 화난 아동양식을 가지고 있었지만 처벌적인 부모양식에 의해서 분노를 표현하는 것이 막혔고, 그래서 분리된 자기위안자 상태에서 특징적으로 술에만 의존했다.

그것은 정확히 근본적인 아동양식의 차단으로 더 건강한 방법으로 대처하려는 시도를 약화시킨다. 양식지도에 대한 설명에서 알 수 있듯이 차단된 아동양식과 활성화된 아동양식을 식별하는 것이 중요하다. 대처양식이 항상 부적합한 것은 아니지만 경로가 너무 엄격하거나, 대안이 없거나, 변경 전략이 '전환'방식으로 나타난다.

건강한 성인양식은 개인의 적응적 자기조절적인 측면이다. Roediger(2012b)는 건강한 성인 기능의 3가지 주요 처리과정인 마음챙김의 자기성찰, 분리된 재평가 및 기능적 자기지시의 개요를 설명했다. 당연히 이것은 합리적인 생각과 자기성찰이 통합되어 문제해결로 이어진다. 치료자는 자동적인 사고와 핵심신념을 재평가하고, 자신이나 타인에 대한 적절한 사고로 대체하고, 역기능적인 부모양식을 무력화시키거나 '탄핵'하도록 개인의 건강한 성인을 도울 수 있다. 이 모든 것이 중요한 질문으로 이어진다. 아동에게는 무엇이 필요한가? 건강한 성인은 긍정적인 변화를 위한 희망이다.

다음은 가장 많이 사용되는 14가지 심리도식 양식 목록이다. 양식은 우리가 보는 것을 설명한다. 카메라 렌즈와 비교해서, 우리는 물체를 얼마나 가까이 보고 싶은지 결정한다. 광각 렌즈를 통해 단지 3가지(혹은 4가지) 주된 양식 집단만이 있다. 근접 촬영 렌즈를 통해 우리가 그것을 얼마나 가까이에서 보느냐에 따라서 끝없이 많은 수의 양식을 구별할 수 있다. 치료적이며 과학적인 이유에서 다른 성격장애들과 관련된 양식들을 확인 · 식별하는 것은 타당하다. 그것들을 양식 목록화하고 측정 가능하게 하는 것은 우리가 특정 양식을 제시하고 성격장애 진단과 연결시키는 데 도움이 될 수 있다. 실용적인 방법으로 사람들과 개별적으로 작업할 때는 차원적인 양식지도에 표시되는 감독 가능한 수의 양식을 사용하여 적당한 범위를 선택하고 제시된 양식을 내담자의 어려움과 연관시키는 것이 더 유익하다. 따라서 우리는 우리의 목록에서 정상적인 경험의 범위 안에서 발견되는 더 일반적인 양식들을 선택했다. 제시된 모든 양식은 이 차원적 구조 어딘가에 배치할 수 있다. 이것이 우리가 Young 등(2007)으로부터 채택한 목록에서 가장 대표적인 양식에 집중하는 이유이다.[1)]

1. 아동양식

1.1 취약성

1.1.1 취약한 아동은 그의 부모를 돋보이게 할 수 있을 때만 유일하게 가치가 있는 외로운 아이처럼 느낀다. 아동의 가장 중요한 정서적 욕구가 일반적으로 충족되지 않았기 때문에, 그들은 대개 공허하고, 외롭고, 사회적으로 수용될 수 없으며, 사랑할 가치가 없고, 사랑받지 못하고, 사랑할 수 없다고 느낀다.

1.2 분노

1.2.1 화난 아동은 취약한 아동의 정서적(또는 신체적) 핵심욕구가 충족되지 않기 때문에 극도로 화가 나거나, 격분하거나, 격노하거나, 좌절하거나, 입원하게 된다. 그녀는 억눌린 분노를 부적절하게 배출할 것이다. 그녀는 자신이 타인을 소외시킬 '자격이 있고', 또는 '버릇없는' 것처럼 보이게 하는 요구를 할 수도 있다.

1) 우리는 양식들을 설명할 때 문법적인 성별을 번갈아 가며 사용하지만, 남성 또는 여성에게 특정한 양식이 더 흔하다는 의미는 아니다.

1.2.2 격노한 아동은 격렬한 분노를 느끼며 사람을 다치게 하거나 물건을 손상시킨다. 이 분노는 통제할 수 없으며, 때때로 문자 그대로 공격자를 파괴할 목표를 가지고 있다. 이것은 아동이 비명을 지르거나 충동적으로 행동하는 것을 통해 볼 수 있다.

1.3 훈육의 부족

1.3.1 충동적 아동은 자기 자신이나 타인에게 일어날 수 있는 결과를 고려하지 않고 이기적이거나 통제되지 않는 방식으로 순간적으로 비핵심적인 욕망이나 충동에 따라 행동한다. 그는 종종 단기 만족을 지연시키는 데 어려움을 겪고 있으며, '버릇없는' 것처럼 보일 수 있다.

1.3.2 비훈육된 아동은 자신에게 일상적이거나 지루한 일을 끝내도록 강요할 수 없고, 빨리 좌절하고 포기한다.

2. 부적응적 대처양식

2.1 굴복자

2.1.1 순응적 굴복자는 갈등이나 거절의 두려움으로 인해 타인에게 수동적·굴종적·복종적 또는 자기비하적 방식으로 행동한다. 그는 소극적으로 자신을 학대하는 것을 허용하거나, 건강한 욕구를 충족시키기 위한 조치를 취하지 않는다. 그는 사람을 선택하거나 자기패배적인 심리도식 주도패턴을 직접적으로 유지하는 다른 행동에 관여한다. 그는 많은 분노를 느낄 수 있다.

2.2 회피

2.2.1 분리된 보호자는 정서적으로 분리됨으로써 심리도식의 고통에서 심리적으로 철회한다. 그녀는 모든 감정을 차단하고, 다른 사람들과 단절하며, 그들의 도움을 거부하고, 거의 로봇처럼 기능한다. 징후 및 증상에는 비인격화, 공허함, 지루함, 물질남용, 폭식, 자해, 정신신체증 호소, '텅 비어 있음'을 포함한다. 그녀는 내면의 욕구, 감정, 생각으로부터 차단한다. 이 사람은 공허함을 느낀다(Arntz, 2012b).

2.2.2 분리된 자기위안자는 어떻게든 달래고 자극하거나 자극할 활동에 참여함으로써 감정을 차단한다. 이러한 행동은 대개 중독성이나 강박적인 방식으로 수행되며, '일 중독',

도박, 위험한 스포츠, 문란한 성행위 또는 약물남용을 포함할 수 있다. 치료를 받는 또 다른 사람들은 컴퓨터 게임, 과식, TV 시청 또는 환상과 같은 자기자극보다 더 자기위안적인 혼자만의 관심사에 충동적으로 참여한다.

2.3 과잉보상

2.3.1 자기과시자는 그녀가 원하는 것을 갖기 위해 특권이 있고, 경쟁적이고, 거창하고, 학대하거나, 지위를 추구하는 방식으로 행동한다. 그녀는 거의 완전히 자기도취되어 있으며, 타인의 욕구나 감정들에 대한 공감을 거의 보이지 않는다. 그녀는 우월감을 보여 줄 것이고, 특별하게 대우받기를 기대할 것이며, 다른 모든 사람이 따르는 규칙을 따라야 한다고 생각하지 않을 것이다. 그녀는 존경을 갈망하고 자주 자만심을 부풀리기 위해 자화자찬하는 태도로 자랑하거나 행동한다. 이것은 열등감, 부적절함, 또는 의심의 내적 감정을 보상한다(Arntz, 2012b).

2.3.2 가해자 공격은 정서적 · 신체적 · 성적 · 언어적 또는 반사회적 또는 범죄 행위를 통해 통제되고 전략적인 방식으로 다른 사람들에게 직접적으로 해를 끼친다. 그의 동기는 학대와 굴욕을 과잉보상하거나 예방하기 위한 것일 수 있다. 그는 가학적인 특성을 가지고 있다.

3. 역기능적 부모양식

3.1 처벌적 부모는 개인을 비난하고 처벌하는 부모의 내면화된 목소리이다. 처벌적인 부모는 자신에게 화를 내고 부모들이 그녀에게 표현하도록 허락하지 않은 정상적인 욕구를 가지고 있거나 보여 준 것에 대해 처벌을 받아야 마땅하다고 느낀다. 이 양식의 어조는 거칠고 비판적이며 용서하지 않는다. 징후와 증상에는 자기혐오, 자기비판, 자기부정, 자해, 자살 환상, 자기파괴 행동 등이 포함된다.

3.2 요구적 부모는 아동에게 지속적으로 지나치게 높은 기준을 충족시키도록 강요하고 압박한다. 그는 '올바른' 방법은 완벽하거나 매우 높은 수준에서 성취하는 것이며, 모든 것을 정돈하고, 높은 지위를 위해 노력하고, 겸손해지려고 노력하고, 다른 욕구를 자기 것보다 우선시하거나 효율적이거나 시간 낭비를 피하는 것이라고 느낀다. 그는 감정을 표현하거나 자발적으로 행동하는 것은 옳지 않다고 느낀다.

4. 통합적 적응양식

4.1 건강한 성인은 일, 육아, 책임감, 헌신과 같은 적절한 성인 기능을 수행한다. 그녀는 성, 지적·미적·문화적 관심사, 건강 유지, 운동 활동과 같은 즐거운 성인 활동을 추구한다. 그녀 자신과 타인의 욕구 사이의 균형이 잘 잡혀 있다(Arntz, 2012b).

4.2 행복한 아동은 그의 정서적 핵심욕구가 현재 충족되었기 때문에 평온함을 느낀다. 그는 사랑받고, 만족하고, 연결되고, 충족되며, 성취되고, 보호받고, 칭찬받고, 가치 있고, 보살핌을 받고, 지도되고, 이해되고, 검증되고, 자신감 있고, 유능하고, 적절히 자율적이거나 자립적이고, 안전하며, 탄력적이고, 강하고, 통제력이 있고, 적응력이 있고, 낙천적이고, 자발적이라고 느낀다.

이 양식들은 SMI 1.1 심리도식 양식 목록에 상응한다.[2)]

성찰 심리도식 취약성이나 양식을 보다 쉽게 볼 수 있는가? 심리도식 활성화 또는 양식 상태의 변화를 인식할 수 있는가? 심리도식이나 양식의 관점에서 당신이 보고 있는 것의 이름을 쉽게 댈 수 있는가?

치료적 조언 대부분의 숙련된 심리도식 치료자는 양식과 작업하는 것이 더 쉽다는 것을 발견한다.

또 다른 치료적 조언 몇 가지 주요 심리도식에 초점을 맞추고 SMI 1.1의 양식 설명 및 결과와 바로 연결하는 것이 좋다. 제시된 양식을 대표적인 기본 심리도식과 연결하면 내담자는 현재 경험의 어린 시절의 기원에 더 민감해진다. 하지만 수렁에 빠지지 않기 위해서 너무 완벽주의자가 되려고 하지 말라. 나중에 언제든지 세부 정보를 가져올 수 있다. 일부 배우자는 다른 사람이 정보를 어떻게 받아들이거나 '사용'할지 확신하지 못하기 때문에 개인회기에서 혼자 결과를 듣는 것을 선호한다. 또한 불확실할 수도 있다. 우리는 그 부부와 함께 처음으로 특정 심리도식을 식별하는 위험을 무릅쓰는 경우가 거의 없다. 배우자들은 스스로에 대해 어느 정도 이해한 다음 이러한 심리도식에 대해 자신과 다른 사람에게 공감할 수 있는 위치에 놓일 필요가 있다.

일반적으로 부부 상호작용의 강도는 양식을 활성화할 것이다. 심리도식이 쉽게 활성화되

2) SMI 1.1에 접속하려면 www.schematherapy.com으로 이동하라. 앞에서 언급했듯이, SMI는 여전히 개정 및 추가 개발 중에 있다.
역자 주: Song과 Lee(2020)가 SMI 1.1의 114문항을 타당화한 61문항의 단축형 한국판 심리도식 양식검사가 있다.

면, 여러분이 보게 될 것은 심리도식이 재생되는 양식들이다. 또한 부부가 불안정한 경우, 기본적인 심리도식 활성화의 변화에 따라 양식 간에 상당한 '전환'이 있을 것이다. 일반적으로 양식을 감지하기 쉽고, 상호작용이 다소 간단한 규칙을 따르기 때문에 양식에 초점을 맞추어 행동하는 것이 가장 좋다.

참고 부부는 종종 개인으로서 제시할 수 있는 것보다 낮은 수준의 기능에서 상호작용하므로 훨씬 불안정해 보인다. 또한 경계성 내담자는 대부분의 심리도식을 활성화하므로 양식을 추적하는 것이 더 쉽다. 의심스러운 점이 있는 경우 다음 위기까지 초기 안정성이 짧을 수 있으므로 양식에 주의를 기울이라.

성찰 부부와 함께 SMI 1.1을 어떻게 활용할지 생각해 보라.

고급 조언 때때로 우리는 빠르게 뛰어들어 심리도식 설명을 완전히 우회하고 양식주기를 초기에 계획해야 할 필요가 있을 수도 있다. 이것은 그 부부에게 희망을 줄지도 모른다. 그들은 2장의 '8. 첫 번째 회기의 종료'에서 기술한 바와 같이 현재의 모든 문제와 심리도식 세부사항을 무시한 채 이 과정에 의해 얻어질 것이 있다는 것을 알 수 있다. 이것은 부부치료자에게 있어서 약간의 자신감이 필요하다. 치료자로서 우리는 '뛰어들어오기'에 대해 계속적인 주의를 기울이는 경향이 있지만, 경험으로 인해 회기 역동에 대한 우리의 자신감과 숙달력이 커지고, 부부들의 관심을 끌기가 쉬워진다. 치료자는 매우 건강한 성인으로서 개입할 수 있어야 하며, 쉽게 동요하거나 방향을 바꾸지 말아야 한다!

부부 연습 숙제로서 각 양식별로 원형 차트를 그리게 하라. 원형 차트 각 조각의 크기는 성인의 삶이 그 상태에서 얼마나 많이 소비되는지를 보여 준다. 가장 일반적인 양식만 포함하라. 이 연습은 다양한 양식에 대한 인식을 높인다. 그러고 나서 그들의 배우자를 위해 각각 비슷한 원형 차트를 그리게 하라. 그 부부는 자신과 다른 사람을 어떻게 다르게 보는지 비교하고 토론할 수 있다. 이 연습은 그 관계에 있어서 역동성을 시사하는가?(Farrell & Shaw, 2012, pp. 140-141 참조)

성찰 만약 여러분이 관계 안에 있다면 그 부부를 대상으로 연습해 보라. 부부에게 양식을 설명할 때는 아동양식(특히 취약한 아동)과 핵심욕구부터 시작해서 그다음 부모양식('머릿속의 목소리'로 표시됨)으로 넘어가지만, 역기능적 부모양식이 반드시 실제 부모와 동일하지는 않다는 것(대신 그들은 어린 시절 부모와 권위 있는 인물의 내사이다)을 설명하라.

치료적 조언 건강한 성인양식을 분리된 보호자 양식과 어떻게 구별하는가? 둘 다 상당히 합리적인 것처럼 보일 수 있지만, 가장 중요한 차이점은 건강한 성인은 항상 기본적 정서와 접촉한다는 것이다. 건강한 성인은 폐쇄되거나 사회적 감정에 사로잡히지 않는다.

3. 추가적 양식

양식의 '기준'은 여전히 논의 중에 있다. 심리도식치료 학계에서는 추가적 양식이 계속 제안되고 논의되고 있다. 일반적으로 수용되는 양식(일부 제안된 양식 포함)의 도표는 [그림 6-1]을 참조하라. 첫 번째 목록의 SMI 1에 나열된 것 외에 다음 사항을 고려할 수 있다.

- 아동양식: David Edwards(국제심리도식치료협회 가족/부부 특별 관심집단)는 보호자 아동양식(일부 아동과 같은 특징과 보호 역할을 결합)을 확인했다. Susan Simpson(2012)은 수치심/박탈과 '궁핍한' 아동양식들을 제안했다. 또한 유희적/활기 넘치는 아동양식이 제안되었다(Lockwood & Shaw, 2012). Arntz(2012b)는 취약한 아동을 다른 성격장애와 다소 관련이 있는 유기-학대 아동, 외로운-열등한 아동, 의존적인 아동의 하위 집단으로 구분했다.

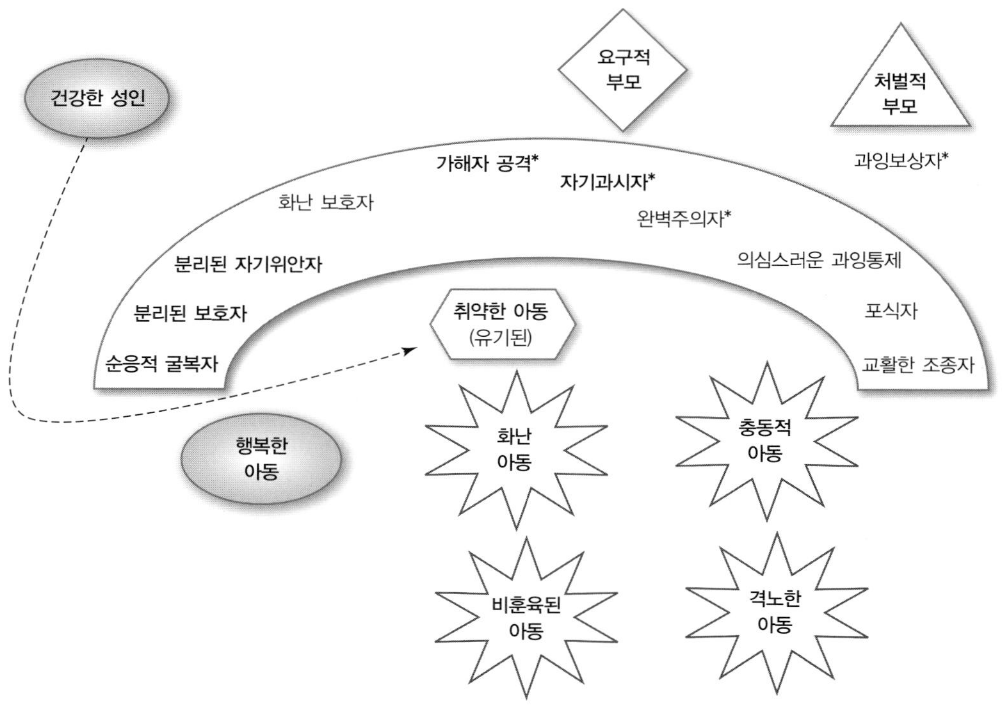

[그림 6-1] 일반적으로 수용되는 양식 도표

* 참고: 굵은 글씨의 양식들은 SMI 1.1에 있음.

치료적 조언 치료자는 아동양식이 내담자에게 느껴지는 '나이'를 알아내기를 원할 수 있다. 다음 사항을 기억하라. 대처양식의 내담자들은 대개 '성인'을 느끼고 그들의 지속되는 근본적인 아동 같은 정서적 토대와는 접촉하지 않는다.

- 대처양식: 건강한 성인 이외에는 우리가 나열한 대처양식은 거의 모두 부적응적이다. 부적응적 대처양식의 다른 몇 가지 변형을 나열하는 것이 유용하다. 화난 보호자는 매우 유용한 개념이다. 분노는 취약한 아동을 보호하기 위해 표현된다(van Genderen et al., 2012). 분노는 또한 짜증, 샐쭉거리기, 입을 삐죽거리기, 불평, 철회, 반대 행동을 통해 간접적으로 표출될 수도 있다(Bernstein et al., 2012a). 이 경우 그것은 사회적으로 강화되고 중요한 타인에 의해 효과적으로 사용되어 왔기 때문에 기본적인 정서가 아니다. 이것은 Farrell과 Shaw(2012)의 집단에서도 설명된다. 치료자는 거리를 유지한다(Arntz & Jacob, 2013). Arntz(2012b)는 상황 회피를 생존 전략으로 사용하는 회피성 보호자 양식을 주장해 왔다. 자기자극자 양식이 제안되었다(Kersten, 2012). 분리된 상상의 세계 양식에 대해서도 설명되었다(Lockwood & Shaw, 2012).

치료적 조언 여러분이 흔히 보는 열광에 대해 자신만의 상상의 이름을 붙이고 놀아 보라. 만약 이것이 패턴에 이름을 붙이고 식별할 수 있게 해 준다면, 그것은 도움이 될 것이다.

- 과잉보상 양식: 이것은 취약한 아동을 보호하려고 시도하는 양식들이다. Young은 관심추구 양식을 확인했다(Arntz & Jacob, 2013). 이것의 또 다른 예는 과경계 편집성 과잉통제자이다(Bernstein et al., 2012a). 이 양식은 실수와 죄책감을 피하기 위해 과도한 통제와 완벽주의를 사용한다(Arntz, 2012b). 포식자 양식과 같은 일부 양식은 반사회적 집단에서 볼 수 있다. 우리는 희생자들이 어떻게 범죄자가 되는지 볼 수 있다. 그들은 자신의 내적인 표현의 스위치를 끄고 처벌적인 목소리를 바깥쪽으로 돌린다. 또한 목표를 달성하기 위해 거짓말을 함으로써 '거짓 자기'를 제시하는 교활한 조종자 양식이 있을 수 있다(포식자와 함께 법의학적 모집단에 적용 가능). 가학적-피가학적 성도착은 단일 양식의 내적-외적 표현일 수 있다.
- 부모양식: 부모양식은 요구, 처벌, 비판, 냉소, 부정주의, 무효화, 비난과 같은 많은 측면을 가지고 있지만 도덕적 또는 가치 의식과 같은 현실적인 측면도 포함할 수 있다. 이것은 건강할 수 있다. 개인은 고마움의 가치를 '부모'에게 돌리고 싶을 수 있지만, 부정

적인 내면화된 부모양식에 대한 치료적 초점에 의해 차단될 수 있다. 그들을 이 회로에서 벗어나게 하기 위해 치료자는 그것을 건강한 성인의 특성(부모와 다른 중요한 사람들의 긍정적인 영향에 의해 만들어지는)으로 만들 수 있다. 부모의 양식이 개인의 성장을 제한하고 약화시킬 수 있기 때문에, 내담자들은 요구적인 부모와 '비난하는' 처벌적 부모를 수정하는 법을 배워야 한다.

양식에서 발달적 범위를 더 탐색하는 것이 중요하다. [그림 6-1]을 다시 검토하고 각 양식을 나열하고 위치시키는 확장된 양식모델이나 양식지도(8장의 [그림 8-2] [그림 8-3])를 살펴보라. 이것은 일반적인 방향을 제공할 것이다. 아동양식과 유아양식의 차이점은 '4. 유아양식의 개념'의 '2) 부부간의 유아양식 평가 및 작업'에서 설명한다.

치료적 조언 예를 들어, '외로운 Peter' 혹은 '화난 Debbie'와 같이 묘사된 이름을 양식들에 할당하는 것은 매우 도움이 될 수 있다. 이것은 양식을 일상생활과 연결하기 쉽게 만들고, 양식이 활성화되었을 때 내담자가 양식을 식별할 수 있도록 돕는다.

고급 기술 진단적 심상 연습은 현재의 정서적 문제의 전기적인 기원을 더 이해하고 양식을 평가하는 데 도움이 되기 위해 사용될 수 있다(Arntz & Jacob, 2013).

Mark는 치료자로부터 직장에서의 전형적인 문제를 시각화한 다음 어린 시절의 기억과 연관시켜 달라는 요청을 받았다. 이러한 시각화는 그의 권위주의적인 아버지에 대한 기억을 떠올리게 했다. 치료자는 열 살짜리처럼 느끼고 행동하는 지배적인 Mark를 확인할 수 있었다.

이 순응적 굴복자 양식을 개념화할 수 있도록 치료자는 Mark에게 그 나이 때 자신의 사진을 가져오라고 요청했다. 그가 사진을 가지고 왔을 때, 약 10세가 된 Mark에 대한 논의는 그 뒤에 있는 취약한 아동양식에 대한 그의 이해와 '감정'을 심화시켰고, 오늘날에도 여전히 굴복하는 그의 경향을 임상적으로 이해시켰다.

4. 유아양식의 개념

1) 유아양식의 일반적 특징

양식의 발달적 이해에 대한 개념은 심리도식치료에 내재되어 있다. 우리는 유아양식과 가능한 청소년양식의 개념을 이용한 더 정교한 설명을 제안한다. 심리도식은 아마도 태어날 때부터 혹은 심지어 그 이전부터 형성되거나 발달되어 있을 것이다. 각인이 빠를수록 심리도식은 아마도 '더 거칠고', 더 고립되고, 더 극단적일 것이다(외상 심리도식과 비교하여). 발병이 늦을수록 심리도식은 온화한 신경 환경에 더 많이 내장되어 있을 것이다.

양식은 유아기 자기인식으로 확장되는 발달 궤적을 가지고 있으며, 외상 경험과 관련된 발달이 억제될(정지될) 가능성이 있다. 유아양식은 강력한 '하향식' 활성화이다. 초기의 정서 경험은 '오래된' 느낌을 준다.

이 시점에서 유아양식에 대한 논의는 중요하다. 여러분은 몇몇 부부가 심리도식치료에 쉽게 반응하지 않는다는 것을 발견했을 수 있다. 행동은 일반적으로 기대되는 것보다 비이성적이거나 욕구 중심적일 수 있다. 우리는 역동적 양식모델을 확장하기 위해 다음과 같은 유아양식의 개념화를 고려할 것을 제안한다.

정서, 인지, 행동에서 유아양식의 특징은 다음과 같다.

1. 정서: 유아의 정서는 넘치거나, 불안정하거나, 변하기 쉬운 경향이 있으며, 전체 신체 상태를 포함하는 정서적 규제의 영향을 덜 받는 경향이 있다. 이는 '정서적 인식의 초기 단계'로 설명될 수 있다(Farrell & Shaw, 2012, p. 2). 이 발달 단계에서 유아는 매우 침투적인 '자극 장벽'으로 인해 외부 자극에 반응한다. 정서(emotion)는 출생 때부터 존재하는 9가지 주요 정서(affect)인 경향이 있다(Tomkins, 1962~1963). 이것들은 2차적인 것이 아니라 1차적인 것이다(정서중심치료에 의해 구별되는 것처럼). 유아의 정서는 대부분 미분화되어 있다. 신체 감각에서 주관적인 상태로의 발달 궤적은 점차적으로 뚜렷한 감정으로 표현될 수 있지만(Stolorow & Atwood, 1992, p. 42), 이 과정이 탈선된 경우 무쾌감증(해리됨 또는 '분산'됨; McDougall, 1985)으로 표현이 차단될 수 있다. 자아의 응집력이 적다(아마도 분열과 해리에 대한 취약성이 더 클 것이다).
2. 인지: 언어 이전의 인지 차원은 탐색될 수 있다(주체감, 신체적 · 정신적 응집력, 정서성, 시간의 연속성, 의미 전달, 마음의 의도, 상호 주관적 관계에 들어갈 수 있는 자기감; Stern, 1985). 실제로 언어화의 부족은 초기 유아 상태를 나타내는 중요한 지표가 될 수 있다. 유아의식은 '현실 검증력'이 가장 낮으며 때로는 '정신병과 같은' 것이 될 수 있다(보통 경계성에서 볼 수 있듯이 일시적이지만). 일반적으로 유아의 인지는 자기중심적이고 경직되어 통찰력이 부족한 경향이 있으며, 미래의 결과를 볼 수 있는 능력이 거의 없다. 중요한 지표는 자기 자신(Fonagy et al., 2004) 및 다른 사람들과의 정신화 부족일 수 있다. 사

고는 추상적이고 상징적인 것보다는 구체적이고 문자적인 것이다. 도덕적 감각은 기껏해야 원시적인 것으로, 양심이 발달했다는 증거는 없다. 새롭게 부상하고 있는 것은 서술의 능력이지만, 반드시 역사적 의미에서 정확하거나 의미 면에서 응집력이 있는 것은 아닐 것이다.

3. 행동: 자율성의 가장 초기 지표는 유아의 시선 회피, 머리를 흔들거나 도망치는 것과 같은 몸짓으로, 이는 점차적으로 약 2세까지 언어에서 발견된다. 유아양식 활성화의 가능한 지표는 관찰 가능한 놀람반응이거나 '얼어 버림'이 될 수 있다(Mary Giuffra, 국제심리도식치료협회 특별 관심집단; Guiffra, 2012 참조). 그러나 일반적으로 유아의 행동은 결과에 관계없이 매우 충동적이고, 때로는 강박적이며, 생각이 없는 경향이 있다. 실행기능에서의 제한이 없거나 상대적으로 부족하다. 2차 보상 유아 반응은 로봇 같은 움직임일 수 있다.

부모 및 보호적 또는 보상적 양식을 포함한 모든 양식에서 유아의 특성을 말할 수 있다. 다음 목록에서는 유아양식의 특성을 반영하여 14개의 심리도식 양식을 수정했다.

- 취약한 아동: 유아양식. 신체적인 편안함을 위해 울면서, 고통은 흐느끼는 것(또는 말보다는 몸짓)으로 신호를 보내며, 아마도 양육으로 추구되는 음식, 욕구가 긴급하고 중요한 것으로 경험되며, 현실 검증이 되지 않은 부모의 원시적인 이상화로 경험된다. 혼자 있고 무방비 상태에 있다는 원시적인 공포가 있을지도 모른다. 외상과 관련된 경우, 쉽게 촉발되는 보호적 양식들로 더 엄격하게 보호될 수 있다.
- 화난 아동: 유아양식. 분노는 자신을 범람시키고 실행적 사고는 불가능해진다. 분노는 기본 욕구의 좌절과 관련이 있으며, 더 짜증을 내고 쉽게 폭발하며, 자기인식과 통제력이 부족하다. 욕구는 더 구체적이고 양육의 초기 경험(예: 음식, 편안함 또는 보호)과 관련이 있다. 특권의식은 아동양식에 비해 훨씬 더 비합리적이며, 아마도 터무니없고 자기중심적일 것이다.
- 격노한 아동: 유아양식. 분노는 갑작스럽고, 심지어 순간적이며, 폭발적인 경향이 있다. 이것은 걷잡을 수 없이 떼쓰는 것이 될 수도 있고 '성깔 부리다'로 묘사될 수도 있다. 공격은 상처를 입히는 '갑작스러운 강타'와 같이 충동적인 경향이 있다. 비인격적인 존재 이상의 타인에 대한 인식은 없다. 이러한 유아기의 분노는 자기지향적일 수 있으며, 성인 자살이나 다른 자기파괴적인 행동을 유발할 수 있다. 격노한 유아와 관련된 상태는

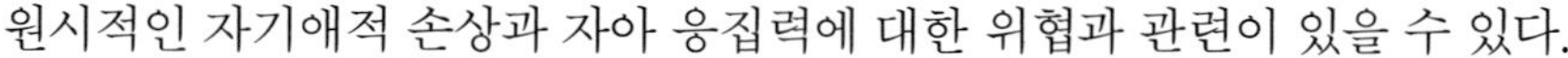

원시적인 자기애적 손상과 자아 응집력에 대한 위협과 관련이 있을 수 있다.

- 충동적 아동: 유아양식. 아마도 이 아동양식은 유아 영역에 더 많이 배치되어야 할 것이다. 구체적인 양육과 관련된 요구의 수준과 심지어 행동이나 결과를 덜 고려하는 수준에서 구별될 수 있다. 주로 신체적으로 행동화한다,
- 비훈육된 아동: 유아양식. 비훈육된 아동은 적절한 아동양식일 수 있으며, 충동적 아동은 적절한 유아양식일 수 있다. 구별해야 할 경우, 훨씬 더 짧은 주의력 범위와 활동에서 과도한 자극이 필요할 수 있다.
- 행복한 아동: 유아양식. 이것은 '앞의 모든 것'이지만 초기 발달 단계의 경우이다. 만족은 잘 먹히거나, 따뜻하거나, 편안해지는 것과 같은 더 기본적인 욕구를 충족시키는 것이다. 아마도 껴안는 것과 같은 신체적인 접촉에 대한 반응일 가능성이 있다. 추가적인 행복한 유아 경험은 호기심 및 경외감과 관련이 있을 수 있다.
- 순응적 굴복자: 유아양식. 역동은 아동양식과 동일하지만 신체적 및 표면적으로는 더 순응적으로 표현된다. 다른 사람들과 관련하여 토라지거나 수줍어하는 경향을 포함하는 초기의 아동과 같은 표현은 더 강력한 것으로 보인다. 외형적인 복종에 반응하는 인식은 복수와 파괴적인 이미지를 가지고 더 원시적인 경향이 있다.
- 분리된 보호자: 유아양식. 이것은 촉발요인에 반응하여 더 만연하고, 비정형적이고, 단단하며, 'on/off 스위치'로 보이고, 절대적 신념('나를 만질 수 없다.')으로 철회할 수 있다.
- 분리된 자기위안자: 유아양식. 중독은 음식이나 마약과 더 관련이 있는 체질이 될 가능성이 더 높다. 이것은 성인들의 엄지손가락 빨기로 표현될 수 있다. 담배를 필 수 있다. 만약 성행위가 있다면, 아마도 대부분 자기자극일 것이다. 자위 행위에 참여함으로써 자기위안을 하는 것일지도 모른다. 위험을 감수하는 경우, 결과에 대한 고려가 거의 없거나 전혀 없다. 이 수준에서의 활동은 '생각 없이' 하는 경향이 있다. 분리된 자기위안자를 통해 아동과 유아 수준을 구별할 수 있을 것이다.
- 자기과시자: 유아양식. 이것은 배변 조절이나 자제 같은 기본적인 기능에 대한 숙달에서의 과장된 즐거움이 포함될 수 있다. 성인의 경우 인지는 더 많은 마법적 특성을 가지고 있는데, 실제로는 현실성이 떨어지는 과대성이다. 의기양양한 '세계의 왕'의 특성이 있다. 아동과 유아 수준으로 특징지어지는 과대성의 특성에는 차이가 있을 수 있으며, 후자는 더 원시적이고 현실에 기반을 두지 않는다.
- 가해자 공격: 유아양식. 덜 계획적이며 신체적인 공격이 더 많다. 자기혐오나 원시적인 처벌적 부모를 외현화할 수 있다. 만일 가학적이라면, 더 원시적이며 상대방의 고통에 대

한 즐거움보다는 상대방을 공격하는 것과 연관된 원시적인 감정을 즐거워한다(왜곡된 공감을 요구). 전자는 최소한의 '마음의 이론'에 의존하기 때문에 의지를 압도하고 행사하려는 의도이다.

- 처벌적 부모: 유아양식. 이것은 아마도 부모의 내사가 받아들여진 나이에 발달적으로 결정되었을 것이다. 유아의 수준에서는 목소리는 더 어둡고(검은색과 흰색도 아님), 요구나 거부에서 절대적이다. 이 양식의 자기묘사는 '더러운', '나쁜' 또는 '사악한' 같은 단 하나의 단어로 만들어진다. 비난은 특정한 비난이 아닌 자기 자신에 대한 비난이며, 죄책감보다는 수치심과 더 관련이 있을 수 있다. 자상과 같은 자해와는 명백한 연관성이 있을 것이다. 명령은 전체적인 측면에서 자기파괴적인 경향이 있다. "죽어!"
- 요구적 부모: 유아양식. 이 양식은 좀 더 어린아이 같고 겉모습과 관련이 있다("나는 적절한 방식으로 먹거나 옷을 입어야 한다."). 아마도 유아 수준이 처벌적인 부모양식에서 더 많이 포착될 수 있다.
- 건강한 성인양식: 건강한 성인과 관련된 유아양식은 없다.

이러한 양식은 SMI 1.1 양식검사 목록에 해당한다(Young et al., 2008).

2) 부부간의 유아양식 평가 및 작업

유아에서 아동 · 청소년까지 발달적 범위의 양식에 대해 생각해 보는 것이 임상적으로 유용한 경우, 그러한 평가를 어떻게 수행할 것인가? 이것은 다음과 같은 방법으로 달성할 수 있다.

1. 가족력: 가족력에서 초기 외상의 징후를 주목하라. 이 사람이 영향을 받은 나이는 몇 살인가? Amanda는 유기와 관련된 문제가 있다. 그녀는 위탁가정에 옮겨진 전력이 있었다. 만약 이 혼란이 있었던 때가 4세였다면 유아양식을, 8세였다면 아동양식(들)을 제안할 수 있다. 또한 특정 연령과 관련된 성적 학대, 폭력 또는 방임에 대한 보고가 있을 수 있다. 특정 연령에서 압도당한 경험이 있을 수 있기 때문에 누적된 외상의 영향을 고려하는 것도 중요하다.
2. 초기 외상: 최초의 외상과 관련된 기억을 조사하라. 이것은 분명히 외상성 사건과 관련이 있을 수 있고, 비교적 차단되어 있을 수 있다. 그러나 활성화된 심리도식이나 양식이 아마도 이전의 단편적인 기억, 해리, 외상과 관련된 신체 감각과 함께 '이전 내력'

을 가지고 있다는 느낌이 있을 수 있다(Ogden et al., 2006). 아마도 정서나 신체의 가교를 사용할 수 있지만, 언어 능력을 습득하기 전에 '벽'에 직면했을 때 주의하라. 듣는 것에 대해서도 선택성이 있을 수 있다(예: 큰 목소리로 칭찬을 하지만 칭찬이 아닌 오로지 큰 소리만 들을 때). 소음 자극은 정서 식별과 어린 시절로 가는 가교로 사용할 수 있다(Graham Taylor, 국제심리도식치료협회 특별 관심집단). 그러한 단편화는 어린 시절의 역경을 암시한다.

3. 맥락: 현재 촉발된 사건으로부터 전후 관계의 단서가 있을 수 있다. 이것들은 특히 가족력과 관련이 있을 때 활성화된 연령을 시사할 수 있다(Graham Taylor). 위기의 시기에 Bobby는 그가 잠을 잘 수 있기 위해 엄지손가락을 빨았다고 보고했다. 그의 가족은 Bobby가 8세였을 때 그의 아버지가 그의 엄지손가락 빨기와 관련하여 도움을 요청한다는 게시물을 군대 게시판에 남겼다고 전했다.
4. 신체: 여러분의 평가에서 신체 인식을 포함시키는 것을 잊지 말라. 태아의 자세 측면에서 가장 분명한 유아의 신체기관을 찾아보라. 지표는 한쪽으로 향하거나, 무력한 자세로 아래쪽으로 향하거나, 이상화로 치료자를 '위로' 바라보는 것 등보다 미묘할 수 있다(Ogden et al., 2006, p. 178). 여러분은 주의 깊게 신체 기억을 탐색한 다음 적절한 시간에 신체의 해당 부분에 '목소리'를 줄 수 있다(Graham Taylor).
5. 심리도식 활성화: 여러분이 자신의 심리도식 활성화를 알아차릴 때 유용한 징후들이 있다. 무엇을 제공하고자 하는지 자신에게 물어보라.
6. 연령 표시: 그 사람이 활성화된 심리도식을 가지고 있거나 양식에 있을 때, 그 상태에서 그들이 몇 살로 보이는지를 생각해 보라. Hetty는 그녀의 가족이 피난민으로 그들의 집을 떠나야 할 때를 생각하면서 지독한 공황상태에 빠져 있었다. 그녀는 마치 '어린 소녀'처럼 보였고, 치료자는 자신의 딸이 유치원에 다니기 전의 불안감에 대해 생각했다. 이것은 매우 주관적으로 보일 수 있지만 다른 자료와 균형을 맞출 때 유용한 지표이다. 또는 더 일반적으로, 여러분은 유아–아동–성인의 범위에서 심리도식이나 양식을 발달적으로 찾으려고 시도할 수 있다. 일반적으로 0~4세의 유아양식, 5~11세의 아동양식, 12~18세의 청소년양식에 대해 생각해 보라. 물론 이것은 명확하지 않지만 더 '중심'이다.

Dave Edwards(국제심리도식치료협회 특별 관심집단)는 치료자들에게 '그 양식의 발달적 이야기'를 고려해야 한다고 조언했다. 양식의 현상학적 경험에 충실하라.

Kelly는 짧은 휴가를 보내기 위해 그녀의 어머니를 방문했다. 그녀는 불신-학대 심리도식이 자신에게 강력한 심리도식이라는 것을 알고 있었다. 그녀는 어머니를 방문할 준비를 하면서 슈퍼마켓에 가서 많은 음식을 샀다. 그녀는 차를 몰고 어머니 집으로 가면서 스스로에게 물었다. "왜 3일 동안 머물 거면서 그렇게 많은 음식을 샀을까? 마치 엄마가 나에게 음식을 해 줄 것이라고 믿지 않는 것 같아." 그녀는 음식과 관련된 신뢰가 유아기에 확립되거나 깨진 것이라는 것을 깨달았다. 그녀는 또한 관련 양식들에 대해서도 생각했다. 그녀는 분리된 자기위안자 양식에서 폭식과 관련된 섭식장애를 가지고 있었다. 그녀는 이것이 유아양식의 특성도 가지고 있다는 것을 깨달았다.

부부 연습 숙제로서, 부부는 가족사진 앨범을 보고 1~4세의 유아기 때 사진을 자세히 보도록 권장될 수 있다. 그 부부는 모호한 기억이나 어떤 감각이라도 다시 보고할 수 있을까? 그것은 신체 감각일 수 있다. 어떤 생각이 뒤따를까? 그것은 아마도 유아양식을 탐구하는 데 도움이 될 것이다.

3) 유아양식 치료에 관한 참고사항

유아양식은 초기 발달 단계에서 고착된 것으로 이해할 수 있다. 이것은 치료를 안내할 수 있다. 의사소통을 일치시키고 유아의 욕구를 충족시키도록 노력하라. 심리학자 Mary Giuffra는 '말할 필요가 없지만' '아기 공명'(국제심리도식치료협회 특별 관심집단)을 유지한다고 기술했다. 일반적으로 천천히 반복하고, 단어를 단순하게 유지하라. 그리고 Carolee Kallmann(국제심리도식치료협회 특별 관심집단)은 "내 눈을 보고, 나와 함께 숨을 쉬고, 지금 나와 함께 땅바닥을 밟아라."라고 조언했다. 때로는 '아동의 목소리'로 양식과 대화하는 것이 가장 좋다(Young, 2003). 유아양식을 논리적으로 설득하려고 노력하는 것은 진전이 없다. 치료자는 알아보고 진정시켜야 한다. 아마도 그들에게 포옹할 큰 곰처럼 부드러운 장난감을 주거나, 치료자가 포옹하는 모습을 상상하게 할 수도 있다. 부부상담에서 치료자는 강렬한 정서적 활성화를 불러일으킬 수 있는 배우자로부터 관심을 거두고 다른 배우자에 대한 결과적 양식 효과에 초점을 맞추는 것을 고려할 수 있다.

이것은 또한 어떤 치료적 개입이 적절할 수 있는지에 대한 의문을 제기한다. 다음 예는 이를 예시한다.

Bettina는 약 2~3세의 취약한 아동 유아양식을 가지고 있었다. 이것은 그녀의 '길을 잃어버린 어린 소녀' 특성과 스스로 자신을 돌보기를 누구나 기대한다는 것을 이해하지 못하는 것이 분명했다. 그녀는 자신이 직면하고 있는 가장 기본적인 결정들에 대해서도 매우 의존적인 방식으로 끊임없이 전화를 걸어 그녀의 치료자에게 손을 내밀었다.

아동양식에서 취약한 아동양식에게 말을 걸었던 치료자는 "Bettina, 나는 네가 어린 소녀처럼 길을 잃고 혼란스러워한다는 것을 알아(일치된 의사소통). 너에게 가장 좋은 것이 무엇인지 알기는 어려워. 너에게 돈에 대한 몇 가지 지침을 줄게(그녀의 즉각적인 욕구 충족). 나는 네가 그 담요로 몸을 감싸 주었으면 해. 네가 원하는 대로 너를 안아 줄 수는 없지만 담요를 사용할 수는 있어."라고 말했다.

치료자는 Bettina가 괴로울 때마다 재생할 수 있도록 그녀의 스마트폰에 녹음된 '오디오 플래시카드'도 만들었다. 치료자의 목소리로부터 오는 진정되는 특성이 그녀에게 위안이 되었다.

이 담요는 Farrell과 Shaw가 집단치료(2012)에서 사용한다. 그것은 좋은 유아 수준의 진정 전략이다. 이는 Bettina가 단순히 어떤 종류의 아동양식에 있다면 효과적이지 않을 수도 있지만(아이들이 침대에 눕는 것을 거부하기 때문에), 그것은 일부 재양육의 진정을 위해 '호출된' 아동양식의 취약성이었다.

물론 윤리적으로 적절한 것을 고려하여 유사한 제안을 평가한다. '지혜로운 마음' 심리치료적 태도는 단순(비성애적) 접촉이 허용되는 장소와 그렇지 않은 장소가 있기 때문에, 치료자는 자신의 면허 관할권에 있는 동료들의 문화적 규범의 맥락을 포함한다. 여기서 치료자의 자기돌봄이 양식의 충족되지 않은 욕구에 대해 본능적으로 유용하다고 느끼는 것보다 우선시될 필요가 있으며, 최종적인 결과가 무엇이든 치료자는 재양육하지 않도록 하라!

그럼에도 불구하고 이 담요는 '구체적'이며 대상항상성을 제공할 수 있다. 아동양식에 필요한 만큼 인지적 복잡성이 더 높은 다른 창의적 개입을 도입할 수 있다. 종이는 우리의 가장 유용하고 또한 가장 보수적인 이행 대상 중 하나이다. 양식지도나 양식주기 충돌카드의 회기 내 구성에 대한 문서 기록(8장에서 다룸)은 치료자가 내담자를 건강한 성인의 모델 및 재양육의 모습으로서 '가정'으로 안내할 수 있는 훌륭한 도구이다.

George Lockwood는 핵심욕구를 충족시키는 데에는 2가지 기본 양식이 있다고 언급했다(Lockwood & Perris, 2012).

- 모계양식은 어린아이를 자신의 연장선으로 경험하고 직접적인 진정과 양육으로 반응하는 것을 포함한다. 연결, 상호 공감 및 지속적인 가용성에 중점을 둔다. 주로 어머니의

애착 체계를 기반으로 하며, 아이의 애착체계를 상호 지원한다.

- 부계양식은 아이를 분리된 상태로 경험하고, 직접적으로 진정시키는 반응 경향이 적으며, 아이의 욕구가 즉각적으로 만족될 것이라고 덜 믿는 것을 포함한다. 그것은 자기주장 체계의 발달에 기초하고 지지한다. 그 아이는 스스로 고통을 처리하는 법을 배운다. 이 양식은 분리성과 독립성에 중점을 둔다.

당연히, 두 성별 모두 이 2가지 반응을 이용할 수 있다(Lockwood & Perris, 2012, p. 47). 핵심욕구를 충족시키는 2가지 경로는 아동과 유아양식 모두 중요하지만, 각각의 경로는 발달 수준 측면에서 정확하게 일치해야 한다.

Simeone-DiFrancesco는 유아양식의 치료 경험과 관련이 있다. 그녀는 한 젊은 남자와 작업할 때 보통의 심리도식 치료개입이 잠깐 효과가 있었지만 그 효과가 '지속'되지는 않는다는 것을 알아차렸다. 그녀는 이것이 이 개인이 유아양식에 있다는 것을 암시한다는 것을 이해했다. 시각화에서 그 남자는 자궁 속의 거부감 ("엄마가 나를 원하지 않았어.")으로 되돌아갔다.

Simeone-DiFrancesco는 회기에서 그가 스스로 감싸도록 담요를 주고 나서 "넌 안전해. 그것이 너를 원해."라고 말했다. 그는 눈에 띄게 이완되었다. 그러나 이 정도의 이완은 취약한 아동 위에 함께 서서 (젊은이가 양식 위를 '떠다니는' 상태에서 취약한 아동의 감정과 접촉을 유지하면서) 정상적인 의자작업을 수행하고 아동 재양육을 시도함에도 달성되지 않았다.

치료 초점이 보다 연령과 관련된 양식으로 전환되었을 때 공포와 고통의 증상이 증발했다. 부모양식을 탄핵하고 아동양식의 욕구와 단순하게 일치시키고 지원하는 것은 유아양식의 감정과 공명하는 것을 거의 즉각적으로 달성하지 못했다. 일단 젊은이의 아내가 사정을 이해한 후 남편의 유아양식을 위로할 수 있었고, 비슷하면서도 다소 놀라운 긍정적인 결과를 얻었다.

유아양식은 부부 상호작용을 이해하는 데 또 다른 차원을 추가한다. 일반적으로 부부는 이 수준에서 활성화될 것이다. 이러한 상태들은 이치에 맞지 않고, 표현력이 떨어지며, 감정에 의해 더 많이 범람하기 때문에, 그 부부는 단순히 반응하는 것이 아니라 그러한 활성화에 대처하도록 지도받아야 한다. 파열을 빨리 인식하려고 노력하고, 진정시키는 법을 배우고, 안심시키는('너를 해치고 싶지 않다.') 진전이 이루어질 수 있다. Dave Edwards(국제심리도식치료협회 결혼/부부 특별 관심집단)는 치료자가 그런 시기에 이 부부를 억제할 필요가 있다고 강조했다. 위험을 조심하라. 예를 들어, 한 사람이 취약한 아동의 유아양식에 있고 다른 한 사람이 적대적인 부모 또는 보상 양식(처벌적 부모 또는 가해자 공격)에 있다면, 치료자는 손상된 파트너가 먼저 진정하거나 실제로 보호를 위해 개입할 때까지 그들을 분리할 필요가 있다. 또한 공격자가 가질 수 있는 좌절감에 공감할 수도 있다. 부부가 너무 연약해서 이것을 견디지 못하고 치료를 계속하기를 원할 수도 있기 때문에, 수동적일 수 없고 단지 손상이 일어나도록 내버려 둘 수 없다.

일반적으로 전략으로서의 재양육은 유아와 아동양식에 따라 중요성이 증가한다. 내부 감정상태부터 시작하라. 그것을 '몸 안에서' 느끼고, 만약 가능하다면 건강한 성인양식을 이용하여 그에 대해 이야기하라. Farrell과 Shaw(2012, p. 39, 166 참조)는 어린 시절의 욕구를 충족시키는 것에서부터 건강한 성인양식을 구축하기 위해 청소년 시절의 욕구를 충족시키는 것에 이르기까지 치료과정에서 부모 역할의 변화를 언급했다. 이것은 또한 초기 아동기 결핍으로까지 확대될 수 있다. 또한 적절한 치료적 개입에 대해서도 생각해 보라. 어떤 강박적인 성적 활동은 심리성적 발달과정에서 혼란스러워진 유아의 자기위안 욕구의 결과일 수 있다.

성찰 치료자로서 충동적 아동 같은 유아양식에 있는 사람이 자발적인 충동으로부터 멀어지도록 어떻게 격려할 것인가? 유아양식 특성의 처벌적 부모 및 요구적 부모의 메시지를 어떻게 처리할 것인가? 유아양식은 매우 취약하기 때문에 처벌적 부모 메시지를 '탄핵'하는 것이 좋을 수 있다.

치료자는 내면화된 메시지와 싸우기 위해 충분히 건강한 성인을 개발할 때까지 처벌적 부모를 상대하는 대체물이다. 치료자는 부부의 유아양식 활성화를 다루기 위한 훈련을 권장할 수 있다. 예를 들어, 부부가 가까이 포옹하거나, 머리를 무릎에 얹거나, 배우자의 이마를 쓰다듬을 수 있다. 이것은 유아양식 욕구를 충족시킬 수 있다(운동개입은 Solomon & Tatkin, 2011, 6장에서 탐색됨).

유아양식에 대해 생각하는 것은 진행 중인 작업이며, 추가적인 개발이 필요할 것이다. 일부 아동양식은 유아 영역에 위치해야 할 수 있다. 예를 들어, 격노한 아동은 유아양식일 수 있지만 화난 아동은 아동양식일 수 있다. 유아 범위의 의심/과잉통제 양식은 편집증적 특성을 가질 수 있다. 분리된 자기위안자 유아양식은 폭식행동에서 볼 수 있으며, 자기과시자 유아양식은 마법적 통제의 특성을 가질 수 있다. 우리는 또한 청소년양식에 대해 비슷한 방식으로 생각함으로써 아동양식을 확장할 수 있다. 실제로 18개의 심리도식은 모두 비슷한 발달적 틀 속에서 재고될 수 있다. 또한 증상의 발달적 수준에 더 잘 맞추기 위해 개입을 조정해야 하는 어려움도 있다.

5. 아동양식을 다루는 몇 가지 추가적 측면

내담자들이 욕구를 표현하도록 장려하는 것이 중요하다. 어린 시절의 욕구가 신뢰할 만한 방식으로 충족되지 않았다면 이것은 쉽지 않다. 경계성 성격장애 내담자들은 어린 시절의 욕구를 인정하는 것은 학대적인 환경에서 아이들에게 위험할 수 있기 때문에 종종 자신의 욕구를 회피하는 경우가 많다. 그러나 이것이 취약한 아동의 변화와 건강한 성인을 구축할 수 있는 방법이다(Farrell & Shaw, 2012, p. 64).

Nino는 화가 났을 때 Maria가 들어 주었으면 좋겠다고 말하도록 격려받았다. 그들은 그가 어떤 공격적 '태도'나 어조도 없이 분명하고 단도직입적으로 물었을 때 Maria가 하던 일을 멈추고 최소한 5분 동안은 귀를 기울일 것을 협상할 수 있었다.

우리는 치료양식(Farrell & Shaw, 2012, p. 16)뿐만 아니라 양식의 발달 수준도 일치시켜야 한다. 양식에 발달 연령이 있는 경우, 양식과 대화하고 접근하는 방법에 영향을 미치거나 양식이 왜 그런 식으로 느껴지는지, 왜 연령에 따라 왜곡된 관점이 될 수 있는지 이해하는 데 도움이 될 것이라는 점에 유의하라. 아마도 나이와 관련된 기억들은 그것에 상응하는 양식을 활성화시킬 수 있을 것이다. 우리는 그것의 내력과 '아이'가 치료를 받고 있다고 느끼는 나이를 기준으로 아동양식의 나이를 정할 수 있다. 종종 그것은 그들의 삶의 고통스러운 기억과 관련이 있다. 때때로 치료자는 내담자들에게 어린 시절의 사진을 가져오라고 요청할 수 있는데, 이를 통해 그들은 그 나이의 아이와 관계를 맺을 수 있고 치료에서 그들의 욕구를 충족시킬 방법을 찾을 수 있다.

David Edwards(국제심리도식치료협회 특별 관심집단)도 치료의 어려움을 다루었다.

그래서 내면의 아동 작업을 할 때, 우리가 함께 작업하는 취약한 아동은 대처의 역사를 포함한 내력을 가지고 있는데, 그것은 처음으로 거슬러 올라간다(그럴 때마다! 애착체계는 언제부터 애착체계를 형성하기 시작하는가?). 그래서 취약한 아동과 함께 작업할 때 우리는 다시 유아기나 아동기로 되돌아간 자신의 모습을 발견할 수 있으며, 또한 내력을 가지고 있고 대처의 방법으로 등장한 보호자 아동(취약한 아동을 거부하는)을 만나게 될 수도 있다.

Judy Margolin(국제심리도식치료협회 특별 관심집단)도 몇 가지 아이디어를 추가했다.

나는 한 사람이 경험하는 수명, 특성, 손상 정도(욕구 충족의 부족)와 그 손상에 대응하는 패턴의 경직성(심리도식) 및 대처방식들(양식) 간에 관계가 있다고 상상한다. 이것들은 아마도 개인의 기질이나 생물학적 성향과 상호작용을 할 것이다. 우리는 종종 만성적인 외상을 경험한 개인들에게서 이것을 본다. 아동양식의 발달적 영역에서 발달 증상에 질적 차이가 있는지의 여부, 기본 치료에 영향을 미칠지를 고려하는 것은 흥미롭다.

성찰 양식상태는 외상에 의해 발달적으로 설정되거나 고정되는가?

유아의 자기인식을 반영하는 일부 자아상태로서 아동 관련 연령뿐만 아니라 이전 연령의 양식들을 발달적으로 고려하는 데는 치료적이고 이론적인 잠재성이 풍부하다. 양식의 명칭은 그 사람이 자신의 부정적인 부분으로부터 어느 정도 거리를 두고, 메시지에 의문을 제기하고 반격하는 데 도움이 된다(Kellogg & Young, 2006, p. 449).

양식은 많은 힘을 가지고 있지만, 심리도식치료가 양식의 강도를 줄이고 통제력을 회복하는 방법을 도입하기 위한 자원을 제공한다는 것은 좋은 소식이다. 선택의 가능성은 중요하다(Farrell & Shaw, 2012, p. 122).

6. 부부의 양식주기

대처양식은 다음과 같은 용어로 광범위하게 분류할 수 있다.

- 순응적 굴복자: 배우자는 부모양식의 말을 흡수할 뿐이며, 종종 배우자의 말들과 결합하여 그것을 믿고, 그것을 상쇄하려는 노력이 있더라도 그 신념을 유지하는 방식으로 행동한다. 예를 들어, 자신이 사랑과 관심을 받을 가치가 없다고 믿는 아내는 아이들이 원하는 모든 활동에 참여하도록 하는 '수퍼맘'이 됨으로써 과잉보상 심리도식 대처방식으로 행동한다. 그러나 그녀는 내면화된 부모 목소리/양식에 대해 순응적 굴복자 대처양식에 머물러 있으며, 이 양식은 그가 그녀와 함께 특별한 시간을 보내고 싶지 않을 것이라고 말한다. 그리고 이 양식과 함께 그녀의 아동양식은 '특별하지 않음'과 '사랑스럽지 않음'을 느낀다. 그녀는 또한 자신에게 집중이나 관심을 주지 않는 남편에게 순응적인 굴복을 하고 있는데, 이것은 그녀가 깊이 느끼고 있는 것이지만 그가 변하기를 기대하는 것은 소용이 없을 것이라고 믿고 있다.

- 분리된 보호자: 배우자들이 바쁘게 지내거나, 컴퓨터 게임을 하거나, 그들 자신보다는 아이들에게 집중하는 것과 같이 더 강력한 심리도식 활성화로부터 자신을 보호하려고 노력하는 방식으로 대처한다.
- 분리된 자기위안자: 문제나 서로를 다루지 않고 그저 식사, 비인격화된 성관계(감정적 연결과는 무관) 등을 통해서 위안을 얻는다.
- 과잉보상: 자기과시, 통제, 가해, 공격 또는 싸움, 또는 논쟁적인 방식으로 행동한다. 여기에는 고함 지르기, 스트레스 받은 목소리 톤 그리고 완고한 무시, 낮은 소리의 중얼거림과 경멸적인 눈 굴리기, 어깨 으쓱하기, '어쨌든' 진술 등과 같은 다른 수동적인 공격적 행동들이 포함된다. 과잉보상자들은 항상 통제하려고 노력한다.

이러한 양식들은 가능한 두 사람 간의 상호작용을 유도한다. 각 상호작용은 부적응 대처기제의 사용을 영속시키기 때문에 회로 또는 주기가 된다. 여기서는 두 부분으로 된 패턴으로 설명하지만, 때때로 부모 음성의 내사와 함께 아동양식의 변화에 따라서 순응적 굴복자에서 분리된 보호자까지 그리고 마지막으로 과잉보상자로 가는 배우자와 같은 여러 가지 대처양식의 변형이 있다. 이것은 대처양식 변경의 연쇄로 이어질 수 있다. 그러나 다음은 기본적인 5가지 두 부분(two-part) 대처주기 패턴이다. 단지 그것이 길어지고, 다른 두 사람 간의 상호작용이 그것의 주기에 고정되거나 추가되었다고 생각하라. 이것은 복잡해질 수 있지만, 보통 신경감각 활성화의 제휴를 추구하는 부분부터 보다 공격적인 전투 활성화에 이르기까지 양식지도(8장에서 다룸)의 하단 상자에서 왼쪽에서 오른쪽으로 진행된다. 과잉보상에서 한 배우자로 시작하는 부부의 경우, 주기는 보통 과잉보상 배우자가 부드러워지고 순응적 굴복자로 제휴 추구를 하는 것으로 진행되지 않는다(심리도식이 강하게 활성화되는 동안). 그 후 진정되었을 때(예: 후회 등), 그나 그녀는 순응적 굴복자(비굴함, 두려운 집착)로 향할 수 있다.

다음의 상호작용 방식을 생각해 보라.

a. 과잉보상자−과잉보상자 주기: Lee와 Stacey는 모두 예상치 못한 청구서(매우 불안정)를 놓고 서로를 공격하기 위해 과잉보상에 들어간다.
b. 과잉보상자−분리된 자기위안자 주기: Hetty가 Paul에게 (과잉보상하는 방식으로) 저녁 식사 중에 그녀와 이야기하지 않는다고 비판한다. 그는 컴퓨터 게임을 하기 위해 그의 서재로 철회한다(적당하게 불안정하다).
c. 과잉보상자−분리된 보호자 주기: Jane(내재화된 부모양식에서 행동하는 과잉보상자)은 Andrew

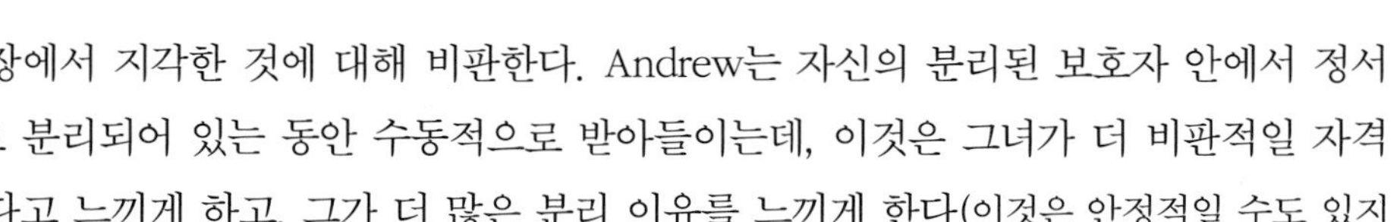

가 직장에서 지각한 것에 대해 비판한다. Andrew는 자신의 분리된 보호자 안에서 정서적으로 분리되어 있는 동안 수동적으로 받아들이는데, 이것은 그녀가 더 비판적일 자격이 있다고 느끼게 하고, 그가 더 많은 분리 이유를 느끼게 한다(이것은 안정적일 수도 있지만 어느 배우자에게도 만족스럽지 않다).

d. 분리된–분리된 주기: (단순한 회피성 또는 일종의 진정의 활용과 같은 분리 유형의 변형으로) Sandy와 Cici는 다소 분리된 방식으로 같은 지붕 아래에서 평행한 삶을 산다. Sandy는 대부분의 자유시간을 컴퓨터 게임을 하며 보내고, Cici는 열심히 읽는다(한 배우자가 대안을 찾지 않는 한 안정적일 수 있지만, 때로는 '함께 떨어져 사는 것'이 안정적일 수 있다; Atkinson, 2012 참조). 만약 한 사람이 긴 자전거 여행을 시작하면 불안정해질 수도 있다!

e. 과잉보상자–순응적 굴복자 주기: 이 보완적인 주기는 복종하는 배우자가 철회하거나(다시 c로 돌아감), 반격하기 시작하거나(다시 a로 돌아감), 또는 지배적인 배우자가 지루함을 느껴 관계를 떠나지 않는 한 관계를 안정화시킨다.

성찰 양식을 이용한 치료의 진전에 대한 기본적인 지표를 생각해 보라. 여러분은 함께하는 부부들의 양식주기에 대해 개념화할 수 있는가? 그중 몇 개를 써서 여러분이 무엇을 생각해 내는지 살펴보라. 이 주기를 바꾸려면 무엇이 필요할까? 이것이 개인과 부부가 함께 작업하는 데 어떻게 도움이 되는가? 취약한 아동이 진정되고 화난 아동이 성장하도록 지도를 받을 필요가 있다는 것을 알고 있는가? 배경에 있는 역기능적인 부모양식은 '목소리'가 적어야 한다. 그것은 약해져야 한다. 그러한 양식에서 더 적은 시간이 소비되길 바란다. 그리고 부적응 대처양식은 더욱 유연해져야 한다(Arntz & Jacob, 2013).

성찰 과잉보상자의 부부 대처양식에서 다음과 같은 행동들에 공감적으로 직면시키기 위해 어떤 단어를 사용하겠는가? 자기과시? 완벽주의? 괴롭힘과 공격?

특정한 양식에 의해 활성화되는 것을 알게 되면 부부가 정서적 촉발요인들부터 거리를 두고 그들의 문제를 개인적인 것이 아닌 '제3자', 즉 그들 둘 다 관여하고 있는 양식주기에서 비롯되는 것으로 간주하는 데 도움이 될 수 있다. 이 '공동 참조 관점'(Siegel, 1999)으로 전환하면 부부가 충돌을 늦추고 침착하게 다시 작업할 수 있는 공간을 만들 수 있다. 배우자는 그들의 연결에 단절을 일으키는 패턴을 볼 수 있으며, 그것은 그들이 상황을 덜 개인적으로 받아들이도록 돕는다. 그런 다음 상호작용은 훨씬 더 긍정적이 될 수 있고 심리도식 덫에 덜 걸릴 수 있다. 이후 치료에서 자신과 부부에 대해 지각하는 사람들은 이러한 개념화가 의사소통이 잘못되고 심리도식이 분출한 곳을 정확히 지적한다.

Cindy는 그녀의 원가족으로부터 들었던 부정적인 말들이 자신을 얼마나 손상시켰는지 이해하면서 자신이 이뤄 낸 진전에 놀랐다. "더 이상 그런 메시지를 받아들일 필요가 없어!" 불행하게도, 그녀는 여전히 머릿속에서 처벌적 부모의 목소리에 마음이 찢어지는 아픔을 느꼈다. 좌절했을 때, 그녀는 부정적인 자기비평을 계속했다. Cindy는 새로운 힘을 부여받은 검증의식을 가지고 그런 메시지의 기원에 대해 스스로에게 말할 수 있었다. "너는 지적을 그만두는 게 좋을 거야!"

우리는 의사소통 기술을 주로 강조하는 부부치료가 시간이 지남에 따라 효과가 떨어지는 경향이 있음을 본다. 아마도 이것은 인지 인식만으로 뇌의 합리적인 부분에 저장되기 때문일 것이다. 때때로 원칙은 새로운 방식으로 경험하고 실천하지 않는 한 기억하기 어렵고 계속 사용하기가 어렵다. Gottman은 치료 후 3년 동안 부부치료의 평균 효과가 70~75%에 불과하다고 생각했다(Gottman & Schwartz Gottman, 2009). 우리는 부부 심리도식치료가 경험적 학습과 행동의 변화와 결합될 때 더 오래 지속되기를 바란다.

요약

이 장에서는 심리도식치료를 사용하는 것의 몇 가지 장점을 확인했다. 부부관계의 촉발요인을 주목하는 것으로 시작할 수 있다. 이것은 치료에서 양식을 사용하는 것의 중요성으로 이어진다. 여기에는 표준 목록과 기타 제안된 양식들이 모두 포함된다. 유아양식에 대한 아이디어가 도입되었고, 치료적 개입과 관련이 있었다. 또한 순응적 굴복자, 회피성(분리된 보호자와 분리된 자기위안자) 및 과잉보상자를 포함하는 상호 양식주기의 활성화에 대한 아이디어도 포함되었다. 7장에서는 부부간 개입에 더욱 집중한다.

부부를 위한 심리도식치료 접근

부부를 치료하는 데 있어서 심리도식치료가 제공하는 것은 무엇인가? 관계 문제에 초점을 맞춘 이 독특한 치료 접근법이 이 장의 주요 초점이다. 이후 장들에서는 구체적인 개입을 다룬다.

1. 부부에게 치료를 안전지대로 만들기 위한 실용적인 조언

치료적 '작업 공간'이라는 개념은 필수적이다. 의자는 초점을 유연하게 변경할 수 있는 삼각형을 형성해야 한다. 부부는 서로 대화할 수 있어야 하고, 치료자는 두 사람과 직접 의사소통할 수 있어야 한다.

치료자는 그 회기를 '주도한다'. 조종사는 그 여행에 대한 책임이 있다. 치료자가 중개자 역할을 할 때가 있다. 부부가 치료자를 통해 서로 대화해야 할 수도 있다. 회기를 강력하게 구조화해야 하는 경우 경청하는 배우자가 대화에 초대될 때까지 침묵을 유지하도록 지시하라. 반응성이 높은 부부를 만나면 적극적으로 피하지 않더라도 파괴적인 상호작용을 제한하기 위해 그들 사이의 직접적 의사소통을 최소화해야 한다. 경청하는 배우자가 끼어들면, 그들에게 잠시 동안 더 기다리도록 부드럽게 상기시키라. 방해하는 배우자를 '처벌'하거나 그 사람에게 즉시 집중하여 보상하지 말라. 참을성이 없는 배우자를 '반영'하고 이해심을 보이는 것이 좋다.

저는 당신이 감정적으로 아주 몰입하고 있고 감정을 억제하기가 힘든 걸 알겠어요. 이렇게 열심히 참여해 주어서 고마워요. 물론 저는 당신의 관점에서 더 많은 것을 알고 싶어요. (배우자가 당신에게 책임을 추궁할 수 있으므로 정확한 시간은 지정하지 않아야 한다!) 괜찮으시지요? 기다릴 수 없다면 언제든지 저에게 신호를 줘도 좋아요. 인내와 협조에 감사드려요.

참을성이 없는 배우자를 '고문'하지 말고 가능한 한 빨리 그들의 말을 들어 보라.

그 부부를 치료하는 것이 가장 좋으니(Kanfer & Scheﬀt, 1988), 둘 다 오게끔 격려하라. Joan Farrell과 Ida Shaw(2012)는 그들의 집단 접근에서 양쪽 배우자 모두를 주시하는 것이 중요하다는 것을 관찰했다. 창밖 또는 벽에 걸린 그림을 보거나, 손톱을 확인하거나, 스마트폰을 꺼내는 것과 같이 수동적인 배우자의 주의를 산만하게 하는 징후를 주목하라! 이 행동을 즉시 우호적으로 다루고 아직 괜찮은지 물어보라. "나는 당신이 한동안 창밖을 내다보고 있었다는 것을 알아차렸어요. 조금만 더 이야기를 들어 주시겠습니까?" 만약 한 배우자가 맹렬히 공격한다면, 치료자는 즉시 중단시키고 '저격에서 구해야' 하며(Atkinson, 2012), 그것에 이름을 붙여야 한다. "당신이 감정적으로 아주 열심히 몰입하고 있다는 것을 알지만, 여기는 안전지대가 되어야 하므로 당신이 이런 식으로 소리를 지르는 것은 회기 내에서와 다른 곳에서도 전혀 도움이 되지 않아요. 그러니까 그만 멈춰 주세요!"

할 일 동료와 산만한 배우자를 상대하는 역할극을 한다. 치료자가 어떻게 개입했는지 피드백을 받으라.

2. 중립 유지하기 대신 균형 잡힌 관심

일반적으로 시간을 균등하게 나누는 관점에서 생각하는 것은 도움이 되지 않는다. 더 중요한 것은 부부 두 사람을 동등하게 보고 이해한다는 의미를 전달하는 것이다. 그것은 관심을 더 주는가(관계를 더 맺는지)의 문제이다. 때로는 치료자는 의미를 즉시 파악한다. 때로는 '탐구적인 자세'를 취하고(Fonagy et al., 2004), 암묵적인 의미나 메시지가 드러날 때까지 계속 질문해야 한다. "저는 지금 당신을 제대로 이해하고 있지는 못하지만, 진심으로 이해하고 싶어요. 그러니 다시 한 번 설명해 주시겠어요? 남편이 더 이상 당신을 사랑하지 않는다고 말하는 것이 정확히 무슨 의미인가요?" 그 과정이 의미가 있다면 '수동적' 배우자는 적극적으로 관여하지 않은 채로 큰 관심을 가지고 30분 정도는 경청하면서 정서적 참여도 할 수 있을 것이다. 이는 배우자가 있는 곳에서 거의 개인회기를 가질 수 있는 정도까지 계속될 수 있으며, 이해와 정서적 재연결에 매우 도움이 될 수 있다. 하지만 경청하는 배우자를 수시로 관찰하면서 그들이 여전히 과정의 일부라고 느낄 수 있도록 눈을 계속 마주치는 것이 중요하다.

3. 언어, 어조 조절 및 말의 사용에 대한 생각

언어는 부부관계의 중심이다. 말이 중요하다. 실제로 말은 그 자체로 하나의 행동이다. '막대기와 돌멩이는 내 뼈를 부러뜨릴 수 있지만 말은 결코 나를 해치지 않을 것'이라는 어린 시절의 노래 가사는 사실이 아니다. 심리도식치료에서 부부는 감정적인 말들을 식별하는 방법을 배운다. 그 부부는 잠시 멈추고 '진정시킬 수 있는 공간'을 만들 수 있게 된다. 이때 그들은 한마디 말이 빠르고 예기치 못한 충돌을 일으키는 계기가 되었을 수도 있다는 것을 깨닫게 된다. 그 가능성을 허용하는 것만으로도 몇 가지 명확한 질문이 생길 수 있으며, 그렇게 화나게 되었던 것에 대한 몇 가지 추측을 할 수 있다. 그러면 부부는 바꿔 말하기와 명료화하기를 사용하는 간단한 '치료 시도'의 길로 접어들게 될 것이며, 그 외에도 그 과정에서 촉발되었을지도 모르는 기억에 대해 공유할 수 있는 초대장을 받게 된다. 또한 그들의 배우자의 도움을 받아 의미 있고 깊은 욕구를 충족시키는 긍정적인 말을 찾는 것도 중요하다.

언어에 대한 민감성의 또 다른 측면은 사용하는 어조(말투)이다. 국제심리도식치료협회 부부/가족 특별 관심집단은 유아양식의 맥락에서 어조의 조절법에 대해 논의하는 회의를 가졌다. Mary Giuffra는 때로는 말이 매우 부드러워야 하며, 특히 사람이 유아양식에 있을 때는 심지어 감정을 불러일으키는 소리의 종류를 '유지'할 필요가 있다고 지적했다. 잘못된 어조의 올바른 말은 의사소통을 방해한다. 부드럽거나 이해하는 어조의 덜 자극적인 말은 종종 완화 효과와 잠재적으로 치유 효과를 가질 것이다. 의사소통에 관한 주제는 뒤의 '8. 의사소통 기술 향상하기'에서 보다 자세하게 살펴볼 것이다.

치료회기에서는 부주의한 말을 할 수 있다. 그러면 그것은 개인과 치료자 사이의 분리를 촉발할 수 있다. 이것이 관계를 침해할 수는 있지만, 종종 치료 후 치료적 동맹이 강화될 것이다. 일어난 일에 대한 친절하고 개방적인 탐색을 통해 더 깊은 관계로 이끌 수 있다. 치료자가 치료에서 자극이나 파열을 다루는 방식은 부부가 회기 밖에서 사용할 수 있는 모델을 제공한다.

성찰 동료에게 다양한 환경에서의 여러분의 어조에 대한 피드백을 요청하라.

할 일 비디오로는 부부와의 회기를 녹화하고, 수퍼비전에서 여러분의 어조가 어떻게 전달되는지 피드백을 요청하라.

4. 자기개방과 건강한 가족모델, 영웅, 영성, 종교의 활용

심리도식치료에서는 제한적이고 현명한 자기개방의 사용이 매우 효과적인 경우가 있다. 그것은 모델링의 한 원천이다. 잘하면 존경과 신뢰가 높아질 것이다. 치료자를 인간적으로 보는 것은 잠재적으로 도움이 될 수 있다.

> Ollie는 스트레스와 범불안장애에 시달리고 있었다. 그의 치료자 Jamie가 "당신이 느끼는 감정을 내가 좀 이해한 것 같아요. 저는 몇 년 동안 불안으로 고생해 왔고, 마음챙김 훈련을 규칙적으로 연습하는 것이 많은 도움이 된다는 것을 알게 되었습니다. 비슷한 걸 시도해 보시겠습니까?"라고 말했다.

자기개방은 우리가 인간이기 때문에 모든 사람이 어느 정도 고군분투한다는 것을 보여 준다. 이것은 위로가 된다. 우리는 다른 지점에서 시작하지만 종종 비슷한 문제들을 다루면서 인생을 살아간다. 치료자는 완벽할 필요는 없지만 스트레스를 다루는 데 있어 건강한 성인의 모델을 제공할 수 있다. 이것은 현재의 심리도식 활성화에서 벗어나기 위해 심호흡을 하거나, 새로운 관점을 얻기 위해 일어서거나, 압도될 경우 몇 분의 시간을 보내는 것을 포함할 수 있다.

치료적 조언 자기개방은 부부가 열등감이나 피해를 느끼지 않도록 돕는다. 이것은 협력적이고 따뜻하며, 이해심 많은 작업관계를 만들어 낸다.

우리는 회복과정을 돕기 위해 치유적 은유를 찾는다. 이 부부의 문화, 가족, 종교의 역사에서 이 부부와 관련이 있는 모델들을 어떻게 식별할 수 있는지 생각해 보라. 은유를 사용하는 것은 잠재적으로 더 깊은 영향이 있기 때문에 생생하고 효과적일 수 있다. 은유는 관련 신경망의 연합을 활성화시킬 수 있다. 잠재적으로, 심지어 몇 년이 지난 후에도 이것은 치료 당시부터 사람이 기억할 수 있는 것이다.

개인은 자신의 가족사에서 '영웅'을 가지거나 자신의 삶에서 평생 존경하거나 영향받은 사람들을 가질 수 있다. 이들은 건강한 성인의 모델이 될 수 있다. 이 사람들, 그들의 종교적인 가족사 그리고 관계에 대한 민감성과 감사를 보여 주는 것은 종종 공감적이고 매우 고무적인 일이다. 이것은 또한 그들이 역기능적 가족에서 배운 많은 것이 모두 나쁘다고 믿는 사람에게 균형을 제공할 수 있다.

성찰 여러분의 가족 영웅은 누구인가? 건강한 성인은 그들을 어느 정도까지 모델링하는가? 여러분의 치

료에서 그러한 건강한 역할모델을 어떻게 얻는가?

할 일 **여러분이 만나고 있는 종교적 믿음이 강한 부부에 대해서 생각해 보라. 그들의 종교적 신념에 의해 지탱되는 중심적인 역할모델은 누구인가? 어떻게 하면 그들의 예를 더 효과적으로 사용할 수 있을까?**

Betty는 전통적인 로마가톨릭 신앙을 가지고 있다. 그녀는 하나님에 대한 인내심과 희망을 확인하고 그녀의 결혼생활에 대한 씁쓸한 실망을 딛고 지나쳐 가겠다는 결심을 굳히기 위해 St. Claire의 예를 사용했다.

5. 활성화 수준 균형 잡기

치료자는 치료과정을 진행하면서 자기실현(Millon, 1990)과 자기성찰의 균형을 찾는다([그림 7-1] 참조). 다른 치료적 자세를 채택하는 것에 대해 생각해 보라. 그 부부는 앉거나 일어서거나, 각자 그들의 배우자에게 직접 이야기하거나 배우자에 대해 치료자에게 이야기하거나, 1인칭 또는 3인칭으로 자신에 대해 이야기할 수 있다. 1인칭은 '엘리베이터를 타고 내려가서' 감정을 증가시키고, 2인칭은 '그것을 올려서' 감정을 멀리한다.

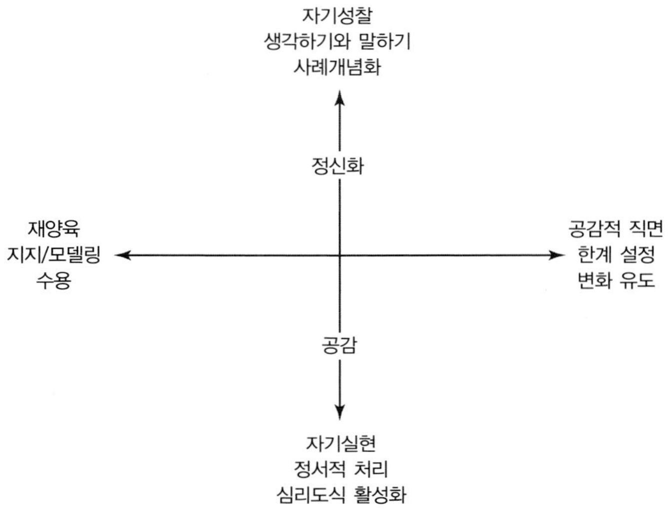

[그림 7-1] 치료관계에서 균형 잡기

출처: Roediger, Behary, & Zarbock (2013).

감정에서 완전히 동떨어지거나 차단되는 것이 아니라 '감정의 홍수'에 빠지지 않고 그것을 인식하는 것이 목표이다. Teasdale(2002)은 '실제화(desactualization)'는 우리의 생각과 감정에 대해 마음껏 인식하고 있지만('존재'양식) 조치를 취하지 않는('행위'양식) 것이라 말했다. 내부 관찰자를 설정하는 것은 심리도식 활성화에서 벗어나 건강한 성인으로 기어를 전환하기 위해 필수적이다. 의자에서 일어서서 아래 장면을 내려다보는 것도 감정적인 거리감을 돕는다.

치료자는 정서적 활성화 수준을 모니터링하는 것 외에도 부부를 적극적으로 진정시키고 변화의 치료과정을 추진해야 한다. 어느 순간 부부를 놓칠까 봐 걱정된다면, "저는 당신을 잃는다는 느낌이 듭니다. 지금 필요한 게 뭐지요? 제가 너무 빨리 움직였나요? 다음 단계는 무엇이라고 생각하십니까?"라고 질문한다. 개방형 질문은 그 부부가 그 과정에 참여하도록 초대한다. 역설적으로, 속도를 늦추는 것은 가장 빠른 진전을 가져올 수 있다.

부부에게 회기 간 연습을 요청하는 것은 진전을 위해 필수적이기 때문에 공감적 직면이 필요할 수 있다. "저는 여러분이 주기적으로 만남을 갖고 대화의 기술을 훈련하는 것의 어려움을 충분히 이해합니다. 그럼에도 불구하고 진전을 위해서는 여러분의 뇌에 새로운 흔적을 남기기 위한 훈련이 필요합니다. 여러분이 첫걸음을 내딛는 데 도움이 될 만한 어떤 아이디어라도 있나요?" 만약 부부가 훈련을 시작하지 않는다면 회기 빈도를 줄이는 것이 첫 번째 단계가 될 수 있는데, 이는 치료자가 이 부부를 '산 위로 끌고 가지 않을 것'이라는 것을 증명한다.

6. 불안정한 부부 다루기

만약 부부가 매우 반응적으로 충돌한다면, 여기 몇 가지 제안이 있다.

파괴적인 충돌은 중단되어야 한다('일시중지 버튼'을 사용하라). 단호한 목소리로 반복해서 '그만'이라고 말하라. 결국 싸우는 부부 사이의 시선 접촉을 방해하기 위해 그들 사이에 차트를 두라(그들과 다소 가까이 앉는 것이 도움이 되는 또 다른 이유이다). 만약 그것이 효과가 없다면, 그 부부를 분리해야 할지도 모른다. 누구에게 가서 대기실에 앉으라고 하지만, 곧 바꿔 줄 것을 약속하라. 우리가 떼쓰는 아이들을 어떻게 다루는지를 상기하라!

만약 그 부부와 함께 작업할 수 있다면, 그 관계에서 어떤 일이 일어나는지 확인하고 그것에 이름을 붙이라. 초점은 지금 이 순간이다. 이것은 대화를 전달하고 구체적인 상호작용에 초점을 맞춘다. 양식주기를 탐지하는 것이 내용을 토론하는 것보다 훨씬 더 중요하다. 이 메시지를 부부에게 전달하기가 어려울 때도 있지만, 오래된 상처를 치유하는 데 중요한 단계이다.

할 일 **어린 시절의 기원에 대해 알고 있는 것이 있다면, 반응적 입장(대처양식)을 확인해 보라. 그들이 정말로 내면 깊숙이 느끼는 것이 무엇인지 혹은 아동양식이 실제로 필요로 하는 것이 무엇인지 물어보라.**

진행 중인 과정 '위'에 부부를 위한 초인지적 위치를 만드는 것에 대해 생각해 보라. 다음과 같은 질문을 통해 정신화 또는 상호 이해를 유도할 수 있다.

- 어떻게 느꼈는가?
- 몸으로 느낀 것은 무엇이었는가?
- 머릿속에는 어떤 생각이 흐르고 있었는가?
- 그 순간의 의도는 무엇이었는가?
- 실제로 무슨 일이 일어났는가?
- 정말 필요한 것은 무엇인가?
- 여러분이 그렇게 하는 동안 배우자는 무엇을 느꼈다고 생각되는가?
- 그들이 어떻게 반응할 것으로 기대했는가?
- 그들의 입장이 된 기분은 어땠는가?
- 본인 스스로 어떤 반응을 보였는가?

Charlie는 Violet의 폭발적인 반응과 즉각적인 비난에 시달렸다. 그녀는 그들의 관계에 있어서 사소한 위반에 대해 토라지고 잔소리를 하곤 했다. 그들은 과정을 늦추고 자신들의 상호작용 과정을 주의 깊게 살펴보라고 주장하는 심리도식 치료자를 만나고 있었다. 그들은 촉발요인과 반응을 확인할 수 있었다. 배우자에게 각 단계는 어떻게 보였는가? 내부에서 어떤 느낌이 들었을까? 이 논의는 그 부부의 감정적 양극화를 약화시키는 데 도움이 되었다.

만약 부부의 연동(서로 맞물려 있는) 대처양식을 파악할 수 있다면, 그것은 그들의 잘못이 아니라고 말할 수 있다. 그들에게 그것이 과거로부터 물려받은 유산이라는 것을 상기시키는 것은 비난할 일이 아니지만, 지금 이 순간에 '그들의 주기'가 무엇인지를 만들어 낸다. 치료자는 Seneca의 감정이 야생마와 같다는 은유를 사용할지도 모른다. 우리의 역할은 그 부분을 잡아당기고 고삐를 단단히 잡는 것이다. 나중에 우리는 어떻게 다른 양식들을 분리하고, 그것들을 분리된 의자에 놓고 건강한 성인들과 다시 연결시킬지 생각해 볼 것이다.

성찰 영화 <누가 버지니아 울프를 두려워하는가(Who's Afraid of Virginia Woolf)>(1966)를 보라. Martha와 George를 어떻게 할 것인가? 그들의 파괴적인 상호작용을 제한할 수 있는 충분한 통제력을 어떻게 도입할 것인가?

7. 소극적인 개인과 작업하기

치료에는 일반적인 '장애물'이 있다. 때때로 개인이나 부부는 감정적으로 분리되고 동기가 없는 상태로 남을 것이다. 개인은 연습이나 숙제를 하는 것을 거부할 수 있다. 일반적으로 치료의 저항은 내담자, 심지어 부부조차도 작업 동맹을 형성하지 않았다는 것을 드러낸다. 이러한 행동은 인정되고 공감적으로 다루어져야 한다.

> Kathy는 몇 번씩 부부회기를 빠지기 시작했다. 그녀는 직장 일로 바빴지만, 그 관계를 우선시하지 않는다는 것이 분명해졌다. 그녀는 회기에 있어서 열정이 없고 흔히 지루해 보였다. 이것은 작업을 약화시키고 있었다. 치료자는 이것에 대한 우려를 해결하기 위해 Kathy를 개인회기에 초대했다.

때때로 치료자는 연습을 제안할 것이고, 내담자는 참여하기를 거부할 것이다. 그 시점에서 약간의 좌절과 실망을 드러내는 것이 도움이 될 수 있지만, 비난은 하지 않아야 한다.

> 그 이야기를 하는 대신 그냥 이 연습을 시도해 보는 것이 좋을 것 같다는 생각이 들어서 답답해요. 우리는 경험을 통해 통찰력을 얻습니다. 해 본 적이 없는 작업을 하고 취약한 면을 드러내는 것이 조금 두렵다는 것을 이해합니다. 저도 처음 그런 연습을 했을 때 같은 기분이 들었습니다. 당신의 두려움을 줄이거나 신뢰를 쌓아서 우리가 시도해 보려면 어떻게 해야 할까요?

이 질문들은 그들의 내적 동기를 완전히 이해하기 위한 진지한 관심에 의해 추진된다. 양식모델을 사용하여 이유를 탐색하는 것이 도움이 될 수 있다. 또한 그 부부에게 심리도식치료가 매우 경험적이기 때문에 효과적이라는 것을 상기시키라.

사람들이 저항하는 가장 일반적인 이유 중 몇 가지는 다음과 같다.

- 무엇이 요구되고 있는지에 대한 이해가 부족하다. 인내심을 잃지 말고 그들이 무엇을 하기를 원하는지 이해한 것에 대한 피드백을 요청하라.
- 그 사람은 공포반응 때문에 회피성 대처양식에 머물러 있다. 우리는 무대 앞(보호자)에서 무대 뒤로 옮겨 가서 아동양식에게 자기주장과 힘을 더 느끼기 위해 무엇이 필요한지 물어봐야 할지도 모른다. "정확히 뭐가 두려운가요? 일어날 수도 있는 최악의 일은 무엇인가요? 비슷한 것을 시도해 본 나쁜 경험이라도 있나요?" 보통 이 질문은 다음 단계에서 설명한 것처럼 무력화될 수 있는 간섭하는 부모의 목소리를 드러냈다. 그 후 치료자는 드러난 아동양식을 진정시키고 돕는다. "당신이 두려움을 덜 느낄 수 있게 제가 어떻게 도와줄까요?" 아동양식과 대화하는 동안 아이 같은 언어를 사용하는 것을 잊지 말라.
- 처벌적 또는 과잉요구적 부모양식이 활성화된다. 그 개인은 실패를 두려워한다. 아무것도 하지 않는 것이 실수하는 것보다 안전하다고 생각하기 쉽다. 무대 뒤의 '머릿속 생각'을 감지하고, 부모양식 의자에 놓고 가능한 경우 '탄핵'에 도전해야 한다. 때때로 이러한 양식은 너무 강하고 지속적이며, 그들의 존재를 인정한 후에 가장 잘 무시된다.
- 연습을 빼먹는 것에 '찬성'하는 비훈육된 아동양식 또는 고집 센 아동양식이 있다. 그런 양식들은 감지된 후 공감적으로 직면해야 한다. "저는 이 실험을 시작하려면 시간이 걸린다는 것을 이해합니다. 제가 제안을 하겠습니다. 사전에 논쟁하는 대신에 한번 시도해보고 나중에 논의하겠습니다. 만약 당신이 결과에 만족하지 않는다면 당신의 의심을 받아들이겠습니다. 당신이 상상할 수 있는 첫 번째 작은 단계는 무엇입니까?" 그 아이디어는 목표를 낮추어서 성취를 느끼도록 하는 것이다! 이 전략은 우울증에도 효과가 있다.
- 소극적인 상태를 유지하는 데에는 2차적인 이득이 있다. 예를 들어, 내담자가 집을 떠날 수 있다면 직장으로 복귀해야 할 것이고, 이 공황발작에서 회복된다면 배우자의 관심은 없어질지도 모른다. 덜 복종한다는 것은 더 많은 책임을 져야 한다는 것을 의미한다. 이러한 동기는 신중하게 해체되어야 하고, 비용 대비 효과 비율이 명확해야 하며, 수용 가능한 대안이 개발되어야 한다. 만약 상당한 이득이 보이지 않는다면, 그 부부는 그들의 오래된 대처행동을 고수할 것이다.

Orlie는 그의 치료자와 의자작업을 하는 것에 대해 저항했다. 치료자는 자리를 바꾸는 대신 의자로 대표되는 양식을 다루도록 간단히 부탁했다. 이것이 더욱 자연스러워짐에 따라 Orlie는 이전에 말한 양식을 나타내기 위해 의자에 앉을 준비가 되어 있었다. 이것은 올바른 방향으로 작은 발걸음을 내딛는 예이다.

확실하지 않은 경우 엄격한 안건을 따르는 대신 그 사람과 함께 가는 것이 좋다. 『동기강화상담(Motivational Interviewing)』에서 Miller와 Rollnick(2002)은 "내담자는 항상 옳다."라고 말했다. 내담자와 논쟁하는 대신 '저항에 부딪히며 굴러가는' 것이 좋으니 선택권을 주어야 한다. 사람들은 선택의 여지가 있는 것을 좋아한다. 옳고 그름의 문제는 아니다. 우리는 경험적 태도를 불러일으키려고 노력한다. 그들은 그것을 시험해 보고, 결론을 도출한 후 다음 단계를 밟아야 한다. 정서적 또는 경험적 회피를 극복하는 것(Hayes et al., 1999)도 심리도식치료의 중요한 목표이다.

8. 의사소통 기술 향상하기

부부들을 위한 의사소통 매뉴얼은 무수히 많지만 심리도식치료는 의사소통 기술에 대한 독자적인 관점을 가지고 있다. 우리는 그 부부가 그들의 욕구와 목표에 접촉하기를 원한다. 이것은 그들 둘 다 변화가 필요한 이유를 이해하기 때문에 기계적으로 훈련 기술 매뉴얼을 따르는 것보다 확실히 진전에 도움이 될 것이다. 부부가 직접 대화를 시작하기도 전에 의사소통 기술에 익숙해지는 것이 도움이 된다. 치료자는 종종 그 부부가 오래된 습관에 다시 빠지는 즉시 개입해야 할 것이다. 오래된 반복적인 충돌방식으로 끌어당기는 사람의 중력은 대개 강하다. 당연히, 치료자는 의사소통 기술의 모델이 될 것이다.

Simeone-DiFrancesco와 Simeone(2016a, 2016b)은 숙련된 의사소통을 '연결 대화'로 개념화했다. 의사소통 기술의 목표는 연결이다([그림 7-2] 참조). 치료자는 부부가 다음과 같은 것을 성취하도록 권장한다.

1. 초점: 감정이나 가정이 아닌 동일한 상호작용에 초점을 맞춘다.
2. 먼저 이야기하기: 한 개인은 선택한 문제에 대한 관점과 관련 감정을 표현하고 다른 것은 표현하지 않는다. 배우자는 들은 것을 공감적으로 '반향-경청(echo-listens)'한다. 이

것은 기본적으로 방어적인 반응, 공격성, 부정적인 분석, 무기로 바꾸거나, 경멸을 더 하지 않고 들은 것을 자신의 말로 다시 말하는 것이다('요한계시록의 네 기사'; Gottman, 1999 참조).

3. 역할 바꾸기: 그런 다음 배우자가 견해를 표현하고, 처음 '말한 사람'의 역할이 반향-경청 역할로 바뀐다. 이것은 종종 다른 사람이 말한 것이 그들의 말로 무엇을 의미하는지 이해하기 위한 상세한 명료화를 포함한다. 반향-경청을 하기 전에 명료화하기 위한 노력은 이해를 얻기를 바라는 배려심 많은 집중을 보여 준다. 그리고 그것은 들어 주고 이해받는 어떤 감각을 만들어 다시 연결되는 느낌을 만들어 낸다. 이 역할은 종종 치료자가 집중적으로 보여 주고 모델링하는 것이다. 이 시점에서 명료화는 정서중심을 수반할 것이며, 종종 상대방의 내면 현실에 대한 놀랍고 새로운 인식을 불러일으킬 것이다.
4. 소원: 첫 번째 사람이 소원을 빌게 된다. 배우자는 그 소원을 반복하고 자신의 소원을 추가한다.
5. 제안: 한 배우자가 해결책을 위해 구체적인 제안을 한다. 다른 배우자는 이것을 반향하고 제안하기도 한다.
6. 합의: 둘 다 합의에 도달한다(그리고 두 사람 모두 완전히 이해했는지를 보기 위해 서로에게 반향-경청을 한다). 계약서에는 원하는 행동에 대한 정확한 설명이 포함되어 있다. 결과는 다음 회의에서 발표될 것이다.

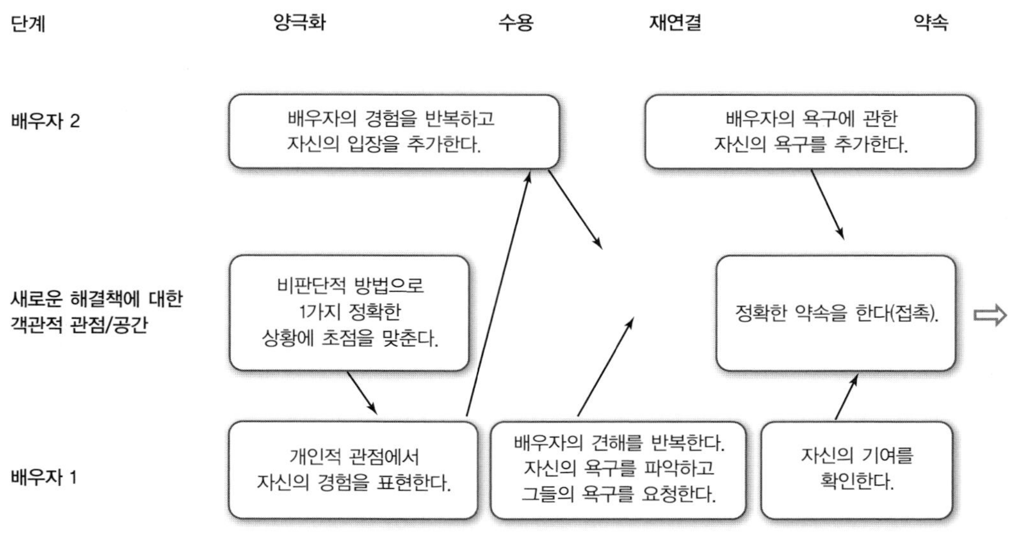

[그림 7-2] 갈등해결 의사소통 움직임

[그림 7-2]에 나타난 움직임은 탱고이다. Susan Johnson(2004)은 부부의 춤에 대한 은유를 사용했다. 우리의 예에서는 한 사람이 한 걸음을 내딛고 무언가를 제안한다. 첫 번째 사람은 춤을 그대로 이끌고 나서 뒤로 물러서서 배우자를 초대한다. 다시 말하지만, 매번 뒤로 물러나거나 합의에 도달할 때마다 묻고 대답하는 비슷한 움직임이 이루어진다. 반향은 이해의 유대감을 높이고 복종적이거나 회피하는 배우자가 들을 수 있는 안전성을 제공한다. 부부가 서로에게 맞게 적응하도록 격려하라. 그렇지 않으면 거의 성취되지 않을 것이다.

치료적 조언 자동적인 사고가 빠르게 떠오른다. 새로운 뇌 회로는 깨지기 쉽고, 아마도 변화 속도가 느릴 것이다.

처음에 치료자는 밀접하게 참석하고 배우자 중 한 명이 지침을 벗어나면 중단시킨다. 필요하다면 경멸적인 논평 없이 공감적 경청하기와 같은 기술을 제안하고 모델링할 수 있다. 나중에 치료에서 이 부부는 회기 사이에 그들의 연결 대화를 통해 더 자연스럽게 '춤'을 추고, 나중에 그들의 성공을 보고할 것이다.

9. 심리도식치료가 의사소통 과정에 가져다주는 것

부부 심리도식치료는 부부에게 취약성(심리도식)과 내부 상태(양식)를 전달하고 그들의 대인관계 상호작용을 분석할 수 있는 언어를 제공한다(나중에 양식지도라고 부르는 것에 포함되어 있음). 정서적 연결은 취약한 아동양식과 접촉하는 열쇠이다. 일단 문제해결에서 벗어나면, 부부 중 한쪽이 깊이 드러내는 말을 할 때, 치료자는 그들 사이의 '빈 공간'에 그것을 놓을 수 있다. 그것은 가치 있고 존중되어야 한다. 치료자는 배우자의 부정적인 판단을 제한해야 한다. 그 누구도 '물속에 흙을 던지는 것'은 허용되지 않는다. 내담자들 사이의 수영장은 깨끗하게 유지되어야 한다.

빈 공간에 무언가를 놓은 후에 치료자는 배우자가 무언가를 기여하도록 초대할 수 있다. 가장 좋은 초대장은 명료한 질문이다. 명료화는 공간을 열어 줄 수 있다. 하지만 마찬가지로 그러한 질문들은 누군가를 곤경에 빠뜨릴 수 있다. 그 탐색은 서로 받아들일 수 있는 주제에 관한 것이어야 한다. 그것은 치료자로서 자신의 호기심을 가지고 가거나 직감을 분석하는 것에 관한 것이 아니다.

충족되지 않은 욕구를 확인하면, 상호 이해와 취약성이 발생할 수 있다. 다른 때는 소원을 비는 것이 덜 힘들 때도 있다. 소원은 본질적인 욕구가 아닌 근본적인 욕구를 반영할 수 있다. 소원을 소원으로 표현하면 배우자에게 더 큰 선택을 제공하고 자율성을 존중하게 된다. 사람들은 선택하기를 좋아한다(이것이 슈퍼마켓에 샴푸 종류가 많은 이유이다). 소원을 빌면 적절한 '제안'이 된다. 제대로 하면 도움과 정서적 유대감을 불러일으킬 것이다.

치료적 조언 **아이들과 작업하는 것도 어른들과 함께 작업한다는 것을 기억하라. 우리는 신체적으로 성장했을 때에도 쉽게 안에서 아이처럼 느낄 수 있다.**

아주 분명한 합의를 하는 것이 최선이다. 때로는 상호 이해된 것을 적는 것이 이치에 맞을 것이다. 계약서는 구속력이 있고, 정확해야 하며, 자의적 '해석'을 할 여지를 남겨서는 안 된다. 합의가 위반되면 새로운 의사소통 춤을 시작하는 문제가 될 수 있다.

Vikki와 Bart는 '우리는 매주 수요일 오후 8시에 만나 현재 문제에 대해 이야기할 것'이라고 동의했다. 처음에는 '다음 주에 계속 이야기할 것'이라고 생각했지만 그들의 치료자는 정확히 해야 한다고 주장했다. Bart는 다음 달에는 업무 약속 때문에 연기해야 할 경우가 있다는 것을 알게 되었다. 그러고 나서 그는 Vikki가 수용할 수 있는 대체 시간을 제안했다. 한 번은 의사소통의 춤 일정이 지켜지지 않았고, 이것은 다음 회기에서 논의되었다.

성찰 **합의사항을 지키는 것은 부부관계에 대한 신뢰의 기반을 제공한다.**

의사소통 춤을 위해서는 좋은 무도장이 필요하다. 이것은 거리의 춤이 아니다. 연습할 수 있는 안전한 공간이 필요하다. 처음에는 치료회기에서 의사소통이 이루어지겠지만, 치료 중인 부부가 적절한 시간(30분~한 시간), 규칙적인 시간(불어로는 un jour fixe)을 만들고, 대화가 정체되거나 비생산적이 될 때는 합의된 '면책 조항'을 만들도록 권장한다. 일주일에 두 번 30분 동안 만나는 것은 일주일에 한 번 한 시간 동안 만나는 것보다 더 생산적이다. 리듬이 도움이 된다! 부부의 규칙적인 짧은 만남 시간을 여러분 삶의 규칙적인 부분으로 만들라.

치료적 조언 **주의를 산만하게 만드는 모든 것을 차단해야 한다(아이들, 모든 종류의 전화기, 초인종). 물론 술은 안 된다! 간식도 안 된다. 따뜻하지만 심각한 분위기를 만들라. 촛불을 켜서 조금 의식을 갖추라. 대화하는 동안 춤 스텝을 따라야 한다. 부드럽게 시작해 보라.**

이 부부가 기본적인 심리도식치료 기술(양식 인식, 양식지도 및 양식주기 충돌카드 도표 작성 방법)을 익혔을 때, 그들은 건강한 성인양식으로 발전할 것이다.

주의 **진전은 고통스러울 정도로 느릴 수 있다. 마치 뱀과 사다리 게임처럼 차질을 빚을 수도 있지만, 그 부부가 계속해서 주사위를 굴리기 때문에 결국은 이루어질 것이다.**

요약

부부가 말하는 것을 알아차리는 것은 치료에서 자연스러운 일이다. 그러나 가장 중요한 것은 상호작용의 형태이다. 이 장에서는 특히 불안정한 부부에서의 안전지대 사용, 치료적 주의, 어조 조절 · 자기개방 사용 등에 대해 몇 가지 제안을 했다. 우리는 부부들이 의사소통 춤을 추는 것을 돕기 위해 제안을 했다.

양식지도 제작 및 양식주기 충돌카드

부부 심리도식치료에 대한 우리의 접근을 위해 매우 유용한 도구들이 개발되었다. 여기에는 양식지도와 양식주기 플래시카드(Roediger 2012a; Roediger와 Simeone-DiFrancesco의 양식주기 충돌카드와 같은 개작)가 포함된다. 이러한 도구들은 개인과 부부의 역동을 개념화한다. 우리는 한 회기에서 부부의 상호작용을 추적할 수 있고, 그 부부는 점차 그들의 회기 이외의 상호작용을 이해하는 것을 배운다. 이 장에서는 이러한 도구를 보다 완전히 이해하는 데 전념하고 있다.

1. 차원 및 동적 양식모델 소개

양식은 감정, 생각, 신체적 감각, 행동과 함께 '자아의 일부'로 간주된다. 심리도식 양식 목록의 존재와 DSM-4/5 성격장애(예: 강박성 성격장애와 완벽주의적 과잉통제, 자기애성 성격장애와 자기과시자, 또는 히스테리성 성격장애와 관심 추구 양식)를 연결하기 위해 주요 양식 범주의 특정 하위 유형을 정의하려는 시도가 있었다. 현재 6장에 나열된 14가지 양식 중 일부 양식만 1가지 또는 2가지 장애(예: 편집증과 경계성에 대한 가해자 공격 양식)에 한정되는 반면, 대부분의 양식은 다양한 성격에 사용된다(Lobbestael et al., 2008). 이론의 암묵적인 영향을 피하기 위해 모델은 기술적인 상태를 유지하며, 설명에서 양식의 이름 붙이기까지 상향식으로 진행된다.[1] 이는 연구 참가자를 차별화 및 집단화하고, 높은 수준의 준수를 위해 특정 개입을 설계하는 데 도움이 될 수 있다.

이 책에서 우리가 제시한 모델(그것을 구별하기 위해 우리는 그것을 차원양식 모델이라고 부른다)은 네덜란드에서 사용되는 모델과 약간 수정되어 양식모델을 정신역동, 교류분석 또는

1) 상향식은 관찰 가능한 사실에서 보다 추상적인 개념에 이르기까지에 기반을 둔 접근법이다. 하향식은 물론 그 반대이다.

〈표 8-1〉 두 양식모델의 비교

전통적인 '네덜란드' 모델	이 책에서 사용된 모델
범주화	차원적
기술적	상호적/역동적
특이적 구성	표준적 구조
상향식	하향식
'심리적'	'의학적'
연구지향	임상치료 지향
건강한 사람 간의 양자 상호작용	내부에 대한 개요 얻기
성인 및 단일 양식	양식지도
독립 실행형 모델	인지행동치료 모델 및 제3의 물결 치료와 더욱 밀접하게 관련되어 있음

정서중심치료 모델에 한 걸음 더 가까이 다가서게 한다. 우리는 치료자들이 내담자 증상의 역동에 대한 개요를 얻고, 효율적이고 목표지향적인 방식으로 치료를 수행하는 것을 돕고 싶다. 부부들은 도움을 구하러 오고, 우리는 우리의 지식을 이용하여 그들에게 이해할 수 있는 모델을 제시하여 그들을 돕기 위하여 노력한다. 이것은 비상 상황에서도 여전히 작동하는 보다 의학적인 '하향식' 접근이다. 〈표 8-1〉은 두 양식모델의 주요한 차이점을 강조한다.

인간의 의식에는 2가지 주요한 원천이 있다. 발달적 · 생리적 관점에서 보면, 신체의 근본적인 생물학적 과정은 1차적인 정서적 활성화를 초래한다. 이와 비슷한 경로에서 우리는 환경에 대한 평가를 세계에 대한 우리의 관점으로 내면화하여 우리의 내부 신념체계를 만든다. 우리는 가시적인 행동(무대 앞의 대처양식들)과 내부 동기부여 수준(무대 뒤의)을 구별하여 두 수준(무대 앞과 무대 뒤)으로 묘사할 수 있다.

2가지 주요 동기부여 시스템(무대 뒤)은 변연계로부터 흘러나오는 피질하의 활성화와 내면화된 핵심신념과 표현 규칙이나 부모양식에서 파생된 기본적인 정서나 아동양식으로, 아마도 어린 시절부터 우리 피질의 거울뉴런에 저장되어 있을 것이다. 현재의 신경생물학적 모델(Siegel, 1999)에 따르면, 이러한 신경 충동은 수렴 영역, 즉 Botvinick 등(2001)이 '갈등 모니터(즉, 전측 정관피질)'라고 부른 안와전두엽 피질에서 병합된다. 거기서 가시적인 대처행동을 실행시킨다. 활성화된 동기 시스템의 균형에 작은 변화가 있으면 양식전환(예: 경계성 성격의 외현화에서 자해행동까지)을 초래할 수 있다. 역동적인 모델은 이러한 변화를 복합적 방식으로 반영하고 있으며, 사람들이 자신의 '기괴한' 행동을 더 잘 이해하고 어떤 동기도 분리하고 인정함으로써 그것을 더 잘 해결하도록 돕는다.

이런 식으로 우리는 기술적 수준에서 행동의 정서적 · 인지적 기원으로 이동할 수 있다. 우리의 행동의 근원으로 되돌아가는 것은 색깔을 분석하는 것과 같다. 모든 색상(대처양식들)은 3가지 기본 색상(파란색, 빨간색, 노란색)으로 구성된다. 공포나 슬픔 같은 기본적인 감정은 취약한 아동(파란색)에 속한다. 혐오나 분노는 화난 아동(빨간색)에 속한다. 이 삽화의 목적상 내면화된 믿음은 노란색이다. 대처양식들은 주로 변형된 기본 감정(파란색과 빨간색의 극 사이)과 동시에 활성화된 핵심신념(노란색)의 구성에서 비롯되는 사회적 감정을 동반하는 실행행동으로 간주된다. 이러한 양식이 진정으로 어떻게 다른지를 제시하고 구별하기 위해 우리는 그것들을 정서, 인지 및 행동의 혼합으로 간주하지만, 이들은 본질적으로 다음과 같이 다른 집단으로 나뉜다. ① 행동적(대처양식들), ② 주로 정서적(아동양식들), ③ 인지적(부모양식들).

우리의 순진한 아이를 경험하는 것은 우리의 본색을 드러내는 것과 비유될 수 있다. 이것은 우리가 치료에서 '2차 아동기'에 접촉하고 보살피려고 노력하는 부분이다. 게다가 부모들의 목소리는 부정적인 영향을 끼친다. 그러나 그들은 우리의 평가체계에 무비판적으로 자리잡고 있고 여전히 우리를 고통스럽게 할 잠재력을 가지고 있는 독성신념을 전달한다. 이러한 독성신념을 해체하고 탄핵함으로써 힘을 줄이는 것이 심리도식치료의 중요한 목표이다. 따라서 우리는 가능한 한 빨리 무대 뒤에 도달하기 위해 내담자들이 치료에 가져오는 대처양식들을 우회해야 한다. 대처양식의 신념이 어느 정도 합리적으로 들리지만, 고착된 핵심신념은 더욱 독성이 강하기 때문에 무대 뒤에 접근하자마자 진정한 어려움을 보게 될 것이다. 양식지도는 이 방향을 제공한다.

이 모델이 제시하도록 설계된 것은 무대 뒤의 역동이다. 그것은 범주적이기보다는 차원적이다. 이것은 양식을 통해 가능한 모든 정서적 · 인지적 및 행동적 측면을 표현할 수 있다. 복잡성에도 불구하고, 기본 아이디어를 이해한 후에는 모델을 명확하고 관리 가능하게 유지한다. 취약한 아동(파란색)과 화난 아동(빨간색) 사이의 범위에 모든 기본적인 감정을 배치할 수 있다. 내부 목소리는 내부지향 또는 외부지향이며, 그 결과 행동은 내면화된-복종적, 수동적 또는 능동적 회피성, 또는 외면화된-지배적인 사이의 어딘가에 있다. 더 이상 양식이 필요하지 않다. 이것은 렌즈처럼 우리 경험의 복잡성을 줄이고 우리가 작업하는 무대 위에 깔끔하게 배치한다.

관련 양식은 두 모델 모두에서 찾을 수 있지만 2개의 그림으로 표시된 것처럼 사례개념화 형식으로 독립적으로 정렬된다. 주요 차이점은 기술적 양식지도([그림 8-1])는 양식 간의

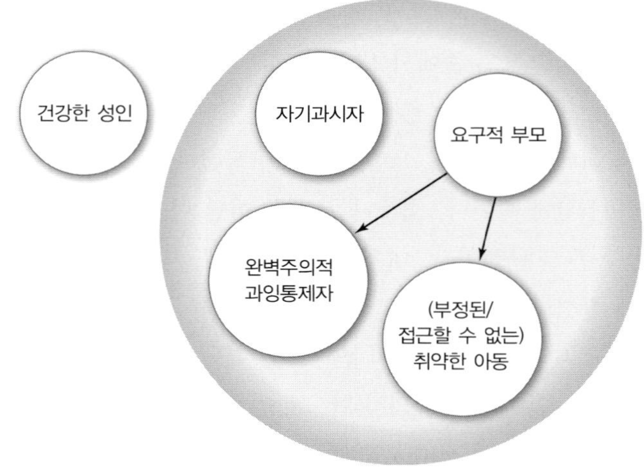

[그림 8-1] 기술적 양식지도

출처: Arntz & Jacob (2013)에서 수정함.

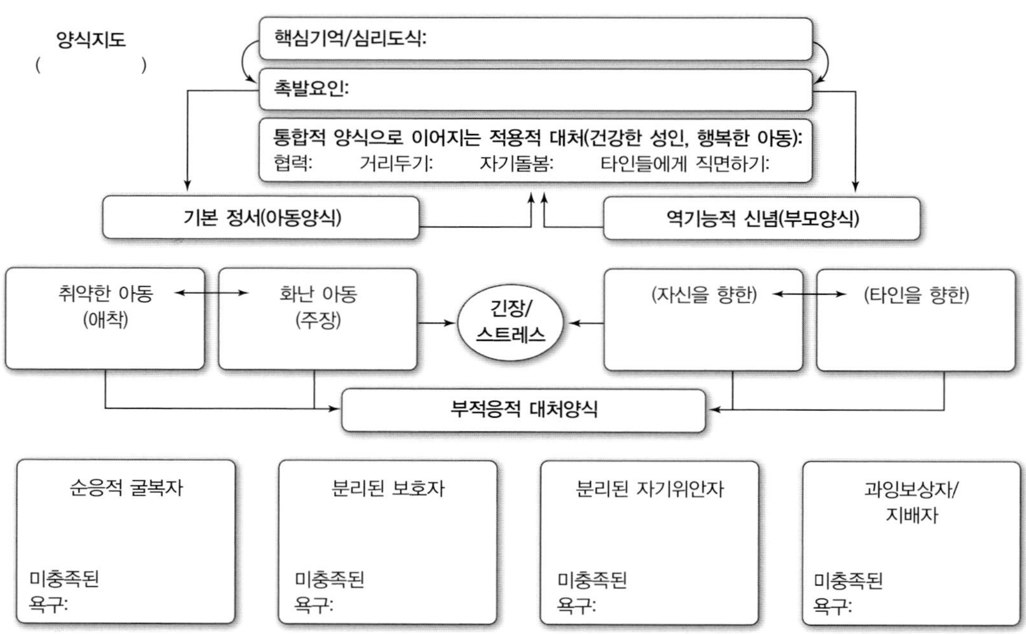

[그림 8-2] 차원적 양식지도

출처: Roediger (2011)에 기초함.

동적 영향이나 상호작용을 포함하지 않는 반면, 차원적 양식지도([그림 8-2])의 다중 화살표는 복잡한 개인 내 상호작용을 기술한다는 것이다. 이것은 내재된 갈등을 포함하여 부부의 내면세계에 대한 광범위한 개요를 제공한다. 사전 대처양식의 문제해결 기능, 내면화된 부모 음성 및 관련된 아동의 욕구 동기를 조절하는 명료성이 제공된다. 이는 의자가 내부 양식지도의 외부 지형이 될 때 의자작업을 지원할 수 있다(9장의 '8. 다중 의자의 양식대화'에서 설명됨). 이처럼 내부 역동을 구체적으로 표현하는 방법을 찾는 것이 심리도식치료의 강점이다.

치료에서 심리도식 활성화의 좁은 관점에서 더 넓은 건강한 성인 관점으로 이동할 수 있다는 것은 가설에서 해결책으로의 이동을 돕는다. 이를 통해 내담자는 자신뿐만 아니라 다른 사람(즉, 배우자)의 포괄적인 내부 작업 모델을 얻을 수 있다. 이것은 왜 그리고 어떻게 하면 더 균형 잡히고 적응적인 행동으로 옮겨 갈 수 있는지에 도움이 된다. 양식지도는 우리 모두에게 유용할 수 있으며, 보다 유연하고 균형 잡힌 행동방식에 대한 방향과 지침을 지속적으로 제공한다. 이것은 치료 수퍼비전에도 사용되었다(Roediger & Laireiter, 2013).

2. 양식지도

양식지도(mode maps)는 심리도식치료에서 포괄적인 사례개념화를 제공한다. 지도는 1장의 [그림 1-1]에 표시된 양식모델을 기반으로 한다. 이 장에서 그 용도를 자세히 설명한다. 지도는 6장의 '3. 추가적 양식'에서 언급한 바와 같이 하위 양식의 수가 증가함에 따라 발생하는 양식모델의 복잡성을 제한하는 데 도움이 된다. 여기에는 아동양식, 부모양식, 대처양식 및 건강한 성인양식의 4가지 주요 유형이 포함된다. 다른 양식모델이 있지만, 이 모델은 양식 집단을 분류하는 것 이상으로 양식 집단 간의 상호작용 관계를 포함한다. 이것은 4개의 집단을 2개(또는 적어도 3개) 수준으로 구분한다. 대처양식은 (무대 앞에서) 볼 수 있는 행동으로, 아동양식과 부모양식은 동기부여 수준(무대 뒤)에 숨겨져 있다. 건강한 성인양식은 2가지 모두 위에 떠다닌다.

아동양식은 적절하게 충족되지 않는 정서적 핵심욕구를 나타낸다. 이것들은 우리의 정서조절체계가 위치한 뇌의 변연계 깊이에서 기본적인 정서로 나타난다. 사람들은 보통 몸 안에서 강렬하고 종종 압도적인 정서적 · 신체적 흥분으로 아동양식 활성화를 경험할 것이다. 일상생활에서 게임이나 성관계 등과 같이 행복한 아동양식을 위한 '놀이터'가 있지만, 우리가 '아이'로 간주되지 않는 한 아동양식은 존재하지 않는다.

법의학 분야에서 일하는 한 수련생은 한 내담자가 큰 부엌칼로 40번 찔러 배우자를 죽였다고 보고했다. 내담자는 갑자기 멈추고 경찰에 신고했다. 몇 분 후 그는 겉보기에는 아무런 통제도 없이 그녀를 계속 찌르고 있었다. 이 공격은 아무런 추론도 개입되지 않은 채 '격노하고 충동적인 아동'의 드물고 직접적인 표현으로 볼 수 있으며, '건강한 성인' 또는 '요구적 부모'로의 짧은 전환으로 중단되었다가 아동양식으로 되돌아간다.

우리는 몸 안에서 아동양식을 느낀다. 때때로 그런 감각이나 감정을 말로 표현하기는 어렵다. 취약하거나 분노한 아동양식에 있는 것은 핵심욕구가 충족되지 않았음을 나타낸다. 더욱 긍정적으로, 이것은 욕구를 충족시키기 위해 배우자를 초대할 수 있다.

기본적인 정서에 대해 생각하는 것이 도움이 될 수 있다. Ekman(1993)은 6가지 기본 정서의 이름을 붙였다.

- 분노와 혐오(화난 아동양식에 속하며 자기주장에 대한 위협이 있음을 나타냄)
- 공포와 슬픔(취약한 아동에 속하며 애착체계의 고통스러운 활성화를 나타냄)
- 행복(행복한 아동에 속하며, 치료에서 성장하도록 장려됨)
- 놀람(우리의 맥락에서는 중립적임)

명명된 처음 4가지 정서는 화난 아동과 취약한 아동 상태와 관련이 있다. "몸, 가슴, 배에서 어떤 느낌이 드는가?"라는 질문은 보통 사람들이 기본적인 정서에 접근하는 데 도움이 된다. 기본 정서를 파악하는 데 어려움을 겪는 개인에게 4가지 관련 기본 정서에 관한 객관식 선택을 제시하고 그중 어느 것이 가장 적합한지 물어보라. 거의 모든 사람이 이것을 할 수 있고, 모델을 '내면에서' 느낄 수 있다.

참고 우리는 정서중심치료에 사용되는 용어인 1차 정서에 대해 이야기하는 것이 아니다. 그 모델에서 기본 정서는 연대기 또는 시작에 따라 1차적 또는 2차적일 수 있다. 우리 모델은 시간 순서와는 무관하다. 중요한 것은 2차적(또는 내면화된 부모양식에 의해 사회적으로 수정됨) 정서와 기본적(아동 욕구의 자발적 표현) 정서의 구별이다. 우리는 내담자들이 기본적 정서에 의해 표현된 그들의 완전한 선천적인 동기로 돌아가도록 안내하고 싶다. 지배적인 대처양식은 대개 우리가 능동적인 아동양식이라고 부르는 정서 범위의 한 극에 의해 주도된다. 주기에서 해결책으로 전환하려면 이전에 차단되었던 아동양식이 정서적으로 더 나은 균형 잡힌 건강한 성인 해결책의 필수 요소로 포함되어야 한다.

또한 2가지 아동양식이 범주가 아닌 정서적 활성화의 범위라는 점을 인식하는 것이 중요하다. 우리는 끊임없이 앞뒤로 움직인다. 아기의 입에서 '노리개'를 꺼내면 그/그녀는 아마도 화난 유아양식에서 반응할 것이다. 몇 분 동안 무력한 울음소리를 내고 나면 그 소리가 슬픔을 나타내는 신음소리로 바뀌고, 마침내 공포의 표현으로 바뀔 수 있다. 두 양식 사이에는 '뛰어넘기(jump)'가 없지만, 보다 부드러운 이동이 있다. 때로는 두 체계(자기주장과 애착체계)가 동시에 활성화되어 분노와 슬픔이 뒤섞여 있는 것(또는 그들 사이의 빠른 전환)을 느낄 수도 있다. 양식 목록의 범주는 그러한 다양한 종류의 정서적 움직임을 완전히 나타낼 수 없다. 따라서 이 모델은 상호작용적일 뿐만 아니라 차원적이다. 연구에서는 자료를 수집할 목적으로 모델을 분류해야 할 수도 있지만, 우리의 임상적 이해는 더 미묘한 차이를 보인다. 차원모델은 모델을 단순하게 유지하면서 주어진 차원의 어딘가에 기존의 각 양식을 배치할 수 있기 때문에 유용하다.

동기부여(무대 뒤) 수준에서 중요한 다른 사람들(부모나 보호자)로부터 내면화된 평가도 발견된다. 이것은 어린 시절의 유산이다. 이 메시지는 뇌의 두정피질에 있는 거울뉴런에 저장되어 있고, '머릿속 목소리'로 경험된다. 이 논평은 현재 상황과 아동양식 활성화를 지속적으로 평가한다. 사람들은 이것을 쉽게 식별할 수 있으며, 그 기원(그 목소리가 어떤 사람일 수도 있음)을 기억하기도 한다. 그래서 이런 평가들은 '명시적인 동기'라고 불린다. 이러한 평가는 종종 아동의 욕구(암묵적인 동기)와 모순된다. 아이는 자신의 욕구와 부모의 목소리나 나중에 내사화된 부모의 양식으로부터 습득된 규칙 간의 정서적 긴장 또는 불협화음을 줄이기 위해 노력한다. 이는 대처양식의 발달을 초래한다. 현재의 대처양식은 아마도 지금까지 발견된 '최상의' 해결책일 것이다. 그것은 건강한 성인의 관점에서 부적응적으로 보일 수도 있지만, 적어도 몇 년 동안 효과가 있었고 어린 시절에는 적응적이었다. 치료자는 더 적응적인 해결책을 개발하기 전에 이러한 긍정적인 기여를 인정해야 한다.

Brad는 대형 회계 회사의 감사였다. 그는 직장에서 완벽주의자였고, 이것은 높은 보상을 받게 했다. 그러나 집에서 그의 욕구는 사실혼 배우자를 매우 불행하게 만들었다. Kerry는 "그는 나를 너무 통제하고 있고, 이제는 아이를 원하고 있어요. 그는 우리를 완전히 통제하기를 바라는 것 같아요!"라고 불평했다.

우리는 단순화된 양식지도를 이용해서 Brad가 굴복자 대처양식을 가지고 있는지 확인했다. 우리는 그를 완벽주의자라고 불렀다. 이것은 그가 '올바른' 것에 대한 엄격한 규칙과 그러한 완벽주의 없이는 불충분하다는 자신의 신념에 의해 정당화되었다. 이것은 '옳은 것'에 대한 엄격한 규칙을 가진 자기지시적인 요구적 부모양식에 의해 정당화되었다. 그는 그것에 굴복함으로써 대처해 왔으며, 그러한 완벽주의 없이는 부적절하다고 생각했다. 그는 실수를 저지르고 비난을 받는 것을 피하기 위해 완벽할 필요가 있었다. 그의 직장생활에서 이 대처는 소진을 초래하지 않는 한 기능적이었다.

부부의 가정생활에서 요구적 부모양식은 과잉보상적 방식으로 Kerry에게 향했다. Brad는 그녀가 그의 기준을 충족시키지 못하자 화난 아동양식으로 변했다. 숨겨져 있고 방어하고 있는 그의 취약한 아동이었다. 그래서 치료에는 2가지 목표가 있었다. Kerry를 상대할 때, 그는 취약한 아동을 무대 앞으로 데려와 그녀에 대한 접근을 부드럽게 해야 한다. 직장에서는 상반된 현상이 일어났다. 그는 자신의 불안한 아동양식에 너무 많은 영향을 받았고, 화난 아동 극과 연결된 자기주장 측면을 강화할 필요가 있었다.

보통 사람들은 대처행동으로 인해 치료에 들어가지 않는다. 그것은 성격의 일부로 간주되며 '자아 동조적'으로 경험된다. 그럼에도 불구하고 부부관계에서 대처양식들이 충돌할 수 있으며, 이는 치료를 초래할 수 있다. 이 사례에서 Brad는 직장생활에서 사람들과 교류하는 방식에 만족했다. 그는 자신이 정당하고 정상임을 확신했다. 이것이 각각의 부부가 일반적으로 치료가 시작될 때, 이들이 정상이며 배우자가 변화해야 한다고 믿는 이유 중 하나이다. 양식지도를 개발하는 것은 부부를 무대 앞 대처에서 무대 뒤 동기로의 여행으로 데려가는 중요한 도구로 삼기 위해서이다.

심리도식치료에서 목표는 건강한 성인양식을 강화하는 것이다. 이것은 개인이 동기를 부여하는 추동을 인식하고 조정하는 방법이다. 부모양식의 부정적인 자동적 사고들이 재평가되어야 하며, 아동양식들의 욕구는 가능한 한 모두 인정되고 충족되어야 한다. 아동의 욕구가 충족되면 취약한 아동은 다시 개방적이고 민감한 아동이 되어 다른 사람들과 교제하려고 한다. 화난 아동은 그들의 욕구가 충족되면 진정되고 현실적인 주장으로 탐색할 준비가 되어 힘 있는 아동이 된다. 건강한 성인의 '업무'는 오래된 신념을 재평가하고, 아동을 돌보고, 삶의 성공적인 수행을 위한 기능적 대처행동을 개발하는 것이다.

치료적 조언 **만약 Brad를 치료한다면, 아마도 취약한 아동보다 화난 아동을 먼저 만날 것이다.**

[그림 8-3]은 확장된 차원적 양식모델을 보여 준다.

뇌의 안와전두엽 피질은 동기부여 활성화에서 파생된 대처양식을 개발하는 데 중요한 역할을 하는 것으로 보인다. 특히 전측 대상피질은 정서적이고 인지적인 표현을 가지고 있으

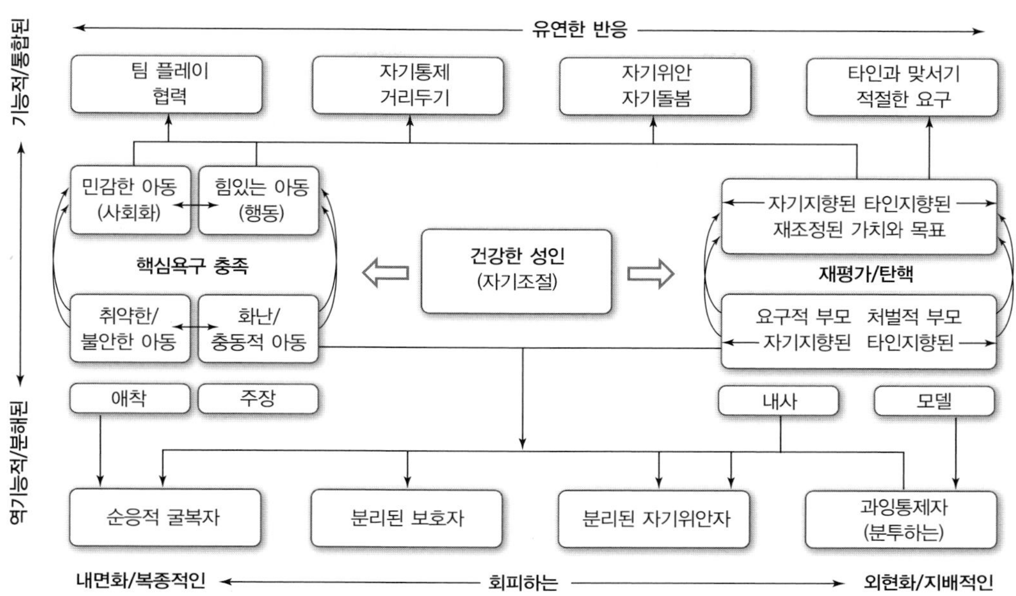

[그림 8-3] 확장된 차원적 양식모델

출처: Roediger (2011)에 기초함.

며, 동전이 한쪽으로 넘어지거나 다른 쪽으로 넘어지는(갈 것인가, 말 것인가?) '갈등 감시기' (Botvinick et al., 2001)로 간주되어 왔다. 우리는 전전두엽 피질에서 더 분화된 반응이 조직된다고 가정한다. 그들은 안와전두엽 피질에서 이루어진 자발적인 결정을 지배할 수 있기 때문에 우리는 전전두엽 피질에서 건강한 성인 기능을 찾는다.

사람들은 그들의 신념체계와 동일시되어 치료에 들어온다. 이것들은 자아 동조적이다. "나는 내 파트너의 소원을 성취해야 한다. 그렇지 않으면 그녀가 나를 떠날 것이다." 또는 "나는 완벽해야 한다. 그렇지 않으면 내 상사가 나를 해고할 것이다." 그 신념을 좀 더 자아 이질적으로 만드는 유용한 질문은 "어디서 이런 믿음을 가지고 태어났는가?"이다. 당연히 아니다! 그래서 사회적 영향력이 작용하고 있다. 신념은 다른 방향으로 이끌 수도 있다. "우는 남자는 진정한 사나이가 아니다!"

이 경직성은 대처양식을 나타낸다. 그러한 신념은 일종의 2차적 또는 사회적 감정과 혼합되어 있다. 사회적 맥락에서 본래의 기본 정서(공포, 분노, 혐오 등)는 신념과 융합되어 절망, 죄책감, 혹은 수치심의 사회적 정서로 이어진다(Leary, 2000). 여러분은 사회적 정서가 거창하거나 경멸적일 때 자기과시자의 대처양식을 볼 수 있다. 다음의 예는 외부지향적인 신념을 보여 준다.

> Nick은 혼잣말처럼 말했다. "Ricky는 나에게 자격이 없어. 그녀가 나와 섹스를 하기 싫어해도 난 할 여자가 많아. 그러니까 내가 배신한다면 그것은 그녀의 탓이야. 내 욕구를 들어줄 권리가 있다고 치료자는 말했어!" 그의 치료자는 Nick이 자기과시자 양식에 있는 동안 그의 자기주장이 무엇이냐고 물음으로써 이러한 신념을 감지했다. 그 생각들은 세밀하고 노골적이었다. 치료자는 Nick이 그것들을 직접적으로 말하도록 허락했다.

대처양식의 목소리 안에서 자기지시적 '메시지'를 듣고 자아 동조적인 '나는……'에서 자아 이질적인 '당신은……'으로 번역함으로써 근본적인 신념에 접근해 보라. 이런 식으로, "나는 이 소원을 충족시켜야 한다."가 "당신은 이 소원을 충족시켜야 한다." 또는 "나는 완벽해야 한다."가 "당신은 완벽해야 한다."로 바뀐다. "진정한 사나이는 울지 않는다." 같은 외부지향적 신념은 이미 타인을 지향하고 있기 때문에 변하지 않는다. 이 자아 동질적 문장은 중요한 다른 사람들의 목소리처럼 들리기 때문에 그들의 기원을 드러낸다.

> Nick은 자신이 특별해서 다른 아이들과 함께 놀 가치가 없다고 생각한 어머니의 목소리를 인식했다. 그는 어릴 때부터 어머니가 어떻게 그를 프로그래밍했는지를 보기 시작했다.

이러한 1인칭에서 2인칭으로의 전환에서 개인 내 갈등은 임상작업에 사용할 수 있는 개인 간 갈등이 된다.

> Vonnie와 Ron이 상담을 받으러 왔다. 그녀는 그를 떠나기 직전이었다. "나는 그냥 도망가야 해." Ron은 어리둥절했고 그녀의 태도가 왜 '갑자기'가 바뀌는지 이해할 수 없었다. "우리는 25년 동안 결혼생활을 했어. 그런데 왜 지금이야?" 부부치료자에게 곧 명백해진 것은 Ron이 그의 아내에게 특별한 요구를 하는 방식이었다("그는 하루 종일 그 집이 완벽하기를 원해!"). 치료자는 이렇게 표현했다. "Ron, 당신은 저의 이런 요구를 들어주길 바랍니다. 당신은 모든 일에 완벽해야 합니다! 당신은 인간이 되는 것을 허용하지 않습니다. 인간의 연약함은 용납되지 않을 것입니다."
>
> 이로 인해 Ron은 충격을 받았으며 그가 Vonnie에게 가한 불합리한 요구를 볼 수 있었다. "저는 집에서 나치 같았습니다. 그녀가 그렇게 지겨워하는 것도 당연합니다. 제게 변화의 기회를 주세요."

이것을 부부에게 설명할 때는 간단한 모델로 시작하는 것이 좋다. 이것은 확산되어 있는 대중적 지식의 다양한 정신역동 모델과는 다르다. 실제로 이론적 모델은 상당히 단순하기 때문에 이것이 심리도식치료의 강점이다. 그러나 갈등주기를 포함한 부부의 대인관계적 역동을 이해하기 위해서는 우리는 두 배우자의 양식지도의 필수 요소를 결합하는 양식주기 충돌카드의 기초로서 [그림 8-3]의 포괄적인 모델과 [그림 8-2]의 양식지도가 필요하다.

그 전환을 하나의 관점으로 생각해 보라. 양식지도는 카메라의 줌 렌즈처럼 작동한다. 4개의 기본 양식 집단에 더 집중되어 있어 자세히 살펴볼 수 있다. 아동양식은 취약성 및 화난 아동 사이의 연속체에서 설명된다. 취약한 아동은 애착과 안전한 소속을 위해 노력하고 있다. 화난 아동은 자기주장을 하려고 애쓰고, 통제력을 얻고 욕구를 충족시키기 위해 싸운다.

부모양식은 양극성 측면에서도 기술된다. 이러한 양식은 부모, 보호자 및 권위적 인물의 가치, 평가 및 요구의 내면화에 의해 생성되었다. 당연히 이런 메시지들은 내면화되었다. 이것은 아마도 신경생물학적 연구에서 거울뉴런의 개념과 연관되어 있을 것이다. 그 뉴런들은 우리가 다른 사람들처럼 느끼고 다른 사람들의 의도를 감지하는 것처럼 느끼게 해 준다. 우리는 내면화된 표상을 구축한다. 이것이 공감과 '마음이론(theory of mind)'의 신경학적 근거이다(Fonagy et al., 2004). 중요한 타인은 이중방식으로 내면화된다.

1. 우리는 그들이 했던 것처럼 계속 말하는 표상을 구축한다. 이것은 요구적 또는 처벌적 부모양식의 자기지시적 목소리이다.
2. 우리는 또한 이 중요한 사람들을 내면화시켜서 다른 사람들을 어떻게 대할 것인가를 모델로 삼았다. 부모는 자신이 어린애 취급을 받은 것처럼 자신의 자녀를 대하는 것도 이 때문이다. 패턴이 아닌 배우만 변한다! 이것은 어떻게 피해자들이 부모모델에 의해 무의식적으로 '훈련된' 범죄자가 되었는지를 설명한다.

이 모델에는 부모양식을 바깥쪽으로 향하게 하는 추가적인 박스가 있다. 비난하는 말은 같을 수 있지만 그 방향은 내적 또는 외적일 수 있다.

맨 아래 수준에서 우리는 대처양식을 4개의 박스로 나누고, 왼쪽의 복종적이고 내면화된 행동과 오른쪽의 외현적이며 지배적인(과잉보상적) 행동 사이의 연속체를 기술한다. 가운데에는 보다 수동적인(분리된 보호자) 회피성 대처양식들과 보다 능동적인(분리된 자기위안자) 회피성 대처양식들이 있다. 이 박스들은 가장 중요한 대처양식들을 나타내지만 여러분은 약간의 훈련을 통해 이 범위 어딘가에 어떤 행동도 배치할 수 있다.

치료적 조언 관련 양식을 탐지하는 데 익숙해지기 위해 가족 또는 동료와 함께 연습하라(즉, 대처양식을 기본 아동 및 부모양식 활성화에서 분리하기). 행동의 대인관계적 의미에 도달하고 상호작용에서 활성화된 자신의 감정을 포함하도록 노력하라(자신 내의 아동양식). 자신의 심리도식 활성화를 치료자로 간주한다. 이를 통해 언뜻 보기에 '무고한' 것처럼 보일 수 있는 대처양식의 미묘한 조작 메시지를 식별할 수 있다. 또는 반대로 보호적인 분노를 인식하게 된다.

젊은 경계성 환자 Tracey는 "이 멍청한 치료법은 내게 전혀 도움이 되지 않아. 그만두자."라고 회기에서 독설을 늘어놓았다. 그녀의 치료자는 처음에는 그것이 가해자 공격과 같은 과잉보상적 양식일 수도 있다고 생각했지만, 위협을 느끼지는 않았다. 그래서 역전이 반응은 그녀가 화난 보호자를 확인하게 만들었고, 그것은 그녀의 취약한 아동으로부터 치료를 멀리하게 하고 있었다.

이 양식은 자기위안자와 과잉통제자 사이의 어딘가에 배치될 수 있다. 다른 사람이 와서 "당신은 나와 함께 시간을 낭비하고 있어. 나는 가망이 없는 케이스야. 더 많은 유망한 사람을 치료하면서 시간을 보내는 게 좋을 거야!"라고 말할 수 있다. 이것은 복종적으로 보일 수 있다. 그런데 이 사람이 여러분과 연결하려고 하는가? 아니다. 그들은 거리를 두고 있다. 따라서 이것은 분리된 보호자와 순응적 굴복자 박스 사이에 놓일 수 있는 또 다른 자기패배적 보호자이다.

[세 번째 예] 사람은 완전히 침착하게 보일 수 있지만(많은 반사회적 성격이 나타날 것이기 때문에) "나는 당신이 차를 어디에 주차하는지 알아!"라고 말하면서 위협감을 느낄 수도 있다. 분노는 없지만, 여러분은 그 사람이 여러분을 통제하려고 하기 때문에 그것을 과잉보상자로 인식한다.

[마지막 예] 누군가는 매우 적극적이거나 완벽주의자일 수 있으며, 그 때문에 과잉보상으로 보일 수 있지만, 그들이 여러분을 기쁘게 하려는 의지에 의해 주도된다면 이것은 굴복이나 최소한 복종이다. 때때로 행동은 2가지 대처양식의 측면을 포함할 수 있다. 죄책감을 씻기 위해 강박적으로 손을 씻는 것은 분리된 자기위안자 양식의 증거이지만, 다른 사람들에게 방에서 아무것도 만지지 말라고 요구하는 것은 과잉보상이다. 선물을 만드는 것은 굴복하는 것처럼 보일 수도 있지만, 그들이 인정받지 못할 때 화를 내는 것은 교묘한(그리고 그것에 의해 과잉보상적인) 토대를 드러낸다. 시간을 내어 행동을 주도하는 층을 탐색하라.

치료적 조언 불확실할 때는 TV 시리즈물의 탐정 Colombo처럼 되라. 그 사람은 그들의 진짜 욕구나 동기부여 수준의 암묵적인 신념을 무대 뒤에서 드러낼 때까지 무지하게 행동하고 어리석은 질문을 한다. 그런 다음 가장 적합한 박스에 행동을 삽입한다(그러나 그 사이 어딘가에 있거나 두 박스에 위치해야 할 수도 있다는 것을 기억하라).

이 모델은 또한 상호작용적 관점의 차원이다. 모든 대처행동은 기본 정서에 의해 '연료를 얻게' 되고 부모양식 평가에 의해 '지시'된다. 이런 식으로 자기지향된 부모양식과 결합할 때 불안한 취약한 아동은 굴복하게 될 것이다. 화난 아동과 외부지향된 부모양식은 과잉보상으로 이어진다. 화난 아동의 싸움 경향이 처벌적 부모에 의해 차단되면, 이것은 분리된 보호자나 분리된 자기위안자(예: 자해행동)와 같은 회피성 대처를 초래할 수 있다. 화살표를 따라가면 역동이 드러날 것이다.

더 복잡한 양식지도는 또한 건강한 성인이 어떻게 기능할 수 있는지를 보여 줄 것이다. 이 양식은 잘 확립되어 있기 때문에 새로운 대처 경향을 '발명'할 수 없다. 그러나 건강한 성인은 반응을 수정하고, 상황과 다른 사람들의 욕구에 적응하며, 장기적인 관점을 포함할 수 있다. 건강한 성인은 '양식전환'이 아니라 한 대처양식에서 다른 대처양식으로 유연하게 변화할 수 있다. 그들은 주어진 상황에서 최대한 활용할 수 있다. 그림의 상단 수준에 있는 큰 박스는 하단 수준의 과장된 대처양식들이 건강한 성인에 의해 어떻게 수정될 수 있는지를 보여 준다.

치료적 조언 아동양식과 작업하는 기본 목표는 사람들이 자신의 정서적 욕구를 더 잘 돌보도록 격려하는 것이다. 시간이 지나고 진전이 이루어지면서 그러한 욕구가 더 잘 표현될 것이다. 또한 일부 대처양식은 매우 보상적일 수 있고, 특히 과잉보상, 자극적인 혹은 관심 추구와 같은 2차적 이득에 의해 고착될 수 있다는 점을 유의하라(Arntz & Jacob, 2013).

대처양식은 방어기제와 같다. 개인이 대처양식을 파악하고 일상생활에서 인식하도록 돕는다. 치료자가 일부 긍정적인 측면을 인정한 후에 개인이 양식의 부정적인 영향을 받아들이는 것이 더 쉬울 수 있다(Arntz & Jacob, 2013).

3. 양식주기 충돌카드의 사용

Roediger는 부부와 함께 작업하기 위한 양식주기 충돌카드(mode cycle clash-card)를 개발했다. Simeone-DiFrancesco와 함께, 그는 양식주기를 이해하고 부부가 더 나은 해결책을 찾도록 도움을 주기 위하여 그것을 개작했다([그림 8-4] 참조).

촉발 상황부터 시작하라. 활성화된 심리도식과 핵심기억에 접근할 수 있는 경우 이를 탐지하도록 노력하라. 그런 다음 아래쪽 화살표를 따라 두 번째 줄로 가서 부모 목소리를 추가한다. 그런 다음 두 번째 줄의 중앙 부분으로 이동하여 각 사람에 대한 결과적인 가시적 대처양식을 기록하라. 다음 단계는 이 대처양식 뒤에 있는 지배적인 영향(아동양식 활성화)을 평가한 다음 각 배우자가 충족되지 않는 욕구와 연결된 더 숨겨진 아동양식을 차단하지 않도록 돕는 것이다. 그렇다면 건강한 성인 전략을 찾으라. 화살표는 대처행동의 상호 유발된 감정에 의해 주기가 어떻게 영속되는지를 나타낸다.

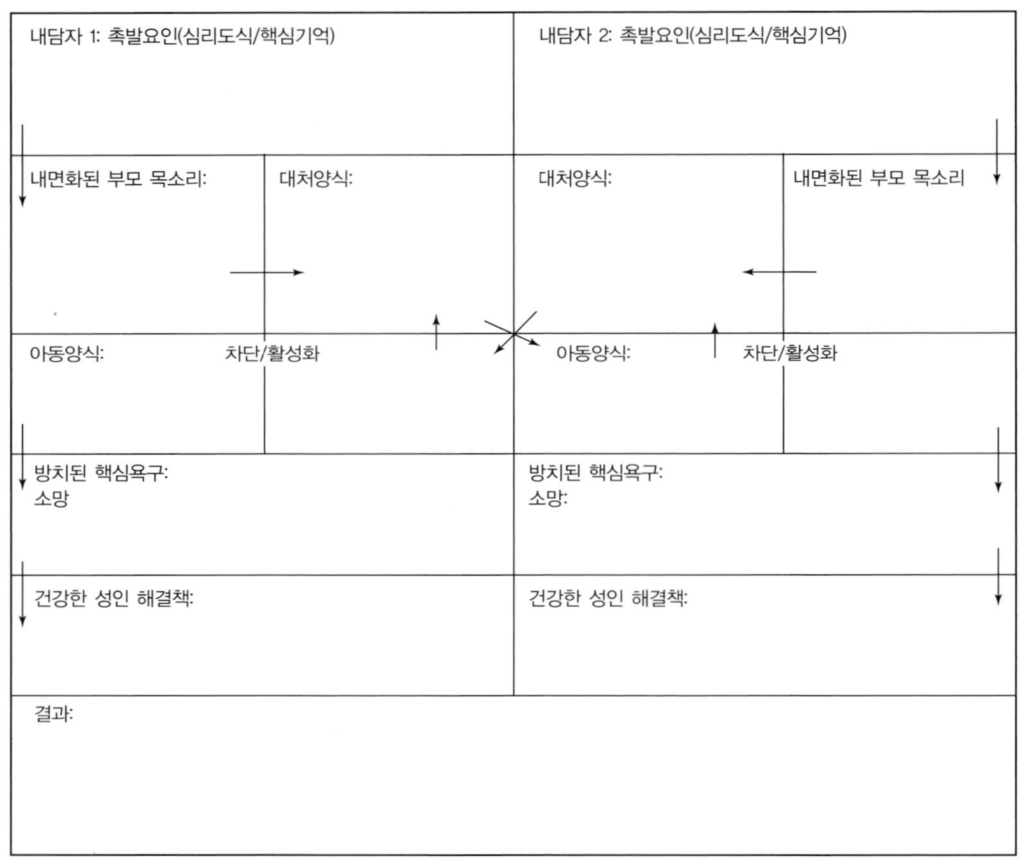

[그림 8-4] 양식주기 충돌카드

출처: Roediger & Simeone-DiFrancesco (2013).

*이 표의 복사본은 이 책의 구매자가 개인적인 용도로 쓸 때만 허용됨. 학지사 홈페이지(www.hakjisa.co.kr)에서 다운로드할 수 있음.

예를 들어, Amanda는 처벌적 부모가 그러한 표현을 금지했기 때문에 욕구를 보여 줄 수 없는 화난 아동을 가지고 있었다. 그런 다음 그녀는 자해행동에 의지했다(분리된 자기위안자). 그녀의 치료는 처벌적 부모를 무장 해제시키고 화난 아동이 자신의 분노를 표현하도록 하는 것이 포함되었다.

치료자는 충돌카드를 사용하여 부부에게 핵심욕구와 그것을 가장 잘 충족시키는 방법에 대해 교육할 수 있다. 그 주기를 탈출하는 방법은 차단되거나 무시된 감정을 감지하여 그것을 충족시키지 못한 핵심욕구와 연관시키는 것이다. 심리도식치료에서는 항상 다음과 같은 핵심적인 질문을 한다. "이 아동양식에 정말로 필요한 것은 무엇인가? 무엇을 요구하고 있는가?" 차단된 아동양식을 삽입한 후 화살표를 따라 아래로 이동하고 핵심욕구와 관련 소원을 채우라. 건강한 성인 반응의 선에서, 이러한 욕구와 소망을 충족시키고 그 효과를 맨 아래에 명시하기 위한 현실적인 수단을 기록한다.

양식주기 충돌카드는 부부와의 작업을 발전시키기 위한 목표를 제공한다. 이 카드는 특히 부부가 촉발요인과 갈등의 역동을 이해하는 데 도움이 된다. 이런 식으로, 그들은 서로에게 더 공감하게 된다. 결국 카드는 배우자 대 배우자 재양육 과정의 일부로 사용될 수 있다. 격한 충돌을 하는 부부(2장의 '5. 안전 우선' 참조)에게도 분노의 방향을 바꾸고 공동 참조점을 도입하여 사용할 수 있다.

양식지도 모델은 분류되지 않고 차원적이며, 치료자가 특정 방식으로 주어진 차원에 대한 행동을 식별할 수 있다. 부부들은 보통 몇 개의 양식주기를 사용한다(예: 과잉보상자–과잉보상자 회로부터 시작한다). 그런 다음 더 취약한 배우자가 회피적인 대처양식으로 전환하여 분리된–과잉보상자 주기로 이어진다. 때때로 역할이 변경되고 다른 배우자는 분리된 보호자 양식으로 전환되며, 여러분은 분리된–분리된 상태로 고착된다. 잠시 후에 이전의 분리된 배우자는 비난을 받게 되고, 주기 시작의 원래 대처양식 충돌 공식으로 되돌아간다. 1966년 영화 〈누가 버지니아 울프를 두려워하는가〉에서 George와 Martha의 드라마가 이를 잘 보여준다. 따라서 이해와 대처방식 역동의 상호 간 결함을 밝히기 위해서는 몇 가지 충돌카드가 필요할 수 있다. 일반적으로 2개 또는 3개의 충돌카드로 커플이 제시하는 관련 양식주기를 다룬다. 충돌카드는 근본적인 동기를 더 잘 이해하게 한다. 그것은 무엇이 일어나고 무엇이 필요한지에 자연스럽게 초점을 맞추므로 실용적이고 임상적으로 유용하다.

치료적 조언 **심리도식치료는 심리도식 활성화 또는 양식상태로부터 행동을 분리할 수 있게 해 준다. 치료 목표는 행동을 바꾸는 것이지 기본적인 정서나, 자동적인 사고나, 핵심신념이 아니다. 하지만 학**

대하는 부모들에 대한 충격적인 기억들이 뇌에 깊게 박혀 있을 수도 있다. 학대에 대한 기억이 계속 잔소리를 할 때 더 도움이 되는 목표는 그것을 '과거의 유령'으로 분류하고, 과거의 각인을 받아들이고, 거리를 두고 놓아줌으로써 대처하며, 아마도 사고확산을 통해 (수용전념치료에서) 건강한 행동에 집중하는 것일 수 있다.

Georgie는 아동기 외상의 생존자이다. 그녀는 부모양식 메시지에 직면하기 시작했다. 그녀의 치료자는 마음챙김 접근방식을 시도했다. "메시지를 그저 원숭이가 수다를 떠는 것으로 들으세요." 그러나 Georgie는 "부모님의 메시지를 무시해도 기분이 나아지지 않아요. 반대의 증거를 가지고 부모님과 토론할 때 더 잘합니다."라고 대답했다.

그녀의 치료자는 방침을 바꾸었다. "그래요. 좋은 소식이네요. 저도 메시지에 대해 토론하는 데 참여하겠습니다. '반격하기'는 당신에게 새로운 일이고, 이러한 메시지에 반박할 증거가 많기 때문에 효과가 있을 것입니다. 나는 당신이 모든 증거를 축적하도록 돕고 싶습니다. 언젠가는 당신이 법정에 있을 때 토론에 질려서 "나는 당신에게 대답할 필요조차 없어요. 나는 당신의 말을 들을 필요가 없어요. 당신이 말하는 거 이미 알고 있다고요, 젠장!"이라고 말할 만큼 강인함을 느낄지도 모릅니다.

치료적 개입을 안내할 때 양식지도를 사용하는 것을 생각해 보라.

연습 양식주기 충돌카드를 사용하여 다음 사례를 생각해 보라.

Edmund는 그의 사실혼 배우자인 Suzanne에 의해 부부치료에 끌려갔다. 그는 지난 5년 동안 여러 업무에 종사했던 변호사였다. 그는 방임된 가정환경에서 지나치게 기능적인 아이였다. 치료자는 분리된 자기위안자, 충동적 아동, 분리된 보호자, 처벌적 부모 및 자기과시자 양식들이 관련이 있음을 확인했다.

치료자는 어떻게 Edmund의 능력을 직장에서 발휘하여 그의 건강한 성인을 강화시킬 수 있었을까?

성찰 영화 〈누가 버지니아 울프를 두려워하는가〉를 관람하라. 충돌카드를 쌓아 양식 순서를 분석해 보라.

4. 확장된 사례의 예

양식주기 충돌카드는 우리가 Tom과 Betty를 이해하는 데 도움이 될 수 있다. 치료자는 플립차트에 충돌카드의 정보를 기록했다.

Tom의 관점: Tom은 시급한 일 때문에 사무실에서 더 오래 머물러야 했다. 그는 오후 8시에 아내 Betty와 약속을 잡았다는 것을 알았다. 그는 시계를 보면서 시간을 확인했다. 그 프로젝트는 그가 예상했던 것보다 훨씬 더 힘든 것이었다. 그의 불안이 커졌다. 벌써 저녁 8시가 넘어 버렸다. 그는 그녀에게 전화를 걸면 그녀가 화를 내고 자기에게 욕할 것이라는 것을 과거의 경험을 통해 알고 있었기 때문에 가능한 한 빨리 끝내려고 했다. 그는 한 시간 후에 집에 도착했다. 그 예측은 정확했다. 그가 도착한 후, Betty는 고함을 지르고 그를 저주하며 욕을 하고, 좌절감에 그를 때리기 시작했다. 그는 서재로 빠져나가 문을 잠갔다. Betty는 계속 소리를 지르며 문을 두드렸다. Tom은 이웃들이 어떻게 생각할지 걱정했다. 그는 폭풍이 지나가기를 기다리며 음악을 켰다.

Betty의 관점: Betty는 Tom과 함께 저녁 식사를 준비할 충분한 시간을 갖기 위해 그녀의 가장 친한 친구인 Joan과의 약속을 취소했다. Betty는 Tom의 일이 그들의 결혼생활에 미치는 영향을 알고 있었지만 그와 함께 있는 시간을 즐겼고, 특별한 밤이 되기를 원했다. 그때 Tom이 집에 오지 않았다. 그녀는 모든 시간을 오후 8시로 맞추었다. 잠시 동안 그녀는 무슨 일이 일어났을지도 몰라 걱정했다. 그녀는 그에게 전화를 걸려고 했지만 그는 전화를 받지 않고 있었다. 그녀는 그에게 문자를 보냈지만 아무런 답장도 받지 못했다. 그녀는 그가 그의 새 동료들과 즐거운 시간을 보내는 것을 상상했고, 그녀의 분노는 커졌다. 그녀는 저녁 식사를 위해 준비한 와인을 혼자 마시기 시작했고, 오후 9시가 되자 약간 술에 취해 있었다. Tom이 마침내 나타났을 때, 그녀는 화가 나서 반응했다. 그가 서재로 들어갔을 때, 그녀는 자신이 쓸모없다는 기분이 들었다. 몇 분간의 절박한 시간이 지난 후, 그녀는 울면서 잠을 청하며 그들의 침실로 갔다.

여기에 충돌카드가 있다([그림 8-5]).

먼저, 우리는 두 배우자를 위한 촉발요인에 초점을 맞추고 각 배우자의 양식지도에서 이미 알고 있는 기본 심리도식과 어린 시절의 기억을 밝힌다. 치료자는 이전 작업에서 얻은 몇 가지 추가 정보를 가지고 보조할 수 있다. 다음으로, 우리는 감정을 불러일으키는 '머릿속 목소리'(부모양식에서 파생)를 확인한다. 그런 다음 대처양식에 이름을 붙이고, 그 뒤의 아동양

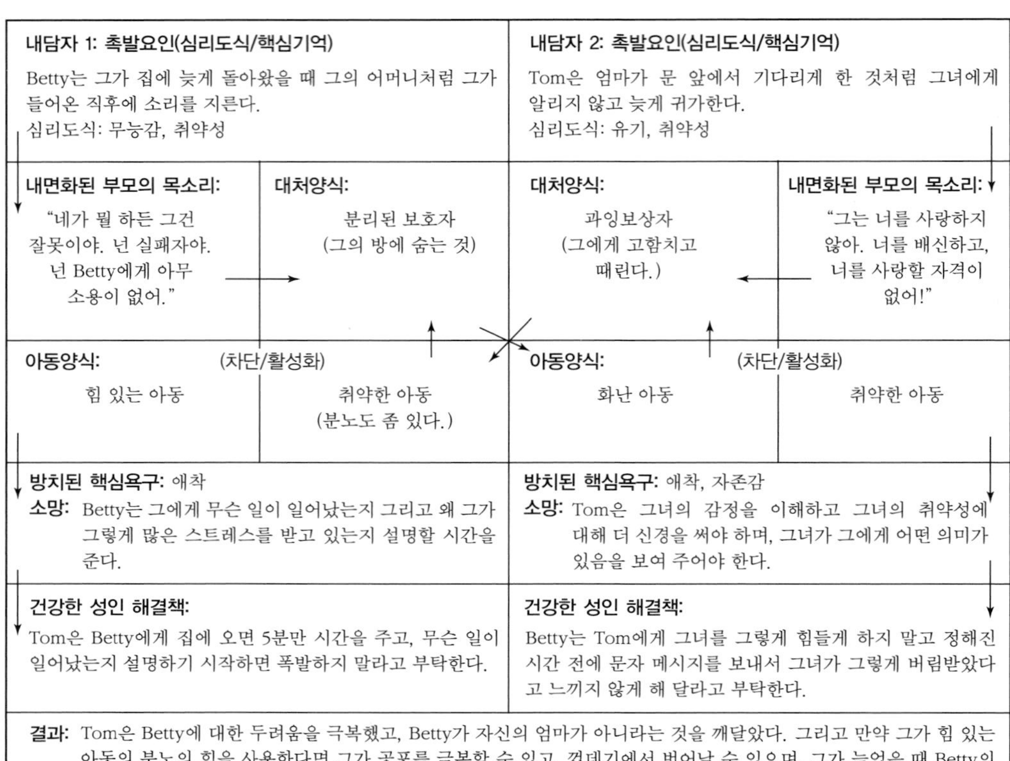

내담자 1: 촉발요인(심리도식/핵심기억)
Betty는 그가 집에 늦게 돌아왔을 때 그의 어머니처럼 그가 들어온 직후에 소리를 지른다.
심리도식: 무능감, 취약성

내담자 2: 촉발요인(심리도식/핵심기억)
Tom은 엄마가 문 앞에서 기다리게 한 것처럼 그녀에게 알리지 않고 늦게 귀가한다.
심리도식: 유기, 취약성

내면화된 부모의 목소리:
"네가 뭘 하든 그건 잘못이야. 넌 실패자야. 넌 Betty에게 아무 소용이 없어."

대처양식:
분리된 보호자
(그의 방에 숨는 것)

대처양식:
과잉보상자
(그에게 고함치고 때린다.)

내면화된 부모의 목소리:
"그는 너를 사랑하지 않아. 너를 배신하고, 너를 사랑할 자격이 없어!"

아동양식: (차단/활성화)
힘 있는 아동
취약한 아동
(분노도 좀 있다.)

아동양식: (차단/활성화)
화난 아동
취약한 아동

방치된 핵심욕구: 애착
소망: Betty는 그에게 무슨 일이 일어났는지 그리고 왜 그가 그렇게 많은 스트레스를 받고 있는지 설명할 시간을 준다.

방치된 핵심욕구: 애착, 자존감
소망: Tom은 그녀의 감정을 이해하고 그녀의 취약성에 대해 더 신경을 써야 하며, 그녀가 그에게 어떤 의미가 있음을 보여 주어야 한다.

건강한 성인 해결책:
Tom은 Betty에게 집에 오면 5분만 시간을 주고, 무슨 일이 일어났는지 설명하기 시작하면 폭발하지 말라고 부탁한다.

건강한 성인 해결책:
Betty는 Tom에게 그녀를 그렇게 힘들게 하지 말고 정해진 시간 전에 문자 메시지를 보내서 그녀가 그렇게 버림받았다고 느끼지 않게 해 달라고 부탁한다.

결과: Tom은 Betty에 대한 두려움을 극복했고, Betty가 자신의 엄마가 아니라는 것을 깨달았다. 그리고 만약 그가 힘 있는 아동의 분노의 힘을 사용한다면 그가 공포를 극복할 수 있고, 껍데기에서 벗어날 수 있으며, 그가 늦었을 때 Betty의 실망에 직면할 수 있다는 것을 깨달았다. Betty는 Tom이 그녀에게 그가 늦을 것이라고 알려 준다면 이제 그녀가 자신을 진정시킬 수 있다는 것을 깨달으면서 그녀의 분노를 억제하기 위해 훈련한다. 그녀는 더 이상 덫에 걸리지 않는다.

[그림 8-5] Tom과 Betty의 양식주기 충돌카드

출처: Roediger & Simeone-DiFrancesco (2013).

식을 살펴본다. 이것은 약간의 자기초점을 가능하게 하고 그 문제에 대한 공동 관점을 가능하게 한다. 두 사람 모두 어느 정도는 그들이 과거의 경험과 그것들로부터 파생된 심리도식의 희생자라는 것에 동의할 수 있다! 이것은 그 부부가 비난의 위치에서 벗어나는 것을 돕는다. 역사적 관점은 그들을 진정시키는 데 도움이 된다. 그들은 자신들이 '과거의 유령들'과 싸우고 있다는 것을 이해하기 시작한다. 이것은 두 사람 모두가 고착된 패턴을 밝히는데, 이는 단순히 배우자의 행동을 희생시킨 결과가 아니다.

이러한 배경을 이해하는 것은 더 나은 해결의 길을 열어 준다. 첫 번째 단계는 방치된 아동양식을 재발견하는 것이다. Betty의 이것은 취약한 아동양식이었다. 취약한 아동과 연락을 취하자마자 그녀는 방치된 핵심욕구를 느낄 수 있었고, Tom에게 필요한 것을 요청할 수 있었다. Tom은 두려움을 극복하고 Betty에게 필요한 것을 말하기 위해 힘 있는 아동과 연락

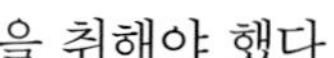

을 취해야 했다.

회피하는 배우자가 상대방에게 필요한 것을 빼앗을 때, 그것은 누군가에게 기대고 싶은 것과 같고, 상대방은 옆으로 비켜 나간다. 그만두라! 대부분의 과잉보상을 하는 개인은 분노에 저항하고, 맞서고, 길들이기에 충분히 강한 관계에 있는 사람을 희망한다. 가장 깊은 욕구는 그들이 믿고 의지할 수 있는 사람이다. Betty도 마찬가지이다. 그녀는 사실 Tom을 싫어하지 않으며 그를 필요로 한다!

치료자는 부부가 자신의 욕구와 소망을 겸손하고 해결지향적 방식으로 표현할 수 있을 때까지 이 과정을 단계적으로 거치는 법을 배우도록 도왔다. 그것은 상호 간의 욕구를 충족시키기 위해 건강한 성인 정보에 근거한 행동으로 전환하는 데 도움이 되었다. 처음에 치료자는 그 부부가 다시 충돌할 때 강하게 중단시켜야 했다. 자동반응을 중단시키고 더 나은 해결책으로 이어지는 새로운 신경학적 경로를 구축할 시간을 줌으로써 속도를 늦출 수 있는 방법에 대해 생각해 보라. 마지막으로, 이 부부는 충돌카드로 결과를 문서화해야 한다. 다음 회기에서는 그들과 협력하여 또 다른 충돌과 함께 작업할 해결책을 찾을 수 있다.

여러분이 양식주기 충돌카드 사용의 시범을 보인 후에는 부부가 직접 작성하도록 권장할 수 있다. 자체 충돌카드를 만들어 충돌 발생 시 후속 조치를 취하도록 숙제를 줄 수 있다. 그들 둘 다 다음 회기에서 그것을 논의하기 위해 대기할 수 있다. 부부가 더 평온할 때 회기 사이에 충돌카드를 비교하려고 시도하는 것이 좋다. 그래서 그 부부는 차근차근 새로운 기술을 배우고 문제를 해결하는 과정에 대한 통찰력을 얻는다. 조만간 그들은 치료자의 도움 없이 그리고 나중에 심지어 충돌카드 없이도 이러한 단계를 거칠 수 있을 것이다. 이런 식으로 그 부부는 긍정적인 '문제해결' 심리도식을 경험한다.

양식주기 충돌카드 사용에 대한 추가 조언은 다음과 같다.

1. 심리교육: 치료자는 그 양식을 확인하고 이해하는 것에 대한 심리교육을 제공해야 할 것이다. 지도나 카드를 사용하기 시작하기로 계획한 회기가 있기 1주일 전에 부부에게 유인물을 주는 것에 대해 생각해 보라. 다양한 예를 들어 양식을 설명하라.
2. 심리도식에서 양식까지: 초기부적응 심리도식 대처모델에 이미 노출된 치료자와 부부 모두에게 혼동을 줄 수 있다. 개념이 겹친다. 예를 들어, 엄격한 기준 심리도식에서 완벽해지려고 노력하는 것은 부부관계에서 제휴를 유지하기 위한 전략이 되기 때문에 순응적 굴복자 양식 박스에 넣을 수 있다. 그러나 타인에 대한 끊임없는 엄격한 기준은 타인을 통제하려는 시도를 통해 요구적이고 공격적이기 때문에 과잉보상 박스에 놓인다.

3. 과잉보상: 일반적으로 싸움은 과잉보상을 의미한다. 자기애와 관련된 과시행동도 여기에 포함될 수 있다.
4. 회피: 모든 유형의 회피는 분리된 보호자 박스에 넣으라. 적극적인(능동적인) 방식으로 피하려는 사람들과 구별될 수 있으므로, 분리된 자기위안자를 고려하라. 분리된 자기위안자는 매우 활동적으로 보일 수 있다.
5. 부모의 메시지: 부모의 메시지로 무엇을 했는지 생각해 보라. 만약 그 메시지들이 믿어진다면, 그것은 순응적 굴복자를 나타낼 수 있다. 그 메시지도 실행되어진다면 굴복이다. 그 사람이 메시지를 믿지만 메시지를 분리한 경우, 이는 그 사람이 분리된 보호자 양식에 있음을 나타낸다. 만약 그 사람이 배우자와의 관계에서 '한 발 앞선(유리한)' 위치를 가정한다면, 양식상태는 과잉보상이다. 대인관계 행동은 근본적인 신념을 드러낼 것이다. 이것은 원인과 상호작용의 순서를 모두 이해하는 것과 관련이 있다.
6. 기본 정서: 기본 정서가 다른 박스로 흘러들어 가지 않도록 주의하라. 그들은 아동양식 박스에 속한다. 행복한 아동은 보살펴 주는 건강한 성인에 의해 보호되기 때문에 예외이다. 정서 범위의 양쪽 극과 접촉하도록 노력하라. 빈 박스를 따라가라.
7. 발달적 관점: 박스를 채울 때 아동양식의 나이를 추정하는 것이 도움이 될 수 있다(특히 나이가 매우 어리다는 것을 감지하는 경우; 유아양식 참조).
8. 욕구와 바람: Simeone-DiFrancesco의 욕구(need)와 바람(want)의 차별화에 대해 생각할 수 있다. 전자는 보편적이고 후자는 구체적인 경향이 있다.
9. 강한 성인: 통합에서 건강한 성인의 역할을 이해하라. 성인의 다음 4가지 핵심욕구를 명시하는 Roediger의 간단한 모델을 사용하라.
   - 애착
   - 주장
   - 자존감
   - 행복

Young이 설명한 욕구에 비해, 한계 설정의 욕구는 여기에 빠져 있다. 성인은 대개 내면화된 한계가 있어야 하므로 일반적으로 추가적인 외부의 한계 설정이 필요하지 않다(교통 위반은 다른 것을 암시할 수 있지만).

욕구를 파악한 후 건강한 성인의 어떤 행동이 도움이 될 수 있는지 고려하라. 어떤 사람들은 행복한 성인이 어떻게 생겼는지 전혀 모르기 때문에 적어도 처음에는 치료자의 조언이 필요할 수 있다.

주의 때때로 성격장애가 있는 내담자는 분명히 건강하지 않은 목표를 지명할 것이다. 목표는 자기애적거나, 회피적이거나, 무엇이든 될 것이다. 그렇다면 치료자는 도면으로 돌아가서 아직 발견되지 않고 재평가된 신념의 미묘한 영향을 탐지하기 위해 무대 뒤의 동기부여 양식(즉, 부모양식)과 더 많은 작업을 해야 한다. 치료자는 이 박스를 채우는 것을 기다릴 수 있다. 마지막으로, 다른 전략을 시도하고 잠정적으로 제안할 수도 있다. "그 방법을 시도해 보고, 어떻게 작동하는지 본 후에 다시 평가해 봅시다. 이것이 바로 '건강한 성인'이 하는 일입니다. 건강한 성인은 유연하고, 경험으로부터 배우며, 재평가에 개방적입니다."

행동 실험을 엄격히 피하는 사람들은 분리된 보호자 양식에 있을 수 있으며, 공감적으로 직면되어야 한다.

Alex는 건축 회사의 현장감독이었다. 그는 노동자들에게 매우 요구적이었고, 종종 가해자 공격양식 상태에서 폭발하거나 처벌적 부모양식 상태에서 질책했다. 근로감독관은 그의 행동이 괴롭힘이었다는 것을 발견했다. 그는 회사 방침에 따라 상담에 참석하도록 요구받았다. 그의 치료자는 그가 노동자들의 우려를 더 많이 들을 수 있는 방법을 열거할 것을 제안했지만, 그는 통찰력이 부족한 상태로 돌아왔다. "나는 무엇이 필요한지 알고 있어요. 왜 내가 불평을 들으면서 시간을 낭비해야 하죠?"

고군분투했지만, 그의 치료자는 결국 Alex에게 그의 즉각적인 반응을 늦추고 1~3까지 세고 나서 "무엇이 중요하다고 생각하는가?"라고 묻는 몇 가지 행동 실험을 해 보라고 권했다. '건강한 성인'에 있는 것처럼 가장하고, 평소 자신의 '자기과시자'나 '가해자 공격'과는 다른 느낌인지 알아보도록 권하자는 생각이었다.

성찰 여러분은 내담자가 건강한 성인양식인 것처럼 가장하도록 격려해 볼 수 있는가?

5. 양식지도의 장점

차원적이고 역동적인 모델은 적절하다.

1. 신경생물학: 아동양식을 정서적 및 생리적 활성화와 연결하는 것은 신경생물학적 모델에

더 가깝다.

2. 부모양식: 부모양식은 독성 메시지나 부정적인 '머릿속 목소리'로 이해된다. 이것은 목소리를 반박하는 것(Beck, 1963; 인지행동치료 모델을 사용)과 수용전념치료의 사고확산이나 마음챙김과 같은 다양한 기법을 더 쉽게 사용할 수 있게 해 준다. 심리도식치료에는 의자작업도 있다.
3. 거리두기: 그러나 내부 양식과 거리를 두는 것이 그들과 싸우는 것보다 더 효과적일 것 같다. 그것들은 '굳건하게 연결되어 있는 회로'로 재발할 것이다. 사람들은 그들이 성공적으로 싸울 수 없을 때 실망할 수도 있다.
4. 드러난 것: 이 지도는 대처양식의 결핍과 과잉을 드러낼 수 있다. 빈 대처양식 지면 뒤에 있는 화살표를 따라가면 차단된 기본 정서와 금지된 인지로 이어진다. 이것은 치료적 개입을 이끌어 줄 것이다.
5. 초인지적 치료 목표: 기본 정서나 자동적 사고가 아닌 행동과 사회적 정서를 바꾸는 것이 목표이다. 그것들은 받아들여지고, 재평가되고, 때로는 손을 떼야 한다. 때때로 건강한 성인을 '지혜로운 마음'으로 사용하라. 만약 여러분이 건강한 성인을 행동하게 할 수 있다면, 그 결과는 유익할 것이다.
6. 전체적인 견해: 양식지도는 부부에게 기본 정서, 균형 잡힌 평가, 대처행동의 전체 범위에 대한 전체적인 견해를 제공한다. 그래서 개인과 직면하는 것은 치료자가 아닌 양식지도이며, 이것은 부부가 관찰자의 관점으로 전환하는 것을 돕는다. 이 '공동 참조 관점'(Siegel, 1999)은 회기 중 내담자와 치료자 간의 충돌에도 도움이 된다.
7. 아동 욕구: "아동에게 정말 필요한 것은 무엇인가?"라는 질문에 대답하는 데 도움이 된다.

다음은 양식을 처리하기 위해 수용 전략을 사용하는 예로서, 초인지적 접근법이 심리도식치료에서 어떻게 보이는지를 나타내 준다.

Frances는 그녀의 요구적 부모양식에 어려움을 겪었다. 내면화된 목소리(대부분 그녀의 어머니로부터)는 "네 집은 티끌 하나 없이 깨끗해야 해. 너는 직장에서 충분히 노력하지 않고 있어. 너는 승진을 할 자격이 없어. 넌 완벽한 엄마가 되어야 해……."를 포함한다.

그녀는 이 목소리에 이의를 제기하려고 했지만, "나는 그들과의 싸움에서 막막함을 느껴요. 그리고 그들을 극복할 에너지가 부족해요."라고 말했다. 그녀는 수용적인 입장을 취하고, 신중히 관찰하며, (목소리나 자신 중 어느 쪽이든) 판단하지 않는 것이 더 낫다는 것을 알았다. "요구하는 메시지는 있지만, 마치 도로에서 차가 지나가는 것을 보는 것처럼 받아들여요. 나는 길가의 커피숍에서 카푸치노를 즐기며 차량통행을 지켜보는 내 모습을 상상합니다. 그러면 그건 중요하지 않은 것 같고, 부모양식의 지시에 따를 필요도 없어요."

수용전념치료(Hayes et al., 1999)에서 나온 이 기법을 '사고확산(thought diffusion)'이라고 한다. 이것은 사고와 정서를 분리시킨다.

연습 다음은 숙제에서 양식을 시각화하는 데 도움이 되는 몇 가지 아이디어이다. 공통 양식의 표상을 작성한다(Simpson, 2012, p. 158). 큰 종이를 사용하고 부부양식의 상호작용을 시각적으로 나타낸다. 인기 있는 잡지들을 뒤져 보라. 가장 일반적인 양식을 나타내는 그림을 찾아 잘라 내라. 부부라는 꼬리표를 붙이고 관계 포스터를 만들라.

6. Tim과 Carol: 또 다른 확장된 예

양식지도 제작은 부부 심리도식치료에서 사례개념화 및 치료에 필수적이다. 종종 그 충돌은 본질적인 성격 특성이나 욕구가 아닌 행동의 수준에 있다. 이로 인해 부부관계에서 지배적인 주기 또는 다중주기로 이어질 수 있다. 사실 양식지도는 상호 이해를 제공하고 앞으로 나아갈 수 있는 유용한 방법을 제시한다. 다음의 확장된 사례에는 개인과 부부 치료자가 참여했다.

60대 초반의 탄광 광부인 Tim은 아내 Carol에게 폭언을 한 전력이 있다. 놀랍게도, 이것은 가정폭력의 반복적인 경험을 포함했다. Carol은 그 관계에 의존했다. 그녀는 "나는 그를 사랑해요. 내가 그를 용서해야 한다는 걸 알아요."라고 말했다. Tim은 약 2년 동안 개인 심리도식 치료자를 만나고 있었다. 하지만 그는 자신의 자기위안 욕구에 이끌려 자주, 매일, 원치 않는 Carol과의 성적 접촉을 지속했다. 이것은 그녀를 재외상화하고 있는 것으로 판명되었고, 신뢰의 성장 가능성을 막았다. Tim은 주기적으로 자기혐오와 후회를 느꼈지만 그의 행동은 계속되었다.

부부치료에서 Tim이 어렸을 때 분노에 시달린 전력이 있다는 것이 분명해졌다. 부부치료자는 Tim의 여동생이 그의 아내에게 가족사를 이야기한 것에 근거해서 정서적으로나 신체적으로 학대를 당했다고 의심했지만, 이는 그의 학대의 최소화로 인해 Tim이나 개인치료자가 실제로 보기는 힘들었다. 개인치료는 Tim이 가시적인 폭력을 통제하는 데 도움을 주었지만, 여전히 역기능적 행동의 유산이 있었다.

개인치료자는 Tim이 정서적으로 박탈당했고, 제한된 재양육화로 진전을 이루었다는 것을 확인했지만 성적인 행동은 계속되었다. 어느 날 그의 아내가 가족이 그를 어떻게 대하는지 묘사했을 때, 그 부부치료자는 '행복한' 상태에서 그의 평소 표현과 그의 삶의 정서적 현실 사이의 엄청난 단절을 알아차렸다. 이것은 중요한 연결을 허용했다. 치료자는 Tim이 사실 심각한 통제와 학대의 희생자라고 보고, 이것을 자신의 개념화에 사용했다. Tim은 이런 현실을 피하고 있었다. 과거와 현재에 걸친 학대의 유산은 그가 자신을 혐오하고 진정시키기를 간절히 바랄 것이다. 그는 성적 방식으로 이 환상적인 위안을 추구하도록 내몰았다. Tim은 어느 정도 이 모든 것이 자기패배라는 것을 깨달았다. 많은 남자처럼, Tim은 친밀감을 느끼기 위한 통로로 섹스를 이용했다. 여성들은 대개 성적 욕망을 느끼기 위해서는 친밀감이 필요하다. 부부치료자의 이러한 인식은 정서적 박탈, 한계, 충동성에 어려움을 겪은 남성에서 임박한 거부와 상처에 대한 극도의 불안으로 실제로 순응적 굴복자 양식으로 들어간 남성으로 그리고 거기서부터 '수용'이라는 분리된 보호자 양식으로, 그러고 나서 그의 삶의 긍정적인 측면에만 초점을 맞춘 인위적이고 분리된 자기위안자 양식으로 핵심 개념화 전환을 만들어 냈다. 이 수용은 본질적으로 현실을 부정하는 것이기 때문에 아무런 이익도 되지 않았다. 그것은 그의 건강한 성인양식이 내면의 취약한 아동에 대한 보호 조치를 취하는 것을 마비시켰다. 그의 가족과 장모님에 관한 한, 그는 이 현실에 대한 인지적 인식은 거의 없지만 계속해서 중복 피해를 받고 있었다. 건강한 성인은 너무 약해서 자기위안을 제공하거나 적절하게 자기보호를 할 수 없었다(Tim의 양식지도는 [그림 8-6] 참조).

순응적 굴복자 및 분리된 보호자 양식의 왼쪽 하단 박스에 있는 그의 대처행동을 양식화하면서, Tim이 왜 계속 행동화했는지 갑자기 명백해졌다. 그는 아내와 과잉보상/통제에 의해 결정된 자기위안의 세 번째 대처양식으로 전환하여 필사적으로 강렬하게 '바라는' 것을 얻는 주기를 보았다. 마치 갈증으로 죽어 가는 사람이 혀에 물방울이 맺혀 있다고 생각하는 것 같았는데, 다만 그 물이 신기루에 불과하다는 것을 몇 번이고 발견했을 뿐이었다.

치료 2년 동안, 양식지도가 없는 상태에서 Tim은 무엇이 그의 행동을 주도하고 있는지에 대해 명확히 하지 못했다. 몇 분 만에 양식지도가 그를 위해 그것을 결정지었다. 또한 그가 촉발요인들을 보고, 아동양식을 확인하며, 부모의 비난/통제하는 목소리로 머릿속 목소리를 확인하고, 지도의 하단 박스에서 어떻게 예측 가능한 패턴에 빠졌는지, 즉 행동패턴을 포괄하는 대처기제를 볼 수 있게 했다.

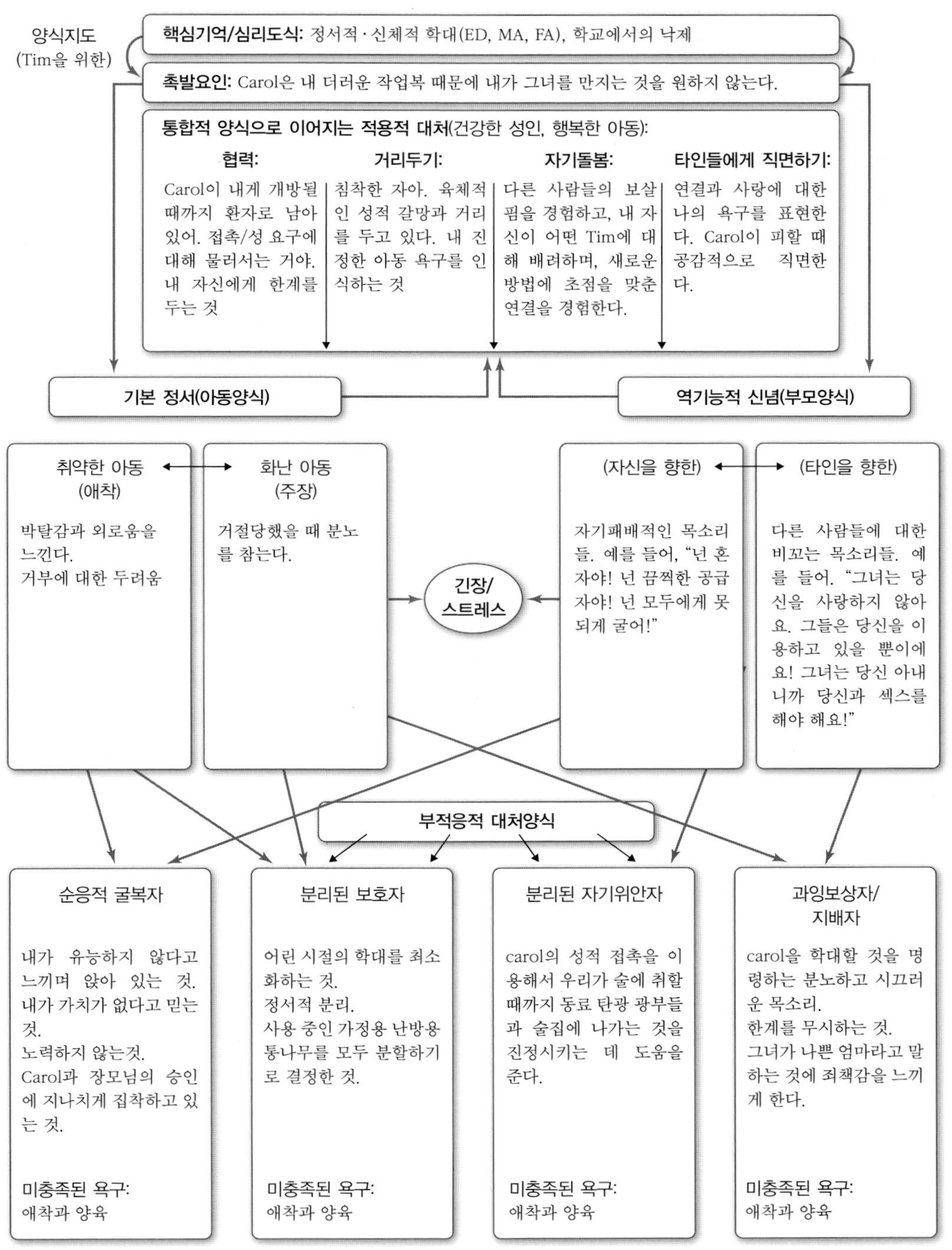

[그림 8-6] Tim의 양식지도

이것은 완전히 새롭고 더 긍정적인 자기평가를 열었다. 더 이상 그는 결함이 있거나, 약하거나, 나쁜 행동화가 없었다. 이제 그는 자신의 학대의 현실을 인식할 수 있었다. 그래서 그것을 받아들이고 다시 집중해야 했다. 건강한 성인의 선택은 이제 가능해졌다. 그의 건강한 성인은 그가 얼마나 비참하게 느끼는지 확인했고, 그를 보호하고 존중할 준비가 되어 있었다. 결국 그는 자신을 재양육하기 시작할 수 있었고, 이것은 그의 아내에 대한 지나친 보상행동(짜증, 분노, 목소리를 높임, 행동 통제, 위협)과 성적 행동의 분리된 자기위안자 사용에서 '구동력'을 고갈시켰다. 행복한 결말은 Tim이 새로운 사례개념화에서 부부치료자와 함께 자신을 돌보는 방식으로 협력적으로 일했던 개인 심리도식 치료자에게 이 새로운 정보를 가져갔다는 것이다. 마침내 그는 자신을 위한 보살핌을 느낄 수 있었다.

양식주기 충돌카드는 개념화를 명료하게 하고 전환할 수 있게 해 주었다. 그것은 다른 치료 접근법을 촉진했다. 두 사례개념화 간의 차이점을 주목하라. 이전 것은 다음과 같다.

Tim은 정서적으로 박탈당하고 외로운 감정에 시달리면서 외로운 아동(취약한 아동)양식으로 들어갔다. 그는 충동적으로(이유에 대한 명확한 이해 없이) 행동했으며, 그의 불쾌한 행동에 대해 아내가 느끼는 감정을 그는 더 공감할 필요가 있었다. 이 일탈적인 자기위안 행동은 더 잘 통제될 필요가 있었다. 제한된 재양육을 통해 개인치료자는 그가 아내와의 상황을 받아들이는 데 도움을 줄 수 있었다. 아내 역시 상처를 받았고 남편에 대한 신뢰와 확신을 회복할 필요가 있었다. 간단히 말해서 여기서의 개념화는 다음과 같다. 외로운 아동은 충동적으로 행동화하는 화난 아동으로 변한다. 편안하게 재양육하고 정서적 공감과 감수성을 높이라. 결과는 다음과 같다. Tim은 잠시 진정되어 좀 더 자제력을 가지고 잠시 행동하고 짧은 기간 동안 아내를 더듬는 것을 멈춘다. 그는 재빨리 재발한다.

대조적으로, 양식주기 충돌카드를 사용하여 도출된 개념화와 함께(Tim의 개인 양식지도를 바탕으로 한 [그림 8-7] 참조) 개입은 상당히 달라진다.

Tim은 그의 촉발요인에 대해 전혀 알지 못했다. 그의 아내로부터의 부수적인 정보가 도움이 되었다. Tim은 자신이 원가족에서 '무시당하고 학대받았다'는 것을 깨달았고, 아내의 거리두기는 머릿속의 목소리를 굳히는 데에만 기여했다. 이 부모양식은 보통 그가 가치 없고 단지 더러운 탄광의 광부일 뿐이라고 결론지을 것이다.

양식주기 충돌카드

<table>
<tr><td colspan="2">Tim: 촉발요인(심리도식/핵심기억):
내 여동생 Karen과의 논쟁, 아내의 케이크를 비난하고 우리가 예의가 나쁘다고 불평했다.
심리도식: 불신/학대, 정서적 박탈, 복종</td><td colspan="2">Carol: 촉발요인(심리도식/핵심기억):
Tim에게 성적 접촉이나 원치 않는 접촉, 오빠에 의한 협박과 팀에게 강간당한 기억.
심리도식: 불신/학대, 정서적 박탈, 복종</td></tr>
<tr><td>내면화된 부모의 목소리:
"너는 착하게 굴어야 하고 두 사람 모두에게 사과해야 해! 넌 역겹고 더러운 탄광의 광부야. 좋은 남편도 아버지도 아니야. 네가 문제야. 넌 혼자 있을 거야. 너는 존경받을 가치가 없어!"</td><td>대처양식:
Karen을 향한 복종과 뒤에 Carol이 그를 만지도록 강요함
(과잉보상)</td><td>대처양식:
먼저 진행(복종),
나중에 철회(분리된 보호자)</td><td>내면화된 부모의 목소리:
"착하게 굴어, 하지만 절대 그를 믿지 마. 그는 너를 존경하지 않아. 그가 원하는 것은 모든 남자처럼 섹스뿐이야. 조심하고 그에게서 떨어져! 그를 짜증나게 하지 마!"</td></tr>
<tr><td colspan="2">아동양식: (차단/활성화)</td><td colspan="2">아동양식: (차단/활성화)</td></tr>
<tr><td>취약하고 외로운 아동</td><td>화난 궁핍한 아동</td><td>취약하고 불안한 아동</td><td>화난 아동</td></tr>
<tr><td colspan="2">방치된 핵심욕구: 애착과 양육
소망: 신체 접촉으로 진정되는 것</td><td colspan="2">방치된 핵심욕구: 통제와 자존감
소망: Tim이 그녀를 존중하고 한계를 유지한다.</td></tr>
<tr><td colspan="2">건강한 성인 해결책:
Carol을 신체적으로 폭행하는 대신에 나는 나의 진정한 욕구를 알고 그것들을 말로 표현하려고 노력할 것이다.
Carol이 신체 접촉을 원할 때까지 인내심을 갖도록 노력할 것이다.</td><td colspan="2">건강한 성인 해결책:
자동적으로 철회하는 대신에 나는 나의 근본적인 분노와 접촉하고, Tim에게 분명한 언어적 한계를 설정하기 위해 나의 힘을 사용할 것이다. 내가 오늘 안전하다는 것을 알면서 나는 그의 취약한 아동에 대해 좀 더 개방적이고 조금 더 돌보려고 노력할 것이다.</td></tr>
<tr><td colspan="2">결과:
그것이 항상 효과가 있는 것은 아니지만 나는 그것이 어디에서 왔는지 아는 욕심에 덜 사로잡혀 있다. Carol에 대한 나의 욕구를 해결하려면 많은 용기가 필요 하다.</td><td colspan="2">결과:
나는 이제 내가 분명한 한계를 설정할 수 있다는 것을 알고 훨씬 더 안전하다고 느낀다. 덜 불안해지면 Tim에게 마음을 열 수 있다. 그 외에도 나는 그가 더 매력적이라는 것을 알게 되었다.</td></tr>
</table>

[그림 8-7] Tim과 Carol의 양식주기 충돌카드

출처: Roediger & Simeone-DiFrancesco (2013).

제한된 재양육의 사용을 통해 부부치료자는 '헛소리를 집어치우는' 강인하고 공감적으로 직면시키는 '부모'가 될 수 있었고, 그의 삶에서 실제로 일어나고 있는 실상을 볼 수 있도록 도왔다. 이것은 Tim에게 해방감을 주었다. 그를 향한 내면화된 부모양식은 Tim을 평생 동안 무시하고 최소화해 온 학대, 특히 정서적인 측면을 느끼지 못하게 보호해 왔다.

그런 다음 치료자는 이 학대가 발생했을 때 무슨 일이 일어났는지를 도표로 만들기 위해 그

와 함께 양식지도를 개발했다. 왜 그는 그것을 무시했을까? 여기서 양식지도는 Tim을 위해 이 반복 패턴의 핵심에 있는 것에 대한 훨씬 더 정확한 개념화를 만드는 데 있어 그 견고함을 보여 준다. 아동양식 박스에서 취약한 아동은 극도로 불안해하는 것으로 빨리 확인되었다. 부모양식은 그가 목소리가 커지거나 순응하지 않을 때 비난하면서 단점을 위협한다. Tim은 자신이나 다른 사람들이 감히 여동생에게 도전했을 때, 가족체계에서 일어났던 일에 대한 과거의 모든 기억이 자동적으로 떠올랐다. 항상 그에게 등을 돌렸고, 부모님도 동참했다. Tim은 왼쪽 하단의 행동/대처기제 박스로 내려가 굴복하면서 그에게 요구된 것을 했고, 조롱, 욕설, 끔찍한 비난, 인식 부족을 받아들였다. 촉발요인이 발생했을 때, 그는 재빨리 이러한 내면화와 굴복에서 '행복한' 분리된 보호자 양식으로 넘어갔고, 그 상황을 수용하기 위해 그의 감지된 '요가' 자원을 사용했다. 그러고 나서 그는 더 고착되었고, 쓸쓸하고 비참한 감정의 강도가 너무 높아졌을 때 과잉보상적 폭발로 강박적으로 행동화했다.

우리는 이런 종류의 양식전환을 '분노/죄책감 시소'라고 부른다. 왜냐하면 이 양식을 가지고 있는 사람들은 취약한 아동과 처벌적인 부모의 목소리에 의해서 주도되는 바로 이 전형적인(그리고 예측 가능한) 움직임을 보여 주기 때문이다. 그들이 너무 많이 굴복하기 때문에 조만간 아동양식 활성화가 화난 아동 극으로 이동하여 외부지향적인 처벌적 부모의 목소리(예: "나는 다른 사람들을 위해 많은 것을 했어. 이제 무언가를 돌려주는 것은 그들에게 달려 있어!")에게 자리를 내주게 되는데, 이는 과잉보상이 폭발적으로 터져 나오도록 조장한다. 이렇게 행동화한 후, 처벌적인 부모의 목소리가 다시 내면으로 들어와서 개인을 비난하고 두려움을 활성화시키고, 그 사람은 다시 과장된 복종적 대처로 돌아간다.

어떻게 탈출할 것인가? 과도한 복종을 피하기 위해 화난 아동의 에너지와 접촉하기 위해 문을 열어 보라. 이런 식으로 좀 더 균형 있고 자기주장적인 행동을 하기 위해 노력하라. 전혀 다른 건강한 성인모델을 요구하는 '죄책감/분노 시소'(주기가 아니라면 2가지 방법으로 모두 표시할 수 있음)를 공개한다.

치료자는 Tim이 그의 속상한 감정에 집중할 수 있도록 도왔고, 그를 보호하기 위해 노력한 상처와 분노를 무시하기보다는 확인했다. 그녀는 Tim이 내부의 혼란을 보고 느끼도록 도왔고, 그것이 얼마나 '역겹게' 느껴졌는지 설명하도록 도왔다. 그런 다음 어떻게 내면화된 부모 목소리가 그를 내적인 왼쪽 극의 순종적인 대처 박스에 밀어 넣었는지, 과거의 기억 활성화와 건강한 성인 없이는 그러한 상황을 처리할 수 없는 아동양식의 무능과 결합되었는지를 보는 것을 도왔다. 무방비 상태의 아동은 그런 학대를 보호하고 반대함으로써 제한된 재양육을 통해 치료자의 도움을 받았고, 더 이상 그것을 지지하지 않았다. Tim은 취약한 아동이 학대 상황에서 벗어나게 하고, 대신 자존심을 옹호하는 데 도움이 될 수 있는 건강한 성인에 대해 교육을 받았다.

치료자는 Tim에게 보호, 인정, 존중 등 실제로 필요한 것을 스스로에게 줌으로써 분리되지 않고 건강한 방법으로 자신을 달래는 방법을 보여 주었다. 이것은 Tim이 분노의 감정을 먼저 물리치고 나중에 외현화 방식으로 행동화하는 대신에 보다 건설적인 방법으로 전달하는 데 도움을 주었다. 그리고 다시 시소 위에 죄책감이 밀려왔다. Tim은 분리된 보호자 역할을 하는 회피성 대처양식이 아내를 향해 과잉보상자 통제양식으로 이동한 다음 중독적인 행동화를 함으로써 분리된 자기위안자로 어떻게 이동하는지 보기 시작했다. 성적 더듬기와 공격적인 접촉을 밀어붙이는 것은 그의 정서적 박탈감을 더욱 악화시킬 뿐 고통의 근원을 제거하지 못한 불건전한 일시적인 '해결'이었다.

Tim은 또한 아내와의 치료에서 아내가 그의 원가족으로부터 본 학대에 대한 확인도 경험했는데, 그것은 일종의 재양육이었다. 또한 자신을 긍정하고 공감하며 그에게 그 자신을 보호하라고 촉구하기 시작했다. Carol은 Tim의 여동생에게서 어려운 시기에 자신을 도울 수 있는 절친한 친구를 발견했고, 그래서 그녀 역시 더 보호받고 있다고 느꼈다. 아내는 그의 가족 중 학대하는 구성원들 앞에서 그를 계속 지지하겠다고 약속했다. 이것은 그의 어둠의 구덩이에 빛을 비추었다. 또한 Tim에게 그를 사랑하지만 두 사람 모두에게 아무런 도움이 되지 않는 그의 대처행동을 용납하지 않을 것이라고 말했다.

이렇게 말하면서 Carol은 그에게 가까이 다가가 그의 손을 잡았다. 그의 마음이 스르르 녹았다. 그는 이것이 그가 그렇게 결함이 있어서가 아니라는 것을 알았다. 그는 단지 학대받는 느낌이 자기 자신에게 만들어 내는 강렬함을 상쇄하고, 머릿속의 부모 목소리를 상쇄할 수 있는 건강한 대처기제가 없었기 때문에 노력하는 데 계속 실패했을 뿐이다. 아내는 실제로 Tim과 동맹을 맺어 부모 목소리의 영향에 반대하고 그것을 차단했다. 그녀는 이 목소리가 그에게 하는 말을 어떻게 표적으로 삼아야 하는지를 치료자에게 배웠다.

이 사례에서 치료적 개입은 달랐다. 양식주기 충돌카드는 개념화의 변화를 촉진시켰고, 부부 및 두 치료자 모두에 영향을 미치는 개입으로 이어졌다. 양식지도는 치료과정을 깨우치고 효과적인 작업방법을 제시했다.

7. 지도화된 진전

부부 심리도식치료는 충족되지 않은 욕구와 과거의 상처를 목표로 할 수 있는 능력을 가지고 있다. 이것은 변화를 위한 개념적 틀과 강력한 기법들을 모두 제공하기 때문에 부부치료에 대한 우리의 접근방식에서 독특할 수 있다. 우리는 단순히 주기를 식별하고, 나쁜 행동을 다루고, 파괴적인 부정적 의사소통과 상호작용을 변화시키는 것 이상의 것을 한다. 심리도식치료에서 목표는 주기 뒤에 있는 특정 기억과 관련이 있다. 그 기술은 경험적 수준에서 이 정보의 잠금을 해제하고 여러분이 수용할 수 있도록 위치시킨 배우자에게 정보를 전송할 수 있는 것이다. 대부분의 부부는 진심으로 도움을 얻으려고 노력하기 때문에 결국 이렇게 분명한 방식으로 이 목표를 제공하는 것이 그들의 관계를 회복하는 열쇠가 된다. 이것은 처음에 그들의 관계를 확립한 것과 다시 연결되게 한다.

치료자는 개인이 자신을 재양육하고 욕구를 충족시키는 안전한 관계를 맺는 것이 무엇인지 경험하도록 도울 수 있다. 부부 심리도식치료는 치료자와 배우자의 건강한 성인에 의한 개인 내면의 아동양식의 '공동 양육', 배우자 대 배우자, 파트너 대 파트너의 공동 부모화, 자신 내적 경험의 재구성에 관한 모든 것이다. 부부 심리도식치료는 모두 '공동 양육'에 관한 것이다. 치료자와 배우자의 건강한 성인이 내면의 아동양식을 공동 양육하는 것, 배우자에 대한 배우자, 파트너에 대한 파트너, 양방향으로 자신의 내면 경험을 재구성하는 것 등의 '공동 양육'에 관한 것이다. 어느 정도 진전이 있은 후, 개인들은 마침내 충족되지 않은 욕구를 충족시키는 것이 어떤 것인지 느끼기 시작할 것이다. 치료자는 이 과정에서 개인과의 제한된 재양육으로 많은 점에서 도움을 주어 그 사람이 자신을 재양육하도록 돕는다. 나중에 부부는 상호적으로 서로 간에 재양육을 하는 것과 안전한 관계를 맺는 것이 무엇인지 경험한다. 배우자들 사이의 '정서적 흥분'을 재발견하는 일은 종종 부부가 전에 경험했던 것보다 더 깊은 경험이다. 그들은 욕구를 충족시키기 위해 다른 사람과 제한된 의존성을 창출하는 정서적 연결을 찾을 수 있지만 동시에 완전히 존중하며 개별성과 탄력성을 구축한다. 또한 내면의 자기 자신을 키우는 이 경험을 배우자와의 연결로 전환할 수 있는 역량을 구축한다. 부부 심리도식치료는 관계의 정서적 기초를 다루기 때문에 인지치료를 뛰어넘는다.

치료자와의 이러한 정서기반 학습 경험은 배우자와 건강하게 연결되는 것과 더불어 자신의 욕구를 충족시키기 위한 자신의 내면과의 긍정적인 관계 약속의 가교가 된다. 실제로 이 '미충족 욕구를 충족시키기 위한 로드맵'을 통해 사람이 걸어가는 것은 결국 그들을 욕망의 올바른 궤도에 올려놓고, 이미 시간을 투자한 배우자와의 관계를 진정으로 치유하고, 거부감, 정서적 상처, 고통까지도 견뎌 내게 한다. 누가 그것을 낭비하고 싶겠는가? 두 명의 현재 연결된 배우자가 과거의 부정성을 극복하고 초월하기 위해 고군분투하고 있기 때문에 과거의 모든 것, 즉 상처, 오해, 심지어 학대까지도 모두 이득으로 바뀔 수 있다.

반면에 충족되지 않은 욕구가 무시되거나 어리석게 인내된다면 어떤 결과가 초래될까? 단지 도피하고 자신의 과거 역동을 다루지 않는 것은, 충족되지 않은 욕구의 고통스러운 패턴이 현재의 관계를 깨뜨리고, 여전히 충족되지 않은 채 다음 단계로 이어지거나, 슬프게도 현재 배우자와의 현상 유지로 남을 것을 보장한다.

치료적 조언 아래에 놓인 의자들을 내려다보면서 제3자의 시각으로 자신의 견해를 제시하기 위해 부부가 치료자와 함께 서 있는 것이 종종 도움이 된다. 이것은 다른 관점을 도입하고, 문제에 대한 공동 관점을 장려할 수 있다. 서 있는 것은 활성화된 심리도식으로부터 거리를 두고 이전 '전투'에서 길을 잃지 않고 핵심욕구와 접촉함으로써 해결중심으로 정서적으로 전환하는 것을 훨씬 쉽게 만든다.

고급 치료적 조언 양식을 어린 시절의 경험과 메시지, 구식 대처방식과 현재의 정서적 반응의 영향을 받은 '진동'이라고 생각하라. 회기에서 보는 것은 많은 과거 시제의 현재 시제이다. 실제로 정신분석가가 전이를 해석할 때와 같이 거꾸로 추론할 수 있다. 양식 뒤의 심리도식 배경을 인정할 때 양식은 과거의 창이다.

8. 로드맵

이러한 심리도식치료 자원을 사용하여, 치료자는 개인 맞춤형 '로드맵'을 고안하여 부부에게 사전 동의를 받고 제공할 수 있다. 치료자는 부부와 함께 목표를 달성하기 위해 어떻게 항해할지 결정한다. Simeone-DiFrancesco(2012)는 종합 심리검사의 사용을 권고했다. 이러한 기능은 부부의 내력과 연결될 수 있는 심리도식과 양식을 확인하는 데 도움이 된다. 증상 제시는 전통적인 치료 계획에 통합될 수 있고, 치료에 대한 사전 동의를 얻을 수 있다. 그러나 치료 목표하에 치료자는 각 배우자에 대해 그 사람에게 강조하고 싶은 양식 또는 심리도식을 사용하여 사례개념화를 지정할 수 있다. 이런 식으로 그 개인은 치료 계획 단계에 관여하며, 계획은 또한 심리도식과 양식에 관한 심리교육의 요점 역할을 한다.

치료자: Sally, 우리는 당신의 머릿속에서 말하는 요구적 부모양식을 약화시키고 싶습니다. 이건 당신의 엄마가 당신을 어떻게 대했는지에 대한 메아리입니다. SMI 1.1에서 점수가 어떻게 나왔는지 보셨죠? 당신은 이것이 당신의 치료 목표 중 하나라는 것에 동의하십니까? 우리는 또한 Nick의 취약한 아동양식에 공감할 수 있는 목표를 갖고 싶을 수도 있습니다. 이것이 그가 갇혀서 당신이 필요로 하는 방식으로 당신에게 반응할 수 없는 이유입니다. 우리가 그를 이해하고 그와 함께 느낄 수 있다면, 아마도 우리는 그가 더 강해지고 당신을 위해 더 많이 있도록 도울 수 있을 것입니다. 그 목표에 대해 어떻게 생각하십니까?

치료적 조언 이것은 그 부부를 위해 서면으로 작성할 수 있다. 치료자는 또한 치료 계획의 사본을 제공할 수도 있다. 이것은 윤리적으로 좋을 뿐만 아니라 부부를 끌어들여 그들이 함께 여행하기로 동의한 로드맵을 가지고 궤도에 있도록 한다.

요약

이 장에서 우리는 차원 및 동적 양식모델, 양식지도 및 양식주기 충돌카드를 포함한 몇 가지 중요한 도구를 소개했다. 이것들은 Tom과 Betty, Tim과 Carol의 확대된 사례들로 설명되어 있다. 우리는 종합적인 심리도식 사례개념화의 중요성을 다시 한 번 강조했고, 진전이 어떻게 지도화될 수 있는지에 대해 몇 가지 지침을 주었다.

부부 심리도식치료는 발달적 기원, 과거의 외상, 정서적 초점을 포함하지만 인지치료의 명료성과 함께 역동적인 임상적 이해를 위한 기회를 제공한다. 이것은 9장의 개입을 통해 더 심층적으로 탐구되고 발전된다.

부부치료에서의 개입

심리도식치료에서의 진행은 보통 인지적 · 경험적 그리고 마지막으로 더 많은 행동적 개입으로 이어진다(Farrell & Shaw, 2012). 이 장에서는 심리도식치료에서 흔히 실행되는 다양한 개입을 살펴보는데, 여기에는 제한된 재양육의 심상작업, 양식 의자작업, 언어 사용을 통한 부부 재양육, 행동패턴 파괴 등이 포함된다.

그 부부는 보통 정서적으로 활성화되어 회기를 위해 도착할 것이다. 이것은 정서적인 집중을 위한 기회이다. Young(2012)은 치료자들이 부부관계에서 원형적 갈등을 찾을 것을 권고했다. 통상적으로 이것은 반복적인 갈등의 예이다. 부부관계에서 최근의 사건은 종종 한 회기의 초점이 될 것이다. 처음에는 몇 분 동안(여러분이 양식주기를 탐지할 때까지) 논쟁을 지속하도록 허용한다. 이는 갈등을 잘못 관리하고 대처양식을 표시하는 방법을 나타내기 때문이다. 심리도식치료는 문제해결보다는 감정과 공감에 중점을 두는 경향이 있다(Kellogg & Young, 2006). 결국 문제해결은 양식지도와 양식주기 충돌카드를 사용한 사례개념화에 기초하고, 그 뒤에 정서적 재연결이 뒤따른다.

1. 공감의 역할

공감의 역할은 중요하다. 부부 심리도식치료의 또 다른 기여는 수용이 합의보다 우선한다고 주장함으로써 행동을 사람(즉, 아동양식과 그들의 욕구)과 명확하게 정의하고 분리한다는 것이다. 합의로 이어지는 수용은 상호 공감의 다리를 넘어야 한다. 치료자의 공감적 이해가 길을 인도한다. 이렇게 이해받는 경험은 부부가 서로 그것을 주는 데 도움이 된다.

심리도식치료 훈련을 받은 사회복지사가 Ricky의 폭음 행위에 직면했다. 그는 그것을 어린 시절의 정서적 박탈과 관련시켰다. Ricky는 그것을 개인적으로 받아들이는 것을 피할 수 있었고, "네, 알겠습니다. 저는 취약한 아동의 욕구를 진지하게 받아들이지 않고 분리된 자기위안자 양식으로 들어갑니다. 이것을 본다는 것은 제가 건강한 성인으로 전환했다는 것을 의미합니다."라고 말했다. 그의 치료자는 이 통찰력을 확인할 수 있었으며, 그들의 작업 동맹에서 치료적인 중단에 대해 크게 걱정하지 않았다.

치료자는 현재의 대처방식과 어린 시절의 기원을 연결하여 공감하는 동시에 건강하지 못한 행동에 직면할 수 있었다.

부부 심리도식치료에서는 치료자와 부부가 나란히 서서 양식지도를 보면서 현재 행동을 대처양식으로 확인하고, 부모 목소리와 아동양식 활성화를 '무대 뒤'로 본다. 공동 참조 관점에서 보는 것이 도움이 된다(Siegel, 1999). 이 경험은 그 부부를 방어적인 교착상태에서 벗어나게 한다. 제한된 재양육 태도는 각자가 성장할 수 있는 기회를 주도록 장려한다. 돌봄이 공격적인 행동 자체에 동의하거나 받아들이는 것을 의미하지 않는다는 것을 각자가 인식하면 관계에서 더 건강한 자신을 발견하기가 더 쉽다.

2. 심상작업

치료에서 심상작업은 포르쉐를 운전하는 것과 같다. 그것은 강력하고, 경험이 없는 치료자를 놀라게 하며, 심지어 압도할 수도 있다. 그러나 그 힘은 변화의 잠재적 영향 안에 있다. 정서가 빠르게 작용한다. 방해가 되는 사람은 우회한다. 그리고 그것은 성인 관계에 깊은 영향을 미치는 접근과 잠재적으로 변화하는 어린 시절의 기억을 얻는 방법이다. 주요 목표는 개인이 새로운 정서패턴을 확립하도록 돕는 것이다(Arntz & Jacob, 2013).

성찰 단순히 사고의 패턴을 바꾸려고 하기보다는 치료에서 정서적 학습을 어떻게 다루는지 생각해 보라.

심상작업은 이제 인지행동치료와 같은 단기치료에서 더 흔하다(Hackman et al., 2011). 그것은 심상 노출을 통한 외상치료에 매우 효과적인 것으로 밝혀졌다(Creamer et al., 2007). 심상작업은 심리도식치료에서도 중요하며, 부부작업에 쉽게 적용할 수 있다.

치료적 조언 안전지대 또는 정서적이지 않은 어린 시절의 기억과 같은 매우 기본적인 시각화로 시작하여 만나는 많은 사람과 함께 그것을 연습하라. 이런 식으로 치료자는 곧 자신감을 쌓을 것이다.

고급 치료적 조언 내담자가 안전지대 이미지를 만들기가 어렵다면(그러나 정서적으로는 안정적이라면) 심상작업 또는 심상 재구성하기가 끝날 때 긍정적인 감정을 강화하는 작업을 하라. 이런 식으로, 심상 재구성하기가 최초의 안전지대 이미지를 대신할 수 있다(Arntz & Jacob, 2013). 내담자가 감정에 의해 범람하는 경향이 있는 경우(일부 경계성 성격장애나 심적 외상을 입은 개인들과 같이), 치료자는 개인회기에서 먼저 자신을 안정시키고 진정시키는 그들의 능력에 대해 연구해야 한다. Farrell 등(2012)은 안전한 비눗방울 이미지 사용을 제안했는데, 이것이 경계성 환자와 함께 심리도식치료 집단에서 잘 작동하는 것으로 증명되었기 때문이다.

3. 심상 재구성하기 시작

심리도식치료에서는 과거가 과거가 아니다. 심상작업을 통해 치료에서 중요한 사건들이 현재로 만들어진다. 이것은 다양한 방법으로 수행할 수 있다.

1. 기억 치료자: "Vikki, 우리는 당신이 말했던 과거의 상처를 치유하고 싶습니다. 우리가 먼저 안전한 이미지를 만드는 방식으로 진행해도 될까요? 그러고 나서 우리가 그 좋은 장소를 떠나서 고통을 처리할 수 있을까요? 우리는 나중에 안전한 장소로 돌아오겠습니다. 장담합니다. (치료자는 내담자의 동의를 계속 얻는다.) 첫 회기에서 가족에 관해 물었을 때, 당신은 11세 때 또래 집단으로부터 거절당했다고 하셨는데요. 그거 기억나십니까?" Vikki가 "마치 어제처럼요."라고 답하자, 치료자는 "시각적으로 볼 수 있습니까?"라고 물었다.
2. 정서 가교 치료자: "Vikki, 당신이 화난 거 알겠어요. 지금 기분이 어떤지 알아볼 수 있겠습니까?" Vikki가 "저는 슬프고 외로워요."라고 답하자, 치료자는 "그런 감정, 슬픔, 외로움을 느끼면서 어린 시절 같은 기분을 느꼈던 때를 떠올릴 수 있을까요? 어린 시절로 시간을 거슬러 올라가 봅시다. 어떤 그림이 떠오릅니까?"라고 물었다(Weertman, 2012, p. 104 참조).
3. 신체 가교 치료자: "지금 긴장이 느껴지는 곳은 어디입니까? 제 말은 몸속에서요." Vikki가 "가슴이 정말 꽉 죄는 느낌입니다."라고 답하자, 치료자는 "당신은 오래전에 같은 방식으로 느꼈던 때를 기억할 수 있나요? 시간을 거슬러 올라가 봅시다. 어떤 그림이 떠오릅니까?"라고 물었다.

할 일 심상작업을 수행하기 전에 내담자와 함께 안전지대를 시각화하는 것이 유용하다. 또한 그들은 보

호와 양육을 경험한 안전한 사람(치료자인 여러분이 될 수 있다)을 확립해야 한다. 그 사람은 이 작업에서 종종 유발되는 취약한 아동의 욕구를 충족시키기 위해 기억에 소환될 수 있다.

이러한 기법들은 어린 시절의 이미지를 끌어내는 데 도움이 된다. 이는 "만약 당신이 비디오카메라를 들고 있었다면, 당신은 무엇을 녹화했을까요? 그 장면을 당신이 기억할 수 있는 한 자세하게 묘사하세요. 당신의 모든 감각을 포함시키세요. 사진부터 시작하세요. 그런 다음 사진이 영화처럼 움직이기 시작하도록 하세요."와 같은 말을 함으로써 향상시킬 수 있다.

주관적 고통지수 척도(Sujective Units of Distress Scale: SUDS)[1] 수준을 확인하고 그 사람이 약 40~80/100의 치료 범위 내에서 치료를 받도록 하는 것이 중요하다. 심상작업에서 그들의 SUDS 점수는 눈을 감고 그들이 보는 것을 현재 시제로 묘사하도록 요구할 때 상승한다. ("나는 거실에 서 있습니다. 아버지는 물건을 마구 내던지며 분통을 터뜨리십니다. 아버지가 엄마한테 소리 지르고 있어요.") SUDS 수준이 너무 높으면 먼저 '일시정지 버튼'을 눌러 '비디오'를 중지하라.

치료자: 지금 모든 것이 보류 중입니다. 당신이 리모컨을 손에 들고 있습니다. 다시 시작 버튼을 누르지 않으면 아무 일도 일어나지 않습니다. 당신은 완전히 통제할 수 있습니다. 아이는 어떤 기분일까요? 무엇이 도움이 될까요? 지금의 성인으로서 현장에 들어가는 자신을 상상할 수 있겠습니까?

치료자와 내담자가 함께 현장에 들어가면 상황이 더 안전해져 치료자와 내담자가 나란히 서서 현장을 지켜볼 수 있다는 점에 유의하라. 이는 내담자가 장면의 내용을 적절하게 재구성할 수 없는 경우 치료자가 즉시 개입할 수 있는 기회를 만든다.

치료자: 성인으로서 들어와 그 장면을 보면서 어떤 기분이 드십니까? (결국 치료자가 그 장면을 명료

1) 두려움, 우울, 불안, 분노와 같은 부정적인 정서에 대한 주관적 고통지수는 "당신이 바로 지금 그 문제를 생각하면 0~100점 사이에서 어느 정도 불편감(고통감)이 느껴집니까?"라는 질문을 통해 내담자가 스스로 0점(아무렇지도 않다 혹은 전혀 느껴지지 않는다)에서 100점(극심하다) 사이에서 자기보고식으로 평가하도록 한다(간단하게는 0~10점 사이에서 평가하기도 함).

〈주관적 고통지수 척도 기준표〉

0 – 10 –	20 – 30 –	40 – 50 – 60 – 70 –	80 – 90 –	100
아무렇지도 않다/ 전혀 느껴지지 않는다	약간 불편하다(느낀다)	중간 정도로 불편하다(느낀다)	많이 불편하다(느낀다)	극심하다

한 말로 기술하면 분노가 더욱 강해진다.) 지금 어떤 기분이 드십니까? 당신의 몸 안에서? (내담자는 분노의 힘을 느껴야 사진 속의 반대자들을 탄핵할 수 있을 것이다.) 당신은 분노의 힘을 이용해서 지금 무슨 말과 행동을 하고 싶은가요?

가해자들을 탄핵한 후에 아이에게 감정을 물어보라. 그것들은 일종의 동정심이어야 한다. 그런 기분에서 다음과 같이 말한다. "지금 아이를 돌보기 위해 무엇을 말하고 싶거나 하고 싶은가요? 아이는 어떻게 반응하나요? 아이에게는 또 무엇이 필요한가요?" 그리고 마지막으로 다음과 같이 말한다. "지금 이 연습이 끝날 때 기분이 어떤가요? 몸의 느낌은 어떤가요? 차이를 느낄 수 있나요?"

SUDS 수준이 내려가지 않으면 눈을 뜨고 과거 시제로 이야기하라고 지시하라. 만약 그것이 너무 압도적이라면, 그들이 아침식사로 무엇을 먹었는지 정확히 말하게 하라. 아니면 시각적인 작업을 포기하고 접지로 돌아가라. "지금 내 사무실에서 어떤 3가지를 보고 있나요? 어떤 3가지를 느낄 수 있죠? 어떤 3가지 소리가 들리나요? 무슨 냄새가 나나요?" 이것들은 접지(grounding) 기술이다. 다음 단계에서는 그것을 상담실에서 그들과 함께 걸어 다니는 것과 결합할 수 있다. 다음을 기억하라. 감각 입력의 변화는 유인 변화를 유도한다.

Danny는 어머니에게 외삼촌(어머니의 남동생)이 부적절한 손길로 자신을 만졌다고 말하려 했던 장면이 생각났다. 이것은 무시되었다. "아, Terry 삼촌이 다정하게 구는 것일 뿐이야." Danny는 망연자실했고, 어린 시절에 자신이 완전히 보호받지 못했다고 느꼈다. 처음에 그녀는 SUDS 점수를 50/100으로 평가했다. 그녀는 안전지대를 통해 기억으로 돌아갔고, 그녀의 점수가 80/100 이상으로 빠르게 올라간 것에 놀랐다. 그래서 그녀의 치료자는 그녀에게 심상을 버리고 안전지대로 돌아가도록 했다.

Danny는 그녀의 초등학교 교사인 Smith 부인을 지지자로 지목했다. 이번에는 그녀가 기억으로 돌아왔을 때, 그녀의 치료자는 Smith 부인이 현장에 들어가 그녀를 대신해서 개입하는 모습을 상상하게 했다.

Smith 부인이 어머니에게 말했다. "Danny가 하는 말은 중요합니다. 그녀는 겨우 열 살밖에 되지 않아서 이것을 당신에게 말하는 데는 많은 용기가 필요합니다. Terry 삼촌이 가족을 방문할 때 그녀를 믿고 그녀를 보호하기 위해 행동할 필요가 있습니다. 그렇게 하지 않으면 부모로서의 책임을 저버리는 겁니다!" 그러자 치료자는 더 나은 결과를 얻기 위해 재구성했다.

Arntz와 van Genderen(2010)은 심상작업에 대한 개요를 제공했다. 그들은 보통 안전지대 심상으로 시작한 후의 단계들을 다음과 같이 설명했다. ① 어린 시절의 원래 사건을 어린 시절로 보고 감정에 들어간다. ② 처음에는 치료자가 현장에 들어감으로써 아동을 보호하고 아동의 욕구를 충족시킴으로써 사건을 재구성한다. 그리고 ③ 그 사람 안에 건강한 성인이 충분히 있다면, 성인으로서 심상에 들어가서 스스로 재구성을 수행한다. 재구성 경험을 성공시키는 것은 매우 중요하다. 이것이 Arntz와 van Genderen(2010)이 치료자에게 먼저 재구성을 해 보라고 제안한 이유이다. Arntz와 Weertman(1999, pp. 725-726)은 아동기 기억을 보다 적응적으로 처리하기 위해 개입한 치료자의 좋은 예를 제공한다. 이제 그 과정은 좀 더 자세히 설명될 것이다.

심리도식치료에서는 재양육이라는 용어의 의미에 대해 약간의 오해가 있었다. 기본적인 가정은 양육에서 결핍을 경험한 사람들은 "그들이 스스로 재양육하는 것을 배우기 전에 긍정적인 양육을 경험해야 한다는 것이다. 심리도식치료의 목표는 자율성이기 때문에 재양육을 하는 치료자에 대한 이 초기의 집중은 결국 개인이 이러한 기능을 수행하는, 발달되고 강화된 건강한 성인양식으로 대체된다"(Farrell & Shaw, 2012, p. 17). 성격 문제가 있는 많은 사람은 적절하게 돌봄을 받은 경험이 없다. 치료자는 처음에 그 사람이 '인계받는' 것을 배울 때까지 기능적인 부모를 모델링한다. 치료자와 내담자의 건강한 성인 사이에 '특별팀'을 설정하여 주어진 상황에서 누가 재구성할 것인지 결정할 수 있다. 어떤 의미에서 이것은 치료자와 그 사람의 건강한 성인양식이 건강한 성인이 자율적으로 기능할 수 있을 때까지 아동양식을 재양육함에 따라 '공동 양육'이 된다.

심상작업에 필요한 것이 무엇인지 항상 생각하라. 일반적으로 내담자와 치료자가 나란히 서 있는 장면에 들어가게 하는 것이 도움이 된다. 치료자가 먼저 개입하고 나서 내담자에게 치료자를 보는 기분이 어떤지 물어본다. 그들은 어떤 결과를 원하는가? 때로는 장면 가장자리에서 '서 있는' 시간을 보내고 내담자가 자신의 기본 정서(건설적인 분노 등)를 인식할 수 있는 충분한 시간을 주기 위해 3인칭 관점에서 그것을 시청해야 한다. 내담자가 치료자의 개입에 기본적으로 동의하면, '버튼'은 치료자의 조력하에 내담자에게 넘겨진다. 내담자는 자신의 말로 장면을 반복하면서 중요한 상대방에게 직접 말하도록 요청받는다. 재구성하는 과정(내담자 혹은 치료자에 의해서) 중에 치료자는 내담자의 의심이나 죄책감과 관련된 생각을 모니터할 수 있다(예: "그렇게 힘들어하지 마. 네 아버지야. 그는 어렸을 때 학대를 당했어. 그는 오직 네게 최선을 원했을 뿐이야." 등). 그러면 치료자는 그들을 '처벌적 부모의 목소리'라고 이름을 붙일 수 있다. 불가능하지는 않지만, 이런 목소리들과 함께 심상 재구성하기 기법을 사용하는 것은 어렵다. 그러니 목소리를 제쳐 두도록 노력하라. 다음 회기들 중 한 회기에서 의자작업을 사용하여 목소리들에 대한 작업을 할 수 있다.

치료적 조언 처벌적 또는 요구적 부모 목소리의 '진실'에 대한 내담자의 신념과 관련하여 내담자의 확신 수준을 살펴보라. 만약 그들의 확신에 반하여 재구성하면 치료자는 자신의 치료적 동맹을 깨뜨릴 수 있다.

4. 탄핵

내담자의 건설적인 분노와 함께 작업하는 것은 도움이 된다. 이것은 변화를 위한 잠재적인 에너지이다. 그러나 때때로 사람은 불안하고 복종적인 아동양식에 갇힐 수도 있다. 이것을 해결할 방법들이 있다. '건강한 성인'으로 현장에 들어가도록 요청하는 것이 도움이 될 수 있다.

치료적 조언 학대하는 사람과의 직면이 실패할 수 있으므로 심상에서 분노가 건강한 성인에게 힘을 실어 주고 있다고 인식하지 않는 한, 내담자가 그 이미지를 재구성하려고 하지 않도록 하라. 만약 내담자가 너무 열등하다고 느낀다면(예: 아버지와 맞서며 서 있는 여자의 경우), 첫 번째 단계에서 치료자는 10피트 높이까지 '그녀를 부풀림'으로써 그녀가 아버지를 내려다보게 할 수 있다(심상 첫 부분에서 아이에게 했던 것처럼).

내담자가 복종적 대처양식에 남아 있는 경우, 그들을 아동의 관점에 남겨 두고, 치료자가 재구성하는 것을 지켜보게 하라. 이것은 심리적 외상이 심하거나 기능이 저하된 내담자들에게 적합하다.

내담자 안의 화난 아동을 이용할 수 있는 방법을 생각해 보라. 이는 내담자가 다른 경우에 분노의 폭발을 보여 줌으로써 그 안에서 이 힘에 접근할 수 있다는 것을 증명한다면 유망하다. 이러한 분노를 차단 · 해제하고 내담자에게 그들의 분노가 어떻게 건설적인 방법으로 사용될 수 있는지에 대한 경험을 제공하는 것은 합리적이다.

'제3의 물결' 접근에 따라, 우리는 분노를 차단하는 모순된 처벌적 부모 목소리에 이의를 제기하지 않는다. 진행하는 2가지 주요 방법은 확장과 대체이다.

확장에서 치료자는 내담자에게 다른 사람의 입장이 되어 다른 시각에서 그 장면을 지켜보도록 요청한다.

> Tom은 그의 아버지에게 자주 맞았다. 하지만 그 기억조차도 그에게 화를 불러일으키지 않았기 때문에, 그의 치료자는 Tom의 가장 친한 친구인 Peter를 심상으로 데려옴으로써 확장 기술을 사용했다. 치료자는 "안녕, Peter. 도와주러 와 줘서 고마워요. 이 심상에서 친구 Tom이 아버지에게 맞는 것을 보면 기분이 어때요?" Tom은 그 심상에서 친구의 반응을 통해 마침내 분노와 접촉할 수 있었다.

하지만 일부 내담자는 너무 철회해서 가장 친한 친구가 없을 수도 있다. 이런 경우, 이 기법은 동화나 영화에서 나온 인물들로 확장될 수 있다.

대체에서 치료자는 심상의 아이를 내담자의 자녀 중 하나와 같은 아는 아이로 교체하고, 내담자에게 "만약 당신의 아들 Brian이 심상에서 그렇게 나쁘게 대우받는 것을 본다면, 당신은 무엇을 느낄까요?"라고 묻는다. 이것은 거의 항상 대리적인 분노를 불러일으킬 것이다. 이것은 자녀에 대한 보호와 공감에 대한 뇌의 '회로'를 활성화시킨다. 내담자가 자녀가 없는 경우에는 관련 아동이나 또는 친구 자녀를 사용할 수 있다.

건설적인 분노(Greenberg, 2002)가 차단 · 해제되지 않는 한, 내담자는 '복종의 지하감옥'에서 벗어날 수 없을 것이다. 이것이 우리가 건강한 성인의 통제하에 자기주장을 위한 적응적인 분노를 이용하여 내담자를 강화하기 위해 이 중요한 절차에 시간을 보내는 이유이다.

내담자는 심상에서 중요한 다른 사람들을 돌볼 책임이 없어야 한다. 많은 내담자는 '부모화된 자녀'였다(자세한 내용은 4장 참조). 재구성할 때, 우리는 그들을 전문가들의 보살핌에 맡기는 것을 선호한다(예: 우울한 어머니를 위한 정신과 치료, 약물 중독자 부모를 위한 입원치료, 또는 학대하는 사람을 위한 감옥). 치료자는 학대했던 상황이 돌아오지 않을 것이고 아이가 이제 안전하다는 현실을 단언할 수 있을 것이다. 건강한 성인의 역할은 다른 사람들을 돌보는 것이 아니라 아이를 돌보는 것이다!

치료적 조언 SUDS를 평가하는 것을 잊지 말라. 개입 초기에 SUDS 점수가 높았을 경우, 그 점수가 높아지는지 걱정하지 말라. 상당한 감소는 만족스러운 결과이다. 일반적으로 SUDS 점수는 여러분이 아이를 돌보기 전까지는 더 이상 떨어지지 않는다.

또 다른 조언 만약 가해자가 매우 압도적으로 보인다면, '내담자-치료자 특별팀'의 우월성을 보장하기 위해 경찰이나 군 관련 인물을 심상에 포함시키라. 총의 사용에 주의하라. 이것은 일부 내담자에게는 두려운 일이 될 수 있기 때문이다.

5. 아이 돌보기

회기에서 부모양식들로부터 공간을 확보하면, 내담자에게 어떻게 느끼는지 물어볼 수 있다. 이것은 아동양식으로 이어질 것이다. 의심이 들 경우, 부모양식의 흔적(특히 처벌적 부모)인지 확인하라. 재구성한 후에 변화의 경험이 깊어진다면(몸의 감정을 변화시키는 것), 이는 좋은 징조이다. 이것은 재구성된 이미지에 대해 '옳고 강한' 느낌을 주는 것으로 묘사될 수 있다. Smucker와 Dancu(2005)는 부모 목소리를 탄핵하는 것이 아동양식(들) 앞에서 이루어져야 한다고 권장한다. 종종 '취약한 아동'은 건강한 성인(그리고 다시 한 번, 치료자)을 신뢰하기 위해 부모의 양식을 무력화하는 과정을 목격해야 한다.

치료적 조언 많은 내담자가 다른 중요한 타인들의 내면화된 이미지로 식별된다는 점을 기억하라. 심상작업의 재평가 부분은 이러한 식별을 약화시키고, 내면화된 부모에게 지속적으로 복종하는 대신 자신의 건강한 성인을 신뢰하는 것을 지원한다.

고급 치료적 조언 취약한 아동이 매우 불안하고 허약한 경우, 두꺼운 유리벽 뒤에 배치해서 장면을 볼 수 있게 하여 그들의 시야를 안전하게 만들 수 있다.

할 일 다음 예에서 건강한 부모 메시지를 확인하라.

치료자는 Mary와 심상작업을 하고 있다. 그녀의 형성 경험 중 하나는 그녀가 12세 때 일어났다. 그녀는 부모님이 다투는 것을 보았다. 아버지는 술에 취했을 때 어머니를 때리고 나서 집을 뛰쳐나가 다시는 돌아오지 않았다. 그녀는 홀어머니 밑에서 자랐다.

Mary는 어떤 건강한 부모 메시지를 들어야 할까? 이해받고, 보호되고, 자신을 탓하지 않으며 그리고 12세 소녀로서 그녀가 필요로 하는 것을 알아내야 하는 그녀의 욕구에 대해서 생각해 보라.

Robert는 수년 동안 그의 삼촌 John에게 성추행을 당했다. 그가 9세였을 때 그는 어머니에게 말할 용기를 냈는데, 어머니는 그를 믿지 않았고 그에게 "네 삼촌이 친절한 것일 뿐이야."라고 말했다. Robert는 9세 때 어떤 메시지를 들어야 하는가?

이러한 시각적 작업의 효과를 탐색하는 것이 중요하다. 이미지가 변하거나 멀어질수록 정서적 고통은 줄어들 수 있다(SUDS 점수가 낮아질 수도 있고, 또는 둘 다일 수도 있다). Graham

Taylor(국제심리도식치료협회 부부 특별 관심집단)는 이러한 작업 후 상황과 자아에 대해 보다 적응적인 견해를 갖는 바람직한 결과를 강조해 왔다.

> Charlie는 학교 운동장에서 집단 괴롭힘 사건을 상상했다. 그는 매우 무력하다고 느꼈고, 그의 치료자는 그를 괴롭히는 사람들을 시각적으로 위축시키고 노쇠한 노인들로 느끼도록 격려했다. Charlie는 이 시각화를 통해 더 많은 힘을 얻었다고 느꼈다. 그는 또한 자신의 과거에 대해 보다 현실적인 견해를 갖게 되었다. "나는 실제로 일어난 일을 바꿀 수는 없다. 그러나 나는 그 사건과 나의 관계를 바꿀 수 있고, 나 자신을 어떻게 보는지를 바꿀 수 있다. 나는 더 이상 '밑바닥'이라고 느끼지 않는다."

기억은 놀랍도록 가소성이 있다. 놀랍지만, 과거의 사건을 심상으로 재구성하는 것은 실제로 과거의 압도적인 기억을 약화시킬 수 있다. 그러나 심상 재구성하기의 본질은 내력을 바꾸는 것이 아니다. 우리는 기억이 아닌 의미를 바꾸려고 노력한다. 이 단계는 실제로 그 상황에 처한 아이의 욕구에 관한 것이다.

중요한 목표는 건강한 성인 관점에서 상황을 재평가한 다음 아이를 돌보는 것이다. 새로운 메시지는 "그들은 나(아이로서)를 이런 식으로 대할 권리가 없었다. 그들은 단지 그렇게 할 힘이 있었다. 하지만 이것은 언제나 옳지 않았어!"이다. 옛 장면의 의미에서의 이러한 근본적인 변화는 자원의 차단을 해제한다. 과거에 대한 논쟁보다는 새로운 이야기를 쓰는 것이 가능하다.

내담자들이 오래된 경험에 대해 이야기하도록 격려하는 것은 덜 중요하다. 우리는 오히려 오늘날 그들의 욕구를 위해 싸우는 것을 지지할 것이다.

치료적 조언 **특히 관계 기술을 배우거나 실습해야 하는 경우, 현재 배우자와의 역할극을 통해 심상작업을 계속하는 것에 대해 생각해 보라.**

시각화는 부부작업에 맞게 조정되었다(Atkinson, 2012). 기본적인 작업은 다음과 같다.

1. 확인: 부부관계에서 문제를 일으키는 침입양식을 확인하라.
2. 배우자 이용: 여러분이 관련된 어린 시절의 기억과 작업하고 상대를 재양육하는 동안 시청하는 배우자에게 지지적인 관중이 되어 달라고 요청하라.
3. 배우자 시각화: 배우자가 그 장면을 가능한 한 생생하게 시각화하고, 공감하며, 이해심을 가지고 소통하도록 격려하라.

4. 달래기: 시청하는 배우자에게 작업 상대를 마치 그들의 자녀인 것처럼 달래 달라고 요청하라.
5. 변별: 마지막으로, 작업하는 배우자가 달래 주는 배우자를 어떻게 경험하는지 질문하라.

이러한 방식으로 배우자를 참여시키는 것은 단순히 어떤 새로운 정보를 인지적으로 등록하는 것보다 더 깊은 참여로 이어진다. 진정한 가치는 배우자가 그것을 상상할 수 있고 재양육할 때 나타난다. 이러한 아동 경험의 시각화는 큰 영향을 미친다. 이것은 그 경험들이 힘을 유지하는 데 도움이 된다. 부부가 어린 시절의 부정적인 경험을 나눌 때, 그것은 유대감과 공감을 형성한다.

치료적 조언 때로는 '사진' 경험을 돕기 위해 부부가 어린 시절의 사진을 가져오는 것이 도움이 된다 (Behary, 국제심리도식치료협회 부부 특별 관심집단, 2012).

6. 개인 및 부부에게 심상작업을 안전하게 만들기

심상작업에는 안전이 중요하다. 우리는 다음과 같이 조언한다.

1. 허락: 항상 물어보라. 심상작업이 진행되는 동안 배우자가 거기에 있어도 괜찮을까? 그들이 충분히 안전하다고 느끼거나 더 안전하게 느끼기 위해 필요한 것이 있는가? 안전감을 증가시킬 수 있는 것이 무엇인지 알아보라. 치료자는 정서적인 욕구를 다루는 모델이다!
2. 배우자의 지원: 배우자가 분리된 방식으로 방에 있을 것이 아니고 자기 자신의 배려와 이해의 감정 속에서 성장하며 치료자와 함께 치유과정을 돕는 일을 하게 될 것이라는 점을 언급하는 것이 도움이 될 수 있다. 역할은 나중에 바뀌게 된다.
3. 배우자의 역할: 그 사람이 배우자가 손을 잡고 있기를 원하는지, 그냥 옆에 앉기를 원하는지, 아니면 다른 곳에 있기를 원하는지 명확히 하라(참석하지 않는 것을 포함).
4. 눈: 배우자도 일반적으로 눈을 감아 달라는 요청을 받기 때문에, 그 사람은 응시하는 것을 느끼지 않는다. 일부 치료자도 처음에는 눈을 감지만, 심상작업을 하는 사람을 면밀히 모니터하는 것이 중요할 수 있다.
5. 이미지에 들어가기: 그 이미지에 들어가기 전에 그 사람에게 허락을 요청하라.

6. 감각에 예민해지기: 치료자는 작업하고 있는 사람의 배우자가 자신들을 바보같이 유치하게 또는 무례하게 대하는 '하나 해치운' 것처럼 취급하고 있다고 느낄 가능성에 주목하라. 당장 멈추라! 치료자는 이것을 발전하는 것으로 느낄지도 모른다. 성인 자아의 상호 강점을 인정함으로써 그것을 처음부터 상쇄하도록 노력하라. "이 아동양식은 여러분의 한 부분일 뿐이에요. 상처가 있는 부분이기 때문에 아동양식에 집중하는 것이 성인의 능력이 떨어진다는 것을 의미하지 않는다는 것을 분명히 하세요." 또한 그 부부에게 다음에는 다른 배우자의 차례가 될 것이라고 말할 수 있다.
7. 참여: 그 기법은 보통 그 사람에게 그들을 도울 수 있게끔 도와 달라고 요청하는 것이 포함된다. "당신의 심정을 이해하도록 도와주세요. 나에게 설명해 보세요. 당신이 필요한 게 뭔지 제가 볼 수 있게 도와주세요. 지금 어린 당신의 얼굴에는 어떤 표정이 나타나고 있나요? 당신이 할 수 있겠어요? 당신이 이것 좀 도와주시겠어요?" 이것은 치료자로서 내담자의 욕구가 무엇이든지 간에 세부적인 장면으로 안내하는 아주 부드러운 방법이다. 가장 안전한 통로는 인간중심이 되는 것이다. 그들이 가야 할 곳을 안내해 줄 사람을 믿으라. 종종 놀랄 것이다! 치료자는 그 개인으로부터 단서를 얻으라.
8. 배우자 활성화: 공감적으로 모델화한 후, 심상 속의 아이의 감정을 느끼면서 가능한 한 생생하게 이것을 느낄 수 있도록 배우자를 참여시킨다. 이것은 그 사람이 더 이해되고 지지받는 것을 느끼는 데 도움이 될 것이다. 그 배우자는 아이의 그림에 무엇을 추가할 수 있는가? 또는 그들이 아이에게 안심시키거나 아동의 상처, 혼란, 실망감을 상쇄하기 위해 하고 싶은 말은 무엇인가? 이것이 유용하다고 생각되면, 배우자가 그 말을 하도록 격려하라.
9. 연관된 배우자: 만약 배우자가 더 많은 정서적 공명을 배워야 한다면, 치료자는 아이가 그들의 감정을 공유하고 배우자에게 도움을 요청하는 데 있어서 배우자와 더 자세히 알아보도록 할 수 있다. 그 배우자에게 "만약 이 아이가 당신이라면, 또는 이 아이가 당신의 어린아이라면, 기분이 어떨까요?"라고 물어볼 수 있다. 그 이후에 그 사람이 비슷한 기분인지 물어볼 수 있다.
10. 종결: 심상을 끝낼 때, 그 사람이 그들의 모든 감정을 모으고, 포함시키고, 또한 안전지대(아직 그곳에 있지 않다면)로 전환하도록 하는 것이 중요하다. 나중에 대부분의 사람은 몇 분 동안 인지적 수준에서 경험을 처리하는 것을 좋아한다. 일부는 치료자가 과거와 현재 사이의 연관성을 강조하는 것을 포함하여, 그들이 그것으로부터 배운 것을 이해한 것에 감사한다. 기억과 맞서는 데 얼마나 많은 용기가 필요했는지에 대한 확언으로 끝

을 맺는 것이 도움이 된다.

11. 점검: 치료자는 심상작업을 하는 사람의 경험을 점검하고 싶을 것이다. 또한 배우자에게 무슨 일이 있었는지도 탐지하라. 배우자를 초대하여 이것을 공유하라. 둘 중 한 명에게 혼란스러운 일이 있었는가? 그들이 배우자 앞에서 이런 일을 하는 것이 어려웠는가? 다음번에는 무엇이 더 쉬울까?
12. 종료의 감정: 가능한 경우, 그 사람이 안전한 느낌으로 회기를 종료하고 배우자가 이해할 수 있도록 하라.

때때로 개인은 치료자가 의심했던 것보다 더 낮게 기능을 하게 될 수 있다. 어쩌면 그들은 그것을 함께 잡고 놓지 않았는지도 모른다. 때때로 어떤 개인은 해리되기 시작한다. 만약 그들이 퇴행하기 시작하면, 과정을 멈추고 앞에서 언급한 것처럼 몇 가지 접지 연습을 사용하여 그것들을 억제해야 할 필요가 있다. 심상을 사용하는 것을 단념하지 말라. 그것은 단지 치료자가 그것을 좀 더 천천히 하면 된다는 뜻일 뿐이다. 안전지대를 다시 강조하라. 그것을 심상과 재양육 작업의 기반으로 사용하라.

치료적 조언 노출이 너무 심해지면 치료를 받는 사람에게 손을 들어 주는 것과 같은 신호를 보내는 것이 좋다. 그런 다음 시각화를 규제하거나 중지할 수 있다.

연습 이 간단한 부부 시각화를 부부와 함께 사용해 보라. 둘 다 '자신이 어머니나 아버지로부터 듣고 싶었던 1가지 것'을 확인한다. 그것을 한 문장으로 줄인 다음, 배우자의 지지를 받아 차례로 각자가 어린아이가 되는 것을 상상하고 부모가 들어야 할 말을 하는 것을 보게 한다. 차례로 부모의 목소리에 담긴 말을 듣도록 부부에게 용기를 북돋아 준다. 이것은 두 사람 모두 분쟁 없이 시각적인 작업을 할 수 있는지, 상호 지지할 수 있는지를 확인하는 데 도움이 될 것이다. 또한 이 부부에게 공감과 이해를 연결시키기 위해 그림을 사용하도록 가르친다.

Bryant와 Hetti는 어떤 문제들이 엄청난 정서적인 강도로 분출된다는 것을 알아차렸다. 치료자는 그들에게 언제 촉발되었는지 먼저 알아차리고, 잠시 멈추고는 위에 떠서 '분리된 관찰'로 알아차리도록 가르쳤다. Hetti는 자신의 촉발요인이 종종 분노의 섬광으로 이어진다고 지적했지만, Bryant는 "나는 내 자신이 안에서 무너지는 것을 느껴요. 나는 그녀의 분노로부터 숨고 싶어요. 그리고 모든 것이 절망적이라고 느낍니다."라고 말했다. 치료자는 재양육 작업을 위해서 이들 기억의 가교를 사용했다. 회기에서 이것을 '보는 것'은 깊은 공통의 이해를 발전시켰다.

일단 취약한 아동의 욕구가 한 회기에서 충족되면, 그 사람은 다른 '교정적' 경험을 하게 될 것이다. 이것은 역기능적 심리도식과 파괴적 양식상태에 대한 해독제를 제공할 것이다.

이 취약한 공간에는 몇 가지 위험이 있다. 배우자의 요구적 부모나 처벌적 부모가 방해가 될 수 있다. 이것은 거슬리는 배우자의 반응과 관련하여 표현될 수 있다. 치료자는 강력하게 개입할 필요가 있을지도 모른다. "잠깐, 그것은 어디서 나왔습니까? 어느 부분이 그런 식으로 말하고 있습니까? (부모양식을 탐지하고 이름을 붙이라.) 어렸을 때 무슨 일이 있었습니까?" (심리도식 시작에 다리를 놓으라.) 이것은 부모의 '순수한' 목소리가 아니라 부모의 메시지를 듣고 아이가 느낀 것을 포함하는 복합적인 목소리에 가깝다. 치료적 직면은 이런 식으로 설명되고, 어린 시절의 기원과 관련이 있을 때 더 수용될 수 있다. 첫 번째 기회에 치료자는 욕구가 충족되지 않았던 배우자의 경험으로 돌아갈 것이다.

치료적 조언 외상적 기억과 작업할 때 심리도식치료는 노출작업과 동일하지 않지만, 때로는 이런 일이 자연스레 일어나기도 한다. 심리도식치료에서는 모든 심리적 외상을 다시 체험할 필요는 없다. 예를 들어, 개인이 위협을 느끼는 그 지점까지만 가는 것이 충분할 수도 있다. 그 목적은 재양육을 통해 해결로 나아가는 것이다. 내담자가 연습 종료 시 안전하다고 느끼는 것이 중요하다. 그들이 변화와 관련된 긍정적인 감정을 완전히 느끼도록 하라. 이것은 진전을 고정시킬 것이다(Arntz & Jacob, 2013).

심리도식치료는 정서적 주기를 재생하는 것을 넘어서 치료 목표에 분명한 초점을 맞춘다는 점에 유의하라. 목표가 달성되면, 연결된 부부에 대한 보상과 보다 안정적인 애착이 있다 (욕구 대 바람에 대한 11장 참조). 이런 식으로, 심리도식치료는 그 부부가 다시 연결되는 것을 돕는다. 이는 다음 임상 사례에 설명되어 있다.

7. 사례 연구: Michael과 Amanda

Michael(48세)은 대기업의 수석 컨설턴트였다. 그는 많은 사람이 한 해에 벌어들이는 수입보다 한 달 안에 더 많은 수입을 버는 것에 익숙해져 있었다. 그는 '약간 괴롭히기 좋아하는 사람'이었고, 짜증이 있으며, 쉽게 무시를 당한다고 느끼고, 꽤 허풍을 떠는 사람이었다. 말할 필요도 없이, 그는 자기애적인 특성을 가지고 있었지만, 일터에서는 그럭저럭 높은 기능을 발휘했다. 그는 Amanda(22세)가 성매매업 종사자로 일할 때 만났다. 매우 격동적이고 폭발적인 관계가 시작되었다. 그녀는 매우 요구적이었으며 과도하게 높은 의존적인 욕구가 있었다. 둘 다 쉽게 화를 냈다. 치료는 감정적인 롤러코스터를 타는 것과 같았다.

한 회기에서 Michael은 Amanda가 그에게 끊임없이 전화하고 문자를 보내는 것에 관하여 불평하고 있었다. 그는 "내가 아주 힘든 일을 하고 있다는 걸 당신은 왜 몰라? 나는 당신의 전화를 받을 시간도 없고, 하루에 20통의 문자에도 응답할 시간도 없어!"

치료자는 그와의 평가에서 Amanda의 아버지가 그녀가 12세 때 가족을 떠났다는 것을 기억해 냈다. 이 장면은 제한된 재양육을 위해 사용되었는데, 그녀의 아버지가 어머니와 싸웠을 때 그녀를 밀치고 떠나면서 화가 나서 문을 쾅 닫는 모습을 시각화했다. 그는 작별인사를 하지 않았고, 이후 10년 동안 딸과 아무런 연락도 하지 않았다.

치료자가 장면에 들어가서 그녀의 아버지와 직면했다. "당신은 딸을 놀라게 했군요. 당신의 딸은 이 모든 것이 너의 잘못이 아니라고 들을 필요가 있어요. 어쩌면 아내를 버리고 가는 것인지도 모르지만, 당신은 부모로서의 책임을 저버리고 딸이 아빠를 필요로 할 때 당신은 거기에 없었어요."

치료자는 또한 Amanda에게 무엇이 필요한지 물었다. 그녀는 언니가 안아 주기를 원했고, 그것을 상상할 수 있었다. 그 결과, Amanda는 이 끔찍한 사건에서 어느 정도 위안을 느끼기 시작했다.

Michael은 시각화를 통해서 Amanda의 손을 끈기 있게 잡고 '어린 시절 살았던 집 창문을 통해' 지켜보았다. 치료자는 주기적으로 그에게 "Amanda는 지금 어떻게 보이나요?"라고 물었다[2]. 후에 Michael은 그녀가 왜 그에게 그런 요구를 했는지 더 잘 이해할 수 있었다. "그녀는 자기를 떠나는 경험 있는 남자들밖에 없는 것 같아요. 그녀는 낮에 집에서 너무 불안해서 내가 안심의 말을 해 주기를 바란다고 느낀 거지요. 내가 그녀를 위해 그곳으로 갈 거라고 말이에요."

다음 회기에서 Amanda는 Michael이 종종 '제 분수를 모르고 너무 잘난 척한다고' 말했다. 치료자는 Michael이 성적표를 집으로 가지고 왔다고 말했던 때를 기억했다. 그의 아버지는 "그래, 너는 A를 5개 받았지만 B도 있잖아! 그 과목은 무엇이 잘못된 거니?"라고 말했다. 이 장면은 시각화되었고, Amanda는 Michael이 그의 아버지로부터 자

2) Ida Shaw는 시각화 훈련에 다른 사람들을 참여시키는 이런 방법을 제안했다. 그러한 개입의 균형을 맞추도록 노력하라.

신이 성취한 어떤 것도 충분하지 않다고 어떻게 믿게 되었는지를 보았다. 그녀는 그가 그 자신에게(또한 그녀에게도) 한 요구들을 이해할 수 있었다.

우리는 이 임상 사례에서 양식충돌을 다루는 것을 생각해 볼 수 있다. Amanda는 '취약한 아동'에서 버려진 기분에 사로잡혔고, Michael이 전화를 받지 않으면 재빨리 화난 아동이 되었다. 때때로 그녀는 과잉보상적 가해자 공격 양식으로 들어갈 수도 있다. Michael은 또한 취약한 아동을 가지고 있었지만, 자기과시자로서 과잉보상하였으며 강력한 요구적 부모양식을 가지고 있었다. 그는 또한 가해자 공격에 의존할 수 있었다. 심리도식치료는 치료자가 양식에 직접 관여하고, 구별하고, 이름을 붙이고 외현화하도록 한 다음, 각 양식이 관계에 미치는 영향을 다루기 위해 개입을 시작한다.

치료의 진전은 계속되었다. 양식지도를 작업한 후, Amanda는 그녀의 불안한 감정을 더 잘 참고 이해할 수 있었다. 그녀는 그러한 감정들이 낮에 살금살금 다가오면 대부분 무시할 수 있었다. "나는 내 작업을 생각하고, 그 불안을 받아들이고, 그것이 나의 하루 동안 일종의 소음이라는 것을 깨달아요." Michael은 또한 분개하지 않고 합리적으로 협상된 방식으로 안심에 대한 그녀의 욕구를 '목표'로 할 수 있었다. 그것은 그가 어린 Amanda의 시각적 그림 심상을 기억하도록 도왔다.

Michael은 또한 그의 과잉보상 양식과 그의 아버지로부터 그가 했던 어떤 것도 충분하지 않다고 들었을 때 느꼈던 고통에 대한 개별적 양식을 지도화했다. Amanda가 불평하고(과잉보상) 버림받았다고 느낄 때(취약한 아동), 이것은 그의 무력감(취약한 아동)과 아버지의 비판에 대한 기억(심리도식과 기억 활성화)을 활성화시킬 것이다. 그는 이 부모양식을 머릿속에서 저지하는 방법을 배웠고, 비록 그의 아버지로부터 들려오는 목소리가 Amanda와 똑같이 '느껴졌지만' 종종 그녀를 기쁘게 할 수 있었다는 것(그의 아버지와는 달리)을 인식했다. 그는 지갑에 넣어 두었던 그녀의 메모지와 그녀가 12세 때 찍은 사진을 꺼내곤 했다. 그러고 나서 그는 이것이 어린 시절의 그녀의 유기 '짐'이라는 것을 기억할 것이다(사진을 통한 공감적 공명의 발달). 그러면 그는 편안해졌으며, 그들이 부부로서 이것을 극복할 수 있다는 것을 알았다(처벌적인 부모양식을 차단 또는 무시하기). 그는 자유롭게 자신의 감정과 접촉하고, 자기주장을 하며, 현실적으로 Amanda를 인정했다(건강한 성인 양식).

Amanda와 Michael은 특별하게 느껴지는 그들만의 아침 작별 의식을 하기로 결정했다(공유 의식을 만드는 기술은 Gottman, 2009 참조). 그녀가 불안감을 느꼈을 때(건강한 성인 Amanda가 그녀의 취약한 아동을 돌보고 자신을 재양육할 때), 그녀는 낮에 이 기억을 떠올릴 수 있었다(지속적인 연결/애착을 발전시키면서). 그래서 훨씬 불만사항이 적었다(건강한 성인이 비효율적인 과잉보상자 양식을 감소시킴). Michael은 집에 왔을 때 기분이 훨씬 좋았으며(욕구가 충족될 때 행복한 아동) 그리고 다시 Amanda에게 인사하면서 더 열정적이 될 수 있었다(장난스러운 아동). 그는 실패의 감정을 떨쳐 버리고(처벌적인 부모의 목소리를 무시하면서) 그녀에게만 집중할 수 있었고, 때로는 그녀에게 안심시켜 줄 것을 요구할 수 있었기 때문에(욕구를 충족시키기 위해 도움을 청하는 건강한 성인) 서로 욕구를 충족시킬 수 있었다.

시간이 지남에 따라 이것이 습관이 되었을 뿐만 아니라, 가장 좋은 의미에서 둘 다 건강한 방식으로 바뀌었다(자기의 개인적인 재양육과 상호적인 재양육의 결과). Amanda는 점점 더 안전해졌고, Michael은 더욱 부드럽고 공감적으로 민감해졌다(상호 재양육의 결실). 이것은 그녀를 덜 촉발하는 추가적인 이점을 가지고 있었다. Michael이 Amanda에게 자신이 유능하지 못하다고 느낄 때 안심시켜 달라고 요청하는 방법을 배우거나(취약한 아동을 돌보는 자기주장이 강한 건강한 성인), 심지어 주제를 꺼내는 것만도 큰 진전이었다. 치료자는 그들과 함께 이 여정을 걸었다(치료자의 건강한 성인의 한 부분). 그녀는 그의 취약점을 보기 시작했다(치료자가 자기애자에게 더 많은 애착을 갖고 그 사람이 어려워질 때 공감을 유지하는 데 도움이 되는 Young의 기법). Amamda는 또한 보다 안전하다고 느꼈고(핵심욕구가 마침내 만족됨), 가해자 공격 양식(과잉보상)으로 들어가는 그녀의 실수는 줄어들었다.

Michael에 대한 그녀의 감사(상호주의를 포함하는 건강한 성인의 사랑의 요인)는 그를 더욱 존경하도록 하였으며 덜 통제적으로 느끼게 했고(충돌적인 대처기제의 감소), 그는 처음 만났을 때처럼 그의 유머감각의 일부를 다시 발휘할 수 있었다(욕구가 충족되면 유희적 아동양식이 나타난다). Amanda는 Michael이 압박을 너무 많이 받을 때(배우자들은 서로 달래는 법과 새로운 대처기제를 학습한다) 자신에 대한 엄격한 기준으로부터 빠져나오도록(동등하게 되어 파트너가 되고, 또한 그를 재양육할 수 있고 조력자가 된다) 그를 불러낼 수 있었고, 그가 좀 더 취약한 자기에 도달하도록 도울 수 있었다(그녀를 부드럽게 하고 공감을 이끌어 내는 지혜로운 마음 기법).

Michael은 치료의 이런 측면을 별로 좋아하지 않았지만(심리도식에서는 우리의 익숙한 구역 밖으로 나간다), 차츰 익숙해져서(신체적 느낌의 수용) 그것에 저항하는 것을 그만두었다. 그는 결국 자신의 부드러운 감정의 일부에 대해 이야기하는 것을 좋아하기 시작했지만(건강한 성인양식은 자기강화적이다), 오직 Amanda와만 함께 이야기하기를 좋아하기 시작했다(그녀만이 그와 이 정도 수준에 도달하여 안전한 사람이라는 것을 입증했다). 그럼에도 불구하고 일부 오래된 성격패턴은 남아 있었다.

성찰 이러한 사례는 또한 부부 심리도식치료 사례개념화의 좋은 예를 제공한다.

8. 다중 의자의 양식대화

심리도식치료는 의자작업을 이용한다(Kellogg, 2012). 이 기법은 게슈탈트 치료와 같은 다른 치료적 접근법에서 사용되어 왔지만, 심리도식치료는 그것을 매우 구체적인 방식으로 사용한다. 의자는 양식을 구체적으로 나타낸다. 양식들은 다른 의자에 배치된다. 이러한 방식으로, 의자작업은 특히 양식들이나 의자들 간의 대화를 장려할 때 내면의 역동을 보여 주는 '정신적 실체'의 표현을 허락한다.

우리는 양식지도의 양식을 사용하고 의자를 항상 같은 방식으로 배치하는 것을 제안한다. 이와 같이 일관된 방식으로 작업하면 내담자들을 위한 내부 정신지도가 생성되는데, 이 지도에서 실내의 의자들은 치료자가 그들에게 준 인쇄된 양식지도와 맞춰진다. 우리의 입장에서 보면, 너무 많은 의자로 차별화해서 특이한 방식으로 이름을 붙이는 것은 필요하지도 않고 도움이 되지도 않는다. 개인화된 이름을 사용하는 것은 괜찮지만, 양식은 지도상의 양식과 일치해야 한다. 이렇게 하면 개요를 훨씬 쉽게 만들 수 있다.

치료적 조언 이것은 부모양식과 작업하기에 좋은 방법이다. 그것은 자연스럽게 그들의 '목소리'에 대한 보다 현실적인 재평가로 이어진다. 의자를 바꿔서 보는 것은 변화를 더 쉽게 만든다. 이 과정은 단지 인지적 절차를 따르는 것보다 더 깊이 작용한다.

다음 예를 고려해 보라.

Barry는 불륜 후에 죄책감을 느꼈다. 그는 자신을 용서해 준 아내 Caroline과 그것을 끝까지 이야기했지만, 스스로를 용서할 수 없었다. 이것은 그가 더욱 우울해지고 아내에게서 정서적으로 철회되었을 때 문제가 되었다. 치료자는 그 비난의 목소리가 '요구적 부모'의 목소리라는 것을 인식하고 그 목소리를 나타내기 위해 의자를 사용했다. 그러고 나서 그는 Barry에게 의자에 앉아 그 목소리로 말하라고 했다.

이 경우 Barry는 죄책감을 느꼈고, 비판적인 생각은 '머릿속 목소리'를 비난하는 것으로 나타났다. 처음에는 목소리가 자아 동조적이거나 자기 자신의 일부분으로 받아들여졌을 수 있지만, 치료자가 '요구적 부모양식 목소리'라고 이름을 붙여 의자에 앉히자 거리감이 생겨났다. 부모양식 의자는 말하거나 듣게 할 수 있다. 의자로 나타내는 이 양식은 자아 동조적 메시지를 '너' 문장으로 변형시킨 후 Barry에게 분명하게 말하기 시작했다. "네가 잘못했어. 옳은 일을 한 게 아니야!" 치료자는 Barry가 건강한 성인양식으로 들어가 그러한 메시지를 평가하도록 격려했다.

그런 다음 아동양식을 나타내기 위해 추가 의자를 사용했다. Barry가 '취약한 아동' 의자에 앉았을 때, "이 목소리를 듣는 기분이 어떠세요? 이제 뭐가 필요합니까?"라고 질문을 받았다. 그때 Barry가 다시 굴복하거나 부모의 목소리로 자신을 확인하는 것으로 바뀔 때마다 그 치료자는 중단시키고, 그 사람이 의자작업 초기에 앉아 있던 의자를 가리키며 이 양식전환에 이름을 붙였다. "이것은 아동양식이 말하는 것이 아닙니다. 여전히 굴복입니다. 당신은 그 죄책감이나 절망감으로 태어났습니까? 당연히 아니지요! 그럼 완전한 실패자나 패배자라고 불리는 당신 내면의 깊은 곳에서 어떤 기분이 들까요?"

우리는 내부(또는 정신적) 지도를 작성하기 위해 양식지도와 일치하는 방식으로 의자를 사용할 것을 제안한다. 대처양식과 부모양식, 아동양식을 3개의 의자로 분리하고 나면 개인과 치료자가 나란히 의자를 내려다보며 함께 서 있을 수 있다. 이 '위에 떠 있는' 위치는 치료자와 내담자가 심상 재구성하기 회기에서 심상에 들어가는 방식과 상당히 유사하다. 심상작업과 의자작업에서 동일한 대본을 따르는 것은 내담자가 양식의 내부 움직임과 양식의 발생방법을 이해하는 데 도움이 된다. 사람들은 대개 치료자 옆에 서는 것을 좋아한다. 왜냐하면 그것이 그들에게 작업 동맹을 느끼게 하기 때문이다.

그런 부정적인 메시지를 통해 처벌적 부모가 취약한 아동을 두들기는 것을 보면서 내담자가 어떻게 느끼는지 물어볼 수도 있다. 이것은 그 아동을 옹호하기 위해 분노 자원을 방출하는 것일 수도 있다. 여러분은 이 분노를 확인할 수 있고 취약한 아동 의자 가까이에 화난 아동을 나타내는 네 번째 의자를 추가로 배치할 수 있으므로, 양식지도에서 아동의 정서적 범위의 양쪽 극이 이제 별도의 의자에 표현된다. 이것은 양극의 뚜렷한 정신적 표현을 촉진한다. 그런 다음 내담자가 자신의 주장적 감정을 사용하여 아이의 욕구와 권리를 위해 싸우도록 격려하라.

기억하라 항상 건강한 성인이 아이를 위해 행동하는 것이지, 결코 그 아이 자체는 아니다! 건강한 성인 내의 감정(예: 건설적인 분노)은 아이로부터 비롯된다. 성인은 아동양식의 감정과 연결되어 연료와 힘을 실어 주지만, 그 행동은 성인양식에서 나온다. 성인은 감정을 통합하여 균형 잡힌 행동을 할 수 있게 한다.

처벌적 부모의 목소리는 매우 파괴적이다. 치료자가 "처벌적 부모에게 무슨 말을 하고 싶은가?"라는 질문에 도전하는 데 있어 그 사람을 지지해 주는 것은 매우 중요하다. 모든 것을 다 말한 후에, 처벌적 부모 의자를 사무실에서 복도로 던지는 것이 도움이 될 수 있다. 의자를 치운 후 내담자의 감정을 살펴본다. 부모 목소리의 상징적 추방에는 종종 상당한 안도감이 있지만, 의심이나 죄책감이 '뒷문'을 통해 되돌아오는 것도 마찬가지로 흔하다. 내담자가 무엇이 옳고 그른지 결정할 나이가 되었고, 더 이상 그들이 무엇을 해야 하는지 말할 필요가 없다는 치료자의 주장을 듣는 것이 도움이 될지도 모른다! 회기 종료 후 내담자를 그대로 두지 않고 회기에서 이러한 '플래시백 메시지'에 대해 작업하는 것이 좋다.

치료적 조언 그 내담자는 추방당한 처벌적 부모의 의자로부터 들을 수 있다. 이것은 처벌적 부모의 탄핵이 효과적이었는지에 대해서 규명하는 데 도움이 될 수 있다. 보통 처벌적 부모는 그러한 방식으로 대우받는 것을 받아들이지 않을 것이고, 내담자가 그들 없이 잘 지내지 못할 것이라고 예측하게 될 것이다.

또 다른 조언 처벌적인 부모의 목소리와 논쟁하지 말라. 일주일 동안 내담자에게 처벌적 부모를 추방하기 위한 숙제를 연습할 것을 격려하라. 이것을 실험으로 생각하라. 그런 다음 결과를 생각해 보라. 효과가 있었는가? 그러고 나서 문제가 해결된다.

회기가 끝날 무렵, 내담자는 초기 대처양식 의자 대신 부모 및 아동양식 의자 사이의 건강한 성인 의자에 배치할 수 있으며, 우리는 내담자가 새로운 상황에 좀 더 편안함을 느끼기를 바란다. 그 의자에서 그들은 아동의 의자를 돌본다. 화난 아동은 진정되고 건강한 성인의 안내에 따라야 한다. 취약한 아동은 안전함을 느끼고 건강한 성인을 신뢰해야 한다. 다시 말하지만, 2개의 분리된 아동용 의자를 사용하여 이러한 특정한 방법으로 그것들을 다루는 것이 도움이 된다. 때때로 여러분은 양쪽 아동용 의자의 욕구가 명확해지고 건강한 성인에 의해 충족될 때까지 앞뒤로 움직여야 한다.

기억하라 내담자가 건강한 성인으로서 행동하는 데 어려움을 보이면 주저하지 말고 지지하라. 중요한 것은 그들이 활동하는 동안 기분이 좋아지고 그것이 성공적인 결말에 도달한다는 것이다.

치료적 조언 당신은 수용전념치료의 사고확산 기법들을 사용하는 것을 고려할 수 있다. 그러나 의자작업은 외현화되어 있고 그 사람은 이것이 '나의 일부가 아니'라는 것을 이해하게 될 수 있기 때문에 처벌적인 부모와 거리를 두는 데 도움이 된다는 점에 유의하라. 부정적인 목소리를 낮추는 것은 쉽지 않지만, 우리는 그들을 몇 번이고 내버려 두는(흘려 버리는) 절차를 반복할 수 있다. 다음과 같은 중국의 은유가 고무적일 수 있다. "슬픔의 새들이 머리 위로 날아가는 것을 막을 수는 없지만, 머리카락에 둥지를 틀지 못하게 할 수는 있다."(Parfy, 2012 참조)

의자 안에 양식이 존재하게 되면 개인은 "양식의 관점에 완전히 몰입할 수 있다"(Arntz & Jacob, 2013, p. 125). 이것은 치료의 작업을 정서적으로 심화시키는 결과를 낳는다. 만약 여러분이 가해자 공격 양식과 작업하는 경우, 빈 의자에 양식을 할당하고 해당 양식을 강제로 다룰 수 있다. 우리가 그 양식을 강화하기를 원하지 않기 때문에, 내담자는 회기 동안 가해자 공격 의자에 앉아서는 안 된다! 또한 내담자가 양식에 대해 '대답'하도록 권장할 수 있다. 그 사람이 대처양식을 우회하고 정서적 촉발요인과 관련될 수 있을 때 역기능적 부모 또는 아동 양식과 관련된 부정적인 감정에 초점을 맞추는 것이 유용하다(Arntz & Jacob, 2013).

성찰 John Gasiewski(국제심리도식치료협회 특별 관심집단, 2012)는 제한된 재양육을 통해서 개인이 적응적 대처양식이 유지될 수 있도록 하는, 처벌적 부모 메시지를 보다 공감적으로 적응된 부모의 내사 버전으로 변화시키도록 돕는 치료적 역할을 보았다. 치료자는 내담자 신념체계의 긍정적인 측면을 존중하고 건강한 성인의 발전에 더 유용하게 만들기 위해 자신의 창의력을 어떻게 사용할 수 있는가?

기억하라 그들 자신의 개인적인 가치를 선택하는 것은 내담자에게 달려 있다. 요구적인 부모양식이 나타내는 가치 중 일부를 포함한다고 해도 부모양식이 '옳다'는 의미는 아니다. 가치는 맞을지 모르지만, 부모양식이 아동에게 강요하는 방식은 아니다. 성인은 부모의 욕구에서 벗어났다!

Helen은 종종 분리된 보호자 양식의 무감각한 상태로 회기에 참석하곤 했다. 치료자는 그녀에게 "저는 이것이 가장 안전하다고 느낀다는 것을 압니다. 하지만 당신이 다른 자리로 옮겨 주었으면 해요. 당신은 내게 분리된 보호자로 말하고 있어요."라고 말했다. 그녀는 분리된 보호자로서 "저는 Helen을 안전하게 지켜요. 그녀가 격한 감정에 대처할 수 없다는 걸 알고 있어요. 그녀는 쉽게 압도되죠. 저는 그녀를 보호하기 위해 최선을 다하고 있어요."라고 말했다. 그러나 Helen은 이 대화를 듣고는 그녀의 정상적인 의자에 가서 "분리된 보호자가 나를 보호하고 있는 것은 이해하지만, 그때 나는 아무것도 느끼지 못해요. 그리고 내가 좀비 같으니, 진짜 나를 아는 사람이 있을까요?"라고 말했다.

또 다른 접근은 Helen이 분리된 보호자로 들어가기 위해 한 선택을 강조하는 것이다.

치료자는 그녀에게 "당신이 무엇인가를 강렬하게 느꼈을 때로 지금 돌아가길 바라요."라고 말했다. 그녀는 "네, 여기 운전해서 올 때 다른 운전자가 제 앞을 끼어들었죠. 너무 화가 나서 그의 BMW를 박아 버리고 싶었어요!"라고 말했다. 치료자가 "그때 무슨 일이 있었어요?"라고 묻자, Helen은 "저는 죄의식을 느꼈고 오늘 그렇게 흥분하고 싶지 않았어요. 그래서 중단(억제)했습니다."라고 말했다. 이에 치료자는 "그래서 그게 선택의 포인트였군요. 분리된 보호자로 들어갔다고요?"라고 물었다.

그러고 나서 치료자는 Helen이 몸의 긴장된 곳을 알아내도록 하기 위해 신체 자각을 계속했다. 이것이 감정에 대한 인식을 높였고, '취약 아동'과 회기 진전으로 이끌었다.

의자작업은 특히 역기능적 부모양식을 다루는 데 도움이 된다. 성격장애가 심할수록 '결함—수치심 도식'의 목소리("나는 결함이 있다.")가 요구적 부모 메시지를 통해 나올 수 있다는 점을 이해하는 것이 중요하다. 그러나 더 큰 피해를 주는 것은 자해와 궁극적으로는 자살에 기여할 수 있는 처벌적 부모이다. 우리는 그러한 '생사'가 양식에 미치는 영향에 대해 매우 왕성하게 반대할 필요가 있다.

Kellogg와 Young(2006)은 의자 대화를 통해 유기된 아동을 긍정하고 양육하며 처벌적 부모와 싸우거나 탄핵하는 데 사용할 수 있다고 생각했다.[3] 이것들은 심리도식치료의 핵심 치료적 개입이다. 이는 그 사람이 비판적인 목소리를 핵심자아와 분리된 것으로 개념화할 수 있게 한다. 그 양식을 대처기제로 이름 붙이고, 의자작업을 통해 명료화한 다음, 차분한 방식으로 '그 위에 떠 있는' 또는 문자 그대로 아동 또는 유아양식 위에 서 있는 것이 가장 좋다.

서 있는 것은 다른 형태의 자기경험 패턴을 유도하여 사람들이 이전의 양식 이끌림에서 벗어나 다시 건강한 상태로 변화하고 성장하면서 개발한 자원을 사용하여 오래된 양식에 대처할 수 있도록 도와준다. 강렬한 심리도식 활성화 상태에서 사람들은 현재의 양식에 너무

3) 이러한 전투 양상은 심리도식치료의 현재 적용에서 수정되었다. 비록 처음에 내담자와 함께 이 특성을 취할 수 있지만, 그것은 오히려 그 힘을 탄핵하고 그것의 존재를 만성적으로 받아들이기 위해 빠르게 움직이지만 무시당한다. 이것은 그것의 지속성에 대한 좌절된 무력감을 없애는 데 도움이 될 수 있다.

빠져서 '덫에 걸렸음'을 느끼고 건강한 성인의 관점으로 전환할 수 없다. 신체적으로 움직이는 것은 치료와 회기 사이에서 다른 기분상태로 전환하는 데 도움이 될 수 있다. 이것이 우리가 충돌하는 부부들에게 다른 방으로 이동하거나 의자에 놓인 양식 위에 서라고 요구하는 1가지 이유이다. 다른 곳으로 이동하면 다른 신경패턴을 활성화하는 데 도움이 된다.

치료적 조언 의자작업은 보통 감정을 극대화시킬 것이다. 개인에게 처벌적 부모 또는 가해자 공격을 대표하는 의자에 앉으라고 하지 말라. 대신 내담자가 건강한 성인이나 취약한 아동에 남아 있거나, 또는 건강한 성인으로서 그 양식을 다루기 위해 옆의 의자 위에 서 있는 동안 빈 의자를 두라. 안전은 항상 중요한 고려사항이다(Arntz & Jacob, 2013). Simeone-DiFrancesco는 그녀와 그녀의 내담자들이 회기에서 너무 오랫동안 서 있기 때문에 때때로 기대기 위한 소품으로 그들 뒤에 처벌적 부모 스툴의자(바의 높은 의자)를 놓고, 때로는 의자를 돌려서 탄핵하고 아이에게서 돌려놓는다.

또 다른 조언 부모양식이 처벌적일수록 재양육과 의자작업 모두를 통해 치료에 미치는 영향을 파악함으로써 부모양식에 대항하여 작업할(처음에는 탄핵하고, 그다음에는 차단하고 무력화시킴) 필요성이 더 커진다. 또한 강력한 처벌적 부모를 가진 내담자들은 처벌적 부모의 관점에서 중립적인 의견까지도 해석하는 경향이 있다는 점에 유의하라.

의자들은 치료자가 치료에서 다루고 싶은 모든 것을 나타내기 위해 사용될 수 있다. 치료자는 조사를 위해서 대처양식을 의자에 둘 수도 있으며(6장 참조), 의자가 불륜에 대한 갈망을 나타낼 수도 있다(10장 참조). 감정을 명료화하는 작업을 할 때, 앞서 소개한 것처럼 2개의 의자가 아동양식의 정서적 스펙트럼(범위)의 두 극을 나타내는 것이 도움이 될 수 있다. 그래서 내담자가 단지 화가 난다고 느끼더라도, 다른 의자에는 여전히 취약한 아동이 자신의 입장에서 그 장면을 지켜보고 있다. 의자를 추가로 제공하는 것은 사람들이 현재 압도적인 정서적 활성화 이상의 다른 요소들이 있다는 것을 기억하도록 돕는다.

치료적 조언 취약한 아동양식은 애착 욕구를 나타낼 수 있다. 이것은 빈 의자를 통해 구체화될 수 있으며, 애착 욕구를 충족하면서 건강한 성인 의자로 더 가까이 이동함으로써 촉진될 수 있다.

원래 의자작업은 개인회기에서 사용되곤 하였지만, 부부 심리도식치료에서는 한 배우자의 내적 세계의 이해를 강화하기 위해 다른 배우자가 참여하는 것이 도움이 될 수도 있다. 두 번째 단계에서 작업 중이지 않은 배우자는 평가 및 성인 해결책 찾기에 포함될 수 있으며, 치료자와 함께 공동 양육을 할 수 있다. 두 배우자에게 상호 적용되는 양식 의자 수준은 배우자와 치료자 모두가 의자 위에 나란히 서서 공동 참조 관점에서 내려다보고 있는 중립적인 '단계'가 된다. 이것은 회기 안에서 작업 동맹을 형성하는 데 도움이 된다.

정서는 신체 감각과 밀접하게 연결되어 있다(Damasio, 1999). 신체 활동은 부정적인 정서를 차단할 수 있다(Ekman, 1993).

성찰 **순전히 기계적인 방식으로 얼굴에 굳은 미소를 짓고 나서 슬픔을 느끼도록 노력하라. 그것은 효과가 없다!**

신체는 현악 소리에 공명을 주는 바이올린의 몸체와도 같다. 그것은 양방향 길이다. 우리는 우리의 관심과 생각을 안내할 수 있고, 그렇게 함으로써 위에서 아래로 우리의 감정에 영향을 미칠 수 있다. 하지만 우리는 또한 우리의 감정에 영향을 미치는 신체 변화를 유도할 수도 있다. 심리도식치료는 이 두 채널을 모두 사용한다.

부부와 함께 서 있는 것이 큰 도움이 될 수 있는 또 다른 이유가 있다. 내담자 앞에 마주 앉아 있는 동안 치료자는 두 사람 간의 환경에 있다. 이 설정은 부모나 직장 상사에게 고발당하거나, 교사에게 검사를 받거나, 다른 사람들 앞에 있는 또래 집단에서 부끄러워했던 기억과 연결될 수 있다. 나란히 서서 아래에 있는 의자에서 '경기 관람'을 하는 것은 치료자와 그 사람 사이의 아주 다른 관계를 유도한다. 둘 다 같은 방향을 보고 '적'이 앞에 있는 장면이다. 이것은 마치 제3자에 대해 누군가와 수다를 떨거나, 아이들이 부모나 선생님에 대해 이야기하거나, 혹은 더 이후에는 어려운 문제를 함께 해결하려고 노력하는 것과 같은 세 사람 간의 환경이다. Tom Anderson(1990)은 이를 '성찰하는 팀'의 관점이라고 불렀다. 즉, 치료자는 그나 그녀에 대해 마치 그들이 다른 사람인 것처럼 이야기한다. 그래서 건강한 성인 수준에서 그들과 연결되어 있는 동안, 치료자는 의자의 양식 수준에서 충돌이나 파열에 대해 이야기할 수 있다. 이러한 '치료실'에서의 관점 변화는 치료실 밖에서의 관점 변화를 유도한다. 이 모든 것이 더 깊어진다.

치료실 안에서 서 있거나 걷는 것은 경직된 신경 활성화 패턴을 약화시킨다. 치료자는 예를 들어, 가장 친한 친구로부터 추가적인 관점을 유도하기 위해 이 더 유동적인 상태를 이용할 수 있다. 가장 친한 친구의 이름을 묻고 그들을 직접적으로 다루라. "환영합니다, Sue. 당신이 우리를 도와주려고 해서 기뻐요. Mary는 왜 그렇게 반응하지요? 당신도 다른 상황에서 이걸 알고 있었습니까? 그녀에게 정말 필요한 것이 무엇이라고 생각하십니까?" 이 연습이 어떻게 진행되는지 정말 신기하다! 보통 그 사람은 친구의 내면의 이미지를 활성화시킨 다음, 친구의 입장이 되도록 진지하게 노력할 것이다. 실제 사람들(일부 경계성 성격의 사람들은 좋은 친구가 부족하다) 외에도, 치료자는 '친절한 관찰자'나 개인적인 '영웅' 또는 〈반지의 제왕(The Lord of the Rings)〉에 나오는 Gandalf처럼 잘 알려진 현명한 사람을 소개할 수 있다. 이 기술은 우리가 보통 사람들이 가지고 있지만 격렬한 감정상태에 의해 차단되는 자원을 사용할 수 있게 해 준다. 신체적으로 거리를 두는 것은 감정적인 거리를 두는 데 도움이 되고, 건강한 성인 상태에 대한 완전한 지식을 얻을 수 있게 해 준다.

두 배우자와 동시에 서 있을 수는 있지만, 우리가 고군분투하는 아이들과 마찬가지로 그들 사이에 서서 그들을 양쪽에 두어 분리하는 것은 가능하다. 그리고 주의하라. 항상 두 사람 다 같은 수준으로 작업하라! 그들 중 한 명이 앉아 있는 동안 서 있지 말라. 그 반대의 경우도 마찬가지이다. 별개의 수준에 있는 것은 의도하지 않은 강한 감정적 반응을 유도한다.

치료적 조언 때때로 의자가 가득한 방과 한 배우자가 아동양식 의자에 있어야 하는 상황에서, 치료자는 재양육과 보살펴 주는 부모로서 그들 가까이에 무릎을 꿇고 있는 것에 익숙해져야 할지도 모른다. 이렇게 가까이 접근해도 괜찮은지 확인하고, 배우자에게 함께할 의향이 있는지 물어보라 (Simeone-DiFrancesco는 이것으로 놀라운 결과를 보아 왔다).

9. 분노 다루기

분노는 불처럼 번질 수 있다. 이것은 '점화 효과'라고 불려 왔다(Solomon & Tatkin, 2011). 치료자로서, 우리는 보통 부부관계에서 분노를 다루어야 한다. Kellog와 Young(2006)은 다음과 같은 단계를 제안했다.

1. 환기시키라: 분노를 충분히 표출하라. 회기에서 배우자에게 폭언을 하거나 파괴적이지 않는 한 분노의 핵심에 무엇이 있는지 명료화하라. 여러 개의 의자로 작업하는 것은 반응들을 분리시킬 수 있다.
2. 공감하라: 치료자는 야기된 고통을 인정하면서 활성화된 상처에 공감하며 반응한다.
3. 현실 검증: '현실 점검'을 위해서는 함께 서서 신체적으로도 새로운 입장을 취하는 것이 도움이 된다. 치료자는 처벌적이거나 방어적이 되지 않음으로써 무엇이 보이는지 정확하게 인식하고, 그다음에는 어떤 측면이 심리도식 주도적이고 상황의 왜곡인지를 살펴본다.
4. 적절한 자기주장을 연습하라: 분노가 누그러진 후, 치료자와 부부는 어떻게 과잉보상적인 공격적 방식보다는 자기주장적인 방식으로 욕구가 표현될 수 있었는지 탐색한다.

당신은 심지어 치료자에게 부정적인 반응을 나타내기 위해 의자를 사용할 수도 있다. 예를 들어, '멍청한 치료자'는 화가 난 개인 앞에 있는 빈 의자에 앉힐 수 있는 반면, '협력적인 건강한 치료자'는 '멍청한 치료자' 의자에 대한 분노를 표현하면서 치료적 동맹을 유지하기 위해 작업자와 가까운 의자에 앉는다. 그런 다음 개인은 그들이 말해야 할 것을 말하도록 격려되며, 치료자는 불난 집에 부채질을 할 수도 있다. "정말 이 멍청한 치료자에게 할 말이 이것뿐인가요? 그가 당신을 얼마나 아프게 하고 실망시켰는지 그에게 말하세요. 그는 그걸 견딜 수 있죠. 모두 털어놓으세요. 그것이 그를 파멸시키지는 않을 것입니다. 나는 여전히 당신 편이에요!" 나중에 수년 동안 묻혀 있던 어린 시절의 상처에서 파생되는 '오래된 분노'라고 불리는 것을 명료화하는 것이 도움이 될 수 있지만, 그것은 치료자나 파트너의 행동에 의해 촉발된 지금 등장한다. 이것은 관람하는 배우자가 그것이 개인적인 것이 아니며, 오래된 감정의 촉발요인이라는 것을 깨닫는 데 도움이 될 수 있다.

나란히 서 있는 동안, 두 사람 모두 3인칭으로 '내담자'와 '치료자'에 대해 말할 수 있다. 이것은 더 많은 감정적 거리를 도입할 수 있다. 치료자는 다음과 같은 질문을 할 수 있다. "만약 한 개인이 이런 식으로 자신을 비난한다면, 치료자가 어떻게 느낄 것이라고 생각하십니까?" 또는 "치료자가 이런 식으로 치료받는 것에 대해 어떻게 반응할 것으로 예상하십니까?" 이것은 건강한 성인의 기술인 정신화 능력 강화에 도움이 된다(Fonagy et al., 2004). "화난 아동양식에서는 행동을 더 많이 한 것 같은데 취약한 아동은 무엇이 필요한가요?"와 같은 질문들은 아동 욕구의 전체 범위를 넓힌다. "다른 상황에서도 비슷한 경험을 한 적이 있나요?"라고 묻는 것은 현재 갈등을 외부 치료의 심리도식 활성화 패턴과 연결하도록 돕는다. 이 모든 작업은 한 배우자와 다른 배우자 앞에서 할 수 있다.

10. 충동적 및 비훈육된 아동양식과 작업하기

충동적 및 비훈육된 아동양식은 분노와 관련된 양식들과는 다른 어린 시절의 기원을 보인다. 분노양식들은 종종 욕구나 감정을 표현한 것에 대해 처벌을 받은 어린 시절의 경험에서 온다. 반면에 강한 충동양식을 가진 사람들은 흔히 어린 시절에 버릇없이 굴었고 책임을 지도록 배우지 않았다고 보고하지만, 때로는 책임감 때문에 과도하게 부담을 느끼는 경우도 있다(예: 건강이 좋지 않은 부모를 돌보는 것). 그러한 사람은 쾌락주의, 난잡한 성관계를 탐닉하고, 알코올 중독이며, 쇼핑광이거나 도벽 또는 기타 등등에 빠질 수 있다. 비훈육된 양식은 정상적인(보편적인) 책임, 특히 지루한 일을 피하고 매우 유치한 방식으로 요구하는 것처럼 보일 수 있다.

치료자의 반응은 좋은 부모가 되고, 정당한 욕구를 확인하지만, 표현의 현실 검증을 하고, 파괴적인 행동에 대하여 공감적으로 한계를 설정하는 것이다(Arntz & Jacob, 2013)

치료적 조언 완고한 아동양식을 주의하라. 이는 일반적으로 자율성을 위해 노력하거나, 청소년기에 존중받지 못하거나, 압도적인 사회적 요구에 의해 스트레스를 받는 것을 통해 그 사람의 자기주장 체계가 활성화된 결과이다. 그 사람이 그 패턴을 현실적인 방식으로 바라보도록 격려하고, 도움을 받기 위해 궁극적으로 그 패턴에 반대하는 결정을 하도록 격려하라(Arntz & Jacob, 2013). 여러분이 기꺼이 변화할 것 같지만 실제로 변화하지 않는 사람과 함께 있다면 이 양식의 가능성을 생각해 보라.

Simeone-DiFrancesco와 Simeone(2016a, 2016b)은 문화적 · 가족적 편견을 상당히 중요한 촉발요인으로 파악했다.

예: 우리가 생일과 공휴일을 축하하거나 누군가가 아플 때 그것을 다루는 방식은 가족 전통의 일부가 되는 경향이 있다. 많은 배우자에 대한 부정적인 이미지는 표현되지 않은 기대에 의해 형성된다. 표현되지 않은 상태에서는 협상할 수 없다. 크리스마스에 어머니 집에 가기를 기대하는 배우자에게 이것이 하루를 보내는 가장 좋은 방법이 아니고 집에서 아이들과 유대감을 형성하는 것이 더 중요하다는 것을 우선순위에 두도록 설득해 보라.

성찰 이러한 양식대화에는 부부의 파트너십 형성에 있어 구체성과 유연성이 요구된다. 만약 그러한 문제들이 해결되지 않는다면 부모양식을 통한 역할 관련성이 남아 있는 것은 별로 없다. 이러한 전통과 기대를 명확하게 표현하기 위해 대화 도구를 사용하는 것이 출발점이다. 그런 다음 욕구 대 바람(11장)과 같은 도구는 치료자에게 겉보기에는 경직되고 정체상태에 빠진 이러한 문제들을 해결할 수 있는 방법을 제공한다.

11. 비디오 되감기

Simeone-DiFrancesco와 Simeone(2016a, 2016b)은 '비디오 되감기'라고 부르는 기법을 공유한다.

예민한 아내 Dora는 치료에서 이렇게 회상했다. "남편 Dan과 저는 우리가 처음 결혼했을 때를 이야기해요. 어느 날 그는 저를 만나길 기대하며 걸어 들어왔죠. 그런데 무언가가 제 심리도식을 활성화시켰고, 저는 무뚝뚝하게 행동하고 철회해 버렸어요. 그는 정말 화가 나서 이것에 대해서 저에게 잔소리를 퍼부었죠. 그는 우리가 결혼 서약의 일환으로 어떤 일이 있더라도 서로에게 열정을 쏟기로 약속했다고 말했죠. 그가 저를 자극한 것을 기꺼이 받아들였지만, 우리는 그 기대(결혼 서약)를 포기하고 싶지 않았어요."

"그는 적어도 제가 그를 친절하게 맞이해 주기를 부탁했어요. 왜냐하면 우리는 여전히 친구이지 적은 아니었기 때문이죠. 그가 마지막으로 저를 보았을 때와 지금 사이에 무슨 일이 있었든지 간에, 그것이 우리를 적으로만 만들지는 않았어요. 물론 그는 옳았고, 이것은 제가 이 '나쁜 행동'에서 벗어나려고 애쓰는 마지막 순간이었어요."

Dora의 지각은 그녀가 즉각적으로 자신의 심리도식을 치유받았거나 철회하고 싶은 마음이 영원히 바뀌었다는 것을 의미하지는 않았다. 사실 그녀가 좀 더 일관성 있게 그곳에 갈 수 있도록 돕기 위해서는 몇 가지 양식지도화가 필요했다. 하지만 그 부부가 양식과 심리도식에 대해 알게 되면서 그녀의 머릿속은 그녀 자신에게 틀림없이 더 나은 방법이 있을 것이라고 말했고(충돌이 더 자아 이질적이 되었다), 그래서 그녀는 '거기서 버티고' 진정하고 그것을 알아내는 것이 좋겠다고 말했다.

이 부부가 다시 시작하는 것을 돕기 위해 Dora와 Dan이 '비디오 되감기' 기법을 사용하도록 가르쳤다. 그 부부는 하루 동안 떨어져 지낸 후 저녁에 만났을 때 인사하는 시간이 문제를 상당히 빨리 불러일으키기 쉽다는 것을 알아차렸고, 서로 만나서 흥분하고 행복해지는 몇 분 안에 비참하고 불행한 기분으로 악화될 수 있다는 것에 놀랐다. 비디오 되감기 기법은 이것을 다루는 데 효과가 있다. 방에 들어온 사람은 다시 밖으로 나간다. 그 사람은 다시 그 장면을 재생하기 위해 돌아온다. 합의된 인사 의식에서 배우자를 불러내고 찾는 것이다. 미소, 키스, 간지럼 태우기, 상대방을 그리워하는 좋은 말, 멋진 긴 포옹. 그 부부는 "이것이 제가 말하려고 했던 것이에요."로 들어가서 더 건강한 성인양식으로 다시 말하고 다시 행동한다. 다른 한 사람은 건강하지 못하고 부주의한 또는 반동적인 반응이 불과 몇 분 전에 이루어졌던 것을 새롭게 배운 편집판으로 응답한다. 이 모든 것이 어리석게 보일 수도 있지만, 그것은 상호작용을 바꾸는 데 효과가 있다. 이것은 너무 '진부'하기 때문에 아래로 소용돌이치는 우울한 감정들을 정확하게 '위로 끌어당기는' 기능을 한다. 때때로 몇 번의 재생이 필요하긴 하지만 말이다!(Simeone-DiFrancesco & Simeone, 2016a, 2016b).

12. 행동패턴 파괴와 숙제

Young 등(2003)은 행동패턴 파괴를 기본 심리도식에 대항하고 새로운 성인양식을 개발하는 데 도움을 주는 방식으로 행동하는 것으로 이해했다. 이것은 종종 치료의 마지막이자 가장 긴 단계이다. 양식이 변경되기 시작한 후에는 내담자가 학습한 내용을 회기 밖의 상호작용에 적용하도록 안내하라. 이는 이전의 자동적인 심리도식 주도적 반응보다는 건강한 대처 전략으로의 전환을 포함한다(Farrell & Shaw, 2011, p. 94). 그러고 나서 어느 정도 성공 경험을 한 후에 그들이 새로운 행동을 한 것에 대해 스스로 보상을 하도록 하라. 분명히 이것은 부부관계의 질에 유익한 영향을 미칠 것이다.

치료적 조언 강한 대처양식을 가진 사람들은 전형적으로 자신의 욕구를 과장되거나, 왜곡되거나, 공격적이거나, 지나치게 지배적인 방식으로 표현한다(Arntz & Jacob, 2013).

치료자는 또한 이완 훈련, 자기주장 훈련, 분노 관리, 자기통제 전략(자기감찰, 목표 설정, 자기강화)과 두려운 상황에 대한 점진적 노출 같은 전통적인 행동 기법을 이용할 수 있다(Kellogg & Young, 2006). 부부관계에서 가장 부정적인 영향을 주는 행동을 목표로 삼으라.

Lee-Ann은 그녀가 Brett에게 반응이 부족하다는 것을 알아차렸다. 그녀의 처벌적 심리도식은 그녀의 짜증과 가끔 일어나는 폭발에서 어느 정도 힘을 잃는 경향이 있었다. 그녀는 자기주장을 실천했고, 자신의 욕구 중 일부를 충족시킬 수 있는 합리적 수준의 협상을 더 잘할 수 있었다. Brett은 강한 사회적 고립과 실패의 심리도식을 가지고 있었지만, Lee-Ann으로부터 '적대감'을 덜 인식하면서 대화를 할 수 있는 힘이 생기기 시작했고, 때로는 민감한 주제를 어느 정도 깊이 있게 논의할 수 있다는 것을 알게 되었다. Lee-Ann은 "그가 마음을 터놓았어요. 그가 저와 타협하는 것 같은 기분이에요. 정말 대단해요!"라고 말했다.

주요 행동패턴 파괴 개입은 비상 계획, 양식관리 계획, 증거 일지, 역할극 연습이다(Farrell & Shaw, 2012, p. 34). 이 모든 것을 부부 심리도식치료에 적용할 수 있다. 경직된 사고를 극복하기 위한 또 다른 심리도식치료 기법은 편지쓰기이다. 이것은 상처를 입힌 사람들에게 감정을 표현하는 데 사용될 수 있다. 그 편지들은 치료에서 읽히지만 보내지는 않는다! 인지적 재구성을 사용할 수도 있다. 배우자의 행동에 대한 흑백사고는 특별히 도움이 되지 않는다. 대신 "타인의 행동에 대한 좀 더 온건하고, 복합적이며, 미묘한 차이가 있고, 현실에 기반한 해석을 발전시키는 데 기여할 수 있는 접근법을 사용한다"(Kellogg & Young, 2006,

p. 451).

부부가 양식주기 충돌카드를 사용하고 회기 간에 심상작업을 수행하도록 권장하지만 행동 변화에 초점을 맞추는 것을 생각해 보라. 부부는 먼저 다음과 같은 순서를 이용해 회기 중 일상적 갈등을 해결하는 훈련을 받는다.

1. 멈추기: 심리도식 충돌을 즉시 알아차리고 멈추라.
2. 거리두기: 합의된 시간 동안 서로 물리적으로 거리를 유지하라(별도의 방으로 이동).
3. 분석: 양식주기 충돌카드를 작성하고, 건강한 성인에 맞게 재조정하고, 충족되지 않은 핵심욕구를 파악하여 개별적으로 갈등을 분석하라.
4. 재연결: 충돌카드를 비교하여 배우자와 다시 연결하라. 배우자의 입장이 되어 그들의 관점을 공유하라.
5. 상호 간: 갈등을 해결하고 핵심욕구를 기능적인 방식으로 충족시키는 방법에 대해 상호 간에 기여하라.

치료자는 이 과정을 통해 부부를 지도하고 필요에 따라 문제해결을 돕는다. 나중에 그 부부는 일상생활에서 그 원칙을 적용하려고 노력한다. 숙제는 심리도식이 활성화될 때 읽을 일지나 플래시카드를 사용하여 핵심도식에 대한 대체반응을 작성하는 것이 포함될 수 있다. 부부가 새로운 행동을 연습하고 피드백을 받도록 격려하라. 이것은 양식관리 전략을 수립하고, 경계를 설정하며, 적극적으로 충족되어야 할 욕구를 요청할 수 있다.

이것은 부부를 위한 행동 실험과 결합될 수 있다(인지행동치료에 사용됨; Bennett-Levy et al., 2004 참조). 부부치료에서는 행동 실험을 할 수 있는 기회가 많다(예: 정서적인 교류를 증가시키려 노력하지만 기대되는 SUDS 비율과 부정적-긍정적인 결과 예측). 이것은 비교를 위한 기준선을 제공할 것이다.

치료적 조언 **부부가 그들의 욕구를 더 잘 표현하기 위한 환경으로 치료관계를 사용할 수 있는 방법에 대해 생각해 보라. '충분히 좋은' 욕구 충족을 목표로 삼으라.**

또 다른 조언 **화난 아동양식과 격노한 아동양식은 뜨겁고 부정적인 감정과 연결되어 있다. 효과적이 되려면, 재양육이나 의자작업으로 정서적인 것에 초점을 맞춰 작업할 필요가 있다. 충동적 및 비훈육된 아동양식은 더 '버릇없이 자란' 것처럼 보이며, 치료자는 공감적 직면과 한계 설정을 제공할 필요가 있다.**

13. 마음챙김의 역할

우리가 행동 변화에 대해 생각할 때 우리는 사람들이 대안적인 행동 중 하나를 선택할 수 있다는 것을 암시하지만, 결정은 진공상태에서 일어나지 않는다. 이 상황에는 종종 활성화된 심리도식이 포함될 것이다. 심리도식을 뇌의 신경 활성화를 위한 트랙을 깔아 놓는 것으로 생각할 수 있다. 심리도식은 끌어당기는 것과 같은 기능을 하며, 기존 경로에서의 활성화를 주도한다. Young이 말했듯이 이러한 '인생의 덫'에서 벗어날 수 있으려면, 우리는 정서적 활성화의 이끌림으로부터 거리를 둘 수 있는 마음의 상태를 찾아야 한다. 이러한 대항력에는 마음챙김이 포함될 수 있다.

마음챙김에서 우리는 의식의 지금-여기 내용에 초점을 맞춘다. 그다음 단계로는 내용을 인식하지만 즉시 그것을 흘려보내고 방향이 없는 인식상태로 다시 초점을 맞춘다. 이것은 어느 정도의 분리를 허용한다. 이런 종류의 인식은 현재의 생각을 포함할 수 있는 무언가를 조명하는 것과 같다. 대부분의 장애(범불안장애, 우울증, 강박장애, 건강염려증, 신경성 식욕부진증)는 자동적인 사고나 끝없는 반추와 관련이 있다.

마음챙김은 심리도식에 의해 촉발된 그러한 침투적 사고의 마음을 지운다. 마음챙김 기법들에 대한 일부 훈련은 치료 중인 사람들이 사로잡힌 감정(예: 아동양식들) 또는 사고(종종 부모양식들)로부터 멀어지는 것을 돕는다. 건강한 성인의 역할은 '물 위로 머리를 치켜드는 것'이다.

건강한 성인의 기능은 기어 변속의 3가지 단계에 비유할 수 있다(Schore, 2003). 그것은 기어 변속, 기어 선택, 변속이다([그림 9-1] 참조). 기어를 변속한다는 것은 자발적 활성화로부터의 탈동일시를 의미한다(Teasdale et al., 2002). 더 나은 기어를 선택하는 것은 '현명한 마음'(Linehan, 1993)이나 '가장 친한 친구의 눈'을 통해 좀 더 멀리 떨어져 있는 관점에서 핵심 욕구와 장기적인 목표 및 가치를 포함한 내용을 재평가하는 것을 의미한다. 우리는 자기지시 기법들(Meichenbaum & Goodman, 1971)을 변속하여 사용함으로써 침투적 사고를 약화시키고, 아동양식을 진정시키거나 누그러뜨리며, 원하는 방향으로 관심과 행동을 이끌 수 있다.

이러한 정신적 이동의 처음 두 단계는 인지행동치료의 발달에 점점 더 많은 영향을 미치고 있는 이른바 '제3의 물결' 치료(Hayes, 2004)의 필수적인 부분이다. 변증법적 행동치료, 마음챙김 기반 스트레스 감소 또는 마음챙김 기반 인지치료와 같은 몇몇 치료에는 불교철학과 아마도 신약성서의 건강한 성인 인물의 거룩한 독서(Lectio Divina) 기도 모델링이 포함된다. 불교에 영향을 받은 기법들이 정신상태에 대해 적극적인 영향을 주는 것을 삼가는 것

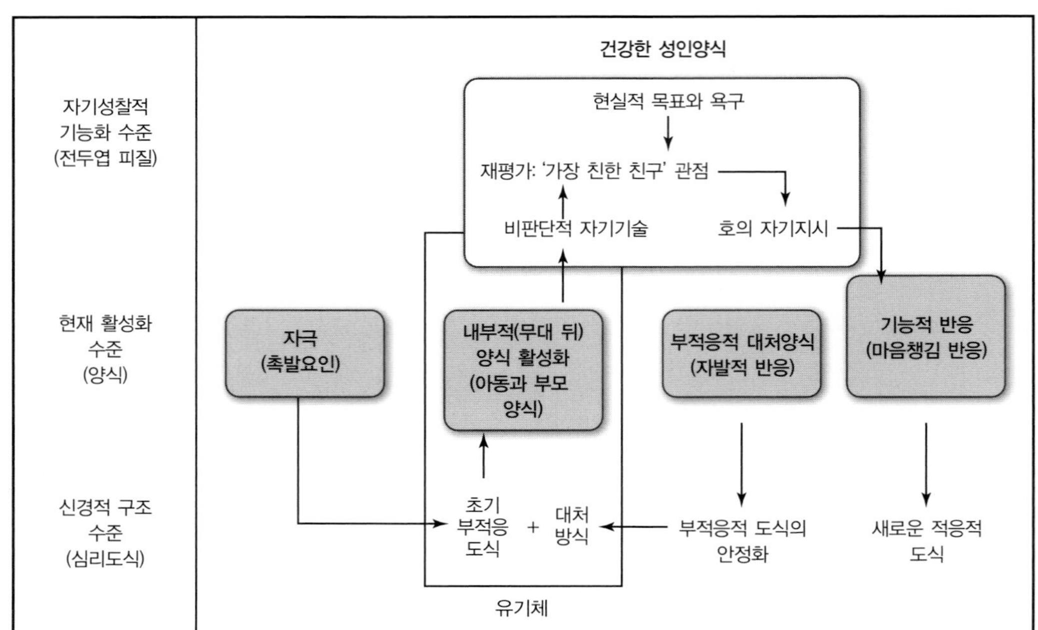

[그림 9-1] 건강한 성인의 이동

출처: Roediger (2012b)에 기초함.

에 비해서, 심리도식치료와 같은 다른 접근법은 원하는 방향으로 의식을 유도하려고 한다(Roediger, 2012b).

생각이나 감정 혹은 행동을 바꾸는 목표는 행동치료에 내재되어 있지만, 변화의 길은 험난할 수도 있다. 사람들이 더 심각하거나 만성적인 장애를 가지고 있을 때, 회복과정은 동기부여의 부족이나 생물학적 또는 사회적 한계로 인해 방해받을 수 있다. 그렇다면 내담자와 치료자 모두에게 실망은 불가피할 것이다.

목표가 달성되면 만족감이 생긴다. 일관성 이론(consistency theory; Grawe, 2004)은 이 과정을 설명하는 데 도움이 될 수 있다. 개인적 만족의 정도는 우리 마음 안에 불일치 수준('인지 부조화'라고 불리는 것)에 따라 달라진다. 만약 우리가 처한 상태가 원하는 상태와 다를 경우, 불일치가 높고 정서적인 긴장이 느껴진다([그림 9-2] 참조).

이것은 변화과정에서 유용한 지렛대이다. 만약 우리가 상황을 바꿈으로써 원하는 상태에 도달한다면, 우리는 일정한 노력의 대가로 일관성에 도달할 것이다. 이것이 일관성에 대한 전통적인 서구의 접근방식이다. 즉, 우리가 원하는 것을 얻는 것이다. 불교도들은 반대로 행동한다. 그들은 수용을 실천하고, 욕망을 삼가며, 그 길을 통해서 정신적 노력만으로도 다른

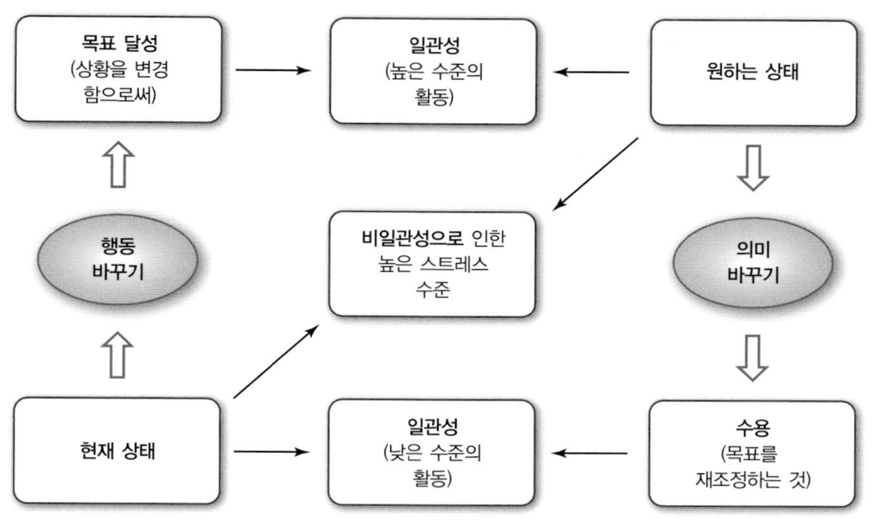

[그림 9-2] 일관성을 추구하는 2가지 방법

출처: Roediger (2011)에 기초함.

자원이 필요하지 않은 일관성에 도달한다.

심리도식치료는 2가지 접근법을 모두 혼합하려고 한다. 치료 초기에 우리는 보통 행동을 바꾸려고 노력한다. 개인이나 부부의 한계를 깨달았을 때, 우리는 인간성을 해치지 않고 변화하기 어려운 것으로 입증된 비본질적인 차이를 받아들이는 것을 지지한다. TV 쇼 프로그램 〈별난 부부(The Odd Couple)〉는 우리가 습관적으로 하는 방식인 비본질적인 특성들의 예를 제공한다. 예를 들어, 한 사람은 깔끔하고 단정하며 다른 한 사람은 전혀 정리하지 못한다. 그러한 부부는 둘 다 중간으로 더 이동할 수 있는데, 깔끔한 사람은 긴장을 풀고 부모양식에서 벗어나는 법을 배우고, '게으름뱅이'는 책임감을 더 갖도록 배우며, 배우자를 위해 일거리를 더 만들지 않고, 그렇지 않으면 하녀를 구한다. 그러나 이러한 유형의 수용에 대한 전체적인 생각은 요구적 부모나 비훈육된 아동양식에 있지 않다. 일부 단점을 받아들이고 '다른 측면을 일치시키는' 시도를 하는 것이 더 유망한 전략으로 입증될 수 있다. 건강한 성인양식 상태에 머무는 것은 각각의 기여를 극대화하고 한계를 허용하는 것이다.

예: "당신은 집이 깨끗한 것이 중요하지요. 나도 그걸 좋아하지만 당신만큼 세부적으로 보지는 못해요. 그러니 당신이 집안일에 집중하는 것은 어때요. 그러면 당신의 구체적인 부탁사항은 내가 할게요. 그리고 나는 당신이 싫어하는 회계 업무에 집중할게요. 그렇게 할래요?"라고 말한다.

부부관계에서 차이는 종종 관계 안에서 우리의 역할을 표현하고, 지금까지 표현되지 않은 기대를 표현한다. 논의되지 않은 기대는 한 사람이 다른 사람을 지배하게 하고 상호 존중을 파괴하는 결과를 초래할 수 있다.

14. 부부 심리도식 계획

개입에 관한 이 장의 마지막에서 우리는 이것을 부부를 위한 도식치료의 간략한 전략을 개발하는 사례와 연관시키고자 한다. 개입에 관한 이 장의 끝부분에서 우리는 이것을 부부 심리도식치료 전략의 간단한 개요를 개발하기 위한 하나의 사례 삽화와 함께 묶고 싶다. 그것은 물론 개방적이고 진행 중인 작업으로서 어느 시점에서든 바뀔 수 있다.

Umbretto와 Maria는 치료자의 도움을 받아 개별화된 치료 계획을 세웠다. 그들은 결혼한 지 20년이 넘었고, 두 아이가 대학에 가기 위해 떠났을 때 빈 둥지 증후군으로 어려움을 겪었다.

Umbretto의 주요 심리도식 양식은 자기과시자("나는 부풀어 오르는 기분이다."), 요구적 부모("내가 하고 있는 어떤 것도 충분치 않다."), 분리된 자기위안자("나는 회계 업무에 과도하게 몰두한다."), 화난 아동("그냥 폭발해서 짜증을 내고 싶은 것 같다.")이었다.

Maria는 순응적 굴복자("나는 Umbretto를 기쁘게 하기 위해 어떤 일이라도 하고 싶은 생각이 간절하다."), 취약한 아동("나는 외롭고 상실감을 느낀다."), 처벌적 부모("목소리 속에 가혹한 어조가 있다."), 화난 아동("나는 모두를 증오하고 채찍질하고 싶다.") 양식을 확인했다.

그들은 각각의 양식이 외부에서 어떻게 보이는지에 대해 작업하였으며, 그 후 Umbretto의 어린 시절 욕구를 파악했다. "나는 내가 어떤 사람인지에 대해 잘 알고 있다고 말할 필요가 있어요."(자기과시자), "요구적 부모가 정기적으로 나에게 너무 많은 것을 요구한다는 것을 명심하세요."(요구적 부모), "내 일이 전부가 아니라고 말하고 나를 안아 줘요."(분리된 자기위안자), "5분 동안 내말을 들어 주고 내가 내려가게 해줘요. 내가 공격적일 때는 한계를 설정해 주세요."(화난 아동)가 그것이다. 그는 "나의 취약한 아동이 실제로 나를 보호하려는 이런 모든 양식 뒤의 동기라고 생각해요."라고 덧붙였다. Maria는 가장 흔히 보이는 양식 뒤에 있는 그의 취약한 아동을 보는 것을 노력하기로 했다.

Maria는 자신의 욕구들을 확인했다. "내가 필요한 것을 명확한 방식으로 이야기하고 나 자신을 옹호하도록 내게 상기시켜 주세요."(순응적 굴복자), "그저 안아 주고 5분 동안 떨어지지 마세요. 그것이 나를 달래 줄 거예요."(취약한 아동), "그 목소리에 대해 날카롭게 말하고 전혀 용납하지 말라고 해요. 내 머릿속에서 밖으로 던져 버려요!"(처벌적 부모), "다시 시작할 시간을 좀 주되, 한계를 설정하고 나를 안아 주세요."(격노한 아동)가 그것이다.

'탈출 전략'은 SUDS에서 6/10에 도달한 사람이 30분 후에 돌아오겠다고 약속하면서 먼저 분리를 시작하고, 둘 다 그 사건에 대한 양식주기 충돌카드를 하는 것이었다. 그 후 이 문제로 다시 돌아와서 그것이 충분히 논의될 수 있도록 두 사람 모두 6점 미만의 SUDS 점수를 가지고 있는지 확인하는 것이 첫 번째 분리의 책임이었다. 둘 다 이것을 용이하게 하기 위해 건강한 성인으로 들어가려고 노력했다. 그들은 나중에 그들의 관계 일기에 그 만남에서 배우거나 얻은 것을 쓰기로 동의했고, 나중에 상호 이해를 위해 공유하기로 합의했다.

치료적 조언 **공감적 직면은 중요한 기술이다. 이 기법으로 치료자는 그 사람의 전기적 배경을 충분히 통합하여 역기능의 이유를 제시하고, 그러한 역기능을 이제는 성인의 욕구를 충족시키지 못하는 대처 전략으로서 설명한다. 그것은 직면작업에 도움이 되는 욕구를 충족시킬 방법을 찾는 데 초점이 맞춰져 있다.**

치료자: Vlad, 나는 당신이 그 과대성과 힘들게 싸우고 있다는 것을 알아요. 당신의 어머니가 당신을 다른 형제자매보다 더 특별하게 대했을 때 이해가 되었어요. 하지만 그것은 처음에는 형제자매들과의 관계에서 많은 문제를 야기했지만 나중에는 직장 동료들과 아내와의 관계에서 문제가 되었지요. 그러나 덧없는 방식으로 특별하다고 느낄 수도 있지만, 다른 사람들로부터의 연결과 이해에 대한 진정한 욕구는 충족되지 않죠. 그건 좋은 '관계 거래'가 아니에요!

배우자의 존재는 회기에 귀중한 자원을 추가한다. 이끌어 낼 수 있는 잠재적으로 위안이 되는 행동들이 많이 있다. 안심시켜 주는 손길은 일반적으로 좋다. 배우자는 또한 재구성하기 위한 아이디어를 제안하거나 시각적으로 재구성된 장면의 일부가 될 수 있다. 당연히 이 모든 것은 치료 시기와 판단의 대상이 되지만 배우자는 중요한 자원이다.

15. 결론

부부와 작업하는 데 중립성은 없다. 효과적인 치료자의 유일한 입장은 관계에서 양쪽 모두를 전적으로 지원하되, 필요에 따라 지원을 번갈아 제공하는 것이다. 기능이 떨어지는 부부와 함께하는 부부치료에서 개인과 함께 작업할 때는 배우자를 주시할 필요가 있다. 그들에게는 치료자가 그들을 계속 주목하고 있고 회기에서 그들을 지지하고 있다는 빈번한 징후가 필요할 수 있다. 시선 접촉은 다음과 같이 도움이 된다.

- 심리도식의 인지적 사례개념화, 대처기제와 양식(양식지도와 함께)과 같은 심리도식 도구
- 양식주기 카드와 함께 개념화할 수 있는 양식충돌
- 정서적 활성화를 강화하기 위한 심상작업
- 내부 갈등을 통해 작업하고 전체 범위의 양식에 접근하기 위한 의자 대화
- 우리가 심리도식 활성화와 성인 문제해결의 예에서 사용하는 치료적 관계
- 양식주기 충돌카드를 사용한 작업을 포함하는 과제 활동

이러한 구체적인 기법들은 치료자들이 친숙하게 알고 있는 다양한 기법과 결합될 수 있다. 이러한 기법들을 심리도식 사례개념화 구조 내에서 적용하는 것이 중요하다는 점을 강조하고자 한다. 기법적인 수준에서의 절충주의는 효과가 있지만 개념적 또는 이론적 차원에서 혼란을 초래할 수 있다.

요약

요약하면, 개인적인 일반적 성장패턴은 다음을 포함한다. 아동양식들이 아동기의 외상적 경험의 정서적인 처리과정을 통해 초기 아동기 욕구와 교정 경험들을 인정함으로써 안전을 개발하고 발견하도록 돕는다. 처벌적이고 요구적인 부모양식을 가능한 한 많이 제거하고, 그것들을 욕구와 감정에 대한 건강한 태도, 건강한 기준 및 도덕적 원칙으로 대체한다. 그 결과로 부적응적 대처양식들이 덜 필요해지면서 건강한 성인 쪽으로 발전해 가도록 유도한다(Arntz, 2012b).

이것은 이 장에서 다양한 개입과 함께 설명되었다. 그 개입들은 심상작업, 의자작업, 행동패턴 파괴를 이용한 중요한 개입방법들을 포함한다. 공감, 분노, 비훈육된 충동적인 아동양식들과 같은 많은 구체적인 주제가 다루어졌다. 이 장은 부부를 치료하기 위한 심리도식 계획의 개발로 끝났다. 10장에서는 부부치료의 일반적인 장애물에 초점을 맞춘다.

불륜, 용서 그리고 폭력을 포함한 부부치료의 흔한 문제

부부들을 대상으로 한 치료과정은 원활하게 진행되는 경우가 드물다. 거기에는 많은 잠재적인 장애물이 있다. 이 장에서는 이와 관련한 여러 사례가 검토된다.

1. 불륜

불륜은 종종 관계 파탄의 일부분이다. 슬프게도, 그 사건이 끝난 후 어떤 일이 일어났는지 혹은 무엇이 더 현명한지에 대해 심리적 통찰력을 가진 사람은 거의 없어 보인다. 심리도식치료는 우리가 부부상담에서 이 흔한 도전에 대처할 수 있는 몇 가지 자원을 찾고 이해하는 데 도움을 줄 수 있다

통계에 따르면, 결혼의 절반 이상은 파탄에 이른다. 1가지 흥미로운 경향은 이제 젊은 아내들이 남편보다 더 불성실하다는 것이다. 즉, 결혼생활 처음 5년 동안 여성들의 2/3와 남성들의 절반이 불륜을 저질렀다(Lawson, 1988). 몇십 년 전만 해도 남성들이 바람을 피울 가능성이 더 높았지만, 지금은 남녀가 거의 동등하다. 하지만 만약 남성이 바람을 피운다면, 그는 더 많은 파트너를 가질 가능성이 더 높다.

많은 요인이 현재의 낭만적 관계의 위기에 기여한다. 정서적 열망에 대한 높은 기대, 일반적인 의사소통 기술의 부족, 사회에서 수용되는 것의 변화 그리고 취업에서 기혼 여성의 비율이 더 높아져 더 독립적이 되도록 하는 것이 그 예이다.

Andy와 Margo는 치료를 받으러 왔다. 그들은 모든 것이 잘되어 가는 것 같은 매력적인 젊은 부부였다. 남편은 고등학교 교사였다. 그는 학교의 또 다른 교사인 Kirsty와 사랑에 빠지게 되었다. Kirsty는 최근 남편과 별거했고, Andy는 그녀에게 '힘이 되어 주고' 있었다. Margo는 거의 공황상태에 빠져 있었고, Kirsty가 그들의 결혼생활에 가한 위협을 심각하게 느꼈다.

결혼이든 동거든 거의 모든 사람이 성적으로 신의를 지키려는 의식적인 의도를 가지고 연애에 돌입하기 때문에, 불륜은 종교적이든 개인적 가치이든 최초의 이상에서 떨어질 수밖에 없다. 그것은 대개 비밀스럽고, 관여한 사람에게 죄책감을 유도하며, 그 사실을 알게 된 배우자는 미칠 듯이 화가 나고 엄청난 충격에 휩싸인다. 이 주제에 대한 우리의 논의 대부분은 결혼과 관련된 불륜에 초점을 맞추고 있지만, 그 역동은 약혼, 사실관계 또는 장기간의 사실혼 관계에 있어서도 유사하다. 그런 경우들에서 혼인 서약보다 공적 차원이 적을 수 있지만, 종종 관련된 자녀들이 있으며 법적 상황에 쉽게 얽힐 수 있다.

1) 증상

불륜은 에로틱하고 강렬한 성적인 것일 수도 있지만, 섹스와는 거의 관련이 없는 어떤 감각이 있다. 실제 역동은 탐구되지 않은 갈등, 분노, 두려움, 공허함이다. 그런 것이 불륜을 막으려고 하는 불행한 관계의 고통이다. 그것은 더 깊은 정신적 불안감의 증상이다.

Will과 Marg는 결혼한 지 8년이 되었다. 두 사람의 관계는 몇 년 동안 그다지 활기가 없었다. Will은 동료에게 끌렸고, 퇴근 후 몇 잔으로 시작한 행동들은 결국 성관계로 끝이 나고 말았다. Will은 이제 Marg가 느끼는 정서적 냉담함에 덜 괴롭고, 그 사건으로 결혼생활의 긴장감이 어느 정도 해소되었다. 이것은 Marg가 그 관계에 대해 알게 되었을 때 감정적 폭풍이 오기 전의 거짓된 고요함이다.

불륜은 거의 항상 본래의 관계에서 건강하지 않은 과정의 외현화로 나타난다. 이러한 방식으로, 불륜은 서로 다른 욕구에 대한 해결되지 않은 갈등과 같은 실제 문제들을 지하에 '안전하게' 두는 데 도움이 될 수 있다.

불륜은 흔히 비현실적인 요정의 나라에 존재한다. 그 관계는 흥분, 매혹적인 매력 그리고 '금지된 과일'의 짜릿함으로 시작된다. 그러나 그것은 보호된 관계이다.

그것(불륜)은 결혼생활의 일상적 걱정거리와 잡일이나 시간이 흐르면서 다른 사람과 친밀해지는 압박감을 가지고 있지 않다. 그것은 숨겨진 관계로, 그들의 지지와 비밀을 지킬 수 있는 능력으로 선택된 한두 명의 주변 사람과만 공유된다. 그 비밀은 외부 압력에 대한 보호막을 제공한다(Brown, 1991, p. 24).

결혼생활은 여전히 그 불륜에 영향을 미친다. 배우자는 여전히 재정적인 일, 가족 위기, 축하 행사, 공공장소에서 최우선 순위이기 때문에 바람을 피우고 있는 배우자는 경쟁적인 요구 사이에서 갈팡질팡하는데, 특히 연인이 더 조급해짐에 따라 더욱 그렇다.

우리가 불륜의 역동을 이해하려면 가족의 큰 그림이 중요하다. 여기에는 자녀, 각각의 원가족, 가까운 친척의 행동패턴, 더 넓은 민족 집단에서 허용되는 것으로 간주되는 것들이 포함된다. 예를 들어, 원가족은 성인에게 '미해결 과제'를 남길 수 있다. 회피, 유혹, 비밀, 배신의 패턴이 있을 수 있다. 힘든 관계에서 벗어나 불륜으로 도피한 전례가 세대를 거치면서 전해질 수도 있다. 패턴이 반복될수록 훨씬 더 쉬워진다. 그것은 양방향의 길이다. 불륜은 가족의 다양한 역동의 결과이며, 물론 그것이 밝혀지든 아니든 다른 역동에 영향을 미칠 것이다.

가족은 소속감을 주는 주요한 장소이다. 그곳은 우리가 보살핌을 갈망하는 곳이며 욕구가 채워지는 곳이다. 그곳은 우리가 사랑하는 사람이 같은 방식으로 우리에게 다시 사랑을 돌려주기를 바라는 곳이다. 불륜은 소속의 기초가 되는 이 모든 것을 하나로 묶는 끈끈한 유대감을 위협한다. 그것은 유기 공포에 불을 지피고 부채질한다. 감정이 격해지는 것이 놀랄 일은 아니다!

2) 불륜의 본질

부부는 매우 다른 방식으로 반응하는 경향이 있다.

> 배우자에게 배신은 참을 수 없는 것처럼 보인다. 그러나 외도를 한 배우자에게는 불륜이 최음제이다. 연애와 음모의 기운은 특히 현실이 척박하거나 지루하다고 느낄 때 매력적이다. 불륜은 휴면상태에 있던 꿈을 추구할 수 있는 기회, 다시 살아날 수 있는 기회, 진정으로 이해하는 사람을 찾을 수 있는 기회 등 너무나 많은 것을 약속한다. 그들의 숨겨진 약속은 고통이다 (Brown, 1991, p. 2).

불륜의 파괴적인 측면은 오래전에 잠언에서 언급한 것이다. "매춘의 대가는 빵 한 덩어리에 불과하지만 다른 사람의 아내는 남자의 생명을 줄기차게 따라다닌다. 옷을 태우지 않고도 가슴에 불이 옮겨 붙을 수 있을까?"(잠언, 6:26–27).

불륜에 관여하는 것은 성적 · 정서적 요소 또는 둘 다일 수 있다. 여성들은 정서적으로 관여할 가능성이 더 높다. 성적인 요소와 정서적인 요소들의 결합은 둘 중 어느 한쪽보다 결혼에 더 큰 위협을 나타낸다. 부부간의 불만족에 있어 성별에 대한 몇 가지의 일반화가 이루어질 수 있다. 즉, 여성들은 섹스를 친밀함에서 흘러나오는 것으로 보는 경향이 있는 반면, 남성들은 섹스를 친밀함으로 가는 길로 본다. 따라서 여성의 불만은 대부분 정서적인 문제에서 비롯되는 반면, 남성이 섹스의 결핍을 호소하는 것은 당연하다. 이러한 차이가 무너지는 것처럼 보이지만, 임상 경험은 여성이 불륜을 저지르면 대개 관계의 미래가 더 불길하다는 것을 암시한다.

Gottman은 감정이 범람하며, 문제를 심각하다고 보고, 문제를 혼자 해결하는 것이 최선이라고 믿으며, 적당히 거리를 두는 삶을 영위하고, 외로움이 특징적인 '거리감과 고립의 폭포'를 설명했다(Gottman, 1999, p. 72). 사람이 이 폭포 아래로 내려갈수록 불륜을 저지르는 것에 대해 더 개방적일 것이라는 것은 놀라운 일이 아니다. 하지만 그것이 선택 사안일지라도, 불륜은 결코 해결책이 아니다.

우울증이 한 요인이 될 수 있으므로 이것은 신중하게 평가되어야 한다. 중년의 문제들은 잠재적인 합병증의 또 다른 차원을 추가할 수 있다. 그래서 종종 결론은 아직 해결되지 않은 또 다른 싸움 이후에 도달된다("여기는 내가 속해 있는 곳이 아니다!"). 대처양식 뒤에 숨겨진 심리도식 취약성이 불륜에 기여할 수 있는 방법 또한 다양하다. 그러나 우리는 먼저 5가지 종류의 불륜에 대한 Brown(1991)의 모델을 기반으로 하여 6가지 유형을 만들었다(〈표 10-1〉).

〈표 10-1〉 6가지 유형의 불륜

불륜의 종류	특징
갈등 회피 불륜	'어떠한 대가를 치르더라도 평화'가 관계문제의 회피를 통해서 문제를 일으킨다.
친밀감 회피 불륜	정서적 친밀감에서 오는 상처와 어려움이 다른 곳에서 그것을 찾게 한다.
성 중독 불륜	불륜은 반복되는 부정행동의 한 형태의 일부분이다.
빈 둥지 불륜	아이들이 떠났다. 이것은 자녀를 키운 후 가정생활의 공허함을 충족시키는 일이다.
결별을 위한 불륜	떠나기로 결정되었다. 이것이 전환이다.
동성애적 불륜	아마도 성적 정체성 문제가 오랫동안 부인되어 왔지만 지금은 인정된다.

3) 갈등 회피 불륜

갈등 회피 불륜에는 일종의 외침(함성)이 있다. "당신이 나에게 관심을 기울이도록 할 것이다." 때로는 부부는 표면의 잔물결이 거의 없는 연못처럼 '멋진' 관계를 맺기도 한다. 모든 관점의 차이는 피하게 되고, 결국 이 '평화'는 숨이 막히게 된다. 보통 불만족스러운 배우자가 더 많이 불륜에 연루되고 나서 그럭저럭 빨리 발견된다. 이것은 그 관계의 문제들을 제거한다. 그 일이 공개되어 다행이다.

Rob은 다음 날 Marlene에게 고백했다. "나는 무슨 일이 일어났는지 전혀 모르겠어. 나는 Sally에게 특별한 감정이 없어. 우리 둘 다 회의에 참석했는데, 저녁 식사 후 술이 그렇게 …… 당신도 알잖아. 나는 정말 죄책감을 느껴. 그리고 다시는 그녀를 만나지 않겠다고 약속할게. 그냥 용서해 줄 수 없을까? 나는 이 일을 바로잡고 싶어." Marlene은 Rob을 용서할 준비가 되어 있었지만, 그들의 결혼생활에 뭔가 문제가 있다는 것을 깨달았다.

치료자는 일주일 후에 그들을 만났다. Rob과 Marlene은 그들의 관계에 대한 막연한 불만을 가지고 있었다. 왜 그 불륜이 일어났는지 혼란스러웠다. 그러나 그들은 '뜨거운(논란이 되는)' 문제들, 심지어 '훈훈한' 문제들조차도 회피하는 밑바닥에는 깊은 불만이 있다는 것을 곧 깨닫기 시작했다. 그 관계를 위반한 후에 Marlene은 화를 내는 것이 더 쉽다는 것을 알게 되었다. Rob 또한 죄책감에 사로잡혀 있었지만, 그도 점점 Marlene이 자주 섹스를 꺼리는 것에 대한 분노를 표출할 수 있었다.

결혼에 대한 위협은 불륜보다는 갈등을 피하는 데 있다. 만약 그 부부가 기꺼이 근본적인 문제에 직면하려 한다면 그 관계에 대한 희망은 있다. 결혼생활을 끝내 버리거나 혹은 재빨리 용서하는 것 둘 다 도피이다.

4) 친밀감 회피 불륜

모든 불륜은 친밀감의 문제를 드러내지만, 친밀감 회피 불륜에 있어서는 그것이 핵심쟁점이다. 외부 관계는 간신히 의식하는 메시지("나는 당신을 그렇게 많이 필요로 하지 않기 때문에 다른 곳에서 내 욕구를 충족시킬 수 있다.")와 더불어 상처와 실망에 대한 방패이다. 그것은 취약하고 친밀감을 위태롭게 하는 것보다 논쟁하기가 더 쉽다.

친밀감을 회피하는 사람들은 싸움에 매우 능숙해 보인다(갈등을 해결하지는 못하지만). 관계가 뜨겁든 차갑든 상관없이 갈등은 끝이 없다. 말다툼은 비판, 빈정거림, 비난으로 가득 차 있다. 상호 간의 적개심은 다른 누군가에게 의지할 수 있는 정당성을 제공할 수 있다. 그러면 그 불륜은 싸움의 무기가 되고, 상대방은 또 다른 불륜으로 대항할 수도 있다.

부부가 접촉하는 방식은 갈등을 통해서이지만, 역설적으로 그 분노는 물리적 거리의 안정감도 제공한다. 상당히 학대적인 갈등이 있을 때 그 불륜을 정당화하기가 쉽다. 불륜이 밝혀진 이후에도 죄의식은 찾아보기 힘들다. 수면 아래에는 엄청난 고통과 두려움이 있다. 그것은 두 사람 모두 상대방에게 사랑의 확신을 바라는 일종의 몸짓이다.

Val은 아침 일찍 전화를 걸어 긴급 회기를 요청했다. "제가 먼저 찾아뵐 수 있을까요? 저는 남편이 해외에 있을 때 매춘부를 만난 적이 있다는 사실을 방금 알게 되었어요." 그들의 관계에는 팽팽한 긴장감이 있었다. 그 이야기를 직설적으로 말하기 어렵지만, 결국 Paul이 필리핀에서 마지막으로 머물러 있을 때 성병에 걸린 것이 밝혀졌다.

그 관계는 얽혀 있었고 모든 상호 비난에 대해서 놀랄 만큼 견고했다. 둘 다 떠나는 문제를 제기하지 않았고, 두 사람 모두 재빨리 상담과정에 참여했다. 그들은 성장 경험에 대해 이야기했다. Val의 집은 부모 간에 끊임없이 대소동이 일어났다. 이와는 대조적으로, Paul의 부모님은 서로 대화하지 않았다. 이방인처럼 보이는 두 사람 사이에는 끊임없는 긴장감이 있었다. 점차적으로 Paul과 Val은 그들이 가족생활에서 건강한 의사소통을 경험한 적이 없다는 것을 깨달았다. 약 10회기의 상담이 끝난 후, 그들은 스스로 해낼 수 있는지 보고 싶을 정도로 진전을 이루었다. 벽 너머의 갈등에 간신히 도착했고, 서로를 알게 된 새로운 보상을 발견했다.

취약성과 의존성의 문제를 해결하지 못하면, 불륜은 삶의 방식이 될 수 있다. '자유' 결혼은 친밀감 회피라는 이 주제의 변형이다.

치료적 조언 **다른 가치와 생활방식의 선택을 받아들여야 할 것이지만 심리도식치료에서는 양식의 관점에서 역동을 바라보는 것이 중요하다. 이것이 대처양식의 증거인가? 때로는 다음과 같은 말을 하는 것이 도움이 될 수 있다.**

'자유' 결혼에 대해서 매우 단호한 일부 부부는 실제로 어떤 사람과도 정서적으로 친밀감을 느낄 수 없다는 것을 발견했습니다. 우리는 종종 배우자가 관계에 의존하고 대처기제로 '순응적 굴복'을 사용하기 때문에 다양한 성적 경험에 대한 상대방의 욕구를 따라갈 때 그것을 보게 됩니다.

굴복한 배우자는 치료에서 그들 내면의 거부감을 공유할 수 있는 권한을 갖게 될 수 있다. 묻힌 상처와 분노를 찾아보라. 음란물을 함께 사용하는 부부들과 비슷한 역동이 있을 수 있다. 동의한 배우자는 주도한 배우자가 자신들의 관계보다 사진에 더 많은 애착을 가지고 있다고 느낄 수 있으며, 실패와 결함의식의 현저한 증가는 관계를 괴롭힌다. 때로는 음란물을 사용하고자 하는 배우자가 자신의 성에 대한 압박감과 실패감을 깊이 느끼고 음란물을 성취해야 할 모델이나 실행에 도움이 되는 것으로 본다. 잠재적으로 양식 주도적인 대안들은 여기에서 애착 유대감에 해를 입힌다. 어떤 종류의 유대감인지 물어보라. 갈등 회피 불륜과 친밀감 회피 불륜 모두에서 욕구 목록의 애착과 수용에 대한 추구가 높은 부부에게는 깊은 유대감이 있다.

5) 성 중독 불륜

'오입쟁이'나 '요부'는 특별한 경우이다. 이런 종류의 사람은 '진정한 사랑'을 찾으려는 희망으로 표현된 정복을 함으로써 개인적인 욕구를 다루는 것을 회피한다. 그런 개인들은 대개 박탈당한 과거에서 비롯되며, 때로는 학대나 방임과 관련이 있고, 자신을 공허한 존재(아무것도 그들을 영원히 채워 주지 않는)로 경험한다. 정복은 고립감과 수치심, 낮은 자존감을 보상한다. 성 중독 불륜은 중독성 행동이며, 강박적이고 통제력이 없는 것처럼 보인다. 그것은 보통 대가를 치름에도 불구하고 계속된다. 이것은 또한 성격장애나 적어도 강한 성격 특질을 가진 사람들의 패턴이 될 수 있다. 때때로 치료자는 정복에 대해 자랑하는 청소년의 특성을 느낄 수 있다. 위험은 일종의 마약성 '주사'일지도 모른다.

아마도 변화의 유일한 희망은 확장된 심리치료를 통해 어느 정도의 재양육을 제공하는 것일 것이다. 그것은 또한 배우자가 이러한 나쁜 행동을 계속하는 경우에 포기의 수단을 사용하는 것이 도움이 될 수 있다. 심리도식치료는 이러한 도전에 매우 적합하다.

이런 종류의 불륜에서는, 비록 연인이 매력적인 외적 자질을 갖추었더라도, 예를 들어 잘생기거나 지위가 높을지라도 대개는 별 의미가 없다. 시간이 지나면서 연인이 많아질 것이고 결코 충분하지 않을 것이라고 예측해도 무방하다. 그런 불륜은 결혼생활 내내 일어나는 경향이 있다. '할 수 있다면 나를 잡아 보라.'와 같은 도전이 종종 일어난다.

Nicholas는 그의 새 아내 Bess가 그를 떠나겠다고 위협한 후 치료를 받으러 왔다. 그녀는 그가 그녀의 친한 친구 중 한 명에게 추파를 던졌다는 것을 알게 되었다. 그는 20대 후반이었으며, 키가 크고 건장한 몸을 가졌다. 그는 매우 호감 가는 스타일이고 꽤 매력적이었다.

그 후 3개월 동안, Nicholas는 매우 동기부여가 된 것으로 판명되었다. 그의 어머니는 한 번도 결혼한 적이 없는 알코올 중독자였고, 그는 그의 공허함이 어린 시절의 양육 부족과 관련이 있다는 것을 깨닫게 되었다. 그는 공허함을 느꼈고, 비밀스러운 성관계의 흥분으로 강렬한 욕구를 채우려고 노력했다. Bess는 그 과정에서 그에게 책임을 묻고 소통의 길을 열어 주는 데 큰 도움이 되었다.

내담자가 자신의 변화에 대해서 이야기하도록 격려되는 방식으로 치료자가 내담자에게 자신의 위치를 정하도록 격려하는 '변화 대화(동기강화상담)'의 원리를 이해하는 것이 도움이 된다(Miller & Rollnick, 2002). Matthew Kelly는 그것을 '자신의 최고의 버전이 되는 것'이라고 부른다(Kelly, 2004). 이것은 우리가 그 사람과 동맹을 맺고 더 건강한 대처양식이나 건강한 성인으로 변화하는 것을 돕는 양식작업의 원리이다. 이는 다음 대화에서 예시된다.

치료자: 그래서 내가 이해하기로는, 당신은 짜릿함을 좇고 다른 상대방들의 새로움을 좋아하지요. 그러나 당신은 또한 강력한 대가를 치러야 한다는 것을 알았지요. 주된 단점은 무엇이라고 보시나요?

니콜라스: 앨피 증후군이라고 생각합니다. 저는 언제나 외톨이가 되어 버리고 후회만 가득 남죠."

치료사: 그리고요?

니콜라스: 저는 결국 제 자신에 대한 존중감을 잃게 되고, 관계 측면에서 지속되는 무언가를 만들고 싶습니다.

치료적 조언 **분리된 자기위안자 양식의 관점에서 성 '중독'[1]에 대해 생각해 보라.**

부부 심리도식치료에서 음란물은 부모양식의 '비난 무대'에서 빼낼 수 있으며, 보다 현실적으로 분리된 자기위안자 대처양식 기제로 탐구할 수 있다. 이것은 자기위안에 대한 욕구를 촉구하는 양식들 간의 대화를 유도한다. 부모양식을 차단해야 하는가? 부정적인 정서와 다른 불쾌한 신체 감정을 스스로 조절하는 방법을 모르는 심각하게 박탈당한 유아양식이 있는가? 아동양식은 치료자, 배우자 또는 둘 다로부터 더 많은 재양육이 필요한가? 내담자의

1) '성 중독'이 실제로 존재하지 않을 수 있다는 과학적 증거가 등장하고 있다. 뇌파검사를 이용한 뇌 연구는 이러한 개념화가 오해의 소지가 있을 수 있다는 몇 가지 징후를 보여 준다(Steele et al., 2013 참조). 이러한 과학적 분석이 '중독성'으로 묘사된 그러한 행동의 양식개념화를 뒷받침할 수 있을지는 두고 봐야 한다.

건강한 성인양식이 좀 더 적응적인 대처기제를 찾는 것을 막는 것은 무엇인가?

> Denny는 자신이 주로 음란물뿐만 아니라 때때로 출장 중에 성매매를 하는 성 '중독'에 빠져 있음을 깨달았다. 그는 이것을 탈출구로 인식했다. 그는 매우 압도당했으며, 그가 그의 판매 목표에 미치지 못했을 때 그의 부모양식이 그에게 실패자라고 비난하는 것을 듣고는 했다.

음란물을 피상적인 중독으로 다루고 동기강화상담으로 개입할 위험이 있다. 우리는 양식으로 작업하는 것이 바람직하다고 생각한다. 치유는 사람이 건강에 해로운 대처기제를 바꾸고 충족되지 않은 욕구를 해결할 때까지 지속되지 않을 것이다. 이것은 부부의 성관계에 강화 효과를 줄 것이다. 그것은 향상되고 상호 만족도는 높아진다. 대인관계는 도전이지만, 그 보상은 크다.

심리도식 치료자는 양식의 작동방식을 이해하고 '욕구' 영역에서 긍정적인 결핍을 채우기 위해 비난하지 않는 방식으로 사람들을 돕는 독특한 위치를 차지하고 있다. Rafaeli 등이 심리도식치료에 관한 그들의 저서(2010)에서 기술한 바와 같이, 제한된 재양육은 그들이 의존하게 될 것을 두려워하기보다는 전문적인 경계 내에서 개인의 욕구를 충족시키려고 노력한다.

이것이 '상당한 정서적 투자'를 필요로 하듯이(Rafaeli et al., 2011, p. 155), 궁극적으로 관계를 치유하는 것은 상당한 정서적 투자이다. 왜 우리가 여기서 이것을 꺼내는가? 왜냐하면 성장애, 중독 그리고 성격의 불일치로 보이는 것은 부부의 정서적 연결이나 단절에 기초하고 있기 때문이다. 증상만 치료하면 부부는 일시적으로 '만족'할 수 있지만, 두 사람의 욕구가 충족될 때 연결의 풍부함을 놓칠 수 있다.

치료적 조언 **동기강화상담(Miller & Rollnick, 2002)의 기법인 변화 대화는 중독을 다루는 데 유용하며, 초기 치료 자세를 잘 제공할 수 있다.**

목표는 부부에게 더 친밀한 유대감이다. 그것이 부족하면 그 관계는 엉망이 된다.

> 사랑은 자신의 자유를 제한하는 헌신으로 구성되어 있다. 그것은 자기 자신을 주고, 자신을 주는 것은 바로 다른 사람을 대신하여 자신의 자유를 제한한다는 의미이다. 자신의 자유를 제한하는 것은 부정적이고 불쾌한 것으로 보일 수도 있지만, 사랑은 그것을 긍정적이고 즐겁고 창의적인 것으로 만든다. 자유는 사랑을 위해서 존재한다(Wojtyla, 1993, p. 135).

친밀감이 목표이다. 부부는 그들의 '심리도식-장벽' 간섭과 '탈출구'를 만드는 그들의 부적응적 대처양식의 짐 없이 그것을 경험할 수 있다. 정신과 의사인 Richard Fitzgibbons는 성-사람 연결을 명료화했다.

> 성과 사람 사이의 이러한 연결은 모든 성적 기부가 항상 전체 사람에게 주어져야 하는 '나'에 대한 특별한 인식에서 나타난다. 약혼한 사랑은 다른 형태의 사랑, 특히 호의와 우정이 절대적으로 필요하다. 이런 '동맹'이 없다면 자기희생적인 사람들은 자기 안의 공허함을 발견할지도 모른다. 그런 다음 그들은 내적 및 외적 문제에 직면하여 무력해질 것이다(Fitzgibbons, 2005-2011).

6) 빈 둥지 불륜

빈 둥지 불륜은 강한 정서적 유대감보다는 가족에 대한 신념으로 함께 맺어진 결혼을 알리는 신호탄이다. 결혼한 지 20년 된 한 가정적인 남자는 이제 자신이 아내를 진정으로 사랑한 적이 없다는 것을 인정한다. 아니면 처음부터 의심이 있었지만 어쨌든 결혼생활을 계속했다고 한다. 겉으로는 본분을 다하면서 '한번 노력해 보려고' 했던 것으로 보인다. 그러나 많은 아내가 10년, 20년 동안 같은 역할을 해 온 뒤 이제는 다른 곳에서 친밀감을 찾는다.

아이들이 집에 있는 동안에는 초점이 그들에게 맞춰져 있다. 결혼생활이 공허하다는 것이 명백해질 때, 그 사람은 다른 곳에서 성취를 추구하는 유혹을 받는다. 공허한 것은 개인이라기보다는 관계이다. 의사소통은 순전히 실용적인 문제에만 국한될 수 있다.

불륜은 심각한 문제인 경향이 있으며, 몇 년 동안 지속될 수 있다. 그 후 그 불륜의 상대방은 이상화되고, 배우자는 평가 절하된다. 당사자들은 좀 더 신중하고 쉽게 발각되지 않은 경향이 있다. 그러나 그 불륜이 밝혀지면, 특히 그들이 결혼에 헌신하고 있다면 배우자에게 깊은 상처를 줄 수 있다.

> James는 아내 Fiona의 요구에 의해서만 치료자를 만나러 왔다. "저는 결혼생활을 계속할 힘이 없습니다. 무의미합니다. Fiona는 마침내 저와 Michelle의 관계에 대해 알게 되었고, 제게는 그것이 더욱 명료해졌다고 생각합니다. Michelle과 함께 시드니로 이사하고 싶습니다. 아들 Mike는 법학 학위를 거의 마치고 첫 번째와 세 번째 주말에 저를 만나러 올 수 있습니다."

보통은 상담에 대한 거리낌이 있다. 그러나 어떤 의지가 있다면 무엇이 위태로운지 명확히 하라. 나중에 부부상담이 이어지면서 당분간 부부관계를 개인적으로 보는 것이 도움이 될 수도 있다. 슬프게도, 상담을 받으려는 전형적인 동기는 버려진 배우자를 치료자의 보살핌에 맡기는 것이다.

7) 결별을 위한 불륜

잘못을 저지른 배우자는 결혼을 끝내는 것에 대해 진지하게 생각하고 있기 때문에, 이 불륜은 "나 혼자 해낼 수 있을까?" "내가 아직도 매력적인가?" "내가 다른 관계에서 행복할 수 있을까?" 그리고 가장 중요하게는 "당신이 나를 쫓아내게 할 수 있을까?"라는 질문에 대답하려는 시도이다. 그 목적은 2가지 측면을 가지고 있다. 보통 자기검증에 대한 탐구가 있지만, 의식적으로는 결혼을 끝내는 책임을 회피하려는 욕구도 있을 수 있다. 불륜은 결혼생활을 끝내는 어려움과 고통으로부터 정신을 흩어지게 하는 것이다.

연인은 보통 '이해심이 있는' 것으로 그려지는데, 그 관계는 친밀한 우정을 바탕으로 이루어졌을지도 모른다. 그들은 결혼생활의 불만족과 미래에 대한 희망을 이야기할 수 있는 사람이다. 불륜은 그 결혼이 불만족스럽다는 것을 확인시켜 주는데, 이것은 임박한 이별을 정당화시켜 준다. 불성실한 배우자는 대개 자신이 들통나도록 할 것이고, 그럴 때도 배우자가 결혼을 끝내지 못할 것이라는 사실에 실망할 때가 있다. 불성실한 배우자는 "나는 내가 할 수 있는 모든 것을 했다."라는 자기정당화만 하게 될지도 모르기 때문에 상담작업이 어렵다. 보통 남겨진 배우자는 결혼생활의 상실이나 다른 생활에 적응하는 등의 문제에 더 기꺼이 직면하게 된다. 의사소통을 개선해야 할 필요가 있을 수 있는데, 이것은 그들이 양육 책임에 직면하는 데 도움이 될 것이다.

Trudi는 그녀보다 열다섯 살 정도 나이가 많은 성공적인 의료 전문가 Clarence와 결혼했다. 그들은 결혼생활에서 두 아이를 낳았다. 그녀는 처음에 남편에게 Frank와의 불륜에 대해 말하는 것을 매우 꺼렸다. 치료에서 그녀는 그 결정을 내렸다.

Trudi는 치료자에게 말했다. "그래요, 저는 떠날 겁니다. 하지만 Clarence를 떠나는 게 더 중요합니다. 저는 정말 Frank와 사랑에 빠지지 않았어요. 잠시 동안은 그 사람과 어떻게 지내는지 알아볼 것이지만, 전 정말 제 인생을 살아가고 싶어요."

일반적으로 평가가 갈등 회피에서 결별을 위한 불륜으로 이동함에 따라 결혼에 대한 예후는 악화된다. 둘 다 결혼의 불행한 특성을 만든 데 책임을 받아들일 수 있을 때 도움이 되고, 심리도식 치료자가 그 관계 문제의 근본적 특성을 정의하는 데 도움을 줄 수 있을 때 도움이 된다. 재건하는 것은 결혼에 초점을 맞추든, 이별 후 미래에 초점을 맞추든 시간이 걸린다. 때로는 용서가 가능하고 치유 효과도 있다(Gordon & Baucom, 1988).

8) 동성애적 불륜

동성애적 불륜은 Brown의 5가지 유형의 불륜에 추가할 수 있는 또 다른 범주이다. 이성애적 관계를 맺은 뒤 동성 연인과 불륜관계를 맺는 것이다. 결별을 위한 불륜과는 비슷한 점이 있는데, 그 이유는 보통 결혼 예후가 좋지 않기 때문이다. 그러나 그것은 빈 둥지 불륜의 요소를 가지고 있으며, 거기에는 연인에 대한 깊은 애착이 있을 수 있다.

성적 지향의 명백한 변화를 포함하여 차이들이 있다. 어떤 사람들은 10대 때 자신의 성에 대한 매력을 알고 있지만 개인, 가족, 사회의 불승인 때문에 망설인다. 사회적 낙인은 전통적인 결혼생활을 위해 노력하는 것으로 이어질 수 있다. 도덕적 가치나 종교적 신념은 결혼생활을 성공시키기 위한 결심을 더해 줄 수도 있다. 이 결심은 나중에 무너질 수 있다.

Bennie는 그가 10대였을 때 몇몇 동성애자와의 만남을 시험 삼아 해 보았다. 그는 그것을 '성적인 탐구'라고 일축하려고 했지만, 게이 바를 방문하고 싶은 충동을 억누를 수 없었다. 그는 힘든 결혼생활을 했다. 그의 아내가 그의 동성애 활동에 대해 알았을 때 그녀는 그를 떠났고, 변호사를 제외하고는 그와 이야기하기를 거부했다. 그는 혼란스러웠고, 자신의 욕구에 대해 다소 부끄러워했다. "나는 이해할 수 없어요. 아직은 여성과 꾸준한 관계를 유지하고 싶고, 가벼운 섹스를 하러 게이 바에 갑니다."

어떤 경우에는 더 최근의 이끌림이 있고, 이것은 혼란스러울 수 있다.

Mark는 공황상태에 빠져서 전화를 걸었다. 그는 아내 Gabrielle에게 동성 애인이 있다는 것을 알게 되었다. 전화로 그는 "빌어먹을! 우리에겐 모두 10대인 네 아이가 있습니다. 도대체 어떻게 이런 일이 일어났을까요?"라고 퍼부었다. 그는 Gabrielle을 첫 상담회기에 보냈다. Mark는 치료가 그녀를 다시 바꿔 주길 바라고 있었다.

Gabrielle는 "교회에서 Angie를 만났습니다. 우리 둘 다 커피 하우스 사역을 돕습니다. 그것은 실업자들에게 봉사하는 것과 관련이 있습니다. 우리는 좋은 친구가 되는 것으로부터 시작했습니다."라고 말했다.

그러나 Gabrielle은 Mark와 화해하는 데 아무런 관심이 없었다. "Mark가 나를 만진다는 생각은 혐오감을 줍니다. 나는 더 이상 같은 방에서 잠을 잘 수 없고, 우리 아이들을 위해 함께 지내는 것은 절망적이라고 생각합니다. 이 말은 제가 떠나기로 결심한 것 같아요, 그렇지 않나요?"

배우자의 거부는 아마도 이런 종류의 불륜에서 가장 견디기 힘든 일일 것이다. 나중에 Mark는 이렇게 말했다. "개인적으로 나뿐만이 아니에요. 그녀가 다른 남자와 함께 간다면 이해할 수 있었지만, 여자? 그녀는 너무 흥미를 잃어서 내 성별도 거부하고 있습니다. 내가 어떻게 그녀를 그렇게 실망시킬 수 있지요?"

9) 불륜과 관련된 심리도식치료

종종 불륜에 대한 취약성은 심리도식으로 추적될 수 있다. 각 심리도식이 어떻게 기여할 수 있는지 생각해 보라.

어떤 심리도식은 강한 욕구를 나타내며, 만약 어떤 사람이 필사적이 된다면 이것은 다른 곳에서 위안을 찾는 것으로 이끌 수도 있다. 유기, 정서적 박탈, 승인 추구는 충족되지 않은 깊은 욕구를 드러낸다. Angie는 Barry가 줄 수 있는 것보다 더 많은 것이 필요하다고 말했다. "그리고 나는 Hank와 함께 직장에서 그것을 발견했습니다."

특권의식과 부족한 자기통제 같은 심리도식을 다루는 일은 매우 다를 것이다. Nick은 자신을 정당화시키는 분노를 표출하며 다음과 같이 말했다. "나는 내가 오락적인 섹스를 해야 한다고 믿습니다! 뭐가 문제지요?"

일부 심리도식은 결함-수치심, 사회적 고립, 의존성-무능감, 위험-질병에 대한 취약성, 융합, 실패 및 정서적 억제와 같은 자아의식이 부족하다는 것을 나타낸다. Amie는 Brad와의 관계에서 매우 의존적이었다. 그녀는 자율성이 부족했다. 그녀는 '의지할 수 있는' 그의 능력 부족에 더 좌절하고 있었지만, 그녀에게 관심을 보이기 시작한 한 직장 동료를 발견했다.

불륜은 주의를 흐트러지게 하거나 '탈출하려는' 시도로 보일 수도 있다. Nick은 운동신경이 부족했기 때문에 다른 사람들보다 열등감을 느꼈다. 그는 보디빌딩을 시도했지만 효과가 없었다. 그러나 체육관에서 그는 Mike의 관심이 자신을 매우 들뜨게 하는 것을 알았다.

또는 불신-학대, 부정성-비관주의, 실패와 같은 태도 때문에 취약성이 있을 수 있다. Vella는 특히 결혼생활에서 끊임없는 실패를 느꼈다. 그녀는 남편이나 어머니의 기대에 부응하지 못했지만, 근처에 사는 Dennis에게 더 많이 수용받는 기분을 느꼈다.

때로는 불륜으로 이어지는 분노가 '처벌성'의 영향을 받을 수도 있다. Charlie는 "내가 그녀에게 보여 줄 거야. 나쁜 년! 내가 난잡하게 놀아나고 있는 걸 알면 기분이 나쁘겠지."라고 말했다.

다음 예에서 심리도식 역동을 찾아보라.

> Mary는 까다로운 상사의 개인 비서였다. 그가 그녀를 성희롱할 때 그녀는 결코 불평하지 않았다. 그러나 선정적인 발언으로 시작된 것은 성적 관계로 끝나고 말았는데, 그녀는 복종적인 생활패턴 때문에 거절할 수 없었다.

따라서 심리도식 취약성의 관점에서 불륜을 이해하는 것이 중요하다. 그것은 배우자의 보완적인 역동에 따른 것일 수도 있다. 부부 심리도식치료는 이러한 취약성을 재양육함으로써 치유한다. 그것은 근본적인 성격 대처기제를 바꾸는 데 도움을 준다. 다른 결혼 및 부부 치료 기법들은 공감과 이해의 척도를 가져오지만, 이 부부가 평생 갇혀 있는 바로 그 개인적인 주기와 전반적인 입장에 대해 일반화하지는 않는다.

> Nick의 아내 Brenda는 Nick의 이기적인 정당성을 받아들이는 경향이 있었다. 그녀는 정서적 억제 심리도식으로 자기희생에 푹 빠져 있었다.

심리도식치료는 이미 개략적으로 설명한 몇 가지 기법을 통해 그러한 패턴으로 작업할 수 있다. 제한된 재양육은 특히 불륜에 기여하는 고착된 심리도식에서 중요하다. Angie는 정서적 궁핍에서 기인한 학대의 기억을 다루어야 했고, Mary는 복종을 강요한 폭력적인 아버지를 다루어야 했다. 그리고 Brenda는 자신의 감정을 믿고 자신의 수동성을 적절한 자기주장으로 바꿀 필요가 있었다.

10) 불륜과 관련된 양식작업

불륜이 매력적이라는 양식—또는 마음상태—에 대해서도 생각해 볼 가치가 있다. 심리도식 기반 개념화는 근본적인 성격 특성을 살펴보지만, 양식 관점은 사람의 지금-여기(현재)의 반응에 초점을 맞추고 역사를 제쳐 둔다. 성격장애를 가진 사람들처럼 복잡한 경우, 이것은 부부관계 내의 반응적인 요소를 관리하는 데 도움이 된다.

취약한 아동, 화난 아동, 충동적 아동, 비훈육된 아동, 행복한 아동, 순응적 굴복자, 분리된 보호자, 분리된 자기위안자, 자기과시자, 가해자 공격, 처벌적 부모, 요구적 부모 및 건강한 성인의 양식 목록을 사용하여 다음 사례를 생각해 보라.

> Natalie는 그 불륜에 대해 이야기했다. "나는 단지 그와 함께 있는 편안함이 필요했어요."(분리된 자기위안자)
>
> Val은 반항적으로 말했다. "나는 단지 되돌아가고 싶어요. 그녀를 심하게 다루고 그녀를 자꾸 들먹이는 겁니다. 쓸모없는 년!"(가해자 공격)
>
> Desmond는 슬픈 어조로 말했다. "난 완전히 혼자라고 느꼈어요. 나는 위안이 필요했어요. 아내는 더 이상 내게 말을 걸지 않았어요."(취약한 아동)
>
> Nerida는 숨김없이 말했다. "나는 Ben이 싫어요. 나는 그의 형이 나에게 관심을 가져 준 게 기뻤어요. 내가 Ben에게 상처를 준 건 알지만, 관심을 좀 받을 만했다고요!"(화난 아동)

불륜은 그 사람이 아동양식이나 대처양식에 있을 때 '맞다'고 느낄 수 있다. 만약 여러분이 양식을 이해할 수 있다면, 주기에 선택을 가져오기 위해 몇몇 회로 차단기를 도입하는 것이 가능해진다. 아마도 거리감을 얻기 위해 마음챙김이나 3인칭 관점을 사용할 수 있을 것이다. 예를 들어, "내 가장 친한 친구가 이 불륜에 대해 어떻게 말할까?"라고 묻는다. 그러고 나서 그 불륜을 계속하거나 멈추기 위해 선택들을 목표로 하는 행동패턴 파괴를 시도해 보라.

심리도식과 양식작업을 이해하면 부부 심리도식치료가 다른 치료법들과 차별화된다. 불륜의 원인이 무엇인지, 치유과정이 어떻게 전개되는지를 개념화하는 것은 다르다. 우리 마음속의 원인은 다음 3가지 측면에서 중요하다.

- 이 이해가 어떻게 관계에서 '불륜 방지'를 하는 데 도움이 될 수 있는가?
- 관련 양식을 변경하면 어떻게 외상을 입은 배우자에게 더 많은 안전을 제공할 수 있는가?
- 양식주기의 인식이 어떻게 통찰력의 초기 토대, 비난의 감소, 책임의 획득, 희망의 증을 촉진할 수 있는가?

이런 식으로 결과는 바뀐다. 양식치료는 한 파트너와 불륜을 저지르는 부부의 많은 도전을 효과적으로 해결할 수 있다. 이러한 의미에서 우리는 이 치료의 경험적 및 대인 행동적 측면을 강조할 수 있으며, 진정으로 제3의 물결 치료가 되어 그 인지적 기원과 차별화시킬 수 있다. 일반적으로 양식작업으로의 전환은 현재 심리도식치료에서 핵심이다. 불행하게도, 심리도식치료에 대한 비평가들은 그것을 인지치료의 한 유형으로 계속 특징짓고 있다. 이제 심리도식치료는 인지에 주목하지만 부정적인 생각을 우회하거나 부모양식에 그것들을 할당한 다음 그 역동을 경험적으로 다루는 경향이 있다.

Shirley Glass는 "때때로 불륜은 결혼의 결함을 탐구함으로써 이해될 수 있지만, 사실은 종종 그렇지 못하다는 것이다."라고 말했다(2003, p. 40). 그녀는 사랑하는 배우자와의 좋은 결혼이 불륜을 예방한다는 '예방 신화'를 설명했다. 우리는 사랑하는 배우자가 불륜을 예방하지 못한다는 데 동의하지만, 좋은 결혼은 방호벽이다. 심리도식치료는 '좋은' 관계가 배우자들이 적응하지 못하는 대처양식들에서 건강한 성인에 의한 더 건강한 대처양식으로 전환하는 관계라고 정의한다. 앞의 불륜의 유형에 대한 설명에서 지적한 바와 같이, 우리는 일반적으로 불륜의 발생을 양식충돌 또는 활성화된 심리도식으로 추적할 수 있다. 심리도식치료의 이상은 부부가 양식주기에 갇히거나 양식주기 사이를 전환하는 것에서 그들의 전체 범위의 욕구를 인식하고 상호 충족을 협상할 수 있는 두 명 혹은 그 이하의 건강한 성인의 만남으로 이동할 수 있도록 지원하는 것이다. 불륜의 정서적 활성화는 매우 높기 때문에, 외면화된 도구들(예: 양식주기 충돌카드, 함께 서서 장면을 내려다보기 등)은 부부가 어려운 감정을 되돌려 처리하도록 하는 데 매우 도움이 된다. 건강한 부부는 건강하지 않은 양식 분화가 사소하고 관계에 위협이 되지 않는 시점까지 건강하지 않은 양식에 직면하거나 도움을 받는 작업을 한다. 우리는 건강한 관계에 대한 이 비전을 열망한다.

때때로 양식충돌은 숨겨져 있지만, 결국 그것들은 드러나고, 진행 중인 재발 방지의 열쇠는 개념화 그리고 충돌을 치유할 수 있는 것에 있다. 양식 역동에 대한 인식이 높아지면 관계 파탄의 위험이 줄어든다.

우리는 종종 먼저 배신하는 배우자를 향한 부모양식을 본다. 이것은 가혹한 도덕적 기준이나 복수에 대한 시도와 함께 처벌적 부모로부터 상처 입은 사람의 처벌적 부모를 통해 올 수도 있다. 과거의 모든 배신이 공개되어야 한다는 요구와 함께 이것이 표현될 수 있는 또 다른 방법은 요구적 부모양식에서 나온 것이다. 이것은 아무리 재탕(문제를 다시 제기하는 것)에 노력을 기울이더라도 만족시키는 것은 비현실적이고 심지어 불가능할 수도 있다(절대 마칠 수 없는 뒤뜰에서 나뭇잎을 긁어모으는 작업에 대해 생각해 보라!). 대신 한 번의 회기에 가장 잘 포함될 수 있는 '충분히 좋은' 공개를 목표로 한다.

어느 정도 '성격'을 결정하는 것은 불륜을 저지른 후 또는 '나쁜 행동'을 연이어 반복한 후에 재투자하는 문제를 해결할 것이다. 건강한 성인이 아닌 부모양식에서 나올 때 주의하라. 그것은 어떤 의미에서는 불평등이며, 한 사람이 분석과 판단의 불평등한 위치에 들어갈 수 있게 하는 어떤 관계도 연결을 약화시킬 수밖에 없는 결함을 가지고 있다. 비록 두 사람 모두 자신의 행동이나 상대방의 나쁜 행동에 대해 의견이 다를 수 있지만, 연결은 항상 동등하고 수용적인 두 배우자 사이에 있어야 한다. 부부가 자신과 타인에게 해를 끼친다는 인식으로 그러한 대처양식에서 벗어나고, 건강한 성인을 통해 의도적으로 상대방을 더 긍정적으로 포용하도록 격려하라.

Nikki는 사무실의 크리스마스 파티에서 Mark의 '실수'에 망연자실했다. 그녀는 그것에 집착했고, 그에게 '성격' 변화의 '증거'를 보여 달라고 요구했다. 그중 일부는 합리적이고 심지어 잠재적으로 좋은 자기관리로 여겨질 수도 있지만, Nikki가 검찰 및 판사가 되고 Mark는 자신을 증명해야 했다. 이 도움이 되지 않는 역동 속에서 관계는 한동안 고착되어 있었다.

우리 모두가 결점이 있다는 것을 인정할 수 있는 여지가 주어져야 한다. 우리는 때때로 친밀감에 도전할 수 있는 다양한 종류의 나쁜 행동에 관여한다. 우리는 또한 회개의 가능성과 지속적인 행동 변화를 허용할 필요가 있다.

나쁜 행동을 저지른 사람과 상처받은 배우자를 보호하는 방법은 각각 어떤 양식이 관련되어 있는지와 그러한 양식에 대한 치유의 경로를 이해하도록 돕는 것이다.

Minh은 직장 동료와 바람을 피웠다. 그녀의 사실혼 배우자인 Barry는 상담에 들어갈 준비가 되어 있었다. "나는 떠나고 싶지 않습니다. 문제를 해결하고 싶습니다." 치료에서 그 불륜은 분리된 자기위안자 양식에서 나왔으며, 그 양식을 약화시키고 그것이 무엇을 분리하고 있었는지 발견함으로써 진전이 이루어졌다. Minh은 또한 자신이 결함이 있다고 말하는 자기지시적인 부모의 목소리를 가지고 있었고, 개인회기에서 그 목소리의 기원을 발견했다(기본적으로 그녀의 어머니).

그러고 나서 그녀는 그것을 잊고, 차단하고, 무시하기 시작했다. 그 처벌적 부모의 목소리에서 기억들은 쉽게 학대적인 메시지를 전달했고, 그녀의 취약한 아동을 재양육하고 부모를 탄핵하기 위한 심상작업이 수행되었다. 촉발요인들을 확인하는 추가적인 부부작업이 있었다.

무엇이 부모의 목소리를 촉발했는가? 여기에는 부부 사이의 주기를 살펴보는 것이 포함된다. 주기로 돌아선다고 해서 불성실한 당사자가 '혐의를 벗는 것'은 아니지만, 그것이 비난을 덜 받게 하고, 불륜이 시작되었을 때 관계상태에 대한 책임 재분배를 더 허용한다.

부부 심리도식치료는 부부관계에서 두 배우자가 각자의 욕구를 보다 효과적으로 충족시키기 위해 개별적으로 그리고 공동으로 전적인 책임을 지도록 하는 것을 목표로 한다. 종종 그것은 내가 건강한 성인양식에서 더 효과적일 수 있도록 해 주는 나의 감정과 욕구가 어디에서 오는지 이해하는 것이다.

11) 기본 원칙

Shirley Glass(2003)는 성적 세부사항을 포함하여 세부사항의 공개에 대한 몇 가지 기본 원칙을 권장했다. 이는 제3자와의 접촉을 피할 수 없는 상황을 다룰 때 중요할 수 있다. 그녀의 『단순한 친구가 아니야(Not Just Friends)』(2003)와 Janis Spring의 『불륜 이후(After the Affair)』(2012)에 나오는 많은 개념은 명확한 추론을 통해 제시된다. 그러나 이것에는 단점이 있다. 배우자에게 무엇을 해야 하고, 왜 해야 하는지 말하는 것은 흡연자에게 흡연을 멈추라고 말하는 것과 같다. 양식을 이해하는 것, 특히 보상양식을 이해하는 것은 부부가 더 고착된 정서적 문제를 해결하는 데 도움이 될 수 있다.

치료적 조언 **양식치료는 정서적 · 성적 또는 둘 다이든 불륜으로 파열된 부부를 치료하는 접근방식이 다르다. 다음을 고려하라.**

- 배우자 앞에서 의자작업을 통해 가해자(배신자)의 개별양식을 치료하라. 우리가 보통 불륜을 자기위안 행동으로 간주하기 때문에 치료자는 불륜을 원하는 양식을 대처양식 의자에 앉힐 수 있다. 그것은 어떤 양식인가? 이름을 붙이고 나서 취약한 아동이 그들이 하고 있는 일에 대해 어떻게 느끼는지 보라. 취약한 아동을 대처양식 의자 뒤에 놓아 대처양식으로 덮이게 한다. 불륜의 자기주장 부분 사이에서 차별화를 시작하고, 그것을 애착 추구 체계에 대한 장기적인 효과와 균형을 맞추라. 각 극에 하나씩 2개의 아동양식 의자를 제공한다. 이것(자기위안 대처양식)이 취약한 아동에게 장기적으로 정말로 필요한 것을 주는 것일까? 취약하고 애착지향적인 아동양식과 접촉하는 것은 화해에 도움이 된다.

• 이 2가지 아동양식 간에 대화를 하라. 건강한 성인은 충동적인 아동 의자로 대표되는 주장성 극의 기본적인 욕구를 더 잘 충족시킬 수 있을까? 건강한 성인은 단지 자신이 매력과 승인을 느낀다고 해서 그것이 자신이 행동해야 한다는 것을 의미하지 않는다는 것을 충동적인 아동에게 가르칠 필요가 있는가?

12) 언제 용서하는가

용서와 관련하여 일치된 목소리가 있다. Robert Enright는 용서 연구소(Forgiveness Institute)[2)]를 설립했으며, Richard Fitzgibbons, Shirley P. Glass와 Janis Abrahms Spring(2004)의 저작에 자원이 있다. 이 논의 또한 부부 심리도식치료에 속한다.

우리가 사용하는 단어에 대해 생각하는 것은 종종 가치가 있다. 화해(reconciliation)는 무언가를 반복해서 말하는 것을 의미한다. reconcilliation에서 re는 반복을 의미하고, conciliation은 대화를 의미한다. 그러나 용서(forgiveness)라는 단어에는 대화가 포함되어 있지 않다. 그것은 행동이다. 한 사람에게서 나온 결단이다. 그것은 다른 사람에게 주는 선물이다. 다른 사람은 '자격'을 가질 필요가 없다. 조건("만약 ……한다면 내가 너를 용서할 것이다.")이 있다면 용서가 아니다. 기독교 전통에서 여러분의 '적'을 용서한다는 것은 조건 없이 선물로 용서하는 것을 의미한다. 적이 용서받기 위해 여러분의 '친구'가 될 필요는 없다.

용서는 상처를 완전히 경험하지 않고서는 결코 가능하지 않다. 그것은 더 큰 수용의 장소로 이어지는 과정이다. 배신당한 배우자를 위한 여정이다. 관계를 유지하기 위해 제공되는 유사 용서가 아닌지 확인하라.

Alice는 회의에 참석한 후 하룻밤 상대와 즐겼다. 그녀는 죄책감으로 너무 마비되어 집으로 돌아와 즉시 고백했다. Bob은 충격을 받고 혼란스러웠으며, 화가 치밀었을 때 비로소 어떤 기분이었는지 분명히 알게 되었다. 그러나 이것은 그에게 생소한 감정이었고, 화는 매우 엄격한 가정에서 자랐을 때 금기시되는 감정이었다. 그는 자신의 교구 사제를 보러 갔으며, 사제는 그가 '용서'를 하도록 격려했다. 그는 '과거를 청산하고 싶어서' 용서할 준비가 되어 있었다. 두 달 후, 그의 가정의는 그가 매일 새벽 2시에 일어나는 것 때문에 치료를 받을 것을 권했다. 치료에서 그는 여전히 그 불륜에 대해 많은 감정을 가지고 있음을 깨달았다.

2) www.internationalforgiveness.com

복종 도식과 순응적 굴복자 양식은 때때로 사람에게 '용서'를 하도록 동기를 부여하지만, 이것은 아무리 진심으로 느껴지더라도 용서와는 거의 관련이 없다. 그것은 일종의 회피와 단절에 대한 두려움이다. 그런 용서는 관계를 더욱 약화시킬 것이다. 사람이 서둘러 용서하는지를 알아내기 위한 간단한 테스트는 건강한 성인과 취약한 아동 사이의 대화를 설정하는 것이다. 건강한 성인은 취약한 아동의 기분을 증명할 수 있을까? 불륜이 배신이고, 배우자가 아무리 '나쁜' 행동을 했더라도 배신은 결코 괜찮지 않다는 것을 증명하라. 1가지 나쁜 행동이 다른 것을 정당화하지는 않는다.

만약 배신당한 배우자가 이 배신에 의해 희생당했고 그것이 정당화되지 않았다는 변명 없이 받아들일 수 있다면, 용서는 그들을 위한 선택사항이다. 위험 회피와 강한 자기고발적인 부모양식이 의심과 의문을 유발하는 경우, 부모의 목소리가 완전히 무시되거나 적어도 약화되고 그 그림에서 벗어날 때까지 배우자를 용서하는 것을 보류하라. 너무 빨리 용서하면 상처 입은 당사자를 무력화시키고, 회피와 두려움으로 인해 더 많은 약화가 발생한다.

배신한 당사자도 동등한 대우를 받아야 한다. 그들은 배우자가 동등하게 서서 먼저 ('곤란한 입장에 놓여') 책임을 지고 있을 때 안도감을 느낄 것이다. 『불륜 이후』(Spring, 2012)에 그 개념에 대한 설명이 잘 되어 있다. 이것은 결국 용서를 동등한 행위로 만든다.

Bob은 그 불륜으로 자신이 얼마나 상처받았다고 느끼는지 알아보기 위해 여러 차례 회기를 가졌다. 그는 "Alice와 나는 결혼식 날 밤까지 섹스를 미루었어요. 그것은 우리가 함께했던 어떤 것이었으나, 이제는 특별함이 없어졌어요."라고 말했다. 부부회기에서 Bob은 그가 어떻게 느꼈는지 말할 수 있었다. Alice는 그가 예속의 역할에서 벗어나고 있다는 사실에 안도했다. "내가 존중하는 어른으로서 당신과 더 많은 관계를 맺을 수 있어요. 내가 당신에게 상처를 주었다는 건 알아요. …… 글쎄, 우리…… 끔찍하게도 당신의 힘은 내게 매력적이에요."

만약 그 부부가 다시 연결되고 치유되려면 용서는 선물로 자유롭게 주어질 수 있고 또 주어져야 한다. 용서란 잘못을 옳지 않거나 정당화되지 않은 것으로 받아들이고, 상대방이 빚을 지고 있다는 것을 인정하고, 자발적으로 그 잘못에 대한 재투자를 선택하고, 처벌하지 않고, 빚을 지고 있는 것에서 다시 동등한 것으로 끌어올리는 것을 의미한다. 신뢰를 재건하는 과정이 완료되었다는 뜻은 아니다. 하지만 그것은 치료자가 다른 사람들이 한 일에 대해 처벌할 권리와 그들을 발아래에 둘 권리를 포기한다는 의미이다.

제대로 적용된다면, 용서는 건강한 성인양식에서 나온다. 갈등을 피하기 위해 '순응적 굴복자 대처양식'에서처럼 애착에 대한 절박한 욕구에서 비롯되지 않는 '자유로운' 결정이어야 한다. 건강한 성인양식에서 사람은 정확한 복수를 하지 않고, 처벌적 부모양식으로 들어가지 않으며, 가해자에게 과잉보상을 하지 않고, 관계에서 새로운 시작을 모색하기 위해 개인적인 선택을 한다.

화해하는 데는 최소한 두 사람이 필요하다. 보통 그것은 관계의 상처가 구체적으로 인정되고 이해되었음을 의미한다. 대화는 상처를 입은 개인이 충분히 이해되었다고 느끼기 위해서 필요하다. 대화는 가해자가 충분히 말했다고 느끼는 지점(일반적으로 약 3초!)이 아니라 상처의 희생자가 화해했다고 느끼는 지점까지 계속되어야 한다는 점에 유의하라!

때로는 상처받은 사람의 심리도식이 개입되면, 그들은 "나는 그것에 대해 이야기를 끝냈다."라고 말할 정도가 되지 않을 수도 있다. 어느 쪽도 화해를 강요할 수 없다. 그것은 양 당사자가 건강한 성인양식에 머물 수 있을 때만 달성될 수 있다. 가해자는 용서를 구할 수 있지만, 화해를 이루지는 못한다. 피해자는 기꺼이 용서할 수 있지만, 가해자는 그 피해를 진정으로 인정하지 않을 수도 있다. 두 경우 모두 화해는 일어나지 않는다. 왜냐하면 그것은 단지 일방적이기 때문이다.

건강한 성인을 해방시켜 주는 소식은 상대방의 협조 없이도 항상 용서하거나 용서를 구할 수 있다는 것이다. 용서는 피해자가 자신의 취약한 자아를 가해자에게 다시 노출시킬 것을 요구하지 않는다. 그러나 진정한 화해는 거의 항상 서로 이해하게 되고, 야기된 상처에 대한 회개와 공감을 필요로 하며, 벽을 쌓지 않기 위해 서로에 대한 취약성을 다시 노출시켜야 한다.

진정한 심리도식 양식방식에서는 양식지도와 양식주기 충돌카드가 가져올 수 있는 몇 가지 이해가 필요하다. 가장 기본적인 수준에서 우리 각자는 어떤 역할을 했는가? 여기서 우리 각자가 정말 필요로 하는 것은 무엇인가? 그리고 적어도 서로 해치지 않고 우리 자신의 욕구를 충족시키기 위해 건강한 성인의 방식으로 행동하려고 할 만큼 서로 보살피자. 이것은 상처나 고통을 계속 일으키기보다는, 특정한 피해를 상쇄하고 반대되는 욕구를 충족시키기 위한 지속적이고 긍정적인 노력을 함으로써 이루어진 피해를 교정하는 데 조력하고 재양육하는 헌신에 의해 더 깊은 화해를 구축하고 발전시킬 수 있다.

치료적 조언 Simeone-DiFrancesco와 Simeone(2016a, 2016b)은 화해를 향한 단계를 열거했다.[3]

---

3) www.healinginternational.com을 참조하라.

13) 의식으로 불륜을 치유하기

Farrell과 Shaw(2012)는 집단의 구성원들에게 '우리'라는 협력적 정체성을 가지고 있다는 것을 상기시키기 위한 집단 활동에 대해서 썼다. 이 활동은 부부에게도 적용 가능하다. 우리는 무엇이 부부간의 작업을 향상시킬 수 있는지에 민감할 수 있다, 결혼식은 상징성으로 가득 차 있다. 관계회복을 적절한 기호로 표시하는 것은 어떨까? 다음은 좋은 예이다.

> Scott과 Diana는 짧은 불륜 후에 그들의 관계를 회복했다. Diana는 "저는 Scott을 용서했으며 잊어버리려고 노력해야 한다는 것을 알고 있습니다. 어려움은 우리의 결혼생활이 피해를 입었다는 것입니다. 결혼 서약을 다시 할 수 있을지 궁금합니다. 그렇게 되면 새로워진 헌신에 바탕을 둔 새로운 출발의식을 얻는 데 도움이 될 것 같아요."라고 말했다. Scott은 이러한 방식으로 새로운 출발을 하게 되어 기뻤다. 그들은 그들의 서약을 다시 반복할 수 있도록 사적인 축하자리에서 공인된 축하자(하객)들을 주선했다.

관계 회복에 대한 다른 많은 잠재적인 의식이 있다. 아마도 가장 풍부한 자원은 부부의 창의성과 그들에게 맞는 느낌을 아는 것이다.

14) 주의사항

비밀유지에는 잠재적인 어려움이 있다. 개인치료에서 불륜을 폭로하는 것은 윤리적 딜레마는 아니다. 그러나 만약 여러분이 부부치료자라면 사정이 달라질 수 있다. 이 도전에 대처할 수 있는 황금률은 없으며, 우리는 다른 치료자들이 그것을 다른 방식으로 다루고 있는 것을 잘 알고 있어야 한다. 심지어 우리 세 저자도 다른 관점을 가지고 있다! 여러분은 합리적인 기간(4주) 내에 현재 시점에서 일어나고 있는 불륜의 폭로에 대해 작업해야 한다고 생각할지도 모른다. 불륜이 부부치료가 끝났다는 것을 의미하지 않는다. 그것은 치료를 또 다른 수준으로 끌어올릴 수도 있다.

우리는 불륜이 관련되거나 관련될 수 있을 때 부부와 작업하는 것에 대해 다음과 같은 조언을 제공한다.

1. 의심: 만약 치료자가 한쪽 배우자가 바람을 피우고 있다고 의심된다면, 이 문제를 개인

회기에서 해결하는 것이 최선이다. 만약 내담자가 불륜을 부인한다면, 그것을 받아들이고 외적인 행동에 다시 초점을 맞춘다(우리는 형사가 아니다). 만약 내담자가 비밀리에 바람을 피우면서 '정상적인' 방식으로 행동한다면, 그 불륜은 결국 이 관계의 균형의 일부분이다.

2. 과거의 불륜: 과거의 불륜에 대한 정보를 얻고 그것이 현재 시점에 효과가 있는지 명백하지 않다면, 그것을 비밀로 묻어 두는 것이 최선이다. 배신당한 배우자가 그 불륜에 대한 의심이나 전반적인 불륜에 대한 의심을 표현한다면 더 큰 문제이다. 문제는 불륜을 비밀에 부치도록 부추기는 것은 피해 당사자의 '현실 검증'을 부정하는 것이다. 공개를 장려하고 그 결과를 다루는 것이 바람직하다.
3. 현재 시점의 불륜: 부부 중 한 사람이 현재 불륜관계에 있다면, 이것이 부부에게 영향을 미치며 치료자가 제공하는 어떤 치료에도 악영향을 미칠 수밖에 없다. 적어도 치료자는 잘못을 저지른 배우자에게 일정 기간 동안 멈추게 하고 그들의 연인과의 모든 접촉을 중단하게 해야 한다. 이렇게 하면 그 부부와 함께 작업할 수 있는 기회가 주어질 것이다. 만약 내담자가 수락한다면, 그 부부와 계속 함께 작업할 수 있지만 배신하는 파트너로부터 분리된 보호자 행동의 징후를 매우 주의 깊게 살펴볼 수도 있다. 만약 치료자가 이것을 인식한다면, 그것은 거짓된 게임의 일부가 되는 것을 피하기 위해서 다루어져야 한다. 우리는 불륜이 관계에서 파괴적이라고 믿지만, 그런 일은 일어나며 내담자의 행동을 판단하는 것은 우리에게 달려 있지 않다. 공개되지 않은 불륜은 치료 대상이 아니다.
4. 합의를 지키지 않음: 만약 배신한 배우자가 치료자에게 약속한 책무를 지키지 않는다는 기미가 보이면, 그 행동을 공감적으로 직면시켜야 할 것이다. 이것은 부부치료의 종결을 의미하는 것이 아니지만, 게임을 바꾼다. 그 불륜을 제3자로 삼아 여분의 의자에 놓고 작업을 할 수도 있다. 우리의 목표는 견고한 기반에서 작업하는 것이다. 때때로 부부가 무엇을 다룰 수 있는지 놀랍지만, 누구도 미끄러운 비탈에서는 작업할 수 없다. 그 부부와 함께 작업할 견고한 토대를 만드는 것이 우리의 역할이다.

15) 불륜의 요약

불륜은 고통스러울 정도로 흔하다. 불륜은 종종 부부가 도움을 요청하러 오는 이유가 되지만, 공개되지 않고 현재 문제의 근본이 될 수 있다. 아마도 놀랍게도, 불륜은 관계가 끝나는 가장 흔한 이유는 아닐 것이다. 일부 연구에 의하면, 결혼생활을 끝내는 사람의 거의 80%는 이혼의 이유를 '서서히 관계가 멀어지기 때문'이라고 했다.[4] 불륜은 약 20~27%의 이유로서 언급되었다. 불륜은 대개 증상이지 관계 파탄의 진정한 원인은 아니다.

우리는 심리도식치료가 어떤 사람이 정서적 욕구를 충족시키기 위해서 관계를 '외부'로 향할 때 부부가 이해하도록 도울 수 있다고 생각한다. 우리의 양식 접근방식은 불륜 후 양 당사자와 관계 자체를 치유할 수 있는 가능성을 가지고 있다. 부부가 자신에게 적용할 수 있는 보조 도서로는 Janis Spring의 『불륜 이후』(2012)가 있다.

결국 불륜은 완전히 파괴적인 것은 아닐지도 모른다. 때때로 관계는 살아남아 더 강해진다. 보통 두 배우자 모두 심하게 상처를 입지만, 그 불륜은 그들이 그 관계에서 뭔가 더 많은 것을 원한다는 것을 나타낼 수도 있다. 관계에 대한 완벽한 꿈은 좌절될 수도 있지만, 현실은 만족스럽고 보람을 느낄 수 있고, 심지어 완벽한 꿈의 검증되지 않은 사랑보다 더 나을 수도 있다. 결국은 관계가 깨져도 통찰력이 생기고 다음번에는 더 현명해질 가능성이 있다.

2. 결혼 준비 또는 약속된 관계

심리도식치료는 결혼 준비에 유용한 자료를 제공할 수 있다. 치료자와 함께 작업하는 것은 각 배우자의 핵심기억과 충족되지 않은 욕구에 대한 지도로 이어질 수 있으며(아마 어릴 때부터), 그 관계에 대한 명확한 목표를 만들 수 있다. 그러한 지식을 바탕으로 관계를 맺는 것이 부부에게 얼마나 많은 이득이 될지는 쉽게 알 수 있다!

부부들은 의사소통 기술에 국한되지 않고 목표가 명확한 관계 기술을 배울 수 있다. 그들이 아직 '사랑에 빠진' 단계에 있는 동안 명확한 개인 양식지도와 충돌카드를 갖는 것은 한 부부가 만족스러운 관계를 유지하도록 돕는 데 큰 도움이 될 수 있다.

성찰 **부부관계에서 잠재적으로 민감한 문제를 다루기 위해 부부의 '선의'를 사용하는 것에 대해 생각해 보라.**

부부들을 위한 '사랑 표적 실습' 활동지(11장의 [그림 11-3])를 사용하면 각 배우자가 양식의 어릴 적 기원에 대한 공감을 처음부터 확립될 수 있는 수준에서 공유하기 시작할 수 있다. 욕구에 대한 공감적 직면, 공감적 공명, 공감적 자기주장의 도구는 배우자들이 비난을

4) Gottman(1999, p. 23)에서 인용된 캘리포니아 이혼 중재 프로젝트(California Devorce Mediation Project)의 L. Gigy와 J. Kelly의 연구이다.

줄이고 그들의 욕구를 충족시키기 시작하는 데 도움을 줄 수 있다. 이것은 종종 나중에 단절을 부채질하는 회피 및 화난 아동양식을 차단한다.

성찰 가계도를 사용하여 세대 간 주제를 추적하는 것에 대해 생각해 보라. 수십 년간의 가정생활에서 가장 분명한 양식은 무엇인가?

3. 가정폭력[5)]

폭력은 흔하지만, 우리는 그것에 관해서 가정하는 것을 피해야만 한다. 부부에게 그들의 갈등이 가정폭력, 즉 정서적 또는 심리적 학대, 신체적 위협 또는 공격성, 사회적 고립 등과 관련이 있는지 물어보라. 항상 그렇지는 않지만 보통은 여성 배우자가 학대의 희생자가 되고, 신체적 크기의 일반적인 차이를 고려할 때 더 큰 위험에 처하게 된다(Barnish, 2004; Hamel, 2005). 치료가 항상 효과가 있는 것은 아니므로 부부에게 조언하는 것에 대해 신중할 필요가 있을 것이다(Gottman & Jacobsen, 1998).

Frank는 그 사실을 인정하기가 부끄러웠지만, "Mandy는 이성을 잃고 저를 때리죠. 저는 대부분의 시간에 두려움을 느껴요."라고 말했다. 그는 "제가 그녀의 등을 때릴 수 있다는 것을 알지만 그건 옳지 않죠. 남자가 여자를 때리는 것은 절대 옳지 않아요. 제 부모님은 저에게 그것을 가르쳐 주었어요. 저는 그것을 우리 사이에서 작업하고 싶지만 긴장을 풀 수 없어요. 저는 전혀 안전하다고 느끼지 않아요."라고 말을 이어 갔다.

위험 수준을 평가하라. Barnish(2004)와 Heru(2007)는 위험 요인을 다음과 같이 열거했다. 폭력적인 배우자 행동의 과거력, 통제되지 않고 지속적인 약물이나 알코올 사용, 배우자로부터 심각한 부상을 당할 우려, 상해에 대한 두려움, 의학적 치료가 필요했던 과거의 폭력, 이전의 무기 사용 또는 사용 위협, 사망 위협, 스토킹이나 다른 강박적 행동, 가학적 행동, 어린 시절 학대하는 가정에서 양육된 남성, 자기애성이거나 부풀리고 연약한 자존감, 가부장적인 특권의식이 그것이다.

Gottman과 Jacobsen(1998)은 가해자를 다음 세 집단으로 구분했다.

---

5) 우리는 『그 후로도 행복한가?(Happy Ever After?)』의 그녀가 집필한 장에서 Malise Arnstein 박사의 공헌을 인정하고 싶다 (Stevens & Arnstein, 2011).

1. 낮은 학대 위험: 의학적 개입을 필요로 하지 않는, 드물거나 학대 위험이 낮은 부부이다.
2. 코브라: 고위험 학대자의 20%로 추정된다. 종종 범죄 경력이 있고, 가학적이며, 반사회적인 성격 특성을 가지고 있다. 폭력에 대해 고의적이고 계산적이다. 남성들로서, 전형적으로 매우 낮은 심장박동 수를 가지고 있고, 차갑고 통제된 폭력 사례에 관여한다.
3. 투견: 고위험 학대자의 80%로 추정되며, 심장박동 수가 상승한다. 남성들은 더 불안정하지만 또한 위험하다.

전형적으로, 코브라와 관계를 맺고 있는 대부분의 사람은 투견과 관계를 맺고 있는 사람들보다 그들의 배우자를 더 두려워한다. Barnish(2004)는 문헌에 대한 탁월한 개관에서 이러한 유형의 일반적인 분류를 뒷받침할 부분을 찾았다.

Nancy는 Bazza를 떠나는 것이 두려웠다. "그는 만약 제가 떠난다면 저를 죽이겠다고 말했어요. 있잖아요, 전 그가 그렇게 할 거라고 믿어요. 어떻게 하면 우리 아이들을 보호할 수 있을까요? 전 여기 남아 있어야 할 필요가 있죠. 감옥에서 나온 이후로 그의 상태는 더 나빠졌고, 위험한 사람들과 어울려 다녔죠. 정말 무서웠어요." 결국 그녀는 폭행으로 병원에 입원한 후 퇴원할 수 있었다. Bazza는 보석 조건을 위반했기 때문에 체포되어 감옥으로 돌아갔다.

성찰 Bazza는 코브라와 투견 중 어느 쪽에 더 가까운가?

치료 결과 연구는 일반적으로 낙관적이지 않지만, David Bernstein과 동료들은 반사회성 성격장애를 치료하기 위해 심리도식치료를 사용하여 그들에게 공감을 발달시키는 데 있어 상당한 진전을 보이고 있다(Bernstein et al., 2012a). 이는 보다 어려운 반사회성 성격장애 유형의 학대 행위가 있는 부부와의 중요한 개별작업의 조합에 대한 우리의 부부 심리도식치료 접근법에 큰 희망을 준다.

Simeone-DiFrancesco는 외상을 입은 여성과 학대하는 투견 남성을 위한 개인치유를 통해 공동 심리도식치료 치료자와 같은 방식으로 부부를 돕는 경험을 했다. 치유하고 실제로 상호 공동 양육과 공감적 연결을 형성할 수 있는 능력은 치료자들 사이의 많은 조정과 '무엇이 될 수 있는지'에 대한 신중하지만 비판단적인 개방성을 가져왔다. 많은 치료자는 그 학대의 공포에 의해 그들 자신이 너무 자극되어 이 좋은 새로운 시작에 부부를 데려올 충분한 낙관론을 형성할 수 없다.

부부치료자와 범죄자와 함께 작업하는 범죄심리학자로서, Simeone-DiFrancesco는 가장 상처 입은 가해자들 중 일부의 변화에 대한 낙관론과 함께 피해자의 권리, 욕구, 희망에 대해 신중하고 성숙하며 균형 잡힌 헌신이 필요하다고 말한다. Barnish는 유망해 보이는 몇 가지 접근법이 있다는 것을 발견했다(Barnish, 2004; Heru, 2007; Meichenbaum, 2007). 미국에서 가장 좋은 결과는 종종 두 배우자, 성별 특정 집단(흔히 학대자에 대해 법원에서 위임된), 피해자에 대한 전화 지원, 부부치료 그리고 나중에 부부 집단치료의 조합을 포함한다(Stith et al., 2004; Hamel, 2005; Capaldi & Kim, 2007; Meichenbaum, 2007).

Gottman과 Jacobsen(1998)은 폭력이 있을 때 부부치료의 장점에 대해 매우 조심스러운 자세를 취했다. 우리는 심각한 성격장애에 대한 심리도식치료의 효과를 보고 그러한 홍을 깨는 진술에 동의하지 않는 경향이 있다. 그러한 장애를 가진 사람들이 도움을 받을 수 있다면, 폭력적으로 행동하는 개인은 도움을 받을 수 있지만, 신중한 한계와 권리의 구성 그리고 필요에 따라 공동 치료자의 가용성이 요구된다. Gottman과 Jacobsen은 낮은 수준의 또는 가족만의 친밀한 폭력을 가진 부부들과, 다른 사람들이 강조하듯이 치료에 자발적으로 참여하는 부부들을 예외로 한다(Bograd & Mederos, 2004).

치료의 초점은 항상 폭력적인 행동인데, 이는 심각한 과잉보상 양식으로 간주된다. 폭력으로 '애착'을 얻을 수 있는 방법은 없다. 변명의 여지가 없다. 실제 과잉보상 행동은 애착체계보다 통제를 추구하는 주장체계에 의해 더 유도된다. 지나치게 통제하는 동안, 여러분은 사랑받을 것으로 기대할 수 없다. 통제는 애착이 아닌 의존을 만든다! 폭력적인 행동을 자제할 책임은 항상 가해자에게 있다. 자기책임이나 자기선택 의지는 폭력적으로 행동하는 남성들에게 강조되지만, 근본적인 동기를 이해하는 것은 도움이 된다. 심상 속에서 어린 시절의 상처로 돌아가면 무대 뒤의 장면과 과잉보상의 근원을 밝힐 수 있으며, 성인의 자기주장적 행동을 구현하는 데 도움이 된다.

Goldner(1998)는 여성들이 그들의 배우자에 대한 자신의 내부 공포반응의 메시지에 주의를 기울여야 할 필요성을 강조했다(배우자의 약속이 아무리 성실하고 낭만적이거나 희망적이든 상관없이). 자기관리 측면에서 생각하는 능력을 상실한 일부 여성은 코칭이 필요할 수도 있다. 개인의 특성으로 과거의 복종적인 대처행동에 주의하라. 가정폭력은 복종적인 행동에 의해 유지되는 양식주기이기도 하다! 침묵에서 벗어나 자율성을 차근차근 향상시켜 지지를 구하는 것이 낫다.

Dottie는 몇 년 동안 가끔 폭력을 당했다. "매주 또는 매달 그런 것은 아니었지만, 저는 긴장하며 지내 왔습니다. 저는 그것이 저를 제자리에 있게 해 주었다고 생각합니다."

그녀의 남편 Todd는 개종 경험이 있었지만, 그들의 목사는 그가 교회기관을 통해 운영되는 가정폭력 과정에 참석해야 한다고 정확하게 주장했다. Todd는 나중에 "저는 제가 바꿔야 할 몸에 밴 몇 가지 패턴을 가지고 있었습니다. Dottie가 거기 매달려 있는 건 정말 고맙지만, 저는 변해야 했던 사람이었습니다. 저는 새로운 믿음을 가졌지만, 정말로 제 폭력이 가족에게 어떤 영향을 끼쳤는지 이해하고 제가 행동하는 방식에 필요한 변화를 만들어야 했습니다."라고 말했다.

Heru(2007)와 Hamel(2005)은 안전하지 않다고 느끼고 별거하고 피난처를 찾아야 하는 여성들에게 매우 유용한 체크리스트를 제공한다.

- 중요 전화번호와 비상 전화번호를 기억하라.
- 아이에게 이러한 전화번호와 지역 비상 전화번호로 전화를 거는 방법을 알려 주라.
- 가정폭력에 대한 정보를 안전하고 사적인 장소에 보관하라.
- 휴대폰을 가지고 다니거나 가까이에 위치한 공중전화로 전화를 걸라.
- 가능하다면 별도의 은행 계좌를 개설하라.
- 친구, 이웃, 가족 등의 지원을 설정하고 연락을 유지하라.
- 탈출 계획을 연습하라.
- 여분의 열쇠, 돈, 옷, 중요한 신분증 사본, 금융, 건강, 보험 서류 등 필요한 것은 모두 신뢰할 수 있는 사람에게 맡겨 두라.

Arnstein 박사는 다음과 같이 덧붙였다.

- 학대자가 모르는 사람들과 함께 머무르는 것이 안전을 위해 중요할 수 있기 때문에 자신의 권리, 법적 상황 및 피난처를 포함한 대체 편의시설을 알고 있으라.

Goldner(1998)는 남성이 자신의 행동에 대해 전적인 책임을 지고, 배우자의 입장과 반응에 대해 양심의 가책과 이해 및 공감을 보여 주며, 몇 주 동안(Gottman과 Jacobsen은 6개월이라고 말할 것이다) 비폭력의 길을 걷고 있다는 것을 보여 준 후에야 공동 부부치료가 적절하다고 조언했다. 우리는 이러한 충고에 동의하며, 아마도 건강한 성인에 있어서 둘 다 더 강해질 때까지 개인치료를 계속하는 것이 최선일 것이다.

남성 배우자가 단일 성별 집단, 평가, 부부치료 또는 부부 집단 등 치료적 참여의 어떤 단계에서든 다시 폭력으로 돌아갈 경우 경찰, 법적 개입 및 부부의 영구적 결별로 이어질 것이라는 점을 모두에게 분명히 해야 한다.

연구에서는 별거 후 6개월 동안 폭력적인 삽화의 발생률이 증가할 가능성이 높은 것으로 나타났다(Barnish, 2004). 두 배우자 모두 별거상담에 참여할 수 있지만, 여성의 안전을 최우선적으로 생각한다. 가정법원의 맥락 안에서 부부 중재는 유익할 수 있다(Kelly & Johnson, 2008). (전)배우자의 근본적인 동기를 이해하면 감정을 식히고 별거를 한 배우자나 다른 배우자의 잘못이 아닌 '부적응' 결과로 보는 데 도움이 된다. 여성들을 위한 지원 단체들은 이러한 변화 속에서 여성들에게 힘을 실어 주는 것을 도울 수 있다. 이 단계에서 다른 기관과 전문가의 참여가 중요하다.

폭력적인 관계에 있는 부부에게는 강한 심리도식 취약성이 있을 수 있다. 이것은 앞서 제시한 불륜의 유형에 따라 신중하게 평가되어야 한다. 폭력적인 배우자에 대한 심리도식치료는 양식작업을 통해 더 효과적일 수 있다. 분노는 단순히 분노가 아니다. 여러분은 화난 아동 및 격노한 아동 상태와 가해자 공격의 위협 또는 화난 보호자의 방어성을 구별할 수 있다. 이것은 우리가 단서뿐만 아니라 '분노의 순서'와 그것이 성격 역동과 어떻게 관련되는지를 인식하는 데 도움이 된다. 마지막으로, 모든 형태의 분노 표현은 화난 아동양식에 의해 추진되며, 이는 자기주장 체계의 활성화를 나타낸다. 이러한 분노는 잠재적으로 기능적일 수 있지만 다른 사람의 개인적 욕구/권리를 존중하는 것을 포함하는 건강한 성인양식에 의해 지시되어야 한다. 그렇지 않으면 애착에 기반한 관계는 장기적으로 얻을 수 없다.

성찰 **처벌적 부모는 분노를 지시하지만, 그 분노의 근원은 아니다.**

첫 번째 목표는 분노를 기본 정서로 과잉보상적 '장막(mantle)'에서 분리하는 것이다. 이 방법은 8장의 '2. 양식지도'에서 설명한 방법과 유사하다. 우선 과잉보상적 분노를 의자에 놓고 양식에 대한 질문을 한다. 핵심질문은 다음과 같다. 분노의 표현으로 인한 장기적인 결과에 대해 어떻게 생각하는가? 본질적인 욕구는 무엇인가? 만약 그 사람이 의자에 앉아 있다면, 그 반응은 외면하거나 반격하는 것을 포함할 수 있다.

다음 단계에서는 화난 아동 의자 옆에 취약한 아동을 위한 의자를 추가하고 내담자에게 취약한 아동 의자에 앉으라고 요청할 수 있다. 그리고 그들에게 "이 분노 표현의 결과에 대해 어떻게 생각하나요? 본질적인 욕구는 무엇인가요?"라고 물어보라. 그 생각은 그 분노를 통제력과 주장력을 얻기 위한 시도로 증명하는 것이지만, 친밀한 관계의 파탄에서 대가를 치르는 것을 깨닫는 것이다.

마지막 단계에서 치료자와 내담자는 보다 균형 잡힌 분노의 표현에 대해 추론한다. 결국 '가장 친한 친구' 관점에서 창의적인 입력을 위해 '확장' 기법이 필요하다.

Ned는 만성적으로 화가 났으며, 때로는 사실혼 배우자인 Suzzie에게 폭력적이었다. 그는 알코올 중독(분리된 자기위안자)으로 탈억제되었지만 가장 큰 문제가 된 것은 위협적인 분노의 사용(가해자 공격)이었다. Ned 또한 자기과시자 양식을 통해 높은 특권의식을 가지고 있었다. Ned의 치료자는 그가 '흥분할 때' 분노관리 기법들을 가르치고 싶었고, 특히 스트레스를 받는 동안 그 기술을 실행에 옮길 수 있었다. 그리고 Ned의 '참지 못하는' 현상에 크게 기여한 양식을 어떻게 관리할 것인지를 알아내는 것도 도움이 되었다.

Suzzie도 이 문제에 기여했다. 그녀는 분리된 보호자 및 순응적 굴복자 양식에서 대부분의 시간을 보냈지만, Ned를 미묘한 방식으로 도발시키는 것을 좋아하는 숨겨진 격노한 아동을 가지고 있었다.

어린 시절의 심리도식과 양식의 기원을 다룰 시간이 필요하지만, 이것은 부부관계의 안정성을 확립하기 위해 해야 할 일이다. 이것은 부부회기뿐만 아니라 개인치료로도 할 수 있다. 하지만 안전하기 전에 서둘러 그 부부를 다시 불러오기보다는 시간을 가지도록 하라.

치료적 조언 양식 관점에서 폭력에 대해 생각해 보라. 폭력은 처벌적인 부모에 의해서 정당화된 가해자 공격 아니면 화난 또는 격노한 아동에서 오는 것일까? Bernstein 등(2012b)의 연구에서 그들은 반사회적 태도(교활한 조종자, 포식자 등)와 관련된 '범죄'양식이라고 불릴 수 있는 것을 조사했다.[6] 여러분이 가정폭력 피해자에 대한 헌신과 같은 수준으로 반사회성 성격장애에 대한 헌신적인 보살핌의 균형을 맞출 수 있다고 느끼는지 생각해 보라.

4. 물질남용 관련 문제

물질남용에 대해 많은 글이 쓰였다. 이는 부부치료에서 종종 문제가 되므로 우리는 심리도식치료 모델의 관점을 가져오고 싶다. Samuel Ball(1998)은 '이중초점 심리도식치료'에서 중독 문제를 가능한 근본적인 성격장애로 치료하는 통합적 접근법을 설명했다. 그의 접근법은 주로 심리도식 모델을 기반으로 하지만 현대적 작업을 양식과 통합하지 않았다.

이 절에서는 알코올 남용을 예로 사용하지만 일반적인 원칙은 다른 약물의 남용 및 도박, 과식 또는 과도한 인터넷 사용 같은 충동적 또는 중독성 행동에 적용할 수 있다.

6) 국제심리도식치료협회(ISST) 웹 사이트(www.schema therapy.com)에서 사이코패스의 변화에 대한 그의 발표를 참조하라.

부부 심리도식치료에서는 내용보다는 부부의 상호작용 과정으로 초점을 옮기는 것이 중요하다. 만약 여러분이 술을 마시지 않는 배우자에게서 잠재된 공격성 또는 조작적 특성을 본다면, 현재의 상황에 근거한 매우 부드러운 공감적 직면이 필요할 것이다. 때때로 술을 마시지 않는 배우자의 부모양식이 엄격한 기준 심리도식을 표현할 수 있다.

치료적 조언 재연결 가교를 세울 수 있다. 이것은 상호 즐거운 활동을 통해 확립될 수 있다. 이것은 또한 치료자가 문제가 되는 음주보다 더 많은 것을 신경 쓰고 있으며, 치료를 통해 즉각적인 혜택을 제공하려고 노력하고 있다는 것을 음주 배우자가 느끼도록 도울 수 있다.

음주 배우자와 동맹을 맺는 것에 주의하라. 동맹은 음주 행위에 반대한다. 양식모델에서 이것은 분리된 자기위안자로 개념화된다. 물질남용 문제가 있는 대부분의 사람은 단순히 그들의 정서적 불편에 대처하기 위한 더 나은 해결책을 가지고 있지 않다는 것에 주목하라. 어떤 외상적 경험이 주어질 때, 술(또는 다른 중독성 행동)로 탈출하는 것은 많은 해악 중 가장 적은 것으로 보인다. 치료에서의 도전은 음주 배우자를 한 사람으로서 재양육하고 인정하면서 회피된 감정의 근본적인 촉발요인들에 접근하는 것이다.

음주패턴을 분리된 자기위안자 양식으로 다루라. 여러분은 의자작업을 할 수 있다. 그것을 별도의 의자('음주 의자')에 둔다. 여기에서 양식을 사용할 수 있다(이전에 분리된 보호자에 대해 설명했듯이).

- 언제 처음 나타났는가?
- 당시 상황은 어땠는가?
- 어떤 면에서 도움이 되었는가?
- 무엇을 예방하는가?
- 어떤 목적에 기여하는가?
- 사라지면 어떻게 될까?

이들 질문은 아동양식의 숨겨진 감정, 즉 차단된 분노뿐만 아니라 취약한 감정과 내재된 부모양식의 '계명'을 모두 드러낸다. 2개의 아동양식과 부모양식을 위한 의자는 양식지도의 순서로 추가된다. 너무 정적이 되지 않도록 주의하고, 지나치게 단순화하지 말라. 술을 마시는 이유는 술을 마시는 사람만큼 많을 것이다. 의자의 사용을 통한 내적 역동에 따라 둘 이상의 대처양식 사이에서 전환이 발생하는 전형적인 내적 양식주기가 나타난다. 그중 하나는 다음의 사례 삽화 및 [그림 10-1]에 설명되어 있다.

Mary는 Bob이 술을 너무 많이 마셨다고 비난했다. 그는 자신의 사회적 집단에서는 자신의 음주 수준이 정상이라고 주장했다. 첫 번째 단계는 그의 음주를 검토하는 것이었다. 그러나 회기가 끝날 무렵에는 얼마를 소비했는지에 대한 합의가 이루어지지 않아, 치료자는 부부에게 자신의 음주를 따로 모니터링하는 숙제를 내 주었다.

다음 회기에서는 두 관찰 기록을 비교했다. 상당한 중복이 있었지만, 약간의 차이는 남아 있었다. 예를 들어, 어느 날 밤 Mary는 퇴근 후 Bob에게서 술 냄새를 맡았다. 그러나 Bob은 술을 입에 댄 것을 부인했다.

'사실'을 밝히는 것은 거의 불가능하며 피해야 한다. 그 대신 치료자는 누가 옳았는지를 확인하려는 시도 없이 그러한 차이에 주목했고, 통제된 음주 실험을 세울 기회를 잡았다.

Bob은 자신이 따르고 싶은 술자리 규칙을 〈표 10-2〉에서 선택했고, 치료자는 초기 혈액 점검에 이어 실험 종료 이후 한 달 만에 두 번째의 혈액 점검이 포함된 프로토콜을 만들었다. 만

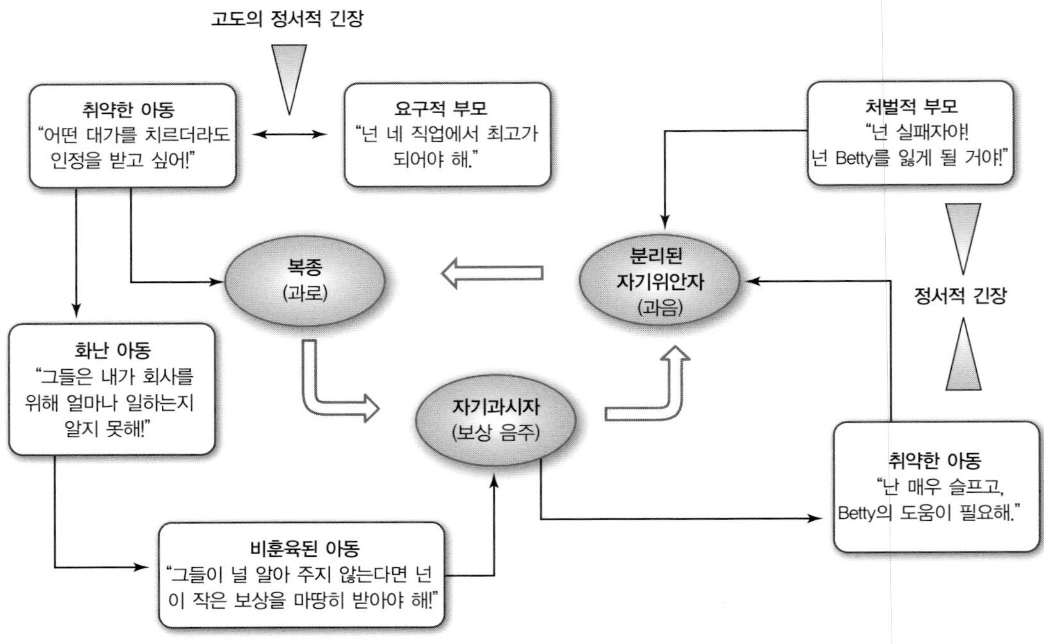

[그림 10-1] 전형적인 내부 음주 양식주기

출처: Roediger & Jacob (2010).

〈표 10-2〉 사회적 음주 지침

음주 상황	음주 행위
절대 혼자 음주하지 말 것	한 잔을 최소 한 시간 이상 동안 마시기
모르는 사람과 음주하지 말 것	한 잔을 최소 10회 이상 홀짝홀짝 마시기
오후 6시 이전에는 금주	축하할 일이 있더라도 한 시간에 두 잔 이상 금지
독한 술 금지	술 두 잔 다음에는 무알콜 음료 한 잔 마시기
식사 중에만 음주	일주일에 두 번 이상의 파티 금지
식사와 함께 하는 술은 와인 또는 맥주 한 잔만	누군가가 술을 권할 때 거절하는 것을 연습하기
기분이 좋지 않을 때에는 금주	
매주 이틀씩 금주하기	
목이 마를 때는 음주하지 말 것	

약 그가 시험에 떨어지면 외래환자 알코올 중독 프로그램에 등록하기로 약속한다는 합의가 있었다. 만약 그가 이 협정을 이행하지 않는다면, Mary는 그에게 떠나라고 요청할 수밖에 없다고 말했다. 이 모든 것이 기록되었다. 세 사람 모두 계약서 사본을 가지고 있었다.

다음 회기에서는 일반적인 음주 상황을 양식 측면에서 조사했다.

어느 날 밤 Bob은 몹시 술에 취하게 되었다. Mary가 잠자리에 든 후 그는 거실에서 혼자 술을 마셨다. 그는 자신의 일련의 감정을 묘사했다. 그는 낮에 사회적 음주 규칙을 어겼기 때문에 죄책감을 느꼈다. 그의 처벌적 부모의 목소리가 말했다. "시험 합격은 잊어버려도 돼! 넌 실패할 거고, 어차피 Mary는 널 떠날 거야!" 취약한 아동은 절망적이고 자포자기한 느낌이 들어 술을 마시기 시작했다.

아마도 놀랍게도, 음주로 이어지는 단계를 분석했을 때 그는 매우 성공적인 하루를 보냈다는 것이 밝혀졌다. 그는 회사를 위해 대규모 판매를 했다. 그의 머릿속 목소리가 말했다. "우리 회사의 저놈들은 내가 판매 1위라는 것을 인정하지 않아!" 그는 분노를 느꼈으며 점심으로 와인 한 잔을 마셨다. 나중에 그는 죄책감을 느꼈고, 그의 성공을 누리지 못했다. 이 느낌은 하루의 나머지 시간을 망쳤고, 그는 자신의 실수에 대해 Mary와 이야기하고 싶어서 슬프게 집으로 돌아왔다. 그러나 Mary는 TV를 보고 있었고, 그는 그녀를 방해할 만큼의 자신감이 없었다. TV 프로그램이 끝난 후 그녀는 피곤해 잠자리에 들고 싶었다. 그는 어떤 욕구도 표현하지 않았음에도 불구하고 거부감을 느꼈으며, 그의 슬픔은 일종의 좌절된 분노로 바뀌었다.

치료자는 성공적인 판매에 그치지 않고 부모들에게 그의 직업에서 Bob에게 무엇을 기대했는지를 물었다. 이것은 Bob이 항상 최고가 되라고 그를 몰아붙이는 '요구적 부모'의 강한 목소리를 가졌다는 것을 보여 주었다. 그는 매주 자신의 직업(굴복자 양식)에 과도한 양을 할애했다. 아동 의자에서 그는 그것을 얻기 위해 거의 모든 것을 할 정도로 상사의 승인이 필요했음을 인정했다. Mary의 성적 금지는 그의 욕구를 증가시켰다. Bob의 과도한 일은 분리된 자기위안자 양식의 표현이었다. 그다음 날, 이 과로는 긴장상태를 초래했다. 악순환이었다.

5. 부부치료로 돌아가기

음주패턴만 보는 것은 함정이다. 이 사례는 취약한 아동의 근본적인 슬픔을 인정해야 할 필요성을 보여 준다. Bob은 지원이 필요했다. 그의 화난 아동은 분명하지 않았다. 그는 Mary에게 다가가 더 많은 연결을 찾아야 했다. 그의 직업을 통한 승인의 필요성은 그 부부 사이의 정서적 유대감을 약화시켰다. 치료자는 Bob과 Mary에게 공개적으로 자신의 욕구를 표현하고 섹스를 애무와 결합시키는 효과적인 방법(Mary에게 섹스를 더 매력적으로 만드는 것)을 찾도록 코치했다. 그가 일과 삶의 균형을 재조정했을 때, 술을 마시고 싶은 충동은 줄어들었다.

내적 양식주기로 작업하려면 모든 사람을 다루어야 한다. 이는 개인회기에서 수행될 수 있으며, 그 결과는 다음 부부회기에서 제시된다. 일반적으로 음주 배우자 내에서 숨겨진 화난 아동의 욕구와 요구적 부모양식 또는 처벌적 부모양식 사이의 내적 역동성과 갈등이 개인회기에서 다루어지고 처리되어야 한다. 과거와 현재의 기능을 다루는 것 사이에 좋은 균형을 찾도록 노력하라.

치료적 조언 **여러분은 개인회기와 부부회기의 3:1 비율이 비음주 배우자가 그 과정에 충분히 포함되었다고 느끼는 데 도움이 된다는 것을 발견할 수 있을 것이다.**

재발하는 경우, 다음 회기에서 음주행동에 앞서 양식주기를 작성한다. 음주는 보통 빙산의 일각에 불과하다. 연쇄는 훨씬 더 일찍 시작되기 때문에, 치료자와 부부는 음주 배우자가 불편하다고 느꼈던 초기 상황까지 거슬러 올라가야 한다.

이 관련 사고는 부부를 위한 의자작업 회기를 통해 탐색할 수 있다. 여기서의 대처양식은 전형적으로 굴복하는 행동이다. 관련된 아동양식들과 부모의 목소리는 무대 뒤 의자에 놓여 있다. 그러면 양쪽 배우자와 치료자가 양식지도를 내려다보듯이 서서 의자를 내려다볼 수 있다. 대처양식의 기능은 가장 좋은 이전 해결책으로 검증되고 인정되지만, 이제 우리는 자기위안자와 과장된 (굴복자) 대처양식의 결과라는 것을 알 수 있다. 따라서 치료의 목표는 인정 추구와 진정한 자기주장 행동 사이의 더 나은 균형이다.

이런 식으로 구체화하는 것은 그 순환을 깨는 데 도움이 된다. 그것은 죄책감과 수치심을 줄일 수 있다. 또한 애착을 위한 음주행동의 단점을 탐구할 수도 있다. 굴복하기보다는 자기주장을 권장하라. 상호 이해를 만들라. 마지막 단계는 더 나은 대처를 위한 아이디어를 공유하는 것이다.

성찰 **지원방법에는 여러 가지가 있다. '가장 친한 친구' 또는 '지혜로운 마음'의 도움이나 종교적인 문구, 지원 집단, 알코올 중독자 12단계 프로그램, 또는 잠재적으로 도움이 될 수 있는 모든 것을 사용한다고 생각해 보라.**

때로는 어떤 것이든 성취되기 전에 생활환경이 바뀔 필요가 있다. 음주 배우자가 숨겨진 숨은 동기(예: 분노 차단)에 대해 더 많이 이해하고 아동의 욕구를 충족시킬 수 있는 방법을 찾게 되면 음주행동을 보다 잘 통제할 수 있다. 그런 다음 음주 배우자와의 부부치료는 '정상적인' 부부치료로 돌아간다. 그렇지 않은 경우 전문가 또는 거주지 프로그램이 필요할 수 있다.

익명의 알코올 중독자들(Alcoholics Anonymous)의 12단계는 매우 유용하다. 그러나 약간의 의구심을 가지고 있다. 양식을 인식하는 명확한 전략이 없으므로 집단은 술꾼을 대신하는 진정제가 될 수 있다. 음주 배우자는 이 수용 집단에 연결될 수 있고, 삶에서 그들 자신의 근본적인 긴장을 계속해서 피할 수 있다. 이 프로그램의 성공으로 사람들이 금욕을 느끼고 그에 머물 수 있게 되었지만, 그것은 '건성 알코올 중독자'와 관련된 심리적 어려움을 다루지 못할 수도 있다. 이것은 음주를 돕고 사람들의 생명을 유지하는 데 있어 실제 이익을 감소시키는 것이 아니라 완전한 심리적 회복을 위한 첫 단계일 뿐이다. 따라서 그들의 근본적인 문제를 해결하기 위해 지금은 건성 알코올 중독자를 부부치료로 유지하는 것이 중요하다. 익명의 알코올 중독자들 집단은 음주 배우자에 의해서 음주하지 않는 배우자에게 대항하기 위한 결탁에 사용될 수 있는 위험이 있는데, 이 경우 집단과 음주가 유일한 우선순위가 된다. 배우자가 어떻게 불평할 수 있을까? 그러한 경우, 치료자는 음주하지 않는 배우자가 쓸려가지 않는 부부 욕구를 제기하는 것을 도울 필요가 있다. 목표는 금욕뿐만 아니라 건강한 성인의 상호 성장이다.

6. 저항하는 배우자

저항하는 배우자를 다루는 데 익숙한 문제가 있다. 부부 중 한 명이 문제를 해결하기 위해 최소한의 노력을 기울이면 어떻게 해야 할까? 그들은 '결혼을 다루려는' 욕구를 표현할 수 있지만 문제를 깊이 검토할 의향이 결여되어 있다. 심리도식 치료자는 더 꺼리는 배우자와의 연결을 잃지 않으면서 이것을 직면할 필요가 있다. 물론 언급된 동기에 대해 의문이 있다면 어렵다.

우리는 양식과 양식지도를 사용하여 문제를 개념화하는 것을 제안한다. 이것은 치료자가 비난하는 부모의 목소리를 채택하는 것을 피할 수 있지만 아마도 아직 완전히 이해되지 않는다는 이유로 그 양식을 어려움의 원인으로 다룰 수 있기 때문에 매우 유용할 수 있다. 치료자와 저항하는 배우자는 양식지도를 조사할 수 있다. 이것은 저항하는 부분들 중 일부(양식들)가 무엇을 하고 있는지 추측하기 위한 공동 관점을 제공한다. 아니면 여러분은 이것을 의자와 함께 지도화하여 자기 자신과 관계의 일상적인 투쟁을 보여 줄 수도 있다. 함께 서 있는 것은 '위에서 바라보는' 관점(시각)을 얻는 데 도움이 될 수 있다. 때로는 부부 심리도식 치료 작업을 공동으로 수행하기 전에 저항하는 배우자와 개별적으로 작업해야 한다. 치료를 받기 위해서는 취약한 의지를 회복하는 것이 중요하다. '지금-여기(현재)'의 양식에 대한 표준 심리도식치료 접근방식은 매우 적절하다.

우리는 양식 대화를 이해하는 것을 강조한다. 심리도식치료 개념화는 어린 시절로 거슬러 올라가는 반면, 우리의 접근은 종종 지금-여기(현재)에 있으며, 특히 부부 중 한 명이 강한 거부와 분리된 보호자의 회피로 인해 어떤 과거의 탐색에도 저항할 때 더욱 그렇다. 그런 다음 양식 대화에 초점을 맞추는 것이 적절하다.

Frances는 컴퓨터 프로그래머였으며 '지극히 이성적인' 경향이 있었다(그녀 자신의 말로는). 그녀의 배우자인 Barry는 더 감정적이었을 뿐만 아니라 때로는 감정적으로 이끌려 있었다. 자연스럽게, 두 역동은 그들의 관계에서 불일치를 일으켰다. 이것은 Frances를 위한 분리된 보호자와 Barry를 위한 화난 아동과 취약한 아동 간의 교대의 측면에서 이해되었다.

치료자는 그가 Barry의 아동양식 욕구를 다루기 전에 Frances가 정서적으로 그와 함께 있어야 한다고 결정했다. 그는 행복한 아동과 관련된 시각적 심상(아이스크림 시각화)을 사용했는데, 이것은 그녀가 더 정서적으로 함께하는 데 도움이 되는 것 같았다. 그녀는 감각적인 행복의 경험에 저항하지 않았다.

성찰 분리된 보호자 양식을 우회하는 데 가장 유용한 기법들은 무엇인가?

부부 정서중심치료는 점점 더 '지금-여기'가 되어 가고 있다. 숙련된 심리도식 치료자도 현재 시제로 작업하는 방법을 알고 있다. 저항하는 개인이 성공할 수 있는 기회를 가질 수 있도록 과정을 늦추라. 어느 정도 수준에서는, 그들은 그 관계가 작동하기를 원한다. 이것은 지렛대를 제공한다. 내담자가 그들의 과거를 보는 것, 그들의 원가족의 문제를 보는 것, 경험적인 일을 하는 것, 또는 검사지를 작성하는 것에 저항하는 이유에 대한 충분한 개념화가 필요하다. 이 모든 것은 빨리 다뤄질 필요가 있다.

치료적 조언 공감적 직면을 통해 개입해 저항에 부응한다. 분리된 보호자를 대처양식 의자에 놓고 (음주 행동에 대해 앞의 '4. 물질남용 관련 문제'에서 설명한 대로) 조사하기 시작한다. 아마도 자기개방을 통해 그 분리된 대처가 외로운 아동을 무대 뒤에 두고, 보이지 않게 하고, 어린 시절처럼 다시 버려지게 하면서 치료자 역시 밀어낸다는 것을 드러낼 것이다. 하지만 이제 분리된 보호자가 치료자에게 기회만 준다면 달라질 수 있다! 이것은 치료에 완전히 참여하려는 의지가 부족하다는 것을 이해하는 데 도움이 될 것이다. 내담자의 차단 및 숨겨진 양식에서 어떤 일이 일어나고 있는지에 대한 안내인으로서 치료자 자신의 심리도식 활성화(예: 엄격한 기준)를 알고 있어야 한다.

배우자의 조심성과 불신이 너무 커서 다른 심리도식치료 동료에게 의뢰하여 부부 심리도식치료를 준비할 필요가 있을 수 있다. 지금까지 획득한 사례개념화를 다른 치료자에게 넘기는 것이 유용할 수 있다.

할 일 관계와 결혼이 충돌하게 만드는 것에 대한 초개념화(metaconceptualization)를 생각해 보라. 보통 배우자를 촉발하는 것은 건강하지 못한 대처기제에 의해 나타나는 성격의 미성숙한 부분들이다. 이것은 고조되는 반응과 건강하지 못한 대처기제를 초래한다. 이 모든 것은 충족되지 못한 욕구와 고통스러운 심리도식 패턴의 기억들에 의해 주도된다.

심리도식치료는 성격 변화와 정서적 치유를 위해 설계되었다. 다른 치료법들은 보다 해결중심적 경향이 있지만, 부부 심리도식치료는 변화중심적이다. 즉, 내가 먼저 바뀌고, 그다음에 관계가 바뀐다. 이것은 부부에게(성격장애의 특성을 가진 부부들까지도) 희망을 줄 수 있다. 그러나 치료의 기술은 치료의 관계적 부분을 방해하는 반대적·통제적 양식을 어떻게 다루는가에 있다. 부부 심리도식치료는 예술과 과학의 조합으로 가장 잘 이루어진다.

7. 더 심각한 성격장애

심리도식치료의 큰 장점은 그것이 기능이 저하된 성격장애 내담자들을 돕기 위해서 설계되었다는 것이다. 심리도식치료가 경계성 성격장애를 치료하는 데 매우 효과적이라는 것은 엄격한 연구를 통해 확립되었다(Farrell & Shaw, 2012). 이 내담자 집단은 정서장애와 종종 매우 파괴적인 상호작용 패턴을 나타낸다. 그들은 치료에서 치료자들에게 가장 큰 도전 중 몇 가지를 제시한다. 수감된 수감자들을 치료하는 데 있어서 심리도식치료에 대한 지지도 증가하고 있다. 이것은 반사회성 성격장애와 관련이 있다(Bernstein et al., 2012b). 최근에는 대규모 무작위 대조시험 결과가 발표되었다(Bamelis et al., 2014). 그 연구는 편집성, 연극성, 자기애성 성격장애를 가진 내담자들을 대상으로 심리도식치료의 효과를 입증했다. 심리도식치료는 이러한 장애에 대해 임상적으로 잘 이해하고 있으며, 가장 혼란스러운 내담자 집단들 간의 변화를 돕기 위해 효과적인 개입을 사용한다고 결론을 내리는 것이 타당하다. 부부치료의 기초는 성격장애가 있는 개인을 다룰 수 있을 만큼 충분히 튼튼해야 할 것 같다. 그것은 보통 그러한 사례들을 진전시키는 치료법이 될 필요가 있고, 그 이상의 것이 필요하다!

부부 심리도식치료의 효과를 증명하기 위한 추가 단계가 아직 있다. 우리는 심지어 심각한 성격장애자조차도 친밀한 관계를 맺는다는 것을 알고 있고, 그 결과는 거의 상호 간의 행복이 아니라는 것을 알고 있다! 그렇다면 어떻게 접근해야 할까?

우리는 그 부부를 치료하기 위해 양식 접근법을 사용하는 것을 권고한다. 현저한 역기능 영역은 대처양식의 관점에서 개념화된다.

> Andrew는 매우 성공한 사업가였다. 그는 냉담하고 경멸스러웠다. 그는 정신분석학을 지향하는 정신과 의사를 만났는데, 그를 자기애성 성격장애로 진단했다. Andrew는 사실혼 배우자와 함께 부부 심리도식치료자를 만났으며, 그의 자기애성 성격장애를 자가과시자 양식의 관점에서 개념화했다. Andrew의 배우자는 진단되지는 않았지만 매우 의존적이었다. 치료자는 그녀의 애착을 유지하기 위한 끊임없는 굴복을 순응적 굴복자 양식으로 이해했다. 이것은 치료를 안내하는 양식지도에 정보를 제공했다.

모든 성격장애 또한 심리도식치료로 다루어질 수 있다. 예를 들어, 조현병은 분리된 보호자 또는 공상 양식의 측면에서 볼 수 있다. 회피성은 비슷할 수 있지만, 철회 기제에 대한 세심한 평가가 수행되어야 한다. 경계성은 특정 사례에 따라 가해자 공격, 분리된 자기위안자 및 기타 양식으로 지도화할 수 있다. 다른 것들은 전형적으로 의심이 많은 과잉통제자와 편집증을 위한 화난 보호자를 포함한다. 분열형 성격장애는 조현병 스펙트럼에 대한 분류로 이동하고 있지만 마법적 사고양식으로도 생각될 수 있다.[7)] 반사회성 성격장애는 Bernstein의 범죄양식으로 가장 잘 치료된다.

Sally는 그녀의 배우자인 Dolly를 격분하게 한 사기 관련 범죄로 다시 기소되었다. 부부 심리도식치료자는 사기가 교활한 조종자 양식을 나타내는 것으로 이해했고, 이는 치료에서 의자작업으로 다루어졌다.

심각한 성격장애를 다루는 데는 쉬운 방법이 없다. 심리도식치료는 그러한 성격 특성을 이해하는 방법을 제공하고, 관계패턴을 이해하기 위한 역동적인 모델을 제공한다. 매우 효과적인 다양한 개입이 성격의 지속적인 변화에 영향을 미치는 것으로 입증되었다. 양식 사례개념화를 사용할 것을 권장한다.

할 일 여러분이 치료한 가장 어려운 부부에 대해 생각해 보라. 우선 성격장애의 특징을 파악하라. 가장 두드러진 양식을 확인하라. 이제 양식지도 또는 양식주기 충돌카드를 사용하여 특징적인 부부 상호작용을 지도화하라. 어떤 개입이 가장 적절할까? 이것이 그 부부에 대해 다른 방식으로 생각하는 데 도움이 되는가?

성찰 비록 심리도식치료가 입증된 기법들을 가지고 있지만, 심각하게 장애가 있는 내담자는 변하기 어려운 성격 특성을 가질 것이다. 때때로 어떤 것도 개인에게 통하지 않는다고 결론짓는 것은 구미가 당긴다. 대신 단순히 시간이 더 걸릴 것이라고 생각하는 것이 좋다. 우리는 심리도식치료 개입이 제시간에 작동한다는 것을 알고 있다. 도전은 지속하는 것이다! 부부치료에서 장애가 있는 성격과 작업하는 것은 배우자와 치료자가 공동 양육을 할 수 있는 특정한 이점과 지렛대를 제공한다.

8. 별거와 이혼

당연히, 일부 커플은 결국 헤어질 것이다. 부부 심리도식치료가 이 과정에 대해 고유한 관점을 추가할 수 있는가? 심리도식치료는 만성적인 정서장애 및 성격장애를 포함하여 복잡하

7) DSM-5는 분열형을 여전히 성격장애 목록에 포함시키지만, 그것은 불안한 적합성이며 조현병과 함께 적절히 고려되어야 한다.

고 다루기 힘든 사례를 다루기 위해 개발되었다. 우리가 많은 관계 실패를 보게 될 뿐만 아니라 많은 성공을 기대할 수 있다는 것은 이치에 맞다. 부부 심리도식치료는 또한 우리가 이별의 역동을 더 잘 이해하도록 도울 수 있다. 절망과 가망 없음은 심리도식 역동 측면에서 이해할 수 있다. 때때로 별거나 보호처분에 의한 별거는 관계를 치유하는 데 매우 필요한 지렛대가 된다. 다른 때는 그것이 영원한 이별을 향한 첫걸음이 될 수도 있다. 부부의 별거 문제는 개별 심리도식/양식 치유 계획뿐만 아니라 전체 부부 양식주기에서 검토될 필요가 있다.

할 일 심리도식 취약성과 양식에서 그것이 어떻게 표현되는지 생각해 보라. 이별을 주도하는 것처럼 보이는 양식을 생각해 보라. 화난 과잉보상자인가? 외롭거나, 버림받거나, 공포에 질린 '취약한 아동'이 있는가? 우리는 보통 어느 시점에서는 분리된 보호자 또는 분리된 자기위안자를 본다. 가족 가계도에서 확인된 어린 시절 또는 역동으로부터의 기억은 이별을 향한 추진력에 어떤 역할을 하는가? 긍정적인 모델이 있었는가? 부부는 가족체계에서 헌신, 끈기, 인내를 보았는가? 사소한 문제들에 대한 편협함이나 민감성이 높은가? 충동적인 행동화는 어떠한가?

- 또한 관계를 끝내는 가능한 이유들을 생각해 보라.
- 그 부부는 그들의 관계를 바로잡기 위해 무엇을 시도했는가?
- 양식은 어떻게 충돌하는가?
- 성격 치유와 변화의 가능성을 그들에게 적절히 알려 주었는가?
- 치료자로서 희망감의 감소를 초래한 자신의 개인적인 혹은 가족 경험으로부터 심리도식이 활성화되었는가? 그렇다면 동료나 개인 수퍼비전을 생각해 보라.

할 일 여러분이 치료하고 있지만 그들의 관계를 끝내려고 하는 부부를 생각해 보라.

- 각 부부와 개별적으로 그들의 '미숙한 부분'을 바꾸려고 노력하는 작업을 하는 것을 상상할 수 있는가?
- 그 사람과 성공할 가능성이 있다고 생각하는가?
- 기꺼이 시도하겠는가?
- 양쪽 모두에 대한 선택사항으로 이것을 제시하였는가? 만약 그렇지 않다면 왜 그렇게 하지 않았는가?

포기하는 대부분의 부부는 상대방이 자신의 욕구를 충족시키는 것을 상상할 수 없기 때문에 그렇게 한다는 점에 유의하라. 그들은 희망을 잃었고, 종종 치료자에게 그들의 관점을 확인하려고 한다. 길은 거칠고 길고 힘들지만, 우리의 관점에서 언제면 충분할지 결정하는 사람은 치료를 받는 사람이지 치료자가 아니다. 이것은 특히 자녀가 있는 경우 많은 파급 효과가 있는 윤리적 질문이다. 우리는 두 사람에게 어떤 치료가 필요할지 분명히 알릴 수 있다. '희망이 없는' 배우자가 계속 노력한다면 자기파괴적이라고 할 수 있는가? 이는 어려운 질문이다.

부부 심리도식치료에서 우리가 할 일은 그들에게 길이 있고 그것이 어떻게 생겼는지 알려 주는 것이다. 그들이 그것을 타고 여행하기를 원하는가는 그들의 개인적인 선택이지 우리가 판단할 것이 아니다. 그러나 우리는 그 관계에 대해 작업하고 싶은 욕구가 처벌적 또는 요구적 부모양식(잘못 인도된 죄책감)이 아니라 그 사람으로부터 오는 것인지 확인하기 위해 탐색할 수 있다. 이것을 이해하는 것은 사람들이 고통을 제한하는 것을 깨닫는 데 도움이 될 수 있다. 떠나는 것이 선택사항으로 여겨지지 않을 수도 있기 때문에 문화적인 문제도 있을 수 있다. 우리는 여기서 심리학이 끝나고 개인의 가치에 대한 존중이 가장 중요하다고 믿는다.

다음 사항도 고려하라.

- 위험: 두 배우자 모두 신체적으로 안전한가? 그 관계가 누군가를 위험에 빠뜨리는가?
- 학대: 그 사람이 머물면서 참을 수 없는 학대를 할 수 있는가?
- 포기: 별거가 실제로 이사하고 영향력을 행사하는 것인가, 혹은 포기하고 문을 닫는 것인가?
- 후회: 문제의 배우자가 진정한 후회와 공감 능력을 보여 주는가?

이러한 상황에서 판단적 · 처벌적 또는 요구적 부모 목소리의 음량과 강도를 줄이기 위해 치료자는 부부에게 서로가 아닌 그들의 양식주기가 문제일 수 있다고 설명할 수 있다. 부부가 포기하는 이유가 아니라 '해결할 수 있는' 용어로 어려움을 보는 것이 도움이 된다. 치료 작업에 대한 상호 헌신을 얻을 수 있다면 더 이상 별거에 대해 상담하는 것이 아니라 고민이 많은 부부와 작업하는 것이다. 그것은 진전이다!

성찰 **치료자가 한 사람 또는 둘 다 끝났다고 결정할 때까지 그 관계를 계속 옹호하는 것은 도움이 된다. 때때로 부부는 그들을 도우려는 치료자의 모든 시도에도 불구하고 헤어질 것이다.**

만약 둘 다 헤어지기로 결정한다면 그들이 건강한 성인양식에 있다고 확신하는 것이 최선이다. 그러나 종종 둘이 아닌 한 사람은 헤어지기를 원하고 다른 한 사람은 버림받았다고 느낄 것이다. 그런 다음 의제는 파괴적인 상호작용, 특히 아이에게 영향을 줄 수 있는 상호작용을 제한하고, 법적 영역에서 문제들을 막고, 재정 문제와 재산 분할을 중재하는 것과 같은 이별 후 문제로 변경된다. 이것들은 치료자에게 중요한 지속적 역할을 제공하지만, 초점이 바뀌었다.

고급 치료적 조언 Simeone-DiFrancesco는 이혼 결정에 영향을 미치는 아동양식을 연결했다. 그것은 보호자 아동(Edwards, 국제심리도식치료협회 특별 관심집단)의 일종이다. 인지적으로 매개되지 않는 무력감이 있다. 그것은 단순히 취약한 아동양식에 있는 것이 아니다. 보호자 아동은 내재화된 부모양식 논평으로 강화되는데, 이 논평은 아동이 완전히 갇혀 있다고 느끼게 하고, '모든 일을 시도해 봤지만 아무 일도 일어나지 않았다.'라고 느끼게 한다. 이는 치료 초기에 관계를 포기하는 결과를 초래할 수 있다. 이 개인은 개방적이고 성숙한 판단을 하지 못한다. 그들은 오직 이 보호자 아동양식만 가지고 있다. 아동은 그 상황에서 벗어나고 싶어 하며, 동시에 내면의 죄책감의 질책으로부터, 혹은 외부의 다른 사람들의 판단으로부터 자신을 보호해 주고 싶어 한다. 아동양식인 만큼 대안이 제한되고, 건강한 성인의 방향전환이 필요하다.

Gerry는 Emilia를 떠나고 싶은 간절한 소망이 있었다. 이것이 그의 직장 동료에 대한 낭만적인 관심을 정당화했다. 하지만 이 부부치료자는 그에게 다음과 같이 공감적으로 직면했다. "Gerry, 당신은 속도를 늦춰야 합니다. 당신의 결혼생활에는 직면해야 할 몇 가지 문제가 있습니다. 아내에게서 도망치면 앞으로 어떤 관계에서든 그 짐을 짊어질 수 있습니다." 치료자는 Gerry가 그 자신이 표현한 대로 '지겨운 장소'에서 보호자 아동양식에 따라 행동하고 있는 것을 보았다.

치료자는 Gerry가 자신의 취약한 아동이 지혜, 경험, 대처방법이 부족한 또 다른 '아동'에 의해 '보호'될 필요가 없다는 것을 알도록 도왔다. 이 양식은 Gerry가 정말로 필요로 하는 것을 돌보는 방법처럼 느껴졌지만, 이것은 자기정당화에 불과했다. 개인과 부부 회기에서 치료자는 재양육과 정서적 지원, 상처의 확인을 해 주고 결국 애착을 달래 주었는데, 이것은 결혼을 포기할 준비가 되어 있는 이성을 잃은 아동을 안정시키는 데 도움이 되었다.

우리는 이것을 발달적으로 볼 수 있다. 아동들은 종종 무력하고 부모의 선택에 직면하여 갇힌 느낌을 받는다. 아동기의 욕구를 충족시키려는 아동양식은 정확한 감정처럼 느껴질 수 있지만, 발달적으로 머물러 있다. 그것은 보호자 아동 연령의 성숙 수준으로 설정되어 있으므로 성인의 창의성, 지식, 인생 경험, 독립성 및 자기주장이 부족하다. 그것은 무엇이 변화할 수 있는지 또는 변화시킬 수 없는지에 대한 정확한 평가를 거의 가지고 있지 않다.

부모 및 부적응 대처양식은 일반적으로 협상 능력, 성인의 영향력, 자기주장적 한계 및 결과 파악 능력이 부족하다. 그들의 도덕적 또는 영적 헌신 때문에 끔찍하게 파괴적인 결혼생활에서 굴복(대처기제)을 선택하는 사람들이 많지만, 동시에 부모양식이 활성화될 수도 있다. 요구적 부모는 무력감을 느끼는 취약한 아동양식을 강화한다. 그것은 아동들에게 삶의 방식이고, 그들은 다른 어떤 것을 기대하거나 무효화의 어떤 다른 변형을 기대해서는 안 된다고 말한다. 따라서 보호자 아동양식은 취약한 아동양식에 의한 두려움에 주도될 수 있으며, 건강한 화난 아동의 자기주장적 특성이나 그에게 필요한 변화를 절대적으로 추진하기 위해서 건강한 성인에 의해 검증되는 것이 부족할 수 있다.

Claire는 매우 '전통적인' 집에서 자랐다. 그녀의 아버지는 지배적이고 엄격했으며, 어떠한 반대 의견의 표현도 허락하지 않았다. Claire는 나중에 남편으로부터 30년 동안 정서적인 학대를 경험했다. 마침내 막내딸이 대학을 마쳤을 때, 그녀는 가족에 대한 모든 책임에서 한 발짝 물러나 그 관계에 있는 자신에 대해 고통스러운 질문을 할 수 있었다. 심리도식치료의 일부 회기가 끝난 후, 그녀는 요구적 부모와 처벌적 부모가 지배하는 관계에서 그녀가 대부분 순응적 굴복자 양식에 머물러 있는 것을 보았다. "나는 이제 내 역할을 볼 수 있어요. 나도 같은 춤을 췄어요."

심리도식치료 사례개념화는 중요한 초기 우선순위이다. 치료에서 달성될 수 있는 것에 대한 개방성은 제한적일 수 있다. 역설적으로, 종종 강력한 처벌적 및 요구적 부모양식을 가진 사람들은 부부 심리도식치료로부터 새롭고 더 나은 것을 경험할 수 있을 만큼 충분히 오래 그 상황에 머물러 있지만, 그들만의 '돌덩어리'를 가지고 있다. 또한 역설적으로, 때때로 건강하지 못한 부모양식이 도움이 될 수 있다! 그러한 양식은 때때로 한동안 '동맹'으로 남겨질 수 있다.

치료에서 적절한 설명을 찾고, 미래의 변화를 위한 기회를 만들고, 친절하고 공감하지만, 그럼에도 불구하고 확고한 경계를 형성하기 위해 건강한 성인을 고용하는 것이 중요하다.

할 일 **이별을 선택한 배우자와 머물기를 선택한 배우자 모두에서 양식이 어떻게 작동하는지 확인해 보라. 부부 상호작용에서 양식들의 복잡한 상호작용과 그것들의 공동 촉발이 핵심 의사결정으로 이어진다고 상상해 보라.**

Nick은 곧 헤어질 것이라는 전망에 몹시 불안해했다. Tracy가 '스토킹'이라고 이름 붙인 그의 행동을 강하게 통제하게 되었다. Tracy는 반응적으로 거리를 두려고 했지만 역설적으로 그녀가 가장 심각하게 느꼈던 것은 유기였다. 이것은 그녀의 '밀고 당기는' 행동을 그렇게 파괴적으로 만들었다.

부부가 충분한 안정성을 가지고 있어서 치료 불가능한 행동이나 안전하지 않고 극단적인 행동에 반응하지 않는다면 도움이 된다. 물론 감정적으로 움직이는 사람들에게 이것은 쉽지 않지만, 치료자는 생산적인 타임아웃이 둘 다를 진정시키는 데 도움이 될 수 있다고 설명할 수 있다. 이것은 또한 감정을 완화시키고 문제를 건강한 성인의 관점에서 바라볼 수 있는 생산적인 공간을 만들어 낼 수도 있다. 마찬가지로, 이별 의제를 추진할 수 있는 다른 이유들도 있다. 다음과 같은 근본적인 이유가 있는지 확인하라.

- 내가 당신을 그리워하는지 보기 위해서
- 나를 그리워하고 감사하게 하기 위해서
- 당신 스스로 살 수 있도록 준비하기 위해서, 내가 이혼하기로 결심했다고 솔직하게 말하기가 너무 두렵기 때문에
- 재정적으로 혼자 살 수 있는지 보기 위해서

이러한 목적이 조작적이거나 파괴적인 것으로 인식되는 것은 불가피하다.

관계를 분리하고 끝내기 위한 결정은 건강한 성인양식에서 내려질 필요가 있다. 다른 양식들이 떠나도록 밀어붙일 때, 그것은 미성숙과 건강하지 못한 회피를 반영한다.

Sally가 그녀의 치료자에게 물었다. "몇 가지를 확인해 보고 싶은데요. 이별을 권해 본 적이 있나요?" 치료자는 잠시 생각을 하고 말했다. "지금 저는 당신에게 어떤 것이 견딜 수 없다는 것을 들을 수 있나요? 당신이 이 문제에 대해 느끼는 것을 제가 이해하도록 도와주세요."

숙련된 심리도식 치료자는 내담자가 자신의 양식이 어떻게 작동하는지 이해하도록 방향을 바꾸려고 노력할 것이다. 길 양쪽에 도랑이 있다. 그들은 자신이 배우자에게 취할 행동을 치료자가 지지해 주고, 치료자를 인용하고, 훨씬 더 정당하게 행동하기를 원할 수도 있다. 길 건너편에서 그들은 치료자가 자신들의 계획에 맞지 않았기 때문에 치료를 일찍 떠날지도 모른다.

마지막으로, 자기주장과 자기실현의 필요성과 애착과 소속감의 필요성의 균형을 맞춘다.

자율성이 매력적이고 연결상태를 유지하는 경우, 1개월(혹은 3개월)의 보호관찰 기간 별거는 부부에게 다음의 공동 회기에서 재평가될 수 있는 새로운 인상과 경험을 제공한다. 때때로 배우자의 부재가 그나 그녀의 매력을 드러낸다. 어쩌면 떨어져서 보낸 시간이 그들 중 한 사람에게 안도감을 가져다줄지도 모른다. 하지만 치료자는 결과를 알 필요가 없다. 치료자는 내담자의 기대를 다루는 대신 새로운 경험을 얻고자 할 수 있도록 장애물을 제거하려고 노력한다. 궁극적인 목표는 건강한 성인을 강화하고, 균형 잡힌 욕구 충족을 함께 찾으며, 균형 잡힌 거리('따로 함께 사는'[8]) 또는 별개의 삶을 사는 것이다.

요약

부부 심리도식치료는 "어렸을 때는 아이처럼 말하고, 아이처럼 생각하고, 아이처럼 다투곤 했는데, 지금은 남자다 보니 모든 유치한 방법은 내 뒤에 놓여 있다."(고린도전서 13:11)라는 정서를 반영한다. 이것은 사람을 '어디에 있는지'의 관점에서 판단하지 않고, '나쁜 행동'과 관계없이 그 사람을 가치 있게 평가하려고 한다. 이것은 가장 망가진 사람들을 위한 치료법이다. 우리는 모든 일에 희망을 가지려고 노력한다.

이 장에서는 낭만적인 관계에 영향을 미칠 수 있는 다양한 문제를 다루었다. 우리는 불륜, 폭력 또는 물질남용으로 인한 정서적 피해를 고려했다. 우리는 또한 저항적인 배우자와 같은 몇 가지 치료 문제에 대해서도 논의했다. 관계 준비와 분리에 접근하는 과정에서 심리도식치료의 역할에 대한 논의를 통해 시작과 끝을 다루었다. 마지막으로, 우리는 부부 심리도식치료가 어떻게 성격장애의 더 심각한 특성을 다룰 수 있는지 고려했다.

8) 역자 주: '따로 함께 산다(living apart together: LAT)'는 미국과 유럽에서 남녀가 연인관계로 발전하면 결혼해서 한 집에 살거나 혼인 신고를 하지 않더라도 동거하는 경우로 각자 독립적으로 생활하는 독립성과 자유가 장점인 생활패턴이다.

욕구와 바람의 차별화 및 통합의 과제

심리도식치료에서 만족스러운 부부관계의 핵심은 건강한 성인양식이 최상의 방법으로 아동양식의 정서적 욕구를 충족시키는 것이다. 그중 한 측면은 욕구(needs)와 바람(wants)을 구별하는 것이다. 이 기술은 부부와 치료자 모두에게 유용하다. 협상 가능한 것과 관계에 있지 않은 것을 구별하는 도구로 생각할 수 있다. 이 모든 것은 자연스럽게 아동이 정말로 찾고 있는 것에 대한 내면의 '대화'로 이어지는데, 이것은 아동의 바람 표현과는 상당히 다를 수 있다. 이 장은 이러한 차이를 어떻게 구별할 것인지를 개략적으로 설명한다. 또한 '모든 것을 종합하기'에 초점을 맞춘다.

1. 욕구

욕구를 구성하는 것은 무엇인가? 욕구의 결정적인 목록을 정립하기 위한 연구는 제한적이다. "욕구는 심리학과 정신의학 분야에서 오랜 역사를 가지고 있으며, 다양한 작가는 그들이 가장 중요한 욕구라고 생각하는 것들의 목록을 제공했다."(Flanagan, 2010) 이것은 심리도식치료 모델과도 관련이 있다. 1980년에 Simeone-DiFrancesco는 그녀의 교수인 Gary Bridge 박사(컬럼비아 대학교)와 함께 기존의 가치 목록(미출판)에 대한 개요를 검토했다. 많은 정의가 있었지만, 거의 보편적으로 욕구와 바람 사이에는 약간의 차이가 있었다.

심리도식치료에서 초기부적응도식은 일관된 방식으로 충족되지 않는 욕구에 의해 형성된다. 분명히 방임과 학대는 사람의 욕구를 근절하지 않는다. 결과적으로 기본적인 정서는 핵심욕구가 충족되지 않고 있음을 나타낸다.

욕구는 보편적이다. 그것은 인간의 본질에 속한다. 이는 생각하고 선택하고 행동해야 하는 기본적인 욕구를 포함한다. 욕구는 매우 근본적이어서 우리는 그것을 '권리'라는 개념과 연결시킨다. 배우자가 기본적인 욕구를 충족시킬 권리를 논박하는 것은 학대나 괴롭힘이다. 이러한 이해는 개인이 이것을 주장하도록 도울 수 있고, 그것이 욕구와 모순될 때(따라서 권리) 순응적 굴복자 대처양식으로 들어가는 것은 결코 건강하지 않을 것이라는 것을 아는 데 도움이 될 수 있다. 그것은 보편적이고, 따라서 협상할 수 없는 욕구의 본질을 이해하는 데 도움이 된다.

치료적 조언 **우울증은 충족되지 않은 욕구들의 '공백'에 대한 반응으로 생각할 수 있다.**

2. 욕구와 바람 간의 차이

기껏해야 바람은 욕구가 충족될 수 있는 방법을 찾는다. 많은 욕구는 중립적이다. 예를 들어, 나는 인간으로서 레크리에이션이 필요하며, 나는 자전거를 타는 것을 선택한다. 필요한 것은 레크리에이션이고, 원하는 것은 선택이다(자전거를 타기 위한). 설령 내가 자전거를 탈 수 없다고 해서 인간성을 잃는 것이 아니다. 나는 우정에 대한 나의 인간적 욕구를 충족시키기 위한 방법으로 여러분을 내 친구로 선택할 수도 있지만, 여러분은 가용할 수도 있고 그렇지 않을 수도 있다. 비록 여러분과의 우정(나의 특정한 선택)이 그렇지 못하더라도, 나의 인간적인 우정에 대한 욕구는 나의 필수적인 부분으로 남아 있다. 당신이 나의 친구가 되는 데 문제가 있더라도, 어떤 이유에서든지 나는 인간성을 잃지 않는다. 하지만 만약 이 경험이 나를 그렇게 유기와 상처의 두려움에 떨게 해서 다른 친구를 만들 수 있는 개방성을 스스로 부정하게 만든다면, 나는 나 자신의 본질적인 인간의 욕구를 부정하고, 따라서 나 자신을 비인간화시킨다. 다시 말해서, 나는 심리도식 주도적인 방식으로 행동하고 있어, 내가 인간의 욕구를 충족시키지 못하게 한다. 나 자신의 인간적 욕구를 위해 노력하는 것을 삼가는 것은 인간의 행복을 얻는 것에 반하는 것이다(더 많은 예는 〈표 11-1〉 참조). 우리는 또한 다음과 같은 구별을 할 수 있다.

- 욕구: 욕구의 1가지 기준은 그것이 보편적이라는 것이다. 그것은 모든 민족, 문화, 시대의 모든 인간에게 적용되는가? 한 개인이 인간이 되기 위해 충족될 필요가 있는가? 이 질문들은 바람에서 욕구들을 빠르게 분류한다. 예를 들어, 모든 인간은 스스로 생각할 필요가 있는가? 만약 그렇다면 성찰적 추론은 인간의 기본적인 욕구이다. 궁극적으로 욕구는 개인적 인식의 대상이 아니다.

〈표 11-1〉 욕구 대 바람

욕구	바람	부부 연결 대화
이해, 지지, 건강한 성인의 한계, 내 직감과 내 머릿속 부모의 목소리를 듣지 않는 힘	매주 나와 함께 엄마를 만나러 가거나, 내가 간다면 불평하지 않는 것	부모양식과 내가 엄마의 요구를 어떻게 처리해야 할지 모를 때 지휘하는 대화. 당신은 내가 처벌적 부모양식에 맞추지 않고 무시하는 것을 지지하도록 도와준다.
수용 및 지속적인 연결	가장 좋은 옷을 가지기 위해 사는 것	나를 아름답게 보고 나에게 헌신한다고 느낀다는 당신의 확언은 나의 두려움을 진정시켜 준다.
소속감 아이들의 욕구와 나의 역할에 대한 걱정 수용	당신이 동의할 것이라는 확실한 기대를 가지고 일주일에 세 번씩 아이들을 축구경기에 데리고 가는 것	우리 가족의 가치를 확인하는 것. 우리 가족의 시간 손실을 단체 운동의 이득과 비교하고, 가족 시간의 낭비 없이 지역적 참여를 제공하는 대안 찾기. 가족 대화와 수용의 강화
동반자 관계 평등 기대하고 있는 오락거리	'내' 시간. 그래서 나는 이용당했다고 느끼지 않는다. 여자애들이나 남자애들과 사귀는 것	우리가 함께 가정일과 집안일에 투자하고 나서 함께 떠날 수 있는 방법에 대해 이야기하는 것
유대감	더 많은 성관계/사랑을 나누는 것	나의 방임된 유아양식을 우리의 정서적 유대감에 의해서 진정시키는 법을 배우는 것과 연관시키는 것은 결과적으로 더 많은 상호 사랑 만들기로 이어진다.
존중	당신이 집 밖에서 일하고 수입을 가져오라고 요구하는 것	나의 압박감과 스트레스를 함께 나누고, 우리는 항상 일하기보다 함께 삶을 공유할 수 있도록 지출에 제한을 두는 법을 배운다.
사랑	다른 사람들, 특히 이성으로부터 관심을 받는 것. 개인적인 대화를 할 수 있도록 허락하는 것	나의 외로운 감정에 대해 이야기하고 특별하게 대해야 한다고 느낀다. 당신에게 그 욕구를 충족시킬 기회를 주고 당신의 열정을 거절하는 것보다는 받아들이는 것

(계속)

안전	상사가 시키는 대로 일주일에 70시간 일하는 것	당신과 내 부모의 목소리에 대해 이야기하고, 내 취약한 아동을 무시하고 진정시키는 걸 도와주고, 모든 것이 내가 설정한 한계에 다 잘 맞을 거라고 안심시키기. 당신이 나를 나쁘게 생각하지 않고 적응하려고 노력하는 것
평등	경멸적인 말들을 하고 당신에게 농담을 하는 것	당신의 지지와 교정이 부족해서 내가 상처받았다는 느낌을 받을 때 당신에게 알려 주기

출처: Simeone-DiFrancesco & Simeone (2016b)에서 발췌함.

- 바람: 바람은 협상 가능한 개인적인 선택을 나타낸다. 그것들은 개인의 문화, 맥락, 개성에서 비롯될 수 있다. 바람은 개별적으로 선택된다. 때때로 이 주제의 이해 또는 적용을 돕기 위해 우리는 바람을 소망(wishes)이라고 부른다. 이 본문과 우리의 표에서 용어들은 의미상 서로 교환할 수 있다. 선택한 바람은 기회와 가용성에 대한 이행에 달려 있다. 바람은 삶의 바위처럼 확고한 근본적인 욕구에 연결되어 있어도 소모적이고 유연하며 가변적이다. 예를 들어, 삶의 욕구인 음식에 대한 욕구는 어떤 음식의 선택이나 어떤 사회적 분위기에서든 만족할 수 있다.

많은 인간의 갈등은 그러한 구별을 함으로써 잠재적으로 명확해질 수 있다. 심리도식 충돌이 종종 한 사람이 다른 사람의 욕구를 억제하거나, 적극적으로 무시하거나, 자신의 욕구를 실수로 고수하는 것에 기초하기에, 평화는 그들의 굴복이나 그들 자신의 욕구를 일련의 특정 바람에 복종시키는 것을 필요로 할 것이라고 믿는다.

Bella는 Mark가 그녀의 요리에 대해 고맙게 여기길 원했다. 그녀는 좋은 음식이 가정생활의 중심에 있는 이탈리아 가정 출신이다. Mark는 바쁘게 일하는 임원이었고, 그에게 있어 음식은 당면한 일을 위한 '연료'였다. 이런 차이로 인해 충돌이 잦아졌다.

욕구와 바람을 구별하는 것은 Bella가 음식이 기본적인 욕구이지만 그 욕구를 표현하는 방법이 바람이라는 것을 인식하는 데 도움이 되었다. 좋은 가족 시간을 갖는 것 또한 필요하다는 것을 이해하고, 그녀는 Mark의 바쁜 일정 안에서 이것을 조직할 창의적인 방법을 찾기 시작했다. Mark는 이것을 인정했다. "당신이 소풍을 가기 위해 우리를 조직하는 방식이 정말 멋지네."

인간의 기본적인 욕구는 인간으로서 같은 욕구를 가진 다른 사람들에게 위협적이지 않다. 개인적인 자신의 이익이 위협받는 것은 오직 바람의 영역일 뿐이다. 바람은 협상 가능하다. 원하는 것, 유용하고 심지어 시급하며 의도적으로 소망하는 것은 종종 욕구에 연결되고 거의 대체되지만, 그것이 특정한 형태, 품질 또는 양으로 존재하기 위해 필수적이지는 않다. 욕구는 셀 수 없이 많고, 모든 가능한 유형이며, 무제한이고, 끝이 없고, 서로 교환할 수 있다. 그것은 또한 학대적이고, 처벌적이고, 독단적일 수 있으며, 보편적인 인간의 욕구와 완전히 단절되어 있을 수도 있다. 예를 들어, 한 나라를 다스리는 폭군은 국민의 욕구를 희생하고 자신의 욕구를 따른다.

치료적 조언 **바람은 누군가가 주차장에서 가족의 자동차에 방금 부딪친 그들의 배우자에게 고함치고 싶은 '욕구'를 느낄 때와 같은 처벌적인 부모양식의 표현일 수 있다. 따라서 심리도식치료에서는 욕구(아동양식의 일부로서)와 바람(부모양식의 사회적으로 왜곡된 표현으로서)을 분리하는 것이 중요하다.**

다음 예에서 그 구별을 볼 수 있다.

Lance는 동료 Betty에게 끌린다. 그는 인간관계에 대한 욕구가 있다. 이 연결은 모든 인류에게 내재되어 있다. Lance는 Betty를 더 잘 알고 싶어 한다. 그러나 이 관심이 상호적이지 않다면 Lance의 바람은 쉽게 스토킹이 될 수 있다.

Jeffrey Young의 '영역'의 개념화는 본질적으로 유대감과 수용, 자율과 수행, 현실적 한계, 내부지향성과 자기표현, 자발성과 즐거움의 핵심욕구 목록이다. 그 영역들은 18개의 확인된 초기부적응도식과 연결된다. 처음 5개의 심리도식은 유대감과 수용의 영역에 속한다. 다음은 전반적인 관계 욕구를 다루는 욕구의 부분적인 목록이다.

성찰 **이 개념은 Simeone-DiFrancesco와 Simeone(2016a, 2016b)이 이 책을 함께 쓰기 전에 개발한 개념이기 때문에 이 장에서 언급하는 욕구는 1장에서 열거한 핵심욕구보다 조금 넓게 정의되어 있다. 그럼에도 불구하고 상당히 중복된다. 다음은 Simeone-DiFrancesco와 Simeone(2016a, 2016b)의 『협상 불가능한 욕구(Non-negotiable Needs)』에서 발췌한 것이다. 이에 대해 동의하는가? 어떤 점에 동의하지 않는가? 목록에 무엇을 추가할 것인가?**

1. 공감: 나의 가치와 목표를 포함하여 중요한 것에 대해 말할 때 존중과 개방성의 태도로 듣거나 경청하는 것

2. 신뢰할 수 있는 유대감: 내 배우자에게 의지하고 버림받지 않는 것, 그나 그녀가 항상 충실할 것이며 관계를 배신하지 않을 것이라는 확신을 갖는 것
3. 우호: 우리의 대화가 사적인 것이라고 확신하는 것을 포함하여, 가장 친한 친구가 되거나 생기는 것
4. 친밀감: 서로 사랑하는 부부 사이의 마음과 마음의 결합에 대한 독특한 공유
5. 봉사: 타인에게 도움을 주는 긍정적인 태도를 가지는 것
6. 자아실현: 자신을 알고, 선호, 목표, 생각의 내면의 현실을 발견하고, 자신이 가치 있는 인간임을 경험하는 것
7. 소속: 수용 공동체의 일원이 되는 것을 포함하여 세상과 삶에서 관계를 맺는 장소를 갖는 것
8. 안전: 피해를 입지 않는 것, 두려움과 위협 없이 평화로운 삶을 영위하는 것
9. 사랑: 긍정, 애정, 열정, 개방성, 시험을 거친 수용의 측면을 포함하여 사랑을 주고받는 것 그리고 다른 사람에게 어떤 소속감을 갖는 것
10. 삶의 의미: 내 삶이 의미와 가치가 있다는 것을 아는 것
11. 대화: 상호 자기개방, 개방성 및 취약성에 대한 배려와 연결 의사소통을 경험하는 것
12. 수용: 결점이 용서되고, 의심의 혜택을 받으며, 의문, 비판 또는 반대 없이 나 자신이 될 수 있는 피난처를 갖는 것

성찰 충족되지 않은 욕구의 결과는 무엇이라고 생각하는가? 욕구가 충족되지 않은 것은 몇 살에 문제가 되는가? 자신의 욕구가 충족되지 않았던 삶의 시기를 생각할 수 있는가? 이것이 어떤 유산을 만들어 주었는가? 욕구가 충족되었을 때, 그것이 이전의 경험을 극복하는 데 도움이 되었는가? 지금 자신의 삶에서 좌절된 바람을 식별할 수 있는가? 어떤 욕구가 나타나 있는가? 앞에 제시한 목록을 사용하여 이 문제를 해결하라.

3. 실용적인 적용

욕구와 바람을 구분하는 치료적 유용성은 보편적이고 협상 불가능한 것을 타협 대상인 것과 구별한다는 것이다. 부부가 충돌과 불일치의 영역을 다루려고 할 때, 그것은 자기주장적 존중의 경계가 뚜렷하게 드러나는 데 도움이 된다. 그것은 또한 학대를 위한 리트머스 테스트

를 제공한다. "내 욕구를 거스르고 당신은 나를 '비인간화'하고 있다. 그건 학대를 의미한다!"

Sally는 남편 Jim이 그것을 모르고 있어도 그녀와 같은 욕구를 가지고 있다는 것을 알고 있다. 이것은 그녀가 부부로서 그들에게 윈-윈(상생의) 접근법이 있다고 확신하게 만든다. 이것이 명확해질 수 있다면, 그녀는 그것이 그에게도 도움이 될 것이라고 확신할 수 있다. 그녀는 욕구와 바람을 구별하는 방법을 배우면서 자신의 판단에 더욱 자신감을 갖게 된다. 그런 다음 그녀는 그에게 접근하여 자기 이익의 영역을 명확히 하고, 양식지도를 작성하며, 각자가 자신의 바람을 어떻게 충족시키고 싶은지에 대한 협상과정을 시작할 수 있다.

이것은 교착상태에서 벗어날 수 있는 방법을 제공할 수 있다(Gottman, 1999). 욕구는 정의상 보편적이어서 우리 모두가 '관련'될 수 있기 때문에, 누군가의 욕구에 대한 동질성을 개발하는 것이 훨씬 쉽다. 인간이 된다는 것은 동일한 욕구 세트를 갖는 것이다.

여기 확장된 사례가 있다.

Paul은 승진을 위해 알래스카로 이사하고 싶었지만 Carina는 애리조나에 있는 가족과 함께 있기를 원했다. 그의 근본적인 욕구는 안전함을 느끼는 것이었다. 그녀의 근본적인 욕구도 안전이었다.

Simeone-DiFrancesco는 그녀의 '욕구 대 바람 도구'를 사용하여 충돌에 어느 정도 관점을 제시할 수 있었다. 그 부부는 그들의 바람에 초점을 맞추고 있었기 때문에 교착상태에 빠져 있다는 것이 명백해졌다. 둘 다 그들의 욕구(그들이 동의할 수 있는)를 확인할 수 없었다. 긴장이 너무 높아서 이 문제에 대해 어느 쪽도 말할 수 없었지만, Carina는 끈기 있게 참았고 Paul이 금융보안 측면에서 안전을 정의했다는 것을 알게 되었다. 재정적으로 안정감을 느꼈을 때, 그는 밤에 잠을 자고 쉴 수 있었다. 이런 안정감은 조심하지 않으면 실패할 것이라는 그의 머릿속 부모의 목소리를 상쇄한다. 그것은 어린 Paul과 그가 항상 실패할 것이라고 느끼는 것을 상상하는 데 도움이 되었다(실패 심리도식, 취약한 아동양식).

Carina는 그의 대처양식이 융통성이 없고 안전하지 않다는 그의 감정이 그들의 상황에서 현실적이지 않다고 주장할 수 있었다. 두 사람 모두 안전이 부족하다는 그의 느낌이 아버지 같은 머릿속 부모의 목소리와 연결되어 있다는 것을 깨달았다. 그들이 그들만의 양식지도를 만들고 있었기 때문에, 그는 그녀가 부드럽고 자신 있게 그에게 왔을 때 이 이해를 떠올릴 수 있었다. 그녀는 자신이 그에게 다가갈 수 있다는 것을 알고 있었다(결국 그들은 같은 핵심욕구를 가지고 있었다). 그래서 그녀는 그들이 교착상태에서 벗어나 건강한 결과를 얻을 수 있다는 믿음을 포기할 수 없었다.

자기주장을 하기 전에 그녀는 방어적이 되었을 것이고, 그것은 부부로서 그들에게 승-패 결정(한쪽은 승자, 한쪽은 패자가 되는)을 초래했을 것이다. 그 결과로 초래된 불행과 원한은 그들의 관계를 손상시켰을 것이다. 누가 '이긴' 것이든 간에, 그 결과는 그들의 관계가 상실되었다는 것이다. 둘 다 바람에 갇혀 있으면 현실적인 진전이 있을 수 없다는 것이 분명했다. 건강한 성인양식에서 그녀는 자신과 Paul의 욕구를 모두 명확히 할 수 있었고, 그래서 그들의 욕구는 유연해졌으며, 궁극적으로 그들의 관계에 대한 해결책을 찾을 수 있었다.

Carina는 치료자로부터 우리가 바람에 집착하는 이유는 하나 이상의 아동이나 부모양식에 연결되어 있다는 것 그리고 종종 잘못된 귀인과 관련된다는 것을 배웠다. 이것들은 개인을 건강하지 못한 대처양식으로 밀어 넣을 수 있다.

성찰 **이러한 유형의 충돌은 선택 영역에 있으며, 이는 심리도식치료에서 어려운 점을 보여 준다. 선택을 고수하는 것(굴복에 대한)이 건강한 성인양식에 있는 것 같은 느낌이 들 수 있다. 그러한 선택이 정서적으로 아동양식에 있거나 부모양식의 각본을 따르는 것임을 인식하기 어려울 수 있다. 심리도식 화학반응이 과거의 심리도식 패턴의 편안함과 친숙함에서 비롯된다는 것을 인식하는 것도 마찬가지로 어렵다.**

이 경우, Carina와 Paul은 양식지도화를 해 왔기 때문에 우정은행 계좌에 '정서적 예금'을 얼마간 넣었다. Carina는 그 주제에 대한 Paul의 폐쇄적인 마음에 직면하여 침착하고 긍정적인 태도를 유지했다. 그녀는 가야 할 길이 있었고, 거기에 어떻게 가는지 알고 있었다.

먼저, Carina는 그들 둘 다 양식지도화하고 충족되지 않은 욕구가 무엇인지를 알아내려고 노력할 것을 제안했다. 그들은 부모양식이 어떻게 Paul에게 자신을 재정적으로 개선시키는 우선순위보다 더 중요한 것은 없다는 메시지를 주었는지 그리고 그러한 기회를 거절한다는 생각에 그의 '취약한 아동'양식이 어떻게 메스꺼움을 느꼈는지 알 수 있었다. 결국 그는 자신의 현실감을 이용하면서 안전하지 않다는 것이 얼마나 나쁜 기분인지 공감하면서 그들이 실제로 얼마나 안전한지 인식할 수 있었다. 그들은 함께 9세 때 아버지가 그에게 소리를 지르던 기억과 다시 연결되었다. 아버지는 결코 많은 것을 할 수 없을 것이라고 말했고, 당연히 완전한 실패를 느꼈다.

그러고 나서 그녀는 자신의 양식지도를 공유했다. 그것은 그가 그녀보다 더 자신의 직업을 우선시하는 것을 보고 그의 버림을 두려워해서 압도감을 느꼈던 것을 보여 주었고, 그래서 그

> 녀 역시 불안함을 느꼈다. 그녀는 결코 아버지에게 의지할 수 없다고 불평하는 어머니의 목소리를 들었다. 그녀는 직접 책임지고 일을 처리해야 했던 어머니의 예를 떠올렸다. 그래서 어린 Carina가 취약한 아동을 상상하면서 어머니와 동일시하는 것이 얼마나 무서운지 그리고 그녀가 남자에게 절대 의지하지 않을 것을 어떻게 결심했는지 기억했다.
>
> Carina는 마음을 열고 이것을 Paul과 공유했다. 그녀는 이런 과잉보상 양식에서 행동하는 것을 멈출 필요가 있다는 것을 알았고, 자녀를 돌보기 위해서 그녀의 가족에게 가까이 가는 것보다 Paul을 믿고 마음을 열도록 해야 한다는 것을 알고 있었다. Paul은 놀랐다. 아무도 그를 그렇게 신뢰하지 않았다. 그는 Carina가 정말로 그를 사랑한다는 것을 깨달았는데, 이는 그의 취약한 아동을 재양육하는 데 도움이 되는 깨달음이었다. 그는 정서적으로 그녀를 향해 나아가서 그녀를 위해 안전하고, 그녀보다 자신의 직업을 우선시하지 않을 것이며, 그들 둘에게 가장 좋은 것만을 바란다고 단언했다. Carina는 그의 품에 안겨 울었고, 마침내 안전하다고 느꼈다.
>
> Paul은 자신이 인생에서 가장 어리석은 결정을 내릴 뻔했다는 것을 깨달았다. 그는 자신을 필요로 하고 자신에게 의지하는 아내가 있었기 때문에 기분이 좋았다. 그는 이것이 그의 아버지가 가진 그 어떤 것보다 낫다는 것을 알고 있었기 때문에 아버지의 목소리와 직감으로 금전적 파멸을 예측하는 느낌을 무시했다. 그는 그들이 함께 해낼 것이라고 확신했으며, 안전하다고 느끼고 자신의 세계를 생각하는 누군가와 연결되는 새로운 경험을 좋아했다.
>
> 결국 모든 사항을 고려하여 그들은 둘 다 아이들을 키우기에 좋은 장소라고 느끼는 곳으로 이사했다. 그곳은 알래스카도 애리조나도 아니었다.

요약하면, Carina는 교착상태가 바람에 갇혀서 그들의 진정한 근본적인 욕구를 식별하거나 말할 수 없기 때문이라는 것을 알 수 있었다. 이것은 양식지도화로 가는 길을 열어 주었고, 일단 구성요소를 식별하고 올바른 상자에 넣으면 그들 둘 다 그들의 욕구에 동의할 수 있는 '건강한 성인'양식으로 들어갈 수 있다는 믿음이 생겼다. 이것은 그들이 창의적이고 유연해질 수 있게 해 주었다. 이제 그들은 그들의 바람을 논의하고 협상할 수 있었다. 결국 어느 쪽도 다른 쪽을 압도하지 않았고, 겉보기에는 교착상태에 빠진 문제가 상당한 정서적 성장, 재양육 그리고 함께 연결이 될 수 있는 토론을 했다.

Carina가 이처럼 교착상태에 빠진 것 같은 문제에 대해 수용 전략을 사용하라는 부적절한 권고를 받았거나, 치료자가 그것을 '교착된 영구적인 문제'로 간주하게 했다면(Gottman, 1999), 그 결과는 더 나빴을 가능성이 높다. Jeff Young은 인지치료가 자신의 미해결 과제를 해결하지 못하고 있다는 것을 알았을 때 정서적으로 장애가 있는 사람들과 관계들이 그저 그런 식으로 머물러야만 한다는 것을 '수용'하지 않았다. 치료가 가능한 것에 대한 이러한 창의성과 낙관주의는 심리도식치료를 개발하는 데 있어 형성적인 역할을 했다.

우리는 심리도식치료가 성격장애에 대해 한 일이 양식지도, 양식주기 충돌카드, 욕구 대 바람 도구를 사용하여 어려운 부부에게도 가능하다고 믿는다. 어쩌면 이것이 '영구적 교착 상태'가 수용과 관용을 필요로 한다는 생각에서 벗어날 수 있는 방법을 제공해 줄지도 모른다. 이것은 더 높은 수준의 해결로 가는 길이고, 잠재적으로 새로운 수준의 친밀감으로 가는 길이 될 수 있다. Paul과 Carina의 예는 부부 심리도식치료에서 욕구 대 바람 도구의 사용을 보여 준다. 그것은 통찰력 있는 양식지도화로 가는 길을 인도하고, 취약한 아동을 진정시키는 데 도움을 주며, 건강한 성인의 건강한 양육 지침을 제공한다.

4. 욕구와 바람을 구별하는 것의 이점

부부 심리도식치료의 욕구 대 바람 도구는 기본 욕구 또는 핵심욕구를 식별하는 데 도움이 되기 때문에 심리도식과 양식 치유를 지원한다. 건강한 성인은 다음과 같이 할 수 있다.

- 의사소통 기술을 사용하여 배우자 및 다른 사람들에게 효과적으로 욕구를 전달한다.
- 그 욕구가 근본적인 것임을 확신하는 지식으로 인해 궤도에서 벗어나지 않는다.
- 욕구를 충족시킨다.

이것은 중요한 확신으로 이어진다. 건강한 성인양식의 개인은 욕구와 바람을 구별할 수 있다. 바람은 협상할 수 있고, 욕구는 협상할 수 없다. 건강한 성인은 욕구를 다루고, 자신을 재양육하고 공동 양육(배우자나 치료자 또는 심지어 신과 함께)할 수 있으므로 욕구가 고려되고, 적절한 주장적 행동 계획을 통해 자아 또는 다른 사람들에 의해 궁극적으로 '충분히 좋은' 반응을 얻을 수 있다. '욕구'가 실제로 바라는 경직성, 경직된 사고, 두려움이 제한된 선택을 요구함으로써 충족을 추구하는 상황에서 그 양식은 건강하지 않은 미숙한 부분을 만든다. [그림 11-1]은 Kurt와 Sylvia에 대한 욕구 대 바람 도구를 도형으로 나타낸 것이고, [그림 11-2]는 사용자가 사용할 수 있는 빈 도구이다. 이 도구는 양식주기 충돌카드와의 충돌을 분석한 후 욕구와 바람을 분리하는 데 도움이 된다.

도형화된 욕구 대 바람 '도구'

Sylvia의 욕구(충돌과 연결된): 유대감과 보살핌: 지켜보면서 보살핌을 받으며 수용되었다고 느끼기

Sylvia의 아동양식: 상처와 굴욕감

Sylvia의 부모양식: "너는 그에게 중요하지 않은 존재야. 그는 너에게 마음 쓰지 않아. 그는 너를 아내처럼 대하지 않아."

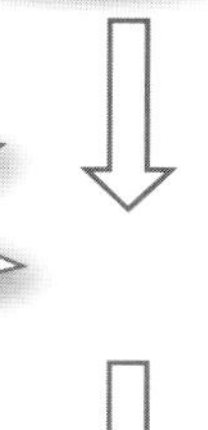

Sylvia의 바람: 그가 나의 선물에 대해 매우 흥미로워하고 그것들에 반응함

건강한 성인은 감정을 검증하고 치료하려고 함: "그에게 이야기해 보세요. 당신은 이 문제를 그와 함께 해결할 수 있어요! 당신은 보살핌을 받을 권리가 있어요. 그는 당신이 당신의 욕구를 말할 때 부드러워지지요."

건강한 성인과 Kurt에 의해 차단됨: "나쁜 부모님, 꺼지시고 우리의 평화를 방해하는 걸 멈추세요!" Kurt는 "우리는 함께하며 많은 좋은 추억이 있답니다."라고 강조하며 말한다. Sylvia는 "맞아요. 내가 지쳤을 때 이런 식으로 해석할 수 있다고 생각해요. 그가 내 아버지가 아니라는 것을 잊어버리죠. 내가 당신의 말을 들으면, 당신은 우리를 파멸시킬 거예요!"라고 말한다.

욕구 – 대화 시작:

Kurt의 건강한 성인의 행동: 그녀는 화가 났어요. 제 말을 들어 보세요. 맞아요, 아이로서 그녀의 정서적 방임을 저 또한 느끼지요. 제가 그녀가 자신의 욕구가 무엇인지 이해시킬 수 있다면 저는 제 자신에게 그리 화나지 않는다는 걸 알아요. 그녀가 공유하기 위해 용기 내었던 것에 고마움을 표현하세요. 그녀에게 나의 욕구를 잘 느끼면서 내 부모님의 목소리를 차단하는 것을 도와달라고 부탁하세요.

Kurt의 욕구: 의심의 이점을 감안할 때, 부정적으로 이미지화되지 않는 신뢰할 수 있는 애착. 그녀의 선물보다 더 중요한 것. **바람:** 그녀를 행복하게 해 주는 것을 함께하기

배우자 2의 아동양식=Kurt=화난 아동: 부당하게 처벌받고 통제된 **부모의 목소리:** 너는 그녀를 결코 행복하게 해 줄 수 없을 것이다. 그녀는 너무나 요구적이다. 그녀의 선물을 무시하는 게 낫고 역시나 죄책감도 덜 느낀다.

건강한 성인과 Sylvia의 차단을 위한 지원에 따른 Kurt의 차단: 실제로 Sylvia는 내가 이게 얼마나 아프고 내 기분을 느끼게 하는지 설명할 때 나에게 매우 공감해 준다. 나는 그녀에게 말할 수 있다. 나는 우리가 해결할 수 있을 것이라는 걸 안다. 여기 부모의 목소리에서 벗어나고, 나의 몸에서 느끼는 감정들이 Sylvia가 아닌 당신, 부모의 목소리의 반영이라는 것. 없어져 버려!

교착상태의 협상된 해결책:

Sylvia는 Kurt가 자신의 부모양식을 즉각적으로 차단하는 것과 자신의 건강한 성인양식의 차단 노력을 통해 진정되고 욕구를 충분히 충족시키지 못하는 자신의 핵심까지 거슬러 올라갈 수 있다. 그녀는 Kurt에게 그에게 선물의 의미가 무엇인지와 왜 그가 저항하는 것처럼 보였는지를 설명하도록 요구한다. 그는 그의 욕구, 아동양식, 부모의 목소리를 공유한다. Sylvia는 그를 향해 부드러워진다. Kurt의 건강한 성인은 그녀의 욕구를 도와주기 위한 계획을 만들고 싶어 하는 것처럼 느껴진다. 그들은 함께 스키 여행을 계획한다. Sylvia는 그가 어떻게 행동해야 하는지 가정하고 나서 상처받고 짜증을 느끼는 것이 아니라(아동양식들 차단), 그와 협상하는 것이 중요함을 더 많이 인식한다.

[그림 11-1] Sylvia와 Kurt의 욕구 대 바람 도구

출처: Simeone-DiFrancesco & Simeone (2016a, 2016b).

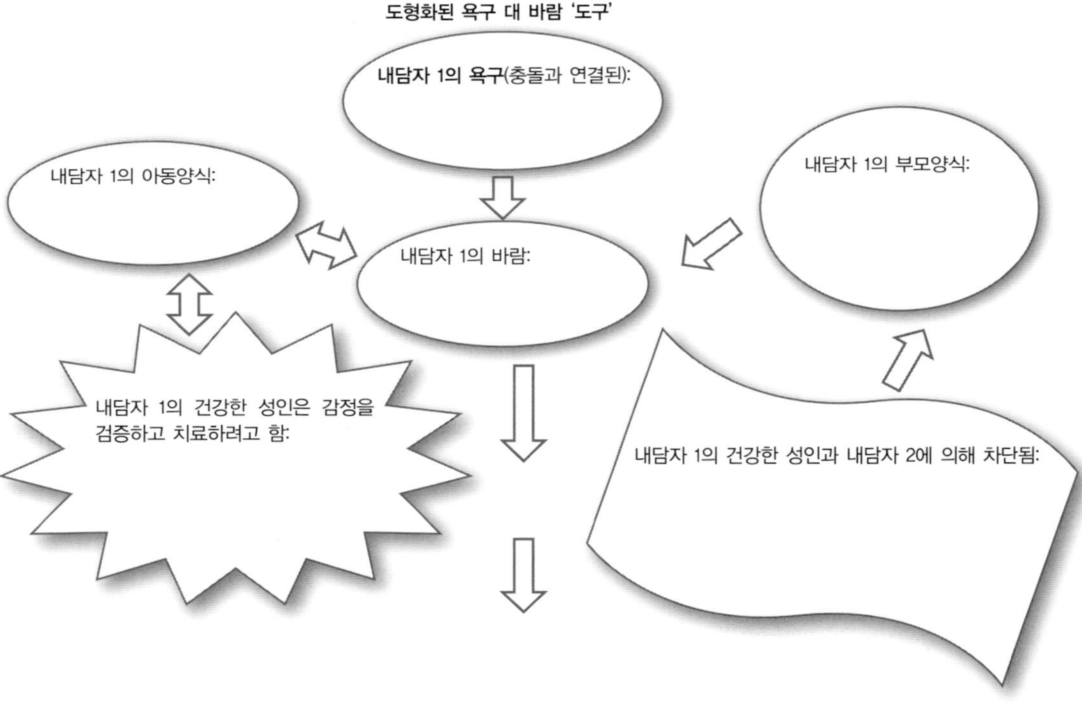

욕구-대화 시작:

내담자 2의 건강한 성인의 행동:

내담자 2의 욕구:

내담자 2의 아동양식: **내담자 2 부모의 목소리:**

건강한 성인과 내담자 1의 건강한 성인의 차단을 위한 지원에 따른 내담자 2의 차단:

교착상태의 협상된 해결책:

진행 중인 대화 재방문: (필요한 만큼 활동지 사용)

[그림 11-2] 욕구 대 바람 도구

출처: Simeone-DiFrancesco & Simeone (2016a, 2016b).

* 이 표의 복사본은 이 책의 구매자가 개인적인 용도로 쓸 때만 허용됨. 학지사 홈페이지(www.hakjisa.co.kr)에서 다운로드할 수 있음.

5. 충족되지 않은 욕구에 초점을 맞추는 연습

연습 특정 욕구에 대해 생각해 보라.

- 왜 이것이 여러분에게 중요한가?
- 이 욕구와 관련하여 여러분은 어떤 개인적인 내력을 가지고 있는가?
- 그것과 관련된 '꿈이 실현된다'는 것을 상상할 수 있는가?
- 배우자에게 실제적으로 바라는 어떤 소원(즉, 바람)이나 욕망은 무엇인가?
- 때때로 두 사람 중 한 사람이 욕구나 바람에 대한 변화를 평가하기 위해 어떻게 함께 모일 수 있는가?
- 여러분의 배우자는 어떻게 이와 같이 상호적으로 채워질 수 있을까?

그런 다음 배우자와 같은 질문을 주고받는다. 이 정보를 사랑 표적 실습 활동지에 기입해 보라([그림 11-3]). 두 사람은 결코 같지 않다. 우리는 모두 약간 중심을 벗어났고, 과녁의 중심은 여러분이 대하는 곳에 있지 않다. 연습이란 지금 하려고 하는 것을 의미한다. 재미있게 해 보라!

불행하게도, 건강하지 못한 미성숙한 양식의 측면은 종종 세대에 걸쳐 전해진다. Giuffra(국제심리도식치료협회 부부 특별 관심집단)는 다음과 같이 지적했다.

결혼과 부부를 위한 사랑 '표적 실습'

여러분의 원에 자신이 어렸을 때 느꼈던 것을 대표하고 자신이 가졌던 만성적인 충족되지 않은 욕구를 요약하는 핵심기억을 쓰라. 이름 아래에 기억, 충족되지 않은 욕구 및 지금 그것을 더 좋게 만드는 데 도움이 되는 소망(바람)을 구체적으로 언급하라.
이 글을 작성한 후 큐피드의 화살로 연습해 보고, 배우자의 소원(바람)을 표적에서 맞출 수 있는지 확인해 보라! 1점(많은 연습이 필요 함)에서 10점(완벽함)까지 세 번의 시도를 각각 평가한다. 과녁의 한복판에 가까워 가장 많은 점수를 받는 배우자가 승리한다.

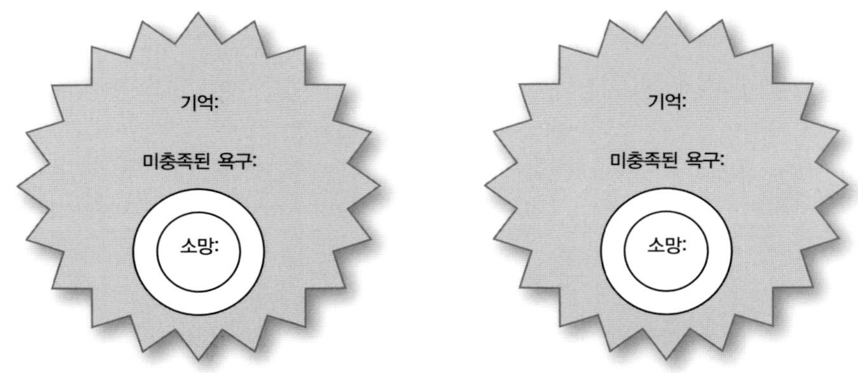

[그림 11-3] 사랑 표적 실습

출처: Simeone-DiFrancesco & Simeone (2016a, 2016b).

* 이 표의 복사본은 이 책의 구매자가 개인적인 용도로 쓸 때만 허용됨. 학지사 홈페이지(www.hakjisa.co.kr)에서 다운로드할 수 있음.

경험은 젊음과 늙음, 내부 및 세대 간, 사랑과 미움, 보호와 처벌 등 다른 시대의 다른 사람들의 예고이다. 그들의 어두운 형태는 부부의 현재 경험을 두려움, 요구, 갈망, 싸울 필요, 도망가거나 얼어붙을 필요, 또는 소리, 냄새, 촉감, 표정 또는 심지어 요청에 의해 미묘하게 각성된 현재 경험을 중단시키기 위한 무의식적인 호출로 변환시킨다.

건강한 성인 자아는 언제 취약한 또는 화난 아동이 촉발되는지 인식하는 법을 배우며, 부모가 되는 것을 배우고 양식을 보호한다. 건강한 성인들은 공간, 고독 그리고/또는 명상(마음챙김 연습)을 사용하여 자신과 배우자 안에서 아동양식을 감지하고 차별화한다. 그들은 아동이나 보호자 양식을 통제, 거부, 강의 또는 반응하려고 하는 대신, 표현하고 변화시킬 수 있는 공간을 제공한다.

6. 종합하기

이제 과제는 통합에 착수하는 것이다. 우리는 이제 심리도식치료의 독특한 요소들을 하나로 모으기 위해 노력한다. 여기에는 심상 및 의자 작업과 함께 양식지도 및 양식주기 충돌카드 사용이 포함된다. 이러한 경험적 기법은 부부 심리도식치료에 다차원적 품질을 제공한다. 이 접근법은 경험과 인지적 이해를 통해 작동한다. 통합은 더 큰 효과를 낳는다.

할 일 **이 절을 읽으면서 이러한 도구의 실제 순서화 및 적용에 대한 느낌을 얻으려고 노력하라. 이것은 융통성 없는 조리법으로 제공되는 것이 아니라 '치료자의 어깨를 훑어보는 기회'로 제공된다. 이것은 부부와 작업하는 과정을 보여 준다.**

부부들은 종종 최근 충돌을 일으킨다.

Sally와 Brett은 괴로운 기색을 보이며 들어왔다. Sally는 Brett으로부터 더 멀리 떨어져서 치료자에게 더 가까이 그녀의 의자를 옮겼다. 두 사람 모두 해결되지 않은 충돌에 대해 이야기하기 시작했다. 그 치료자는 단언했다. "당신들은 아직도 아픈 경험을 하고 있습니다. 지금 당장이라도 그것을 가지고 작업할 수 있습니다." 희망을 긍정하고 동시에 감정을 심화시키려는 의도적인 시도가 있었다. 그것들을 표현하는 것은 안전하다고 느꼈다. 그러고 나서 치료자는 부부에게 만남에 관련된 양식을 식별하기 위한 양식지도를 작성하도록 격려했다.

치료자는 그들 각자에게 기입할 수 있는 빈 양식지도를 주는 것을 고려해 볼 수 있다. 그들 각각에게 촉발요인은 무엇이었는가? 화이트보드에 양식지도의 마스터 견본을 만들 수 있고, 양식주기 충돌카드를 편리하게 사용할 수 있다. 가능하다면, 두 사람 모두 그들의 관계에 영향을 준 결정을 내렸고, 아마도 그 부부는 자신이 해야 할 일을 스스로 볼 수 있을 것이라고 강조한다. 그들은 대처행동의 수준에서 충돌하고 있는가? 그들에게 더 느린 분노 완화

(de-escalation)가 필요한가? 그들이 과거의 형성적 경험과 관련된 부모의 목소리를 의식하지 못할 수 있을까? 부모양식의 영향을 받은 경우, 2개의 개인 양식지도를 선택한 다음 후속 회기에서 결과를 양식주기 충돌카드로 결합할 수 있다.

한 배우자 또는 두 배우자의 유산이 클수록 부부와 함께 작업할 때 양식지도를 사용하는 것이 중요하다. 역기능적 부부들이 많을수록 개인회기에서 추가 작업이 이뤄져야 한다. 경청, 검증 및 재양육의 수준 또한 상황 분석에서 한몫을 한다.

다음은 부부 심리도식치료가 양식지도와 양식주기 충돌카드 사용을 통합한 경험적 기법의 더 많은 예이다.

대도시에서 일하는 26세의 전문 사진작가 Sylvia는 35세의 남편 Kurt가 그의 인생에서 여전히 그녀를 아내라기보다는 부속물로 취급하고 있다고 믿었기 때문에 결혼한 후 몇 년 동안 깊은 상처를 받았다. 회계사로서 그는 너무 자발적이지 않았다. 그녀는 함께 특별한 일을 시작해야 했고, 그는 보통 이것을 무시하거나 무관심하게 행동하고, 단지 아이들과 함께 그것을 하고 싶을 뿐이었다. 그녀는 상처 목록을 가지고 있었고 굴욕감을 느꼈다. 여기에는 Kurt가 선물에 관심을 보이지 않고 반응하지 않았다는 그녀의 관찰(제시된 주요 촉발요인)이 포함되었다. 그녀는 자신이 그에게 결코 중요하지 않을 것이라고 결론지었고, 그가 왜 자신과 결혼했는지 궁금했다. 하지만 그녀는 그를 기쁘게 해 주려고 계속 노력했다. 치료자는 그녀의 순응적 굴복자 양식(1차 대처기제)을 확인했다. 이것은 그녀가 스스로 돌보고 혼자서 또는 아이들과 함께 일을 하면서 행복해지려고 애쓰는 분리된 자기위안자로 전환할 수 있다.

Kurt는 총각처럼 행동하고 주로 동료 회계사와 친구로 관계하는 데 익숙했다. 몇 년 동안, 그는 자신이 끌리는 사람은 결국 자신을 떠날 것이라고 느꼈다. 그는 그에게 '옳은' 일을 하지 않은 것을 '보충하기 위해' 긴 집안일 목록을 주었던, 거칠고 처벌적이었던 그의 아버지와의 정서적인 유기패턴을 인식했다. 그의 아버지는 학대하고, 꼬맹이라고 욕을 하며, 작은 것에 대해 경고하지 않고 폭발했다. 그런 다음 그가 집안일을 할 때 아버지와 여동생이 공놀이나 다른 재미있는 활동을 함께 하는 것을 지켜보았다. Sylvia가 일을 철회하거나 화를 낼 때, 그가 그녀에게 쓸모없다고 느끼는 것은 놀라운 일이 아니었다.

Sylvia는 다른 경험을 했다. 학대하는 그녀의 아버지는 그녀의 생일이나 크리스마스에 딸을 위한 선물에 대해 많은 생각을 했을 것이다. 그녀는 500마일 떨어진 아버지의 집으로 여행을 가곤 했지만, 그녀는 결코 개의치 않았다. Sylvia가 아버지에게 특별하다고 느낀 것은 그때뿐이었다. Sylvia는 선물 주기와 관련된 심리도식 활성화를 가지고 있었는데, 이는 전형적으로 부정적인 방식이 아니라 오히려 아버지로부터 보살핌을 받은 매우 독특하고 긍정적인 경험이었기 때문이다. 따라서 Kurt의 선물에 대한 관심 부족은 상처를 주었다. 그녀에게 선물은 물건 그 이상이었다. 그것은 자기 자신의 선물이었다. 그의 관심을 끌기 위해 선물로 그를 기쁘게 하려는 것이 그녀의 의도였고, 바라건대 그는 더 자주 사랑을 나누고 싶어 할지도 모른다. 사랑 만들기나 선물은 그녀에게 더 많은 유대감과 배려를 느끼게 해 주는 방법이었다.

Kurt는 이것이 어린 Sylvia에게 주는 의미의 측면에서 탐구되기 전까지는 선물이 왜 그렇게 큰 문제인지 전혀 모르고 있었다. Sylvia의 개별 양식지도를 보고 Kurt는 눈물을 흘렸다. 그는 결백하고 악의적이지 않은 자신의 행동이 어린 Sylvia에게 그런 고통을 안겨 준 것을 후회했다. 그는 이 유산을 치료하고 그녀가 필요로 하는 반응을 보이고 싶었다.

휴일이 다가옴에 따라 치료자와 부부는 양식주기 충돌카드를 하기 시작했다([그림 11-4]). 처음에 Kurt와 Sylvia는 부모들의 목소리가 각각에게 무슨 말을 하고 있는지 듣기 어려웠다. 그들은 과거의 기억을 선물을 주는 촉발요인과 쉽게 연결시키지 못했다. 그러나 그 연결고리는 Kurt에 대한 처벌적이고 유기한 아버지의 영향과 Sylvia에 대한 아버지의 심한 정서적 · 신체적 학대를 이해한 치료자에게는 매우 분명했다. 유일한 예외는 선물을 줄 때 보여 준 배려였다. 이것이 보일 때까지 Kurt와 Sylvia는 그들의 생각이 정확하다고 확신했다.

Kurt는 "그녀는 제가 그녀의 선물을 어떻게 하기를 바라는지 너무 까다롭게 굴고 있지 않습니까?"라고 주장했다.

Sylvia는 '그는 나를 신경 쓰지 않아. 난 그에게 중요하지 않아.'라고 생각했다.

어린 시절 그들에게 반복적으로 전달되는 메시지를 객관화하는 데 도움을 준 것은 바로 양식주기 충돌카드와 의자작업으로 목소리를 외면화하는 것이었다(따라서 역기능적 심리도식들이 발달). 심리도식 치료자는 뇌가 과거의 학습 측면에서 현재의 상황을 어떻게 평가하고 분류하는지를 설명했다. 그래서 각각의 경우에 오랫동안 유지되어 온 가정들에 대해 이의를 제기할 증거가 전혀 없었다.

각각이 이러한 결론(부모의 목소리)을 그들이 경험하고 있는 정서의 강도(아동양식)와 합치면, 그것은 그들을 그들의 예측 가능한 행동 대처패턴으로 밀어 넣었다. Kurt는 회피하고, 분리되고, 혼란스럽고, 정서적으로 억제되었다. Sylvia는 분리되고, 불안하고, 자기위안이 되었다. 그녀가 자기위안을 위해 떠났을 때, 그는 어머니에 대한 그의 경험을 회상하며 분노와 처벌적 철회의 측면에서 그것을 보았다. 마찬가지로 Sylvia가 그에게 선물을 주었을 때 그의 무반응성은 마치 그녀가 그의 세계에 속하지 않는 것처럼 느껴졌다.

그들이 어떻게 지도화했는지는 다음과 같다.

치료자의 도움을 받아 양식주기 충돌카드를 완성한 것은 각각의 이야기를 명확히 하는 데 도움이 되었다. 다음 회기에서는 양식을 의자에 앉혔다. 양식 상호작용이 지도화되었다.

건강한 성인과 취약한 아동 양식의 집중적인 공유는 Kurt와 Sylvia 모두에게 새로운 경험이

양식주기 충돌카드

<table>
<tr><td colspan="2">내담자 1: 촉발요인(심리도식/핵심기억): Sylvia
정서적 발달, 불신/학대, 아버지가 나에게 관심을 보일 때는 오직 나에게 선물 사줄 때뿐이다.</td><td colspan="2">내담자 2: 촉발요인(심리도식/핵심기억): Kurt
유기와 복종, 아빠는 나의 여동생을 맹목적으로 사랑한 반면에 나는 그의 방식대로 행동하길 기대했고, 많은 집안 일을 가지고 나를 처벌했다.</td></tr>
<tr><td>내면화된 부모의 목소리:
"너는 그에게 중요한 존재가 아니야. 그는 신경 쓰지 않아. 그는 너를 아내처럼 대해 주지 않아."</td><td>대처양식:
그가 나의 선물을 좋아해 주지 않는 것에 대한 불평(과잉보상) (이후 자기위안과 거리를 두는 것으로 전환)</td><td>대처양식:
Sylvia의 선물을 무시하고 남동생과 함께 헬스장에서 운동하기 (분리된 보호자)</td><td>내면화된 부모의 목소리:
"너는 그녀를 행복하게 하는 데 실패하게 될 거야. 그녀는 너무 까다로워. 죄책감을 덜 느끼려면 그녀의 선물도 무시하는 것이 좋을 거야."</td></tr>
<tr><td>아동양식:
취약한 아동
(상처, 좌절감, 거부당함)</td><td>(차단/활성화):
화난 아동
(분개함, 굴욕적임)</td><td>아동양식:
취약한 아동
(불충분함, 좌절감)</td><td>(차단/활성화):
화난 아동
(부당하게 처벌되고 통제됨)</td></tr>
<tr><td colspan="2">방치된 핵심욕구: 유대감과 보살핌
관심받기, 보살핌을 받기, 수용되기

소망: 나의 선물에 그가 매우 관심 있어 하며 그것에 집중하고 반응해 주는 것</td><td colspan="2">방치된 핵심욕구: 신뢰할 수 있는 애착
의심의 이점을 감안하면 잘못 기술된 것은 아니다.

소망: 그녀가 내가 하지 않은 것에 대해 비난하는 것을 멈추기. 그녀의 선물보다 더 중요한 것</td></tr>
<tr><td colspan="2">건강한 성인 해결책: 어린 시절의 경험을 그와 공유하기. 직접적으로 약간의 관심을 요구하기. 내가 그와 함께 하고 싶은 일을 계획하기, 어린 시절의 희생자로 Kurt를 보고, 다시 상처받을 때 내 취약한 아동을 진정시키기</td><td colspan="2">건강한 성인 해결책: "너(취약한 아동과 대화하는 것)는 괜찮아! 숨기지 말고 내 감정과 욕구를 보여 줘. Sylvia에게 있는 그대로의 나를 받아 달라고 부탁해. 우리 둘 다 기쁘게 하는 방법으로 그녀 자신을 즐길 시간을 줘. 창의적이 되어 봐. 내가 어떻게 내 아버지에 의해 기대를 받고 조종당했는지 그녀에게 말하고, 그녀의 진정한 욕구와 바람을 물어봐."</td></tr>
<tr><td colspan="4">결과: 우리 둘 다 더 가깝고 행복하다고 느끼고 있다. 우리는 진행 중인 모든 계획을 보다 공개적이고 적극적으로 협상한다. Sylvia와 Kurt의 새로운 계획이 무엇이든 그녀의 기쁨을 확인하기 위해 애쓰고 있다. Kurt는 Sylvia의 선물에 대한 흥분과 의도적인 열정을 표현 한 다음, 그가 원하는 선물이 그녀라는 것에 다시 초점을 맞추고, 그 선물을 요구하고, 그녀가 답례를 하도록 하게 하고, 그녀에게 그와 함께 시간을 보내 달라고 요청한다. 그리고 그녀가 특별하다고 느꼈던 다른 일들을 한다.</td></tr>
</table>

[그림 11-4] Sylvia와 Kurt의 양식주기 충돌카드

출처: Roediger, Simeone-DiFrancesco에 의해 개작됨.

었다. 그것은 그들의 결혼생활에 새로운 희망의식을 불러일으켰다. 양식을 식별하고 격려하는 것은 지시된 공유로 이어졌고, 그들의 감정에 구조를 제공했다. 이전에 그들이 이야기한 것은 부정적인 경험, 불만, 상처와 좌절의 표현, 또는 분리로 가득 차 있었다. 그 결과는 절망감이었다. 치료자는 공감과 정서적인 탐색을 모델로 삼았다. 모든 게 훨씬 안전하고 희망적으로 느껴졌다.

부부가 개별 양식지도를 살펴보고, 양식 간의 대화를 지도화하며, 양식을 의자에 앉히는 데 사용되는 기술은 양식주기 충돌카드와 동일한 방식으로 사용된다. 그들이 충돌할 때의 대처양식을 주목하라. 이것은 안도감과 권한부여로 이어질 수 있다. 부부는 마침내 각자의 대처양식을 수정할 수 있는 능력을 가지고 있다는 것을 알 수 있는데, 특히 이런 식으로 대처하는 것이 자신들의 방식이었고, 이런 식으로 계속하는 것이 둘 중 어느 쪽에도 이익이 되지 않는다는 것을 '알기' 시작한다. 건강한 성인 영역에 핵심문장을 포함시키는 것을 기억하라.

방해하는 충돌을 겪은 후, 부부는 보통 진정되고 정서적인 재연결을 위한 방법이 명확해진다(애착을 갈망하는 취약한 아동양식에 의해 제공됨). 핵심은 두 사람 모두 자신의 정서적 욕구와 접촉하도록 돕는 것이다. 심리도식 충돌은 종종 다른 사람의 소원을 들어주지 않으면 발생한다. 간극을 메우는 것은 막다른 골목을 빠져나가는 것과 같다. 우리는 좋든 싫든 다시 큰길로 차를 몰아야 한다. 우리는 구체적인 바람에서 더 일반적인 욕구에 이르는 길을 찾아야 한다. 이는 두 건강한 성인이 가능한 해결책을 협상할 수 있는 더 많은 공간과 유연성을 제공한다.

7. 취약한 아동을 재연결하기

심리도식치료에서는 확인된 아동기의 욕구를 충족시키는 데 초점을 맞추고 있다. 성인의 변화를 도입하는 가장 효과적인 방법은 이러한 욕구를 충족시키는 것이다. "핵심적인 정서적 욕구를 충족시키는 과정을 구성하는 새로운 경험, 상호작용 및 암묵적인 태도가 건강한 성인양식의 구성요소가 된다."(Farrell & Shaw, 2012, pp. 38-39).

중요한 것은 심리도식 치료자가 그러한 욕구를 다룰 것이라는 점이다. 그리고 결국 그 부부는 서로의 욕구를 다루는 법을 배우면서 서로를 재양육하도록 지도받을 수 있다. 놀랍지만, 그 부부는 서로의 미숙한 면이 매끄럽게 다듬어지고 원래의 희망과 신뢰, 사랑이 재점화

될 수 있다는 것을 배울 수 있다. 이것은 부부가 취약한 아동양식을 통해 연결할 수 있을 때 강화된다. 이것은 부부관계에서 잠재적으로 중요한 자원이다. 어느 정도 수준에서 대부분의 부부는 실제로 그들의 사랑이 서로 치유될 수 있다고 믿지만 그것이 쉽지는 않다.

양식지도나 충돌카드와 같은 우리의 특정한 도구는 시간이 지남에 따라 변화하고 진화할 수 있지만, 개념은 상당히 안정적이고 치유이론과 연결되어 있다. 이러한 기법들을 사용하는 것은 '절충적'이 아니라는 점에 유의하라. 부부 심리도식치료의 이론과 개념화는 도구의 직접적인 사용으로 이어진다. 우리는 치료자들이 심리도식과 양식의 개념과 여기저기에서 기법들을 절충적으로 활용함으로써 얻을 수 있다고 생각하지만, 그들은 잠재적으로 부부 심리도식치료의 강점을 놓칠 수도 있다. 부부 심리도식치료에서 개념화는 〈표 11-2〉에 제시된 꽤 표준적인 개입을 유도한다. 이 모델은 심리도식 치료자들 간의 개별적인 창의성과 차이점을 허용하지만, 치료가 부부 심리도식치료가 되기 위해서는 그림에 나열된 요소들에 기초해야 한다.

부부 심리도식치료 도구가 전체 프로그램에서 추출될 때 효과적이라는 것도 명확하지 않다. 부부 심리도식치료에서 발견되는 포괄적인 원칙, 태도, 목표 및 개념화 패키지가 없이 최적의 방법보다 적게 사용할 수 있는 것은 가능한 일이다. 우리는 '나는 내가 부부 심리도식치료의 어떤 측면을 적용하고 싶은지 선택하겠다.'라는 접근법에서 가능한 오용과 치료 재해를 예방하기 위한 노력으로 이점을 강조한다. 우리는 부부 심리도식치료의 힘을 Milton Erikson의 응용과 같이 잘 훈련된 최면요법의 일부 이용에 내재된 생산적이고 긍정적인 힘에 비유한다. 최면을 알고 있다고 생각하는 훈련받지 않은 사람의 손에 놓인 최면요법은 부부 심리도식치료와 마찬가지로 최적의 결과를 얻지 못할 수도 있다!

상호 재양육은 심상작업을 통해 이루어질 수 있다. 만약 치료자가 취약한 아동을 진정시킬 수 있다면, 관찰하는 배우자는 그 상황에서 치료자가 어떻게 행동하는지 볼 수 있다. 이것은 건강한 성인이 개인적인 욕구에 어떻게 반응할 수 있는지를 보여 준다. 이것은 목격하는 배우자가 다른 사람의 취약한 아동을 달래는 법을 배우는 이행으로 사용될 수 있는데, 아마도 처음에는 개입할 때 손을 잡고 있을 것이다.

〈표 11-2〉 부부 심리도식치료의 필수 요소

• 부부에게 자신의 문제를 개념화하는 지도를 제공하기
• 내용이 아닌 충돌의 형태로 작업하기
• 관점의 변화를 유도하기(서 있음으로써)
• 충족되지 않은 욕구를 완화하기
• 심상 재구성하기를 통해 경험적으로 심리적 외상을 치유하기
• ……그리고 치료자와의 애착을 통해서
• 재양육 방식으로 치료적 관계 사용하기
• 부부에게 건강한 성인방식으로 말하는 것 가르치기
• 각 배우자의 욕구에 집중하고, 재양육하며, 내적인 긍정적인 치유력을 발휘하기

이 작업의 좋은 예는 Jeff Young의 훈련 DVD, 『부부를 위한 심리도식치료(Schema Therapy with Couples)』(Young, 2012)에서 보여 줬다. 그는 Christine과 Chris라는 부부와 함께 개인의 욕구를 확인하기 위해 작업했고, 우리의 부부 심리도식치료 작업에서는 이 초점의 본질적인 특성을 다시 보여 주었다. 그는 배우자가 바라는 것을 어떻게 키울 수 있는지를 보여 주었다. 그는 그들에게 화나고 좌절하기보다는 민감하고 공감하도록 지도했다("이것은 사랑과 존중이 필요한 아이와 같다."). 그는 그 관계에 있는 두 사람 모두 내면에 아이가 있고, 상대방을 재양육하는 것이 각자의 몫이라고 가정했다.

치료자는 그들이 보고한 자신들의 딸인 Alex와 그녀의 남자 친구가 관련된 최근 사건에 초점을 맞췄다. 이 문제와 그들의 정서적 반응 둘 다를 탐색하는 것으로 시작했다(부부 정서중심치료의 맥락에서 매우 많이). 그리고 어린 시절의 기억과 함께 심상을 사용했다. "그 일이 일어나고 있고 그것을 볼 수 있는 것처럼 그려 보세요. 그들이 말한 대로 말할 수 있겠습니까?" 또한 최근의 논쟁의 이미지로 이동했다. "이제 어린 Christine이 성인 Christine에게 말하듯이 그에게 당신의 욕구가 무엇인지 말하세요."

Young은 어린 시절 사건의 감정을 현재의 문제와 능숙하게 연결시킨 후 복종과 결함-수치심 심리도식의 활성화를 설명했다. 그는 재양육을 사용했다(내면의 아이에게). "당신이 당신의 말을 내가 전혀 듣지 않는다고 느끼는 건 알지만, 나는……" 그러자 아내는 남편에게 말할 수 있었다. "내가 비난을 하면 부담이 가중된다는 것을 알지만, 나는 당신이 훌륭한 아빠라는 건 알아. 나는 이것에 대해 걱정이 돼……"

그러자 Young은 그 남편을 지도했다. "나는 ……것 같은 기분이야(어린 Christine으로부터). 그리고 나의 욕구는…… (비난적이지 않도록 노력하라). 나는 당신이 나를 지겹다고 느끼지 않기를 바라." 그러고 나서 그는 아내에게 보살피는 부모로서 대답해 달라고 부탁했다. 아내는 "당신은 좋은 사람이고, 일도 잘하고 있어요." 그는 또한 남편에게 격려했다. "그녀의 의견이 아무 의미도 없다고 믿는 어린 Christine을 시각화해 보세요. 그리고 그녀에게 '나는 당신의 의견을 소중하게 생각해.'라고 말하세요."

취약한 아동은 배우자에 의해 보이며, 이것은 정서적 재연결로 이어진다. 한 배우자와 함께 작업하는 동안, 치료자는 다른 배우자를 잃지 않도록 주의하고 가능한 한 그들을 포함시켜야 한다. 개인회기에서 치료자는 중립을 유지할 수 없지만 자기개방 기법들을 사용하여 다음 공동회기에 대한 참여의 균형을 맞출 수 있다. 이를 통해 치료자는 정서적인 수준에서 관여하고 건강한 성인 수준으로 관점을 변경함으로써 어떻게 다시 균형을 유지하는지에 대한 역할모델로 작용한다. 이것은 일부 취약한 사람에게 더 안전하다고 느끼게 할 수 있다.

부부들은 배우자를 부드럽게 하거나 공감대를 형성하기 위해 그들의 취약한 아동양식을 사용하는 법을 배울 수 있다. 이것은 상호작용에서 흥분을 제거할 수 있다.

Nicholas는 사업에 대한 실망감 때문에 짜증이 나서 집에 왔다. 그는 바닥에 놓인 아이의 장난감들을 보면서 "오늘 공급자 세 명이 나를 실망시켰는데, 지금은 깔끔한 집으로 돌아갈 수도 없어!"라고 말했다.

당연히 Britta는 이 발언에서 비난을 들었지만, 그녀는 취약한 아동양식으로 가서 대답했다. "당신의 말은 나를 짓눌러. 아버지의 비난이 대상이 되지 않기 위해서 치료에 매진해 왔지만, 당신의 짜증 때문에 내내 아버지가 옳았다고 믿게 되었어. [건강한 성인으로 이동한다.] 이것에 대해 좀 더 합리적으로 얘기할 수 있을까? 나도 힘든 하루를 보냈어."

심리도식치료는 끈기 있는 배우자에게 건강한 성인양식을 개발 또는 유지하는 방법과 의미를 보여 주고, 배우자의 공감적 공명을 이끌어 내기 위해 취약한 아동양식을 생산적으로 사용하며, 결국 자신의 내적인 취약한 아동을 재양육하고, 배우자를 제한된 방식 내에서 재양육하는 것을 보여 줄 것이다. 심리도식치료 사례개념화 및 치료 계획은 이 재양육 기법을 부부에게 전달하는 방법을 나타낼 것이다. 목표는 반복되는 충돌을 완화함으로써 서로 치유할 수 있도록 돕는 것이다.

치료적 조언 여러분은 정서적인 일을 할 때 그 사람이 지니고 있을 수 있는 부드러운 장난감이나 테디 인형 같은 '이행 대상'(Winnicott, 1958)이 유용하다는 것을 발견할 수 있다. 어떤 사람들은 이것이 매우 위안이 된다고 생각한다. 일부 부부를 위한 지속적인 재양육의 원천 중 하나는 영성이 될 수 있다. 기독교인 부부들은 한두 구절의 경전(거룩한 독서라고 불리는)에 대한 개인적인 기도적 적용(인지적 성경 연구와는 전혀 다르다)이 지속적인 경험적 재양육 개입의 역할을 한다는 것을 발견했다. 이 개념의 심층적인 발전은 Simeone-DiFrancesco와 Simeone(2016a, 2016b)의 저작을 참조하라.

8. 어조

부부관계에서 재양육을 달성하는 또 다른 방법은 언어와 어조(말투)에 초점을 맞추는 것이다. Young은 비디오에서 이 부부에게 "서로에게 적이나 꾸짖는 부모처럼 말하지 말고(언어), 다른 사람의 아이에게 말하는 것처럼 하도록 하세요."라고 조언했다. 이것이 부부관계에서 언어 사용의 중요한 비결이다. 둘 다 심리도식 활성화, 특히 아동양식을 인식한 다음 아동에게 부드럽게 말하고, 가능하면 예상되는 욕구를 충족시키도록 권장된다. 취약한 아동이 부부의 주목을 받게끔 하는 것은 배우자의 민감한 양육행동을 허용한다. 이것은 관계의 부정적인 순환에서 벗어날 수 있는 방법을 제공하고, 중요하게는 앞으로 나아갈 수 있는 방법을 제공한다.

Tina는 그의 아버지로부터 단 한 번도 확언을 받지 못한 Harry에게 말한다. "여보, 진정하고 나와 함께 소파에 앉아 있어. 나는 당신이 항상 일하는 것을 바라지 않아. 내가 소중하게 여기는 사람은 바로 당신이야. 내 가장 친한 친구가 되는 것이 가장 중요한 거야."

Stan은 항상 자신이 모든 사람을 행복하게 할 만큼 충분히 하지 못한다고 느끼는 Judith에게 "자, 이제 그릇은 싱크대에 두고 가서 이 원반 던지기를 나와 함께해. 당신은 '놀이'를 할 자격이 있어. 당신도 알다시피 모든 일이 다 되는 것은 아니야. 우리는 매일 즐거운 시간을 보내야 해. 당신은 매일 열심히 일하는데, 정말 쉬는 시간을 가질 자격이 있어."

심리도식치료의 우선순위는 논쟁에서 옳다기보다는 정서적으로 가까운 관계를 맺는 것이다. 이것은 부정적인 상호작용보다 긍정적인 요소가 중요한 것으로 나타난 Gottman의 욕구에 관한 연구(1999)에 의해 지지된다.

치료적 조언 국제심리도식치료협회 결혼/부부 소위원회 회의에서 Wendy Behary는 부부를 '내 자녀 중 두 명'으로 볼 수 있는 감각이 있다고 말했다. 그녀의 일은 둘 다 재양육하는 것이다. 그녀는 어린 시절의 사진을 사용하는 것을 포함하여 이것을 하기 위한 몇 가지 창의적인 방법을 개발했다.

부부들은 또한 음성 중재 메시지 및 플래시카드를 사용할 수도 있다. 이러한 음성 메시지는 회기에서 가져와 아이팟이나 스마트폰을 통해 쉽게 접근할 수 있다. 음성 플래시카드는 치료자의 목소리를 보존하고 회기의 해결지향적인 분위기를 일상생활로 전달한다. 이것은 충돌에 사용될 수 있는 중요한 자원으로, 건강한 성인양식으로의 전환을 지원한다. 치료자의 목소리는 기억이나 필기 노트가 할 수 있는 것보다 훨씬 더 내담자를 감동시킨다. 바쁜 심리도식 치료자가 알고 있듯이, 때때로 우리를 필요로 하는 사람들과 충분히 연결될 수 있는 것은 어려운 일이며, 물론 우리가 회기에 있을 때에도 우리는 '리듬을 놓칠 수 있다'.

그러한 실수들이 치료적 이익의 원천이지만, 또한 우리가 이용할 수 없을 때뿐만 아니라 치료가 일단 그것의 속도를 줄이거나 끝난 후 미래에 부부에게 계속해서 도움을 줄 수 있는 더 신뢰할 수 있는 재양육의 원천을 제공하려고 한다. 간단한 이메일 교환은 상담자가 필요할 때 정확하게 과정을 조정할 수 있도록 회기 간의 생명줄 역할을 한다. 작은 노력, 큰 효과! 내담자가 이 선택지를 지나치게 사용하면 치료자 측의 개인적 한계를 드러내는 등 공감적 직면이 필요하다(강물을 강바닥으로 강제로 밀어 넣으려면). 대부분의 내담자는 이 선택지를 남용하지 않는다. 네덜란드의 한 연구에서 경계성 환자들은 회기 사이에 치료자들에게 전화를 걸 기회를 가졌다. 5%만이 과도한 전화를 했고, 그들은 공감적 직면에 순응적으로 반응했다(Nadort et al., 2009).

심리도식 치료자의 역할은 매우 까다롭다. 우리의 경험에 따르면, 많은 사람은 부부회기를 준비하지 않거나 명확한 사례개념화를 명시하지 않으며, 결과적으로 부부를 어디로 데려갈지에 대한 포괄적인 지도가 없다. 부부 심리도식치료에서는 양식지도 및 양식주기 충돌카드와 같은 도구를 통해 사례개념화를 계속 정제하는 것이 기대된다. 앞의 〈표 11-2〉에 나열된 모델과 기술을 사용하여 치료자와 내담자를 정상 궤도에 올려놓고 치료를 위한 명확한 과정을 설정한다. 이런 식으로 공동 참조 관점은 정서적인 조수가 높을 때 안전한 항구를 제공한다. 그들은 상호 간 정서적 수준의 양식주기와 관련하여 재연결함으로써 서로의 욕구를 더 잘 충족시킨다.

9. 종결 준비

호주 케언즈의 심리학자 Dale Hurst는 부부들에게 갈등 해결을 위해 'A 게임'을 가져오도록 권장한다. "윈-윈(상생)적 방식으로 의사소통하고, 협상하며, 타협하고, 갈등을 해결할 수 있는 최선의 능력을 갖추십시오." 이를 잊고 자동 양식주기 반응에 들어가는 것은 쉽다. 일반적으로 이것은 역기능에 반응하는 역기능이다.

치료의 마지막 단계에서 치료자의 역할은 부부가 새로운 기술들을 숙달하고, 속도를 늦추며, 마음을 다스리고, 서로에게 정중하게 반응하도록 돕는 것이다. 이와 같은 새로운 기술을 장려하는 것은 행동패턴 파괴의 예이다.

의제의 마지막 항목은 치료자의 퇴장을 향해 작업하는 것이다. 치료가 어떻게 끝나는가는 부부 심리도식치료의 시작에서 가장 잘 이야기된다. 이 사전 준비는 종결에 대한 긍정적인 이해를 제공하고 갑작스런 결말의 가능성을 줄인다. 그것은 이 일이 특정한 부부를 위해 어떻게 일어날 것인지에 대한 협정을 포함할 수 있다. 어떤 부부는 그것이 어떻게 일어날 수 있는지 고려하는 것을 거부할 때가 있는데, 이런 경우에 치료가 전개되면 그 질문이 다시 제기될 수 있다. 하지만 결국 치료회기는 종결이 다가옴에 따라 빈도가 점점 줄어들 것이다. 유용한 질문은 다음과 같다. "우리의 정기적인 회기 없이도 당신의 관계를 관리하는 데 더 자신감을 가지려면 우리가 무엇을 성취해야 할까요?"

마지막 회기는 재발 방지 측면에서 이해할 수 있다. 그 부부가 악화의 조기 경고 신호를 확인하도록 도우라.

Inge와 Bobby는 그들의 관계에서 안정감과 유대감을 회복했다. 무엇이 그들의 결혼생활을 무너뜨렸는지에 대한 이야기를 분명히 할 수 있었다. Bobby는 어린 세 자녀를 둔 가정의 남편이었다. 의료등록 담당자로서 Inge의 업무는 일주일에 80시간을 차지했다.

그녀는 "경고 신호는 과중한 부담감과 적개심을 느낄 때라고 생각해요. 나는 스트레스를 집으로 가져가는 편인데, Bobby에게 그것을 '줄 수 없다'는 거예요. 나는 모든 요구에 화가 나고 유대감의 중요성을 놓치는 경향이 있어요."라고 말했다.

Bobby는 "그래요. 정말 균형에 관한 것입니다. 나쁜 일주일은 우리가 감당할 수 있지만, 한두 달이 나빠지면 병원 때문에 너무 많은 희생을 치르게 돼요."라고 대응했다.

그런 다음 재발 방지를 위한 전략을 개발하라.

치료자는 관계 악화를 피할 수 있는 최선의 방법을 물었다. Bobby는 "저녁 데이트(밤에 아이들 없이 부부만의 시간을 보내는)처럼 규칙적인 시간을 갖는 것이 중요하다고 생각합니다. 이것은 또한 우리에게 계약입니다. 만약 그것이 계속 취소된다면, 우리는 뭔가 잘못되었다는 것을 압니다."라고 말했다. Inge는 동의했다. "이것을 인식하는 것이 중요해요. 또 Bobby가 우리 관계에서 '우리'를 제기할 때도 제가 그의 말에 귀를 기울여야 합니다."

치료의 끝에 가까워져서 부부가 관계 이야기를 명확히 하는 것을 돕는 것도 매우 유용하다. 이것은 무엇이 잘못되었는지에 대한 설명을 포함할 것이다. 또한 치료를 통한 관계 회복에 대한 이야기, 무엇을 배웠는지 그리고 어떻게 미래에 기존에 있었던 위기의 반복을 피하는지에 대한 이야기를 포함할 것이다.

일부 부부는 아마도 3~6개월마다 '점검'회기를 추가하기를 바랄 것이다. 일단 부부가 그들의 양식 취약점을 인식하고, 그것이 양식충돌에서 드러나면, 취약성의 시간을 예측하고 아마도 추가적인 예방 조치를 취할 수 있다. 물론 이 모든 것은 재발 방지의 일부이다.

마지막으로, 부부 계약이 유용할 수 있다.

그 치료자는 Inge와 Bobby에게 상호 합의에 따라 '계약'할 것을 권했다. "제가 제안하는 것은 여러분 중 한 사람만이 부부치료의 한 회기에 대한 복귀를 요청하면 된다는 것에 동의하는 것입니다. 예를 들어, 미래의 어느 시점에서 가령 Bobby가 상황이 고착되었다고 생각한다면, 그는 여러분 둘 다 치료로 돌아가라고 요구할 수 있습니다. 그리고 오늘의 합의 때문에 Inge는 이미 동의했을 것입니다. 이것은 여러분이 그 문제에 대해 이야기하고, 저 또는 다른 치료자로부터 피드백을 받으며, 몇 번의 회기가 도움이 될 수 있는지에 대해 생각할 수 있게 해 줍니다. 이것은 상호 간의 약속입니다. 상대방의 요청에 따라 회기에 복귀하는 것입니다."

또한 Gottman과 Silver는 부부관계에 대해 "함께 내적인 삶을 창조하는 것, 즉 상징과 의식이 풍부한 문화 그리고 ……을 연결하는 역할과 목표에 대한 감사와 관련이 있는" 공통된 의미를 찾을 것을 권고했다(Gottman & Silver, 1999, pp. 243-244). 공유된 의미는 관계를 새롭게 하고 풍요롭게 한다.

모든 치료법을 '작동'할 필요는 없다. 관계 회복 외에 다른 치료 결과가 있다. 예를 들어, 역기능 양식을 식별하고 해결하면 덜 반응적인 관계를 유도할 수 있다. 이것은 헤어진 부부가 양육 책임을 더 잘 수행하도록 도울 수 있다. 실제로 부부가 기능적인 방식으로 거리를 두고 서로를 존중하며 남은 책임을 공유한다면 좋은 결과이다.

하지만 어떤 부부들은 그들의 관계를 새롭게 하고 함께 성장하는 새로운 단계를 시작하는 법을 배운다. 물론 이것이 최선의 결과지만 항상 가능한 것은 아니다. 어떤 개인적인 성장이든 앞으로 다른 사람과 더 성공적인 관계를 맺을 가능성을 높여 줄 것이라고 덧붙일 가치가 있다.

요약

이 장에서는 중요한 욕구 대 바람 도구를 소개했다. 이것은 부부치료에서 건강한 성인의 기능을 소개하는 좋은 방법이다. 우리는 또한 여러 사례를 통해 제시된 양식지도, 양식주기 충돌카드, 의자작업 등을 포함한 다양한 개입의 사용을 통합하는 것이 중요하다고 강조했다. 부부가 서로를 재양육하는 것을 배우는 것의 중요성은 어조(말투)에 대한 관심이 도움이 될 수 있는 방법과 함께 부부 심리도식치료 작업의 목표로 설정되었다. 성공적인 치료의 자연스러운 결과는 건강한 방법으로 그것을 끝내는 것이다. 이것은 부부와의 마지막 치료 시간에 '재발 방지'라는 관점에서 생각할 수 있다. 하지만 현실적으로 일부 관계는 실패할 것인데, 가능하다면 우리의 역할은 건강한 방법으로 이별을 위한 부부의 선택을 용이하게 하는 것이다. 12장에서 우리는 관계의 더 긍정적인 측면과 그것이 어떻게 장려될 수 있는지에 대해 살펴본다.

우정을 형성하기, 건강한 성인 구축하기

관계가 가장 중요해졌다. 긍정적인 것을 추구하지만 항상 성취되는 것은 아니다. 어떻게 하면 부부들에게 이것을 더 잘 가져다줄 수 있을까?

1. 관계에 대한 지불

친밀한 관계는 은행 계좌와 같다. '적자'와 마주치기 쉽고, 예금을 하는 것만이 건강한 균형을 유지할 수 있는 유일한 방법이다. 이를 위한 1가지 방법은 상호 즐거운 활동을 갖는 것이다(부부관계에 투자).

부부의 관계를 유지하고 행복한 부부가 서로를 좋아하는 경향이 있다는 것은 분명하지만 중요한 점이다! Gottman은 "행복한 결혼은 깊은 우정에 바탕을 두고 있다."라고 말했다(1999, p. 19). 이것이 그것을 쉽게 압도할 수 있는 부정적인 감정으로부터 관계를 보호해 주기 때문에, 우리는 긍정적인 상호작용을 더하려고 노력한다. 결국 긍정적인 감정이 규준이 될 수 있기 때문에 모호한 교환 후에 한 배우자는 부정적인 결론으로 건너뛰지 않는다.

Gottman(1999)은 우정 쌓기의 중요성을 강조했다. 여기에는 2가지 측면이 있다. 성장하는 우정의 어떤 핵심요소들을 구체화하는 연결을 가지는 것과 유대감 경험을 갖는 것이다. 후자는 함께 즐거움을 느끼는 경험일 수도 있고, Smalley(1988)가 묘사한 것처럼 그것은 견뎌내고 극복해야 할 잠재적 재난의 요소가 있는 모험이 될 수 있다! Gottman은 또한 우정을 쌓기 위해 유용한 다양한 부부 운동을 제안했다. Simeone-DiFrancesco와 Simeone(2016a, 2016b)은 우정을 쌓는 건강한 성인양식의 리트머스 테스트인 태도를 나열한다(〈표 12-1〉 참조).

〈표 12-1〉 우정을 형성하거나 적으로 돌아서기

적	양식	친구(모든 건강한 성인)
여러분을 불평등하게 대한다. 교사/통제자 역할	과잉보상자	여러분을 동등하게 대한다. 같은 권리, 같은 고려사항
결론에 대한 이야기: 열려 있지 않고, 들여보내지 않는다.	분리된 보호자/과잉보상자	그/그녀의 마음에 어떤 것이 있는지 상세히 설명하고, 여러분의 영향력에 개방되어 있다.
자기취약성을 만들지 않는다. 취약한 아동을 노출시키지 않는다.	분리된 보호자/과잉보상자	자신을 취약하게 만들고, 여러분 자신이 여러분에게 '욕구'를 허용하며, 취약한 아동을 보여 주게 한다.
아프고, 해치고, 미워한다.	과잉보상자	사랑, 상처를 상쇄한다.
말과 행동을 부정적으로 해석한다.	과잉보상자	자동적으로 의심의 이점을 제공한다.
자기 우선주의. 끊임없이	과잉보상자	친구를 우선시한다. 보통
욕구를 충족시키는 데는 무관심	과잉보상자/분리된 보호자/순응적 굴복자	욕구를 충족시키고, 그 욕구를 알아내는 것
원한과 반대	과잉보상자	확인 및 지원
자기를 변명한다.	과잉보상자	진심으로 사과하고, 토론하며, 공감할 수 있도록 노력한다.
피해를 입었다는 것을 부정한다.	과잉보상자/순응적 굴복자/분리된 보호자	피해를 인식하고 교정한다.
비보호적이고 불충실	과잉보상자/순응적 굴복자/분리된 보호자	충성스럽고 보호적
평판을 손상시킨다.	과잉보상자	평판을 방어한다.
여러분의 노력을 망친다.	과잉보상자	여러분의 노력을 확인시켜 준다.
내 안의 최악의 상황을 불러일으키고 있다.	과잉보상자/분리된 보호자/결함-수치심/순응적 굴복자	나의 최고의 면을 내세운다.
낙담	과잉보상자	격려
실패를 예상한다.	과잉보상자	실패 시 나를 일으켜 세운다.
자유롭게 조롱하고 비난한다.	과잉보상자	조심스럽게, 도움이 되는 논평
즉시 수정	과잉보상자	승인을 받고 수정
자동적으로 상대방의 편을 든다.	분리된 보호자/과잉보상자	자동적으로 내 편이다.

(계속)

진실을 가혹하게 말한다.	과잉보상자	진실을 민감하게 말한다.
의견 불일치에는 거부가 포함된다.	과잉보상자	거부 없이 동의하지 않을 수 있다.
의견이 다를 경우 묵살	과잉보상자	의견이 다르지만 개방 및 수용
내 약점을 상기시킨다.	과잉보상자	과거의 실수를 재탕하지 않는다.
위협한다.	과잉보상자	압도하지 않는다.
유기를 위협한다.	과잉보상자	유기란 없다. '안전지대'이다.

출처: Simeone-DiFrancesco & Simeone (2016b)에서 발췌함.

부부 심리도식치료는 사람들이 건강한 성인양식으로 전환하도록 훈련할 뿐만 아니라, 부부가 건강한 성인 능력을 사용하여 배우자에게 '대여'하도록 장려한다. 이것은 그 사람이 그들의 인생의 덫에서 탈출하는 것을 도울 것이다. 첫 번째 단계는 양식(또는 심리도식)충돌을 중지하는 것이다. 양식충돌의 초기 단계에 있다는 것을 먼저 깨닫는 사람은 배우자에게 주기를 중단하라는 신호를 줄 수 있고, 다른 방으로 임시 분리를 제안할 수도 있다. 이런 식으로 건강한 성인은 한 사람으로 국한되더라도 불필요한 갈등을 예방할 수 있다. 다음 단계는 배우자의 '취약한 아동'이 과잉보상적 · 굴복적 또는 분리하는 행동 뒤에 숨어 있는 것을 보고, 배우자에게 진정할 시간을 주며, 가능한 한 화해를 향한 첫걸음을 내딛고, 마지막으로 용서하는 것이다. 이것은 무의식적인 동기를 더 잘 이해하기 위해 심리도식-양식모델을 적용함으로써 가능하게 된다.

임상가들이 건강한 성인양식이 어떻게 생겼는지 포괄적인 그림을 가지고 있는 것이 중요하다. 그래야만 부부의 모델로 내세울 수 있다. 보통 그것은 많은 회기에 걸쳐 만들어진다.

할 일 건강한 성인의 기능에 대한 자세한 설명을 작성하라. 치료자는 자신을 위해 그것을 모델링한 사람에 대한 설명으로 시작할 수 있다. 그러고 나서 더 일반적으로 모든 사람에게 적용될 수 있는 것을 추가하라. 마지막으로, 건강한 성인양식에서의 경험에 대해 설명하라.

치료적 조언 치료가 막히면 그 사람이나 부부에게 '건강한 성인'으로 이동하여 함께 상황을 분석해 달라고 요청하라(Arntz & Jacob, 2013).

2. 건강한 성인으로서의 의사소통

고통스러워하는 부부들은 보통 '나쁜 문화'의 의사소통을 가지고 들어온다. 그들이 그들의 역기능적인 상호작용을 이해한 후에 의사소통 방식이 바뀔 필요가 있을 것이다.

치료자는 보낸 메시지를 '소유'하는 원칙을 가르침으로써 부부와 함께 이것을 향상시킬 수 있다. 만약 내가 그것을 소유한다면, 나는 그것에 책임이 있다. 이것은 의사소통의 책임을 명료하게 한다. 그것은 배우자가 "당신은 이해하지 못해. 왜 그래?"라고 불평하거나 암시하는 것의 함정에서 벗어나는 것을 돕는다. 전달된 메시지가 수신된 메시지가 될 때까지, 메시지의 발신인이 말한 대로 계속 작업해야 한다고 주장하는 것이 치료자의 역할이다. 이것은 보통 듣는 사람에게 안도감을 주는 것으로, 듣는 사람이 이해하지 못하는 어떤 부족한 것에 대한 비난과 판단을 멈추게 한다. 그리고 그것은 메시지를 보낸 사람이 새로운 의사소통 기법을 배울 수 있도록 도와준다. 당연히 이 모든 것은 부부들에게는 도전이고, 서로 간의 의사소통에 있어 특정한 의사소통 기술 훈련의 일부분이다.

부부들은 보통 그들의 여행에서 다양하고 독특한 의미를 함께 발견하고 말에 상당히 다른 '가중치'를 부여한다. 가정은 대개 치료자와 부부 모두에게 문제가 된다.

Gottman(1999)도 의사소통 방식에 주목했다. 그는 '부드러운 시작'과 매우 부정적이거나 개인적인 비난(그의 '부부관계의 4가지 악화 요인')을 없앨 것을 권고했다. 그는 정서적인 흥분을 감소시키는 완화(de-escaltion) 기법을 제안했다. 부부 심리도식치료에서 우리도 생리적 완화와 자기위안의 욕구에 대한 이러한 이해를 통합하고 있다.

의사소통에서도 특정 양식에 초점을 맞출 필요가 있다. 부부가 잦은 양식충돌을 멈추고 주기를 더 잘 이해한 후에도 건강하고 건설적인 방식으로 서로 대화할 수 있는 기술이 필요하다. 여기에는 대처양식을 우회하고 배우자의 취약한 아동과 상호 재연결하는 작업이 포함된다.

치료적 조언 John과 Julie Gottman의 기법들(2009) 중 하나는 갈등을 완화하기 위해 '1가지 요점(one point)'에 동의할 것을 지도하고 있다. 한 배우자가 다른 배우자가 만들고 있는 요점의 일부를 찾아서 '나는 ......에 동의한다.'라고 확인하도록 권장한다. 이는 그 사람이 모든 요점에 동의하지 않더라도 효과적이다.

3. 긍정성 구축

우정은 긍정적인 경험으로 깊어진다. 부부작업에서 긍정적인 행동을 장려해 온 역사가 있다. Hendrix(1988)의 '돌봄행동' 연습은 매우 효과적이다. 여기에는 과거에 배우자가 사랑한다고 느끼게 했던 5가지 작은 일을 나열하도록 하는 것(치료자의 격려와 함께)이 포함된다. 고통스러워하는 부부들은 그들이 어떤 긍정적인 상호작용을 기억하기가 쉽지 않을 수 있지만, 그것이 그들이 처음 데이트를 했을 때로 되돌아가는 것을 의미하더라도 지속한다. Smalley(1988)는 관계에서 사랑을 증진시키는 '101가지 방법'의 훌륭한 목록을 갖고 있다(Paul Simon의 '연인을 떠나는 50가지 방법' 대신). 부부들은 Smalley의 목록을 사용하여 자신의 개인적인 선택을 확인할 수 있다.

Carly는 Mark가 한 5가지 일을 쉽게 나열할 수는 없었지만 결국 다음과 같은 생각을 해냈다.

- 집에 꽃을 가져왔다.
- 때때로 출근하기 전에 뺨에 키스를 한다.
- 그녀가 다른 옷을 입고 있을 때 알아차린다.
- 산책하고 수다를 떤다.
- 그녀가 준비한 식사에 대해 칭찬을 했다.

그 후 Mark는 일주일에 적어도 5일 동안 목록에서 할 일을 선택하는 숙제를 받았다. 이것의 핵심은 그 목록이 Carly가 이전에 자신에 대해 확인한 것으로 구성되어 있다는 것이다. 그것은 Mark가 사랑하는 행동이라고 믿는 것에 근거하지 않았다(그녀가 그에게서 바라는 것을 놓칠 수 있다). Mark는 비슷한 목록을 작성했는데, 이 목록은 Carly가 비슷한 방식으로 반응할 수 있도록 그녀에게 주어졌다.

이것은 관계에서 긍정적인 경험을 재구축하기 위한 단순한 행동 전략이다. 이것은 애착을 회복하는 데 도움이 된다.

성찰 **배우자가 가장 높이 평가할 방식으로 사랑을 전달하는 방법을 이해하도록 부부를 도와줄 수 있는 '사랑의 언어'에 관한 글 일부가 있다(Chapman, 2010). 여러분은 이 통찰력을 부부들에게 사용하는가?**

'돌봄행동'에 대한 변이는 '뜻밖의(surprise) 행동'으로, 두 사람 모두 상대방을 위해 정말 좋은 일을 생각하는 것이다(한 달에 한 번 정도). 이것은 새롭고 다른 것이며, 이전에 행해지지 않았으며, 돌봄행동 목록에 포함되지 않았다.

Brent는 무엇이 정말로 Casey를 놀라게 하고 기쁘게 해 줄지 생각했다. 그는 팹 포(Fab Four)가 10대 시절 Casey가 가장 좋아하는 그룹이라는 것을 알고 비틀즈 헌정 콘서트 티켓을 샀다. 그 둘은 멋진 밤을 보냈고, 그것은 Casey에게 '아마 Brent가 내 욕구를 충족시킬 수 있을 거야.'라는 희망을 주었다. 잘 생각해 낸 뜻밖의 행동은 그들의 관계에 향기를 더했다.

여러분은 이 부부가 외출하고 단순히 함께 있는 것을 즐기기 위한 저녁 데이트를 가질 것을 제안할지도 모른다(Fertel, 2004). 다음 사항도 고려하라.

Frank는 낭만적인 주말 여행의 일환으로 Belinda에게 요양지에서의 4시간짜리 미용 패키지를 주었다.

Belinda는 Frank에게 선물하기 위해 가죽 책갈피를 만들었지만, 생일이나 기념일을 위한 것은 아니었다. 단지 고마움을 표시하기 위해서였다.

치료적 조언 또 다른 제안은 페이스 페인팅(Solomon & Takin, 2011, pp. 28-29)이다. 이것은 정서적인 조율을 장려한다. 부부는 서로 마주 보고 앉아서 조용히 서로의 눈을 바라보도록 권장된다. "배우자의 눈을 자세히 보고 눈을 색칠할 것이라고 상상해 보세요. 그런 일을 잘하면 어떤 점이 눈에 띌까요?" 그런 다음 페이스 페인팅을 따라가라. 배우자의 얼굴을 검지와 중지 손가락으로 가볍게 만질 수 있도록 격려하라. "손가락 끝으로 얼굴과 목의 윤곽을 가볍게 그리고 눈, 코, 볼, 입 주위를 '도색'합니다." 이 연습의 2가지 측면, 즉 시선 접촉과 촉감은 부부의 연결을 강화한다. 물론 치료적 판단을 사용하여 부부가 언제 이 기법을 생산적으로 사용할 수 있는지를 평가하라.

이것을 회기에서 '안전기지'의 구성요소로 생각할 수 있다(Johnson, 2005). 긍정적인 경험은 연결의 시간과 더 나은 미래를 위한 희망으로서 기능한다. 깊이 느끼는 욕구를 충족시키는 데는 안전감이 있다. 또한 긍정적 경험을 통해 부부의 양식 역기능은 이전에 관계를 정의한 방식에 직면할 수 있다. 그들의 우정을 함께 경험하는 것에 중점을 두는 것은 충돌이라는 어려운 재료와 함께 작업하는 것에 대한 큰 균형을 이룬다.

치료적 조언 여러분은 그 부부가 그들의 우정을 평정 척도로 평가하도록 할 수 있다. 그들은 오늘 그것을 어떻게 평가할까? 치료를 시작할 때는 어땠는가? 지금 그것에 대해 좋은 점은 무엇인가? 각자 우정의 어떤 부분을 가장 즐기는가? 각자가 개선하고자 하는 부분은 무엇인가? '가장 친한 친구' 유형의 우정이 되기 위해 무엇이 가장 심화될까?

4. 회기 밖 신뢰 구축

또한 부부가 단지 치료뿐만 아니라 일상생활에서 안전기지를 구축할 수 있도록 돕는 것도 중요하다.

> Lance는 직장 동료와 바람을 피웠다. 한 달 정도 후에 그녀는 매우 요구가 많아졌고, 그가 아내 Claire를 떠나지 않는다면 무슨 일이 일어날 것처럼 협박했다. 마침내 그 여자는 남편의 외도를 전해 듣고 충격을 받은 Claire에게 필사적으로 전화를 걸었다. Lance는 불륜을 끝냈고, 두 사람 모두 부부상담을 받으러 왔다.
>
> 불륜은 Lance와 Claire 모두에게 심리적 외상으로 경험되었다. 이것은 애착 손상의 관점에서 이해될 수 있다. 처음 8회에 걸친 상담에서는 정서적 동요가 많았지만(자연스럽게!) 서서히 진행되었다. Claire는 Lance가 누군가와 함께 있지 않다고 말했을 때 그를 믿고 잠정적으로 신뢰할 수 있었다.

치료자는 Mort Fertel의 결혼적응(Marriage Fitness) 프로그램에서 다음과 같은 기술을 도입했다.

> Lance, 저는 당신이 하루에 하나의 약속을 하고 지켜 주길 바랍니다. '오늘 밤에 우유 한 상자를 집에 가져올 것' 또는 '오늘 그 청구서를 지불할 것'과 같은 작은 약속이 필요합니다. 매일, 적어도 일주일에 5일 정도 그렇게 하면 이런 신뢰성이 당신의 관계에 대한 신뢰를 쌓기 시작할 것입니다.

이것은 순수한 행동주의이지만, 경험이 많은 치료자들은 배신 후에 신뢰가 쌓이는 데 얼마나 오랜 시간이 걸리는지 알고 있다. 이것은 그 과정을 가속화시킨다.

> 점차 Lance와 Claire는 일상적인 업무에서 더 잘 협력하기 시작했다. 비난과 맞비난의 순환을 가져오는 데 많은 시간이 걸리지는 않았지만 상대적으로 평범한 기간이 있었다.
>
> 그들은 '문제가 없는 영역'에서 작업했다. 그들은 단지 대화하고 애정을 표현하며 함께 활동을 즐길 시간을 따로 둔다. 둘 다 운동을 더 많이 하고, 체중을 줄이고, 더 건강해지기를 바랐다. 그들은 '비나 우박, 눈이 와도' 매일 30분씩 걷기로 결정했다(개가 있으면 도움이 될 수 있다). 그들은 지금이 연결할 때라는 것을 발견했다.

애착의 관점에서 치료자는 그들에게 설명했다. "여러분의 관계에는 '큰 실망'이 주어졌습니다. 우리는 그것을 애착 손상이라고 부르는데, 여러분의 결혼생활이 회복되려면 안전과 유대감의 경험이 필요합니다. 여러분의 산책을 문제가 없는 영역으로 만들었다니 다행입니다. 물론 갈등을 겪는 문제들을 헤쳐 나가기 위해서는 활발한 대화를 해야 하지만, 동등하게 연결될 수 있는 시간이 필요합니다. 이것이 부부가 되는 것을 가치 있게 만드는 것입니다."

Smalley와 Trent(1990)는 우정에 대한 '숨겨진 열쇠'를 분명히 했다. 힘과 온화함 모두 필요하다. 여기에는 '사자' 성격과 '사랑의 부드러운 면'도 포함된다. 자신의 타고난 성향(특히 정당하다고 느낄 때 짜증을 내거나, 화를 내거나, 훈계를 하는)을 따르지 않기 위해서는 자기통제와 감정이입을 결합해야 한다. 7장의 '8. 의사소통 기술 향상하기'에 요약된 의사소통 규칙을 엄격히 준수하는 매주 짧은 회의(예: 일요일에 30분간)는 두 배우자 모두 어려운 문제에 대해 이야기할 수 있는 안전한 공간을 보장한다. 이것은 지연된 무언의 문제로 인한 교착상태를 방지한다. 가정생활에는 항상 시험적인 순간이 있다. 관계의 '대가'들은 그들의 사랑, 관계, 우정을 더 높은 가치로 놓기 위해 의식적인 결정을 내린다. 또한 '건강한 방법으로 단단한 측면의 사랑(hard-side love)[1)]을 추가하는 것'을 구현하는 지혜도 있다(Smalley & Trent, 1990).

5. 성적 관계

성은 우리를 구현한다. 그것은 다양한 정서적 애착 문제, 자기진정에 대한 욕구 그리고 신체 기억을 가져온다. 여기에는 연결된 촉발 구성요소가 많이 있다.

물론 성적 친밀감은 관계의 전반적인 만족도와 관련이 있다. Schnarch(1998)는 그것을 관계로 들어가는 '창'으로 이야기했다. 그는 또한 부부들이 긴장을 풀 때까지 포옹하도록 격려하는 것과 같은 실질적인 조언을 했다. 이것은 안전기지 경험을 제공하기 위해 개입을 설계할 수 있는 1가지 방법이다. 애착은 돌봄 유도와 한 쌍의 남녀관계의 형성에 모두 사용된다(Del Giudice, 2009).

우리는 부부 심리도식치료가 성치료에 뚜렷한 접근을 가져올 수 있다고 믿는다. 심리도식과 양식충돌은 부부의 친밀한 관계에 악영향을 미칠 수 있으며, 긍정적인 유대 경험이 정서

1) 역자 주: 사랑을 단단한 렌즈를 통해서 보는 방법(hard-side love)과 부드러운 렌즈를 통해서 보는 방법(soft-side love)이 있는데, 부드러운 측면의 사랑은 신뢰, 개방성, 단결, 수용에 관한 것이다. 단단한 측면의 사랑은 명확한 경계, 개인 공간 보호, 자기중심적으로 선택할 수 있게 하는 것이다.

적인 은행 계좌에 예금될 것이라는 것은 명백하다. 어떤 성적 경험들은 추하지만, 최고의 인간 경험 또는 더 나은 최고의 부부 경험에 대한 큰 잠재력도 있다.

자기의 재능이 상호적이지 않을 때는 상대방이 하나의 대상으로 이용되기 쉽다.[2] 배우자는 쉽고 일반적으로 애인이 애착을 갖는 소중한 사람이 아닌 누군가의 자기만족의 도구가 되기 위한 '부정적 레이더'를 개발한다. 이것은 분리된 자기위안자 대처양식이 대상을 이용하는 방식을 모방할 수 있다. 더 많은 성관계를 원하는 배우자는 사랑받지 못하거나 원치 않는 불안감이나 감정으로부터 구원을 바랄 수 있다(그들의 미충족된 욕구를 양식지도화하고, 심리성적 인식에 영향을 미치는 가능한 유아양식을 기억한다). 숙련된 심리도식 치료자는 성에 대한 표현을 교착상태에 빠진 '섹스' 문제에서 충족되지 않은 내면의 정서적인 욕구에 대한 매우 유익한 이해로 가져올 수 있다.

6. 성치료에서의 심리도식과 양식

자기희생적인 문제는 정서적으로 가득 차 있고 심리도식에도 가득 차 있다! 부부관계는 자기희생과 특권의식 심리도식에 쉽게 부담을 받는다. 부부 성치료 영역의 심리도식치료는 애착 영역(정서적 박탈 심리도식)에서 만성적으로 좌절된 어린아이로부터 오는 특권의식 대처양식뿐만 아니라, 종속되거나 심지어 과잉보상되는 학대 피해자를 차단할 수 있어야 한다. 건강하지 못한 대처기제를 확인하라.

정서적 박탈의 심리도식은 일반적으로 성적 문제와 관련이 있다. 그것은 연속적으로 심각할 수 있다. 온화한 면에는 긍정의 부족이 있고, 극단적인 면에는 성적 학대로부터 부모의 경계가 깨진 것도 있다. 성행위를 포함한 관계에 대한 나쁜 기억들이 중간 어딘가에 있다. 성생활은 자기희생, 우정 그리고 지속적인 정서적 연결로부터 단절될 수 있다. 그것은 자기만족을 위한 수단이 될 수 있고 영적인 의미가 없을 수 있다.

치료적 조언 **특권의식의 존재는 건강하지 못한 대처양식에 대한 좋은 지표이다.**

양식의 측면에서 성에 접근하는 것은 건강한 성인이 아동양식에 위안을 제공하고, 공감과 마음챙김으로 특정한 정서를 용인할 수 있게 해 준다. 이것은 배우자들이 끊임없이 성장하는 정서적 연결을 구축하고, 그들의 성감을 포함한 모든 영역에서 만족스러운 자아의 선물을 제공할 수 있도록 해 주는 새로운 우정의 층을 만든다.

2) www.mindfulness.org.au/URGE%SURFING.htm#TeachingUrgeSurfingToClients를 참조하라.

Norma는 David의 분노를 두려워하여 '순응적 항복'으로 복종하는 것을 그만두기 위해 치료자의 지원이 필요했다. 그녀는 또한 자신의 요구적 부모양식을 통해 '너의 의무를 다하라'는 어머니의 말을 들을 수 있었다. Norma는 더 많은 유대감을 느끼고 더 흥분할 수 있도록 그들의 관계를 변화시킬 필요가 있는 것을 확인하는 데 약간의 시간이 걸렸다. David는 그녀의 의지의 변화에 주목했고, 그 또한 더욱 만족스러웠다. 그들의 건강한 성인양식에는 더 많은 공유된 우정이 있었다. David는 또한 분리된 보호자 양식에서 벗어나기 위해 자신의 감정을 더 잘 인식할 필요가 있다는 것을 깨달았다. 그는 부부 충돌이 그를 감정적으로 폐쇄하게 만드는 것을 보았다. 그는 성적인 친밀감을 통해서만 연결할 수 있었다(비록 진정한 친밀감은 없었지만). 이 부분은 부부 심리도식 치료자가 개별적으로 그와 함께 작업하기로 결정한 영역이었다.

양식주기 충돌카드는 부부의 기본적인 성적 역동을 살펴보는 데 도움이 되는 도구이다. 이 카드는 게임에서 제3자로 나타난다. 이것은 문제가 배우자 중 한 명에게 있기보다는 부부의 상호작용에 있는 것으로 바꾼다! 이것은 또한 죄책감을 피한다.

어느 정도 수준에서는 각자가 궁극적인 독립성과 자기 이익의 측면을 상대방 이익에 양보할 수 있다. 건강한 성인 자신에게는 다른 사람의 인격에 있어서 유대감, 사랑, 친밀함에 대한 이러한 욕구를 충족시키기 위한 자유로운 선택이 있다. 배우자는 그들의 우정에 기반을 둔 친밀감을 제공하기로 호혜적으로 결정한다. Wojtyla(1993, pp. 134-135)는 다음과 같이 논평했다.

> 그런 (성숙한) 사랑의 힘은 사랑하는 사람들이 비틀거릴 때, 그/그녀의 약점이 드러나게 될 때 가장 분명하게 나타난다. 진실로 사랑하는 사람은 그때 사랑을 철회하지 않고 더욱 사랑하며, 상대방의 단점과 결점을 충분히 의식하고, 그것들을 조금도 인정하지 않고 사랑한다. 그런 사람은 그/그녀의 본질적인 가치를 절대 잃지 않는다. 그 사람의 가치에 붙는 감정은 충성스럽다.

심리도식치료에서는 이러한 수용이 부부가 서로 재양육하면서 뚜렷이 나타나며, 이는 다시 충성과 헌신 그리고 친밀하고 부드러운 성생활을 함께 발전시키기 위한 비옥한 토양을 만든다. 이 '엑스터시(ekstasis)[3]의 법칙' 또는 자기희생의 법칙에서 "연인은 다른 사람 속에서 더 완전한 존재를 찾기 위해 자아 '밖으로 나간다'"(Wojtyla, 1993, p. 126).

부부 심리도식치료는 인격과 연약한 내면의 아이에 대한 인식을 더하기 위해 노력한다.

3) 역자 주: 그리스어로 '자기 바깥에 서 있음' 또는 '자기를 초월함'이라는 뜻의 ekstasis에서 유래된 신비주의의 최고 목표를 가리키는 용어로서, 내면에서 신을 보거나 신과 관계를 맺거나 합일되는 체험을 묘사할 때 사용한다.

깊은 차원에서 상대방의 복지에 대한 헌신이 있다. 우리는 이것이 친밀감에서 관계가 성장할 수 있는 약간의 안전을 제공하기를 바란다. 정서적인 공명은 각 사람의 내적 욕구에 영향을 미칠 수 있다. 다시 말해서, 다른 사람의 이러한 관심과 존중이 성적인 욕망의 신체적인 측면에 의해 밀려나지 않는 것은 그것이 그들의 애정적 유대감을 제공하기 때문이다. 에로틱한 차원은 사랑의 한 형태일 뿐이다.

부부간의 성 충돌을 일으키는 것은 거의 신체적 차원이 아니다(부부가 이 점에 대해 아무리 단호해도!). 각 부부와 함께 심리도식 치료자는 그들이 숨겨져 있는 자신의 정서적 욕구, 불안, 특히 애착과 친밀감에 대한 두려움을 밝혀낼 수 있도록 인내심 있게 도와야 한다.

성찰 **여러분은 성적인 표현이 욕구 또는 바람으로 간주되는 것이 최선이라고 생각하는가? 근본적인 욕구는 사랑받는 것이라고 주장할 수도 있다. 성행위는 낭만적인 관계에서 상호 민감성과 협상의 상호작용의 일부분이다. 이 부부는 자신의 내면의 정서적 욕구에 대한 인식을 높이고, 그 욕구가 어떻게 소망으로 전환되는지에 대해 안내를 받는다(이것은 두 배우자가 공감할 수 있는 것이다).**

Maggie는 배우자의 섹스에 대한 관심 부족으로 좌절했다. 그녀는 "Bobbie가 최근에 흥미를 잃었어요. 나는 친밀함에 대한 건강한 욕망을 가지고 있지만, 내가 얻는 것은 '오늘 밤은 아니다.'라는 것뿐입니다."라고 말했다. 두 사람 모두 치료에서 이 문제를 논의할 용의가 있었고, 둘 다. 업무 스트레스를 피하기 위해 분리된 자기위안자를 사용하는 측면에서 교착상태가 이해되었다. Maggie는 섹스를 자기위안에 이용하고 있었고, Bobbie도 폭식을 하고 있었다. 그들의 취약한 아동의 욕구를 치료에 끌어들인 것이 도움이 되었다.

양식지도는 상호작용을 추적하는 데 사용될 수 있다. 치료적으로 개입하여 분리된 자기위안자로부터 배우자에게 민감한 행복한 아동(놀이)과 건강한 성인으로 성적 경험을 끌어올린다. 만약 그들이 불안에 애착되어 있다면, 부부는 연결이 끊어지는 순간에 애착체계가 과활성화될 위험이 있다. 또한 회피성 배우자는 배우자를 차단할 것이다.

부부관계에서 안정된 애착이 있을 때, 그것은 편안하고 자신감 있는 참여를 용이하게 할 것이다. 괴로워하는 관계의 부부들은 일반적으로 그리고 성적인 상호작용 모두에서 비판적인 요구와 방어적 철회의 순환에 걸리는 경향이 있다. 치료자는 성적 경험을 애착패턴의 전반적인 맥락에 놓을 수 있다. 예를 들어, 욕망의 부족은 안전에 대한 집착으로 인한 것일 수 있다(Johnson & Zuccarini, 2010).

부부 심리도식치료에서 진전이 이루어짐에 따라, 점차적으로 정서적 반응성의 긍정적인 순환을 만드는 데 초점을 맞추고 있다. 배우자는 위험을 감수하고, 애착 욕구와 두려움을 털어놓고 서로에게 다가가 대응하도록 권장된다. 치료자는 이것을 그들의 성적 관계로 확장시킨다.

Brad와 Nancy는 결혼생활 한 지 30년이 넘었다. 아이들이 집을 떠난 후 지난 몇 년은 긴장의 연속이었다. Nancy는 그 부재를 느꼈고 결혼생활의 공허함에 괴로워했다. Nancy가 별거 문제를 제기하자 그들은 부부상담에 들어갔다.

그들은 그 과정에 대해 좋은 반응을 보였으며, 결국 치료자는 그들이 과거에 즐거워했던 것을 함께할 것을 제안했다. 그들은 지역 골프클럽의 옛날 춤 집단에 가입했다. 이것은 즐거운 '함께'하는 시간을 제공했다. 치료자는 이러한 춤추는 밤을 보다 안정된 애착의 구성요소를 제공하는 것으로 설명했다.

그리고 Brad는 일종의 성적 상호작용에 대한 질문을 제기했다. "나는 우리가 몇 년 동안 친밀하지 않았다는 것을 알지만 그것이 정말 그립고, 여전히 당신이 매력적이라고 생각해. 나는 함께 춤을 추는 촉감이 좋았어." Nancy 역시 춤추는 것을 다시 즐기고 있었기 때문에 육체적인 친밀감을 위해 기꺼이 작업하려고 했다. 그들의 치료자는 애정 어린 손길로 천천히 시작하고, 그러고 나서 제한된 마사지를 받는 것을 추천했다. 점차 성적인 친밀감이 재개되어 그들의 관계에 필요한 접착제를 어느 정도 제공하게 되었다.

7. 건강한 성인 강화하기

부부 심리도식치료에서 1가지 목표는 건강한 성인양식을 강화하는 것이다. Kellogg와 Young(2006, p. 449)은 건강한 성인은 다른 양식과 관련하여 '실행기능'의 역할을 한다고 언급했다. 그것은 아동의 기본적인 정서적 욕구를 충족시키는 데 도움이 된다. 여기에는 다음 3가지 기능이 포함된다.

- 취약한 아동을 양육하고, 긍정하며, 보호한다.
- 상호주의와 자기훈육의 원칙에 따라 화난 아동과 비훈육된 아동에게 한계를 설정한다.
- 부적응적 대처와 역기능적 부모양식에 맞서 싸우거나 완화시킨다.

건강한 성인양식은 부부로서 보다 성숙한 관계를 위한 기초가 된다. 효과적인 의사소통을 장려하는 가장 좋은 방법이다. 건강한 성인은 “한계, 종종 도덕적 나침반, 신념 대 순수한 감정에 따라 행동하는 능력, 자기진정 능력, 효과적인 사회적 기술의 성숙한 통합을 취한다” (Roediger, 2012b).

Nikki는 도박 문제가 있는 Bobby와 함께 어린 세 자녀를 두었다. 몇 년 동안 그녀는 그가 일으킨 손실에 대해 분개했지만, 많은 개인 심리도식치료를 통해 그녀의 행동패턴을 바꾸는 것을 배웠다. 이것은 궁극적으로 그녀의 건강한 성인을 강화시켰다. 그녀는 Bobby와 직면할 수 있었다. “당신은 실제로 당신의 문제를 다루기 위해 입주 프로그램이 필요해. 만약 당신이 거기에 간다면 당신이 나올 때 나는 아이들과 함께 기다리고 있을 것이고, 당신이 안 간다면 우리는 지금 떠날 거야.”

건강한 성인은 합리적인 생각과 자기성찰을 나타내며, 기능적인 문제해결을 가능하게 한다. 여기에는 마음챙김의 ‘지금-여기’ 인식, 자발적이고 역기능적인 대처행동의 중단, 내면화된 부모양식 인지의 정서적으로 분리된 재평가, 부모양식의 탄핵, 기능적 대처를 유도하고 유지하기 위한 지지적 자기지시 등이 포함된다(Roediger, 2012b). 이것은 수용전념치료와 제3의 물결 치료에 가깝다. 이것은 심리도식이나 양식 활성화에 대한 촉발을 염두에 두는 데 도움이 된다. 내담자가 자동 반응의 함정에서 벗어나도록 권장하라. 심상작업은 어린 시절의 상처의 결과로 현재의 양식 활성화를 감지하고 받아들이는 데 매우 도움이 된다. 마음챙김은 심리도식 활성화가 미치는 강력한 영향에 대한 균형 잡기로, 이를 통해 우리는 보다 멀리 떨어진 자기성찰적 수준의 기능으로 전환할 수 있다.

치료적 조언 **행동에 말려들기보다는 그 위에서 '서핑'하면서 충동에 주의를 기울이도록 유도하는 '충동 서핑(urge surfing)'을 하는 것도 도움이 된다. 단지 충동을 관찰하고 시간이 지날수록 그것이 어떻게 증가하고 정점을 찍은 후에 감소하는지를 지켜보라.**[4)]

때때로 신념은 뇌에 너무 깊이 자리 잡아 삭제되거나 근본적으로 바뀔 수 없다. 그런 경우, 목표는 신념을 바꾸는 것이 아니라 신념을 확인하고 역기능적 대처양식을 중단하는 것이다. 충동 서핑은 행동패턴 파괴의 일환으로 충동적인 반응에 저항하는 데 도움이 된다. 심리도식치료는 변증법적 행동치료와 마찬가지로 동양의 수용 전략과 서양의 변화 전략을 균형 있게 결합할 수 있다(Roediger, 2012b).

건강한 성인을 개발하는 것은 부부관계에서 중요하다. 이러한 기본적인 인식은 부부 두

4) www.contextualpsychology.org에서 가용했다.

사람 모두에게 가장 이익이 될 수 있는 방식으로 관계를 다루는 방법에 대한 견고하고 단호한 성인 판단을 조장할 수 있다. 이것은 진실하고 지속적인 변화를 달성하는 데 인내심을 불어넣을 것이다.

8. 건강한 성인의 강화로서의 가치

수용-전념치료는 우리의 삶의 선택을 인도하는 데 있어서 가치의 중심적인 역할을 강조해 왔다. 우리의 삶에서 가장 우선시되는 것은 무엇인가? 가치는 심리도식과 연관성이 있을 수 있다. 예를 들어, 불신의 심리도식이 다른 사람을 믿지 말라고 가르쳐서 개인이 돈을 과대평가할 수 있기 때문에, 재정적 안전은 삶의 주요 초점이 된다.

건강한 성인양식은 '지혜로운 마음'을 포함한다. 지혜는 사물을 명료하게 보는 것을 포함한다. 심리도식 용어로, 여기에는 심리도식 주도의 '가치'와 '양식 과장'에 대한 증거 수집이 포함된다. 촉발요인에 대한 반응을 지켜보는 것도 중요하다. 어떻게 우리가 문제에 성숙을 가져갈 수 있을까? 건강한 성인양식이 성숙함에 따라 그것은 지혜의 성장과 같다. "지혜로운 사람에게 열려, 그는 여전히 현명해지고, 덕 있는 사람을 가르치고, 더 많이 배울 것이다. …… 당신은 현명한가? 그것은 당신에게 유리하다."(잠언 9:9, 12) 건강한 성인에는 우리가 무시해서는 안 되는 내면의 도덕적 나침반이 있다.

부부 심리도식치료는 또한 인간의 이러한 훌륭한 특성을 발견하고 그것을 우리의 상호작용의 기본 원칙으로 확인하는 것이다. 우리는 이러한 원칙들이 존중될 때 가족과 부부관계에서 지속적인 연결이 이루어진다고 믿는다. 이 모든 것은 의사소통의 어떤 규칙보다 훨씬 더 중요하다. 그것은 우리가 서로에게 안전해지는 기초에 대한 문제이다.

부부 연습 가치 질문지를 다운로드하라. Simply Google에서 이것을 검색하여 마음에 드는 것을 선택하거나, Stephen Hayes의 개인가치 질문지(Personal Values Questionnaire: PVQ)를 다운로드하라.[5] 1가지를 작성하고 토론하라.

---

5) www.contextualpsychology.org.에서 이용할 수 있다.
역자 주: 접속 결과, 개인가치 질문지(PVQ) 다운로드는 회원만이 가능해서 문화 보편적으로 사용할 수 있는 Schwartz(1994)의 가치척도(10개의 가치 유형을 측정하기 위하여 총 43문항으로 구성된)의 가치 유형과 가치 항목을 부록 B에 제시했다.

9. 행복한 아동 강화하기

성인관계에서 잠재적으로 심각한 문제에 직면했을 때 행복한 아동을 잊기 쉽지만, 내면의 욕구를 충족시키는 심각한 문제를 다루면서 쾌활한 자발성을 되찾는 것이 필수적이다. 여러분이 치료하는 부부들에게서 어떻게 장난스러움으로 돌아가도록 격려할 수 있는지에 대해 생각해 보라. 치료자의 현명한 말을 통해서 다시 연결되는 것이 아니고, 그들이 다시 약간의 '행복한 아동 시간'을 공유할 수 있게 되기 때문이다.

행복한 아동들은 무엇을 가지고 있을까? 열정이 그 답의 일부이다. 이것은 훌륭한 관계의 특성이다. 종종 그것은 본능적인 심리도식에 의한 반응양식들과 역행한다.

의도적 열정을 사용하는 것은, 비록 감정이 둔화될지라도 자신의 촉발된 감정의 강도를 완화(de-escalate)시키는 매우 효과적인 방법이며, Giuffra 박사가 고요함과 공간의 순간이라고 부르는 것을 만들고, 잠시 멈추고 성인양식으로 가는 매우 효과적인 방법이다(우리는 그것을 양식지도와 약간의 제한된 마음챙김과 즉각적인 촉발요인들로부터 거리를 두는 생각을 사용하여 '떠다니는 것'이라고 부른다). 이러한 의도적으로 적용된 열정은 건강에 좋지 않은 과잉보상적, 분리된 또는 굴복적 양식 중 하나를 강제한다. 물론 부부들은 치료자가 요청하는 것이 그들의 익숙함을 벗어나면 가끔 불평할 것이다. 그것이 요점이다. 건강해지는 것은 우리가 촉발되었을 때 보통 우리의 안락한 구역을 벗어나는 것이다!

욕구를 충족시키는 것은 인간의 행복을 만들어 낸다. 행복한 아동양식은 일시적인 상태 이상이다. 취약하고 화난 아동양식 상태의 변덕스러운 감정보다 더 깊고 탄탄한 토대를 가지고 있다. 행복한 아동은 만족에서 나온다. 이 개념의 줄기는 '충분하다'는 뜻의 라틴어 satis와 '하기 위해' 또는 '만들기 위해'라는 뜻의 라틴어 facere에서 유래한다. 따라서 만족은 '욕망, 욕구 또는 식욕의 충족 또는 만족'을 의미한다(Morris, 1969). 결과상태는 행복한 아동양식이다.

Gottmans(2009)는 부부가 그들의 우정 시스템을 구축할 때 관계에 친숙해지는 연결 의식을 만들도록 권장한다. 이것들을 카드에 기재할 수 있다. 많은 부부는 매일의 인사와 이별 의식이 중요하다고 생각한다. 인사에 대한 열정 부족은 '연결 입찰 실패'로 연결될 수 있다. 정서은행계좌 낙찰로 물거품이 될 것이다. 그런 의식에 행복한 아동의 장난스러움을 더하는 데는 가치가 있다.

성찰 **최근에 치료받았던 부부를 생각해 보라. 그들이 자발적이고 건강한 방식으로 웃을 수 있을까? 이것은 재미있는 상황을 보고 즐기는 것을 포함한다. 그것은 적대적이거나 빈정거리는 유머에 의해 방해받고 있다. 행복한 아동에게는 상호 경험이 가장 좋다.**

Marjorie와 Cyril은 치료에 있어서 좋은 진전을 보였다. 그 방에는 이전의 권력 투쟁이 덜한 새로운 가벼움이 있었고, 그들은 저녁 데이트에 상호 즐거운 활동을 보고했다. 치료자는 그들의 관계에서 더 많은 행복한 아동 상태의 가능성을 제기했다. Farrell과 Shaw(2012)가 추천한 대로 아이스크림 시각화를 했다. 회기가 끝날 때, 그녀는 성적 전희의 관능적인 즐거움의 일환으로 행복한 아동을 가질 수 있는 방법을 함께 생각하는 것과 관련하여 숙제를 추천했다.

두 배우자 모두 '건강한 성인'과 '취약한 아동' 그리고 '행복한 아동' 사이에서 유연하게 전환할 수 있는 관계에서 건강한 양식주기가 있다. 특히 개인과 부부의 욕구에 대한 열린 의사소통이 있다. 건강한 성인양식은 심리도식을 성찰하는 향상된 능력을 통해 위험을 감수하고, 새로운 아이디어를 학습하며, 자신과 세계의 모델을 업데이트할 수 있다(Atkinson, 2012).

요약

잠재적으로 커플과 함께라면 1+1=3이다. 만족스러운 관계에는 그 이상의 무언가가 있다. 그 여분은 사람들을 한데 모으고, 실망과 고통의 경험을 통해 그들을 함께 있게 하는 것이다. 이 장에서는 부부 심리도식치료에 대한 우리의 탐구를 마무리하기 위해 우정의 목표와 부부 심리도식치료를 사용하고 건강한 성인을 강화함으로써 얻을 수 있는 것에 대해 탐구했다.

부부치료자를 위한 자기돌봄

부부치료를 하는 데는 많은 에너지가 소모된다. 이것은 복잡성과 위험을 배가시키는 성격장애자를 다룰 때 강조된다. 이 부록에서는 치료 중 자신을 보호하기 위한 몇 가지 지침을 제시한다.

1. 심각한 성격장애자에 대한 작업 위험

치료는 친밀한 관계지만, 우리는 보통 누구와 함께 작업할지를 선택하지는 않는다. 부부들은 단순히 문을 통해 들어온다. 어려운 관계에 있는 사람들은 갑자기 우리를 포함시킬 것이다. '만약 이 사람이 자신의 배우자를 나쁘게 대한다면 그것은 늘 당연한 일인데, 왜 자신에게는 상대방이 다르게 대해 주기를 기대하는가?'라는 깨달음을 얻는다.

필연적으로 우리는 내담자들을 돕는 관계를 형성하고, 때로는 '친절한 화재'를 겪는다. 때때로 어떤 사람은 배우자에게 부적합한 부모를 진단하거나, 판결하거나, 자녀의 양육권을 얻는 등 고정된 의제를 가지고 부부상담에 들어가게 되고, 그런 일이 일어나지 않을 때 그들은 치료자를 비난한다. 그들은 심지어 등록위원회에 불만을 제기할 수도 있다. 어떤 사람들은 누군가를 잘 대해 줄 줄 모른다. 폭력의 위험이 있을 수 있고, 살인의 가능성이 있을 수도 있기 때문에, 자기돌봄은 좋은 '관계 경보 체계'를 포함한다. 우리의 취약성을 부정하는 것은 어리석은 짓이다.

여기에는 회기에 대한 우려가 있다. 정서적 변동성은 치료자로서 우리의 안락함을 훨씬 뛰어넘어 직면할 수 있다. 곤경에 처한 부부들을 도우려 할 때 지나치게 관여하기 쉬우므로, 언제나 밀착의 위험이 존재한다. 우리는 Figley(1995)가 말한 '동정 피로'에서 면역이 되지 않는다. 부부를 포함시킬 때, 양식주기 충돌카드를 사용하여 회기에서 현재와 현재 회기에 초점을 맞추는 것이 도움이 되는데, 이는 압도적인 기대와 정서적 반응을 관리 가능한 방법으로 재경로화하는 데 도움이 된다.

2. 사이코패스

특히 위험성이 높은 성격장애에는 두 종류가 있다. 첫째, 사이코패스 특성을 가진 반사회성 성격장애를 가진 사람들을 생각해 보라. 그 사이코패스는 투옥되었을 때 (그 모집단의 25%를 생각해 보면) 상당히 쉽게 찾아낼 수 있지만, 정상적인 임상 환경에서는 덜 명확하다. 그들의 매력은 처음에는 꽤 설득력이 있는 경향이 있다. 몇 가지 놓치는 징후를 아는 것이 도움이 된다. 사이코패스의 삶의 좌우명은 "먹잇감은 시시각각 태어난다."이다. 그들은 모든 것을 빙빙 돌리면서 말한다. 항상 강압적이거나 뜻대로 조종하는 요소가 있다.

할 일 **법의학 모집단에서 반복적으로 볼 수 있는 교활한 조종자 양식을 어떻게 인식할 수 있는지 생각해 보라. 이게 사이코패스의 첫 징후일지도 모른다.**

성찰 **여러분이 사이코패스적 분노에 부딪히면, 그것은 매우 드러나게 된다. 그것은 냉정하게 도구적이고 효율적인 경향이 있다. 단지 그들이 원하는 것을 하도록 여러분을 협박하는 것으로 충분하지만, 더 이상은 아니다.**

사이코패스에 대한 가능한 역전이 반응을 조사하라. 여러분은 자신이 '농락당하고 있다'고 느끼는가? 그들은 보통 부드러운 설득을 사용할 것이다(그것이 추해질 수 있을 때 여러분이 저항하기 전까지는).

Robert Hare는 Hare 사이코패스 체크리스트(Hare Psychopathy Checklist)를 개발했고, 그 이후로 그것을 수정했다(Hare, 2003). 이것은 사이코패스적 성격을 식별하는 데 가장 좋은 심리적 도구이다. 그는 또한 이 장애에 대한 좋은 소개를 제공하는 『양심 없는(Without Conscience)』(1993)을 썼다. 자신의 배우자가 사이코패스라고 생각하는 모든 배우자가 옳은 것은 아니지만, 약간은 그렇다는 점에 유의하라!

사이코패스를 치료하는 데 있어서 자기돌봄 문제는 수없이 많다. 우리는 어떻게 스스로를 보호할 것인가? 가장 중요한 단계는 조기 식별이다. 너무 자주, 치료자는 너무 늦게 정신을 차릴 것이다. 우리의 정상적인 치료방식이 이런 종류의 사람에게 위험하다는 것을 이해하는 것은 도움이 된다. 우리는 공감과 정서적 개방으로 이끄는 경향이 있지만, 이것은 취약하고 약한 것으로 읽힐 것이다. 그것은 어떤 식으로든 이용당할 수 있는 공개적인 초대장으로 보인다. "나는 누구라도 도울 수 있어야 한다."(엄격한 기준 심리도식이나 요구적 부모양식)와 같은 치료적 합리화는 잠재적으로 위험하다.

우리의 임상 기술이 우리를 지켜 줄 것이라고 생각하는 것은 어리석은 짓이다. Robert Hare는 자신이 사이코패스들에게 속았다는 것을 인정했다. 그리고 그는 세계적인 전문가이다. 절대 여러분이 명확하다고 생각하지 말라. 그리고 마지막으로, 사이코패스를 실제로 치료하기 위해 필수적인 요소는 존경, 즉 치료자에 대한 그들의 존경이다! 심리도식치료에서 양식을 빠르게 식별하고 이름을 붙일 수 있도록 도와준다. 그러면 치료자는 그것들을 어떻게 생산적으로 다루어야 할지를 결정할 수 있다. 오직 그렇게 해야만 치료적 진전을 이룰 수 있다.

특히 우리가 다루는 사람을 인식할 때, 우리 안에는 사이코패스에서 뒷걸음질치는 무언가가 있다. 그것은 그 행동이 다른 사람들에게 냉담하고 해를 끼칠 때에도 그 사람과 행해진 것을 구별하는 데 도움이 될 수 있다. 그들은 여전히 우리가 치료하는 모든 사람 때문에 존경을 필요로 한다.

치료적 조언 사이코패스를 '취약한 아동'양식으로 만드는 것은 쉽지 않을 것이다. 가장 좋은 방법 중 하나는 내담자가 다른 사람들로부터 과거에 받았던 상처에 초점을 맞추는 유도된 심상을 사용하여 그들의 현재 성인의 생활에서 비슷한 느낌을 주는 것과의 연결을 만드는 것이다. 정직하고 솔직해지는 것도 중요하다. 만약 그들에 대해 좋아할 만한 것을 찾을 수 없다면, 이것은 감지되고 작업은 이루어질 수 없다.

치료자가 정확하지 않다고 생각하는 모순이나 내력에 맞서는 것이 중요하다(이것은 아마도 범죄에 대한 경찰의 설명을 포함할 수 있다). 아마도 잠정적인 질문은 "저는 이것이 어떻게 맞는지 모르지만, 당신이 그것을 이렇게 내놓은 몇 가지 감정적인 이유가 있을 것입니다. …… 내가 그것들을 이해할 수 있도록 도와줄 수 있겠습니까? 제가 진짜 당신을 알지 못하는 상황에서는 당신을 돕기가 어렵습니다."일 것이다.

공감적 직면 기술과 치료관계 자체를 사용하여 그들의 행동이 치료자에게 어떤 영향을 미치는지에 대한 피드백을 제공하라. 여러분은 통제, 괴롭힘 및 적대감을 원하는 부분과 그 저변에서 취약해지는 것을 몹시 두려워하는 부분 사이의 의자 대화를 사용할 수 있다. 양쪽이 자신을 표현하도록 하라. 또한 자기통제와 한계라는 문제가 다른 사람과 건강한 관계를 유지하고 자신의 외로움을 피할 수 있는 능력을 증가시키기 때문에 그것을 자기 이익에 부합하는 것으로 재구성할 수도 있다.

또 다른 조언 여러분은 2개의 치료자 의자를 갖는 것에 대해 생각할지도 모른다. 하나는 건강한 성인을

위한 것이고, 다른 하나는 화난 감정과 조작적인 대처 충동을 위한 것이다. 이를 통해 행복한 성인으로 돌아가 치료적 관계를 유지할 수 있는 출구를 자유롭게 유지하면서 강렬한 부정적 감정을 표현할 수 있다.

당신이 나를 이런 식으로 대할 때, 내 한 부분은 당신을 정말 싫어하고 당신을 치료에서 쫓아내고 싶어 합니다. 하지만 행복한 성인 의자로 돌아가면, 나는 당신의 가해자 양식이 단지 당신의 취약한 아동을 보호하는 방법임을 알 수 있습니다. 이것은 내가 개인적으로 가해자 공격 양식을 받아들이지 않고 연락을 취하는 데 도움이 됩니다.

3. 경계성 내담자

모든 치료자는 경계성 성격장애를 가진 사람을 치료하는 이야기를 가지고 있는데, 그것은 대개 슬픈 신세 이야기이다. 잘 알려진 DSM-5 기준을 반복할 필요는 없지만 몇 가지 공통적인 특성을 생각해 보라. 경계성은 항상 '손이 많이 가는 유형'으로, 밑바닥이 없는 욕구의 우물이다. 경계성의 욕구를 완전히 충족시키기에는 치료자가 가장 좋은 상대이다. 이들은 폭발적 분노로 어려움을 겪는 경우가 많다. 마치 화산기슭에 서서 폭발을 기다리는 것과 같다. 그러나 경계성 내담자의 분노는 사이코패스의 분노와는 다르다. 그것은 처리되지 않고, 마치 쓰레기 더미에서 흘러나오는 생하수처럼 사방에 쏟아진다! 분노는 치료자나 당면한 사람에 대한 개인적인 공격이나 자해, 자살 시도와 함께 내면화될 수 있다. 처벌적 부모양식이 일반적으로 밖으로 향하는지 또는 안으로 향하는지에 유의하라. 경계성에는 일반적으로 정체성과 건강한 성인 기술을 위한 내부 닻이 부족하다. 기분은 불안정하고 치료도 롤러코스터를 타는 것처럼 불안정할 수 있다. 어떤 경우에는 현실 검증력이 부족할 수 있지만, 이것은 보통 스트레스와 관련이 있고 다소 일시적인 것이다.

경계성 내담자들은 치료를 '좋아'하는 경향이 있지만, 그들을 도우려는 누구에게나 어려움을 준다. 일종의 '감정적 정신병'에 빠지기 쉬운데, 이는 좋은 회기에서조차도 압도적으로 혼란스럽고, 심지어 전염의 문제가 있으며, 거리를 두는 분리된 보호자로의 예상치 못한 전환이 있다.

치료 경고 **치료자의 심리도식이 내담자의 초기 상태의 조각에 의해 촉발되는 것을 경험하는 것은 놀랄 만한 일이 될 수 있다. 여러분은 심지어 경계성 엄마를 돌보는 유아라는 무서운 환상과 함께 유아**

양식 반응을 경험할 수도 있다! 이것은 상당히 혼란스러울 수 있으므로, 치료자 자신의 심리도식 활성화를 건강한 방식으로 처리하는 것이 중요하다.

경계성 개인을 관리하는 데는 현실적인 문제가 많다. 이것은 급성 자살 충동이 심한 사람을 다루는 스트레스를 포함한다. 스토킹, 공격적인 맹비난, 위협, 심지어 폭력에 이르기까지 잠재적으로 나쁜 행동의 범위가 있다. 말할 필요도 없이 경계의 필요성은 아무리 강조해도 지나치지 않다.

'원시적인 정서적 의사소통'이라는 정신분석학적 개념은 경계성 사람들의 나쁜 행동을 이해하는 데 유용할 수 있다. 이것은 일부 개인이 큰 고통을 겪겠지만 그 고통을 말로 표현할 수는 없다는 것을 인정한다(그것이 치료의 요점임에도 불구하고). 경계성 사람들은 정신화에 매우 서툴기 때문에(Fonagy et al., 2004), 좋은 모델이 되어 그들을 가르치는 것은 건강한 성인을 만드는 데 필수적이다. 서 있는 것은 그 사람이 그들의 의자와 아래에 있는 치료자의 의자에서 무슨 일이 일어나고 있었는지 성찰하는 데 도움을 줄 수 있다. 이러한 3인칭 관점은 그들이 더 많은 현실적 시각을 채택하도록 훈련할 수 있다.

말을 하기 전의 유아는 울기만 할 수 있어 사람들을 괴롭히지만 유아의 내적 상태를 효과적으로 전달한다. 이것은 물론 유아양식의 표현이다. 그것은 보호자에게 동일한 내부 상태를 환기시킬 것이다. 그것은 양식에 대한 비언어적 의사소통의 한 형태지만, 나쁜 행동에 대한 의식 없는 근거를 이해하는 데 도움이 된다. 유아들은 단지 어떻게 더 잘 행동해야 할지 전혀 모른다. 그것을 개인적으로 받아들일 필요는 없다. Wendy Behary(국제심리도식치료협회 부부 특별 관심집단)는 사람들이 행동화하는 동안 과잉보상자 양식 옆에 있는 아동양식을 상상하자고 제안했다. 그것은 유아양식에 있는 사람의 표식일 수도 있다.

Amanda는 자신의 치료자인 Mary를 향해 '폭발했다'. 그녀는 매우 불친절한 말을 몇 마디 했고, Mary는 치료를 끝내고 싶은 유혹을 느꼈다. 그러나 그녀는 이 사건을 원시적인 정서적 의사소통의 개념을 논의한 수퍼바이저에게 맡겼다.

다음 회기에서 Mary는 "Amanda, 나는 당신이 지난 회기에 매우 화가 났다는 것을 알고 있어요. 당신이 한 말 중에 상처받은 게 있어요. 그때 느꼈던 것처럼 나를 기분 나쁘게 만들려고 했던 것 같아요. 그래서 당신이 경험한 것에 대해 더 이해할 수 있어요. 말이 되나요? 그냥 당신이 그렇게 학대를 당하는 걸 내가 안다고 말하고 싶었어요."라고 말할 수 있었다.

성찰 **여러분은 Amanda가 Mary와 주고받은 원시적인 의사소통을 확인할 수 있는가?**

4. 성적인 경계

치료하기 매우 어려운 부부를 치료하는 데 있어서는 경계를 고려해야 한다. 현실적으로 성적 경계를 넘을 위험이 있고, 치료자들은 이에 대해 경계해야 한다. 치료자 자신의 관계 내력을 성찰하라. 사이코패스나 경계성 파트너와 데이트를 한 적이 있는가, 아니면 그런 특성을 가진 파트너를 다루어야 했던 적이 있는가? 만약 관계 내력에서 이것을 인식한다면, 당신은 건강하지 못한 매력패턴을 가지고 있을 수 있다.

사이코패스는 과남성성 성(性)의 한 예로 여겨질 수 있으며, 경계성에는 일부 과여성성의 특성이 있다. 어떤 것들은 위험함에도 불구하고 그러한 측면에 끌릴 수 있다. 고정관념의 위험은 있지만, 치료자 자신이 어떠한 취약성을 식별하는 경우 위험을 인정하고 관리하는 것이 가장 좋다.

치료적 조언 주어진 상황에서 자신의 매력도를 평가하기 위해 10점 척도를 개발하는 것이 유용하다. 9/10를 '치료 중인 사람과 함께 도망쳐라.'로, 8/10을 제어력 상실 등으로 평가한다. 일단 규모가 커지면 각 단계에 관리 전략을 할당하라. 그런 전략으로는 자신의 수퍼바이저에게 말하고, 동료 수퍼비전 집단에 공유하고, 자신의 낭만적인 배우자와 함께 양육하고, 치료를 받고, (이유를 말하지 않고) 개인을 의뢰하는 것 등이 있다. 허용 가능한 경계를 넘어 보다 편안한 관리 사이에 2점 차이 이상을 갖는 것이 유용하다. 그리고 벼랑 끝 전술은 위험하다는 것을 기억하라.

5. 자기돌봄을 위한 긍정적인 행동

Norcross와 Guy(2007)는 자기돌봄에 관한 유용한 책 『사무실에 두고 가기(Leaving in at the Office)』를 썼다. 그들의 조언은 다음과 같은 내용 일부를 포함한다.

- 자신의 가치관에 대해 정기적으로 생각해 보라. (수용전념치료에서) 가치 질문지를 실시할 수 있다. 개인적인 사명 선언문을 쓸 수도 있다(Covey, 1990).
- 인생에서 긍정적인 것을 장려하라. Stevens는 "나는 좋아하는 미술관에 가거나, 콘서트에 가거나, 새로운 식당을 찾는 것과 같은 좋은 일들을 하도록 스스로를 훈련한다. 친구들과 좋은 시간을 보내는 것만큼 좋은 것은 없다."라고 성찰한다. 해외여행은 연간 일정의 일부가 될 수도 있다. 치료자로서 많은 추악함을 다루기 때문에, 우리는 이것을

아름다운 것을 강조하는 것과 균형을 맞출 필요가 있다.

- 중대한 치료 사고가 발생한다면 가능한 한 빨리 보고한다. 가까운 동료들 중에서 전화를 바로 걸 수 있는 사람을 알아보라.
- 동료 수퍼비전 집단을 둔다. 지속적으로 개별 수퍼비전을 받는 것은 좋은 추가 지원이다.
- 개인 심리치료를 고려한다. 때때로 이것은 어떤 개업 치료자든 절대적으로 필요한 것이다. 스트레스를 받을 때는 치료를 받는 것이 우리의 첫 번째 대처가 되어야지 마지못해 하는 최후의 수단이 되어서는 안 된다!
- 건강한 탈출, 운동 그리고 신체 건강을 유지하라. 여러분이 치료할 때 사람들에게 운동에 대해 말하는 것을 잊지 말라.
- 자신의 사무실의 환경을 평가해 보라. 일터로서 얼마나 즐거운가? 동료에게 점검과 피드백을 받으라. 1가지 아이디어는 신선한 과일, 음료 그리고 아마도 오후 중 가장 기력이 떨어질 때 에너지 음식과 함께 재충전 공간을 갖는 것이다.
- 한 달 동안 한 일을 기록하는 등 자기돌봄을 추적하라. 때로는 사무실에서 집으로 운전하는 차 안에서 음악을 듣는 것과 같은 '감압 의식(decompression rituals)'을 갖는 것이 유용하다.
- 명상, 마음챙김, 수련회, 기도, 거룩한 독서 또는 경건한 독서와 같은 영적 자원을 사용한다.

Paul MacLean(1990)은 삼위일체 뇌를 제안했다. 이것은 휴식과 자기돌봄을 통해 해결해야 할 것에 대해 생각하는 데 도움이 되는 방법이다. 대체로 파충류, 포유류, 인간의 뇌(진화 이론에 따라 단계별로 진화했다!)를 구별한다. 파충류는 어떻게 이완을 하는가? 한 남자가 대답했다. "햇빛이 비치는 바위 위에 엎드려 있습니다." 포유류는 서로 단련하고 제휴하기 위해 많은 스킨십을 사용하는 경향이 있다. 인간은 독특하게 아름다움, 창조성, 영성을 즐길 수 있다. 뇌의 모든 부분을 덮으려면 스파 욕조에서 와인 한 잔을 마시면서 베토벤의 교향곡을 들으며 배우자가 발 마사지를 해 줘야 한다.

요약

부부치료는 도전이자 기쁨이다. 약속으로 가득 찬 날에도 부부들은 활기를 띠는 경향이 있다. 그리고 때로는 몇 년 후에 부부가 돌아와서 상담이 그들의 관계에 어떤 변화를 가져왔는지 말해 줄 것이다. 여러분이 지속적인 차이를 만들었다는 것을 아는 것은 드문 특권이다. 그 차이는 아마도 애정관계를 살린 차이일 것이다.

치료자로서, 우리는 1,000명의 삶을 살게 된다. 물론 이것은 때때로 추악하고, 심지어 우리에게도 피해를 준다. 하지만 우리는 마찬가지로 위험을 감수하고 더 나은 관계를 형성하는 사람들의 용기를 종종 본다. 우리는 그중 많은 일이 일어날 때 그곳에 있으며, "항상 보호하고, 항상 신뢰하고, 항상 희망하며, 항상 인내한다."라는 사랑의 잠재력을 엿볼 수 있다(고린도전서 13:7).

심리도식치료는 새로운 치료법이다. 이것은 개발의 초기 단계에 있다. 결국 부부 심리도식치료 연구는 단일 사례 실험 연구에서 시작하여 결국 무작위 통제시험으로 시작하는 신중한 평가를 포함할 것이다.

우리는 여러분이 이 작업을 더욱 발전시키기 위해 부부들과 함께 부부 심리도식치료를 연습하고, 발견하며, 전문적 환경에서 동료들과 공유하도록 초대한다.

우리는 여러분이 연습한 대로 최선을 다하고 부부 심리도식치료 발전에 기여하기를 바란다.

부록 B Schwartz의 이론에서 제시한 가치 유형과 가치 항목

번호	가치 유형	정의	대표적 가치 항목
1	자율 (Self-direction)	자율적 사고 및 행위	자존감, 자유, 창의성, 프라이버시, 목표를 스스로 선택, 독립적인, 호기심 있는
2	보편주의 (Universalism)	자연과 인류의 복지에 대한 바른 이해 및 인식, 포용, 보호	내적 조화, 평등, 세계 평화, 관대한, 자연과의 조화, 사회 정의, 환경을 보호하는
3	박애 (Benevolence)	가까운 사람들의 복지 보존과 향상	의미 있는 삶, 참된 우정, 성숙한 사랑, 도움이 되는, 용서하는, 책임감 있는, 정직한
4	전통 (Tradition)	전통문화 또는 종교가 제안하는 관습 및 아이디어의 수락, 공경 그리고 이행	중립적인, 전통에 대한 공경, 인생에서 자신의 몫을 받아들이는, 겸손한, 헌신적인
5	동조 (Conformity)	사회적 기대와 규범을 위반하고, 타인에게 해를 끼칠 수 있는 행위, 성향 및 충동의 자제	부모와 연장자들을 공경하는, 순종하는, 자기수양
6	자극 (Stimulation)	흥분, 신기로움, 도전	다채로운 삶, 재미있는 삶, 대범함
7	쾌락주의 (Hedonism)	자신을 위한 즐거움과 감각적인 만족	쾌락, 즐기는 삶, 방종한
8	성취 (Achievement)	사회 기준에 따라 나타나는 유능함을 통한 개인적 성공	영향력 있는, 유능한, 야심적인, 지적인, 성공적인
9	권력 (Power)	사회적 지위 및 위신, 통제력, 또는 사람과 자원에 미치는 지배력	권위, 부, 사회적 힘, 체면을 유지하는, 사회적 인정
10	안전 (Security)	사회, 자신 및 자신과 동일시하는 사람들과의 안전, 조화 그리고 안정	나라의 안전, 가족의 안전, 소속감, 사회질서, 청결한, 호의에 보답하는

참고문헌

송영희, 이윤주(2012). 한국판 아동, 청소년용 초기부적응도식 척도의 타당화. **상담학연구**, 13(6), 2899-2917.

Abrahms-Spring, J. (2004). *How can I forgive you?* New York, NY: Harper-Collins Publishers Inc.

American Psychological Association (APA). (2002). Criteria for evaluating treatment guidelines. *American Psychologist, 57*, 1052-1059.

Anderson, T. (1990). The reflecting team: Dialog and meta-dialog in clinical work. *Family Process, 26*(4), 415-428.

Australian Psychological Society (APS). (2010). *Evidence-based psychological interventions in the treatment of mental disorders: A literature review*. Melbourne, Australia: Australian Psychological Society.

Arntz, A. (2008). Schema-focused therapy for borderline personality disorder: Effectiveness and cost-effectiveness, evidence from a multicenter trial. *European Psychiatry, 23*(2), S65-S66.

Arntz, A. (2012a). A systematic review of Schema Therapy for BPD. In J. Farrell & I. Shaw (Eds.), *Group Schema Therapy for borderline personality disorder: A step-by-step treatment manual with patient workbook* (pp. 286-294). Chichester, UK: Wiley-Blackwell.

Arntz, A. (2012b). Schema therapy for cluster C personality disorders. In M. van Vreeswijk, J. Broersen, & M. Nadort (Eds.), *The Wiley-Blackwell handbook of schema therapy: Theory, research and practice* (pp. 397-414). Oxford, UK: Wiley-Blackwell.

Arntz, A., & Jacob, G. (2013). *Schema therapy in practice: An introductory guide to the schema mode approach*. Oxford, UK: Wiley-Blackwell.

Arntz, A., & van Genderen, H. (2010). *Schema therapy for borderline personality disorder.*

Chichester, UK: Wiley-Blackwell.

Arntz, A., & Weertman, A. (1999). Treatment of childhood memories: Theory and practice. *Behavior Research and Therapy, 37*, 715–740.

Atkinson, T. (2012). Schema therapy for couples: Healing partners in a relationship. In M. van Vreeswijk, J. Broersen, & M. Nadort (Eds.), *The Wiley-Blackwell handbook of schema therapy: Theory, research and practice* (pp. 323–335). Oxford, UK: Wiley-Blackwell.

Ball, S. A. (1998). Manualized treatment for substance abusers with personality disorders: dual focus schema therapy. *Addictive Behaviors, 23*(6), 883–891.

Bamelis, L., Bloo, J., Bernstein, D., & Arntz, A. (2012). Effectiveness Studies. In M. van Vreeswijk, J. Broersen, & M. Nardort, M. (Eds.), *The Wiley-Blackwell handbook of schema therapy* (S. 495–510). Oxford, UK: Wiley-Blackwell.

Bamelis, L., Evers, S., Spinhoven, P., & Arntz, A. (2014). Results of a multicenter randomized controlled trial of the clinical effectiveness of schema therapy for personality disorders. *American Journal of Psychiatry, 171*, 305–322. doi: 10.1176/appi.ajp.2013.12040518

Barnish, M. (2004). *Domestic violence: A literature review*. London, UK: HM Inspectorate of Probation. Retrieved from www.homeoffice.gov.uk/justice/ probation/inspprob/index.html.

Basch, M. F. (1980). *Doing psychotherapy*. New York, NY: Basic Books.

Bateson, G. (1972). *Steps to an ecology of mind: Collected essays in anthropology, psychiatry, evolution and epistemology*. Chicago, IL: University of Chicago Press.

Baucom, D. H., & Epstein, N. (1990). *Cognitive-behavioral marital therapy*. Levittown, PA: Brunner/Mazel.

Beck, A. (1963). Thinking and depression. *Archives of General Psychiatry, 9*, 324–333.

Bennett-Levy, J., Butler, G., Fennell, M., Hackman, A., Mueller, M., & Westbrook, D. (Eds.). (2004). *Oxford guide to behavioral experiments in cognitive therapy*. Oxford, UK: Oxford University Press.

Berman, P. S. (2010). *Case conceptualization and treatment planning: Integrating theory with clinical practice*. Los Angeles, CA: Sage.

Bernstein, D., Vos, M. K., Jonkers, P., de Jonge, E., & Arntz, A. (2012a). Schema therapy in forensic settings. In M. van Vreeswijk, J. Broersen, & M. Nadort (Eds.), *The Wiley-Blackwell handbook of schema therapy: Theory, research and practice* (pp. 425–438).

Oxford, UK: Wiley-Blackwell.

Bernstein, D. P., Nijman, H., Karos, K., Keulen-de Vos, M., de Vogel, V., & Lucker, T. (2012b). Schema therapy for forensic patients with personality disorders: Design and preliminary findings of multicenter randomized clinical trial in the Netherlands. *International Journal of Forensic Mental Health, 11*, 312-324.

Bograd, M., & Mederos, F. (1999). Battering and couples therapy: Universal screening and selection of treatment modality. *Journal of Marital and Family Therapy, 25*(3), 291-312.

Boszormenyi-Nagy, I., & Krasner, B. (1986). *Between give and take.* New York, NY: Brunner/Mazel.

Botvinick, M. M., Braver, T. S., Barch, D. M., Carter, C. S., & Cohen, J. D. (2001). Conflict monitoring and cognitive control. *Psychological Review, 108*, 624-652.

Brown, E. M. (1991). *Patterns of infidelity and their treatment.* New York, NY: Brunner/Mazel.

Capaldi, D. M., & Kim, H. K. (2007). Typological approaches to violence in couples: A critique and alternative conceptual approach. *Clinical Psychology Review, 27*(3), 253-265.

Chapman, G. (2010). *The five love languages: The secret to a love that lasts.* Chicago, IL: Northfield Publishing.

Covey, S. (1990). *The seven habits of highly effective people.* Melbourne, Australia: The Business Library.

Covey, S. (1997). *The seven habits of highly effective families.* New York, NY: Golden Books.

Creamer, M., Forbes, D., Phelps A., & Humphreys, L. (2007). *Treating traumatic stress: Conducting imaginal exposure in PTSD* (2nd ed.). Melbourne, Australia: Australian Centre for Posttraumatic Health.

Crittendon, P. M. (2000). A dynamic-maturational approach to continuity and change in pattern of attachment. In P. Crittenden & A. Claussen (Eds.), *The organization of attachment relationships: Maturation, culture and context* (pp. 343-357). Cambridge, UK: Cambridge University Press.

Damasio, A. R. (1999). *The feeling of what happens: Body and emotion in the making of consciousness.* New York, NY: Harcourt Brace.

Del Giudice, M. (2009). Sex, attachment, and the development of reproductive strategies. *Behavioral and Brain Sciences, 32*, 1-67.

Doherty, B. (2014). *National registry of marriage and family therapists.* Retrieved from www.

marriagefriendlytherapist.com/values/

Edwards, D., & Arntz, A. (2012). Schema therapy in historical perspective. In M. van Vreeswijk, J. Broersen, & M. Nadort (Eds.), *The Wiley-Blackwell handbook of schema therapy: Theory, research and practice* (pp. 3-26). Oxford, UK: Wiley-Blackwell.

Ekman, P. (1993). Facial expression and emotion. *American Psychologist, 48,* 384-392.

Farrell, J., & Shaw, I. (2012). *Group schema therapy for borderline personality disorder: A step-by-step treatment manual with patient workbook.* Chichester, UK: Wiley-Blackwell.

Fertel, M. (2004). *Marriage fitness: An alternative to counseling*. Baltimore, MD: MarriageMax Inc. Retrieved from www.marriagemax.com

Figley, C. (1995). *Treating compassion fatigue.* New York, NY: Routledge.

Fitzgibbons, R. (2005-2011). *Institute for marital healing.* Conshohocken, Pennsylvania. Retrieved from www.maritalhealing.com

Flanagan, C. (2010). The case for needs in psychotherapy. *Journal of Psychotherapy Integration, 20*(1), 1-36.

Fonagy, P., Gergely, G., Jurist, E., & Target, M. (2004). *Affect regulation, mentalization and the development of the self.* London, UK: Karnac.

Frederickson, B. L. (2003). The value of positive emotions. *American Scientist, 91*, 330-335.

Freud, S. (1893-1895). Studies on hysteria. *Standard Edition of the Complete Psychological Works of Sigmund Freud, 2*, 1-305.

Freud, S. (1905/1963). *Dora: An analysis of a case of hysteria*. New York, NY: Collier.

Freud, S. (1917). Mourning and melancholia. *Standard Edition of the Complete Psychological Works of Sigmund Freud, 14*, 237-260.

Gasiewski, J. F. (2012). *The origins of punitiveness: Beyond the punitive parent.* Unpublished paper.

Giuffra, M. J. (2012). The crowded therapy room: The shadow land. *Somatic Therapy Today, 2*(3), 30-34.

Glass, S. (2003). *Not just friends: Rebuilding trust and recovering your sanity after infidelity.* New York, NY: Free Press.

Goldner, V. (1998). The treatment of violence and victimization in intimate relationships. *Family Process, 37*(3), 263-286.

Gordon, K. C., & Baucom, D. H. (1988). Understanding betrayal in marriage: A synthesised model of forgiveness. *Family Process*, 37(4), 425-449.

Gottman, J. (1999). *The marriage clinic: A scientifically based marital therapy*. New York, NY: W.W. Norton & Co.

Gottman, J. (2011). *The science of trust: Emotional attunement for couples*. New York, NY: W.W. Norton & Co.

Gottman, J., & Jacobsen, N. (1998). *Breaking the cycle: New insights into violent relationships*. London, UK: Bloomsbury.

Gottman, J., & Schwartz Gottman, J. (2009). *Level 1: Bridging the couple chasm, Gottman couples therapy: A new research-based approach*. Washington, DC: The Gottman Institute.

Gottman, J., & Silver, N. (1999). *The seven principles for making a marriage work*. New York, NY: Three Rivers Press.

Grant, A., Townend, M., Mills, J., & Cockx, A. (2009). *Assessment and case formulation in cognitive behavioral therapy*. London, UK: Sage.

Grawe, K. (2004). *Psychological therapy*. Goettingen-Bern, Switzerland: Hogrefe & Huber.

Greenberg, L. (2002). *Emotion-focused therapy: Coaching clients to work through feelings*. Washington, DC: American Psychological Association Press.

Greenberg, L. S., & Goldman, R. N. (2008). *Emotion-focused couples therapy: The dynamics of emotion, love and power*. Washington, DC: American Psychological Association.

Hackmann, A., Bennett-Levy, J., & Holmes, E. (2011). *Imagery in cognitive therapy*. Oxford, UK: Oxford University Press.

Hamel, J. (2005). *Gender inclusive treatment of intimate partner abuse: A comprehensive approach*. New York, NY: Springer.

Hare, R. (1993). *Without conscience: The disturbing world of the psychopaths among us*. New York, NY: Guilford Press.

Hare, R. (2003). *The psychopathy checklist—Revised* (2nd ed.). Toronto, ON, Canada: Multi-Health Systems.

Hargrave, T. D. (2000). *The essential humility of marriage*. Phoenix, AZ: Zeig, Tucker & Theisen, Inc.

Hayes, S. C. (2004). Acceptance and commitment therapy, relational frame theory, and the third wave of behavioral and cognitive therapies. *Behavioral Therapy, 35*, 639-665.

Hayes, S. C., Strohsal, K. D., & Wilson, K. G. (1999). *Acceptance and commitment therapy: An experiential approach to behavior change.* New York, NY: Guilford Press.

Heimann, P. (1950). On counter-transference. *International Journal of PsychoAnalysis, 31,* 81-84.

Hendrix, H. (1988). *Getting the love you want.* Melbourne, Australia: Schwartz & Wilkinson.

Heru, A. M. (2007). Intimate partner violence: Treating abuser and abused. *Advances in Psychiatric Treatment, 13,* 376-383.

Hubble, M. A., Duncan, B. L., & Miller, S. D. (1999). *The heart and soul of change.* Washington, DC: American Psychological Association.

Jacobson, N. S., & Christensen, A. (1996). *Integrative couple therapy: Promoting acceptance and change.* New York, NY: Norton.

Jacobson, N. S., & Margolin, G. (1979). *Marital therapy: Strategies based on social learning and behavior exchange principles.* New York, NY: Brunner/Mazel.

Johnson, S. M. (2004). *The practice of emotionally focused couple therapy: Creating connection* (2nd ed.). New York, NY: Brunner-Routledge.

Johnson, S. M. (2005). *Emotionally focused couple therapy with trauma survivors: Strengthening attachment bonds.* New York, NY: Guilford Press.

Johnson, S. M., & Zuccarini, D. (2010). Integrating sex and attachment in EFT-C. *Journal of Marital and Family Therapy, 36*(4), 431-445.

Kanfer, F. H., & Schefft, B. K. (1988). *Guiding the process of therapeutic change.* Ann Arbor, MI: Research Press Publications.

Kellogg, S. H. (2004). Dialogical encounters: Contemporary perspectives on 'chair-work' in psychotherapy. *Psychotherapy: Theory, Research, Practice, Training, 41*(3), 310-320.

Kellogg, S. H. (2012). On speaking one's mind: Using chair-work dialogs in ST. In M. van Vreeswijk, J. Broersen, & M. Nadort (Eds.), *The Wiley-Blackwell handbook of schema therapy: Theory, research and practice* (pp. 197-207). Oxford, UK: Wiley-Blackwell.

Kellogg, S. H., & Young, J. E. (2006). Schema therapy for borderline personality disorder. *Journal of Clinical Psychology, 62*(4), 445-458.

Kelly, M. (2010). *Rediscover catholicism: A spiritual guide to living with passion and purpose.* Boston, MD: Beacon Publishing.

Kelly, J., & Johnson, M. (2008). Differentiation among types of intimate partner violence:

Research update and implications for treatment. *Family Court Review, 46*(3), 476-499.

Kersten, T. (2012). Schema therapy in personality disorder and addiction. In M. van Vreeswijk, J. Broersen, & M. Nadort (Eds.), *The Wiley-Blackwell handbook of schema therapy: Theory, research and practice* (pp. 415-424). Oxford, UK: Wiley-Blackwell.

Kindel, T. L., & Riso, L. P. (2013). *Are schema modes important for relationship functioning in married and dating couples: Implications for schema therapy with couples.* Poster presented at the annual meeting of the American Psychological Association, Washington, DC.

Lawson, A. (1988). *Adultery: An analysis of love and betrayal.* New York, NY: Basic Books.

Leahy, R. L. (2001). *Overcoming resistance in cognitive therapy.* New York, NY: Guilford Press.

Leary, M. R. (2000). Affect, cognition and social emotion: The role of self-reflection in the generation and regulation of affective experience. In R. Davidson, K. Scherer, & H. Goldsmith (Eds.), *Handbook of affective sciences.* New York, NY: Oxford University Press.

Linehan, M. M. (1993). *Cognitive-behavioral treatment of borderline personality disorder.* New York, NY: Guilford Press.

Lobbestael, J., van Vreeswijk, M., & Arntz, A. (2008). An empirical test of schema mode conceptualisations in personality disorders. *Behavior Research and Therapy, 46,* 854-860.

Lockwood, G., & Perris, P. (2012). A new look at core emotional needs. In M. van Vreeswijk, J. Broersen, & M. Nadort (Eds.), *The Wiley-Blackwell handbook of schema therapy: Theory, research and practice* (pp. 41-66). Oxford, UK: Wiley-Blackwell.

Lockwood, G., & Shaw, I. (2012). Schema therapy and the role of joy and play. In M. van Vreeswijk, J. Broersen, & M. Nadort (Eds.), *The Wiley-Blackwell handbook of schema therapy: Theory, research and practice* (pp. 209-227). Oxford, UK: Wiley-Blackwell.

MacLean, P. (1990). *The triune brain in evolution.* New York, NY: Plenum Press.

Maturana, H., & Varela, F. (1998). *The tree of knowledge: Biological roots of human understanding.* Boston, MA: Shambhala Press.

McDougall, J. (1985). *Theatres of the mind: Illusion and truth on the psychoanalytic stage.* New Yotk, NY: Basic Books.

McGoldrick, M., & Gerson, R. (1985). *Genograms in family assessment.* New York, NY: W.W. Norton.

Meichenbaum, D. H. (2007). *Family violence: Treatment of perpetrators and victims.* Retrieved from www.melissainstitute.org.

Meichenbaum, D. H., & Goodman, J. (1971). Training impulsive children to talk to themselves: A means of developing self-control. *Journal of Abnormal Psychology, 77*, 115-126.

Messer, S. B. (2001). Introduction to the special issue of assimilative integration. *Journal of Psychotherapy Integration, 11*, 1-4.

Miller, W. R., & Rollnick, S. (2002). *Motivational interviewing: Preparing people for change* (2nd ed.). New York, NY: Guilford Press.

Millon, T. H. (1990). *Towards a new personology: An evolutionary model.* New York, NY: Wiley.

Morris, W. (1969). *The American heritage dictionary.* New York, NY: American Heritage Publishing Co., Inc./Houghton Mifflin Company.

Nadort, M., Arntz, A., Smit. J. H., Giesen-Bloo, J., Eikelboom, M., Spinhoven, P., ... van Dyck, R. (2009). Implementation of schema therapy for borderline personality disorders with versus without crisis support by the therapist outside office hours: A randomized trial. *Behavior Research and Therapy, 47*, 961-973.

Norcross, J., & Guy, J. (2007). *Leaving it at the office: A guide to psychotherapist self-care.* New York, NY: Guilford Press.

Ogden, P., Minton, M., & Pain, C. (2006). *Trauma and the body: A sensorimotor approach to psychotherapy.* New York, NY: W.W. Norton & Co.

Omaha, J. (2001). *Affect management skills training manual.* Chicago, IL: Chemotion Institute. Retrieved from www.johnomahaenterprises.com/ AMSTManual.pdf.

Parfy, E. (2012). Schema therapy, mindfulness and ACT: Differences and points of contact. In M. van Vreeswijk, J. Broersen, & M. Nadort (Eds.), *The Wiley-Blackwell handbook of schema therapy: Theory, research and practice* (pp. 229-237). Oxford, UK: Wiley-Blackwell.

Rafaeli, E., Bernstein, D., & Young, J. (2011). *schema therapy. The CBT distinctive features series.* New York, NY: Routledge.

Roediger, E. (2011). *Praxis der Schematherapie*. Stuttgart, Germany: Schattauer.

Roediger, E. (2012a). *Basics of a dimensional and dynamic mode model.* Retrieved from http://www.isstonline.com/sites/default/files/Roediger,%20E%20-%20Basics%20of%20a%20

dimensional%20and%20dynamic%20Mode%20Modeldoc.pdf.

Roediger, E. (2012b). Why are mindfulness and acceptance central elements for therapeutic change in schema therapy too? An integrative perspective. In M. van Vreeswijk, J. Broersen, & M. Nadort (Eds.), *The Wiley-Blackwell handbook of schema therapy: Theory, research and practice* (pp. 239–247). Oxford, UK: Wiley-Blackwell.

Roediger, E., & Jacob, G. (2010). *Fortschritte der Schematherapie*. Goettingen, Germany: Hogrefe.

Roediger, E., & Laireiter, A. R. (2013). The schema therapeutic mode cycle in behavior therapy supervision. *Verhaltenstherapie, 23,* 91–99. CCC-Code: 1016-6262/13/0232-091$38.00/0.

Roediger, E., Behary, W., & Zarbock, G. (2013). *Passt doch! Paarkonflikte verstehen und lösen mit der Schematherapie.* Weinheim, Germany: Beltz.

Rosner, R., Lyddon, W., & Freeman, A. (2004). *Cognitive therapy and dreams.* New York, NY: Springer.

Sager, C. (1981). Couples therapy and marriage contracts. In A. Gurman & D. Kniskern (Eds.), *Handbook of family therapy* (pp. 85–130). New York, NY: Brunner & Mazel.

Schnarch, D. (1998). *Passionate marriage*. New York, NY: Owl.

Schore, A. N. (2003). *Affect regulation and the repair of the self.* New York, NY: W.W. Norton & Co.

Schwartz, S. H. (1994). Are there universal aspects in the context and structure of values? *Journal of Social Issues, 50*, 19–45.

Sexton, T. L., & Coop-Gordon, K. (2009). Science, practice and evidence-based treatments in the clinical practice of family psychology. In J. Bray & M. Stanton (Eds.), *The Wiley-Blackwell handbook of family therapy* (pp. 164–326). Hoboken, NJ: Wiley.

Sheffield, A., & Waller, G. (2012). Clinical use of schema inventories. In M. van Vreeswijk, J. Broersen, & M. Nadort (Eds.), *The Wiley-Blackwell handbook of schema therapy: Theory, research and practice* (pp. 111–124). Oxford, UK: Wiley-Blackwell.

Siegel, D. J. (1999). *The developing mind: How relationships and the brain interact to shape who we are*. New York, NY: Guilford Press.

Simeone-DiFrancesco, C. (2010). *Schema therapy for couples and marriages.* ISST website, linked to the original web publication by Wisconsin Family Growth and Reconciliation Center, LLC. Retrieved from www.wisconsinfamily.org.

Simeone-DiFrancesco, C. (2011). *Stages in marital or couples schema therapy.* Unpublished paper, ISST Couples/Marital Subcommittee.

Simeone-DiFrancesco, C. (2012). *Re-defining the modes in the service of couples/marital work.* Unpublished paper, ISST Couples/Marital Subcommittee.

Simeone-DiFrancesco, C., & Simeone, R. (2016a, in press). *Evangelizing-doctors, a triadic model for catholic medical facilities: Healing the body, evangelizing the soul, Jesus-centered schema and mode healing for the person and marriage.* Malibu, CA: Healing International, Inc.

Simeone-DiFrancesco, C., & Simeone, R. (2016b, in press). *Jesus-centered schema therapy handbook for marriage & family. Malibu,* CA: Healing International, Inc.

Simpson, S. (2012). Schema therapy for eating disorders: A case study illustration of the mode approach. In M. van Vreeswijk, J. Broersen, & M. Nadort (Eds.), *The Wiley-Blackwell handbook of schema therapy: Theory, research and practice* (pp. 145-171). Oxford, UK: Wiley-Blackwell.

Smalley, G. (1988). *Hidden keys of a loving lasting marriage.* Grand Rapids, MI: Zondervan.

Smalley, G., & Trent, J. (1990). *The two sides of love: Using personality strengths to greatly improve your relationships.* Wheaton, IL: Tyndale House Publishers.

Smucker, M., & Dancu, C. (2005). *Cognitive-behavioral treatment for adult survivors of childhood trauma.* New York, NY: Rowman & Littlefield Publishers, Inc.

Solomon, M., & Siegel, J. (1999). *Countertransference in couple therapy.* New York, NY: W.W. Norton.

Solomon, M., & Tatkin, S. (2011). *Love and war in intimate relationships: Connection, disconnection and mutual regulation.* New York, NY: W.W. Norton & Co.

Song, Y., & Lee, E. (2018). Early maladaptive schemas characterizing different types of adolescents. *International Journal of Advanced Culture Technology, 6*(3), 22-26

Song, Y., & Lee, E. (2020). Validity of the Korean version of the Schema Mode Inventory (SMI). *International Journal of Advanced Culture Technology, 8*(1), 248-256.

Spring, J. A. (2012). *After the affair: Healing the pain and rebuilding trust when a partner has been unfaithful* (2nd ed.). New York, NY: Perennial Harper Collins.

Steele, V. R., Staley, C., Fong, T., & Prause, N. (2013). Sexual desire, not hypersexuality, is related to neurophysiological responses elicited by sexual images. *Socioaffective*

Neuroscience & Psychology, 3, 20770.

Stern, D. N. (1985). *The interpersonal world of the infant*. New York, NY: Basic Books.

Stevens, B. (2012b). *Infant modes*. Unpublished paper presented to ISST Couples Group.

Stevens, B., & Arnstein, M. (2011). *Happy ever after? A practical guide to relationship counselling for clinical psychologists*. Brisbane, Australia: Australian Academic Press.

Stith, S. M., Rosen, K. H., McCollum, E. E., & Thomsen, C. J. (2004). Treating intimate partner violence within intact couples relationships: Outcomes of multi-couple versus individual couple therapy. *Journal of Marital and Family Therapy, 30*(3), 305–318.

Stolorow, R. D., & Atwood, G. E. (1992). *Contexts of being: The inter-subjective foundations of psychological life*. Hillsdale, NJ: The Analytic Press.

Teasdale, J. D., Moore, R. G., Hayhurst, H., Pope, M., Williams, S., & Segal, Z. V. (2002). Metacognitive awareness and prevention of relapse in depression: Empirical evidence. *Journal of Consulting and Clinical Psychology, 70*(2), 275–287.

Tomkins, S. (1962–1963). *Affect, imagery, consciousness* (volumes 1–2). New York, NY: Springer.

van Genderen, H. (2012). Case conceptualization in schema therapy. In M. van Vreeswijk, J. Broersen, & M. Nadort (Eds.), *The Wiley-Blackwell handbook of schema therapy: Theory, research and practice* (pp. 27–40). Oxford, UK: Wiley-Blackwell.

van Genderen, H., Rijkeboer, M., & Arntz, A. (2012). Theoretical model: Schemas, coping styles and modes. In M. van Vreeswijk, J. Broersen, & M. Nadort (Eds.), *The Wiley-Blackwell handbook of schema therapy: Theory, research and practice* (pp. 27–40). Oxford, UK: Wiley-Blackwell.

van Vreeswijk, M., Broersen, J., & Nadort, M. (Eds.). (2012a). *The Wiley-Blackwell handbook of schema therapy: Theory, research and practice*. Oxford, UK: Wiley-Blackwell.

Weeks, G. R., & Treat, S. (1992). *Couples in treatment*. New York, NY: Brunner/Mazel.

Weertman, A. (2012). The use of experimental techniques for diagnostics. In M. van Vreeswijk, J. Broersen, & M. Nadort (Eds.), *The Wiley-Blackwell handbook of schema therapy: Theory, research and practice* (pp. 101–109). Oxford, UK: Wiley-Blackwell.

Winnicott, D. W. (1958). *Collected papers: From paediatrics through psycho-analysis* (1st ed.). London, UK: Tavistock Publications.

Wisman, M., & Uewbelacker, L. (2007). Maladaptive schemas and core beliefs in treatment and research with couples. In L. Riso, P. du Toit, D. Stein, & J. Young (Eds.), *Cognitive schemas and core beliefs in psychological patterns: A scientist-practitioner guide* (pp. 199–220). Washington, DC: American Psychological Association.

Wojtyla, K. (1993). *Love and responsibility* (revised ed.). San Francisco, CA: Ignatius Press.

Wright, J., Basco, M., & Thase, M. (2006). *Learning cognitive-behavior therapy: An illustrated guide*. Washington, DC: American Psychiatric Publishing.

Yang, M., Coid, J., & Tyrer, P. (2010). Personality pathology recorded by severity: National survey. *British Journal of Psychiatry, 197,* 193–199.

Young, J. (2012). *Schema therapy with couples,* DVD. American Psychological Association Series IV Relationships hosted with Jon Carlson. Retrieved from www.apa.org/pubs/videos/4310895.aspx.

Young, J. E., & Gluhoski, V. (1997). A schema focused perspective on satisfaction in close relationships. In R. J. Sternberg & M. Hojjat (Eds.), *Satisfaction in close relationships* (pp. 356–381). New York, NY: The Guilford Press.

Young, J. E., Klosko, J. S., & Weishaar, M. E. (2003). *Schema therapy: A practitioner's guide.* New York, NY: Guilford Press.

Young, J., Arntz, A., Atkinson, T., Lobbestael, J., Weishaar, M., van Vreeswijk, M., & Klokman, J. (2007). *Mode inventory SMI 1.1.* New York, NY: Schema Therapy Institute.

찾아보기

인명

내용

저자 소개

Chiara Simeone-DiFrancesco 박사(문학 석사/교육학 석사, 컬럼비아 대학교, 뉴욕, 1980/81; 철학 박사, 미시시피 대학교, 1990)는 상담심리학자이다. 그녀는 위스콘신 가족성장화해센터 LLC(Wisconsin Family Growth & Reconciliation Center LLC)를 설립했고, 개인 실무에서 25년 동안 부부들과 작업했다. Chiara는 현재 1986년에 공동 설립한 비영리 단체인 힐링 인터내셔널 Inc.(Healing International, Inc.)의 한 부서인 결혼 및 가족 심리도식치료 연구소를 이끌고 있다. 동료 심리도식 치료자를 훈련하기 위해서, 그녀는 부부 심리도식치료에 관한 국제심리도식치료협회(International Society of Schema Therapy: ISST) 특별 관심집단을 조직했고, 현재 국제분과 위원장을 맡고 있다. Chiara는 훈련과 컨설팅 외에도 미국 위스콘신주와 버지니아주에서 3일간 '부부 집중' 프로그램을 제공하고 있으며, 세속적이고 기독교적인 분야에서 연설과 글을 쓰고, 결혼 준비, 치유, 지원에 각별한 관심을 갖고 있다. 그녀의 웹 사이트는 www.SchemaTherapyforCouples.com이고, 연락처는 SchemaHealing@gmail.com이다.

Eckhard Roediger 박사(의학 박사, 프랑크푸르트 대학교, 독일, 1986)는 신경과 의사, 정신과 의사, 심리치료자이다. 그는 정신역동과 인지행동치료를 훈련받았다. Eckhard는 베를린의 한 클리닉의 정신신체의학과 과장으로 일했으며, 2007년부터 개인 실무를 하면서 프랑크푸르트에 있는 심리도식치료훈련센터(Schema Therapy Training Center)의 소장으로 일하고 있다. 그는 심리도식치료에 관한 많은 독일어 서적(www.schematherapieroediger.de)의 저자이며, 현재 국제심리도식치료협회(ISST) 회장이다.

Bruce A. Stevens 박사(철학 박사, 보스턴 대학교, 1987)는 오스트레일리아 캔버라 대학교의 임상심리학 부교수를 역임했다. 그는 현재 캔버라 찰스 스튜어트 대학교의 노화와 실천신학 교수로 재직 중이다. 그는 또한 1990년대 초에 그가 설립한 캔버라 임상 및 범죄 심리학(Canberra Clinical and Forensic Psychology)에서 파트타임으로 개인 실무를 하고 있다. Bruce는 호주심리학회(Australian Psycological Society) 임상대학 캔버라 구역 회장을 4년(2009~2013년) 동안 맡았다. 그는 호주 전역에서 부부치료에 대한 많은 전문적인 워크숍을 진행한다. 그는 다섯 권의 책을 썼는데, 가장 최근에 Malise Arnstein 박사와 함께 주로 부부의 관점을 위한 정서중심치료에서 나온 실무자를 위한 책을 썼다.

역자 소개

송영희(Song, Younghee)

영남대학교 교육학과 겸임교수
영남대학교 교육학 박사
상담심리사 1급 전문가(한국상담심리학회)
심리도식상담전문가 1급(한국심리도식치료협회)
와이심리상담센터(주) 대표
(사) 한국심리도식치료협회 회장
(사) 한국심리도식치료협회(https://ksta.online)

〈번역서〉

심리도식치료 임상가이드: 개인 및 집단 심리도식치료 프로그램을 구축하고 실시하기 위한 완벽한 자원(2018, 학지사), 내면으로부터 심리도식치료 경험하기: 치료자를 위한 자기실천 및 자기성찰 워크북(2020, 학지사)

〈논문〉

한국판 아동 · 청소년용 초기부적응도식 척도의 타당화(2012), Early Maladaptive Schemas Characterizing Different Types of Adolescents(2018), Validity of the Korean Version of the Schema Mode Inventory(SMI)(2020)

이은희(Lee, Eunhee)

경남대학교 심리학과 교수
전남대학교 심리학 박사
한국심리학회 소장학자 학술상 수상
상담심리사 1급 전문가(한국상담심리학회)
심리도식상담전문가 1급(한국심리도식치료협회)

〈번역서〉

심리도식치료(2015, 학지사), 심리도식치료 임상가이드: 개인 및 집단 심리도식치료 프로그램을 구축하고 실시하기 위한 완벽한 자원(2018, 학지사), 내면으로부터 심리도식치료 경험하기: 치료자를 위한 자기실천 및 자기성찰 워크북(2020, 학지사)

〈논문〉

Early Maladaptive Schemas Characterizing Different Types of Adolescents(2018), Validity of the Korean Version of the Schema Mode Inventory(SMI)(2020)

최현지(Choi, Hyunji)

경남대학교 대학원 심리학과 상담 및 임상심리 전공 박사과정 수료
상담심리사 2급(한국상담심리학회)
심리도식상담전문가 2급(한국심리도식치료협회)

부부 심리도식치료

-부부관계의 치유에 대한 실무 가이드-

Schema Therapy with Couples

-A Practitioner's Guide to Healing Relationships-

2021년 1월 15일 1판 1쇄 인쇄
2021년 1월 20일 1판 1쇄 발행

지은이 • Chiara Simeone-DiFrancesco • Eckhard Roediger • Bruce A. Stevens
옮긴이 • 송영희 • 이은희 • 최현지
펴낸이 • 김진환
펴낸곳 • (주) 학지사
04031 서울특별시 마포구 양화로 15길 20 마인드월드빌딩
대표전화 • 02)330-5114 팩스 • 02)324-2345
등록번호 • 제313-2006-000265호

홈페이지 • http://www.hakjisa.co.kr
페이스북 • https://www.facebook.com/hakjisa

ISBN 978-89-997-2233-2 93180

정가 20,000원

이 도서의 국립중앙도서관 출판시도서목록(CIP)은 서지정보유통지원시스템 홈페이지(http://seoji.nl.go.kr)와 국가자료공동목록시스템(http://www.nl.go.kr/kolisnet)에서 이용하실 수 있습니다.
(CIP 제어번호: CIP2020044755)